Das LEGO® Boost Ideenbuch

95 einfache Roboter und Ideen für mehr Projekte!

YOSHIHITO ISOGAWA

dpunkt.verlag

Yoshihito Isogawa

Lektorat: Gabriel Neumann
Übersetzung: G&U Language & Publishing Services GmbH, Flensburg (www.GundU.com)
Satz: G&U Language & Publishing Services GmbH, Flensburg (www.GundU.com)
Herstellung: Stefanie Weidner
Umschlaggestaltung: Helmut Kraus, www.exclam.de
Druck und Bindung: M.P. Media-Print Informationstechnologie GmbH, 33100 Paderborn

Bibliografische Information der Deutschen Nationalbibliothek
Die Deutsche Nationalbibliothek verzeichnet diese Publikation in der Deutschen Nationalbibliografie;
detaillierte bibliografische Daten sind im Internet über http://dnb.d-nb.de abrufbar.

ISBN:
Print: 978-3-86490-637-4
PDF: 978-3-96088-694-5
ePub: 978-3-96088-695-2
mobi: 978-3-96088-696-9

1. Auflage 2019
Copyright © 2019
dpunkt.verlag GmbH
Wieblinger Weg 17
69123 Heidelberg

Copyright © 2018 by Yoshihito Isogawa. Title of English-language original: The LEGO BOOST Idea Book: 95 Simple Robots and Hints for Making More!, ISBN 978-1-59327-984-4, published by No Starch Press. German-language edition copyright © 2019 by dpunkt.verlag GmbH. All rights reserved.

Die vorliegende Publikation ist urheberrechtlich geschützt. Alle Rechte vorbehalten. Die Verwendung der Texte und Abbildungen, auch auszugsweise, ist ohne die schriftliche Zustimmung des Verlags urheberrechtswidrig und daher strafbar. Dies gilt insbesondere für die Vervielfältigung, Übersetzung oder die Verwendung in elektronischen Systemen.

Es wird darauf hingewiesen, dass die im Buch verwendeten Soft- und Hardware-Bezeichnungen sowie Markennamen und Produktbezeichnungen der jeweiligen Firmen im Allgemeinen warenzeichen-, marken- oder patentrechtlichem Schutz unterliegen.

Alle Angaben und Programme in diesem Buch wurden mit größter Sorgfalt kontrolliert. Weder Autor noch Verlag können jedoch für Schäden haftbar gemacht werden, die in Zusammenhang mit der Verwendung dieses Buches stehen.

5 4 3 2 1 0

Papier plus⁺ PDF.

Zu diesem Buch – sowie zu vielen weiteren dpunkt.büchern – können Sie auch das entsprechende E-Book im PDF-Format herunterladen. Werden Sie dazu einfach Mitglied bei dpunkt.plus⁺:

www.dpunkt.plus

Inhalt

Einleitung · viii

Teil 1 • Bewegung mit dem Move Hub

Fahren auf Rädern · 2

Fahren auf Raupenketten · 14

Fahrwerksaufhängungen · 18

Maschinen, die laufen · 24

Kriechen wie eine Raupe · 28

Weitere Fortbewegungsarten · 32

Teil 2 • Den interaktiven Motor einsetzen

Teile drehen · 44

Unterschiedliche Geschwindigkeiten dank Übersetzung · · · · · · · · · · · · · · · · 48

Die Drehrichtung ändern · 52

Die Achse der Drehung ändern · 54

Pendelmechanismen · 60

Hubmechanismen · 66

Zahnstangengetriebe · 74

Nockenantriebe · 82

Exzentrische Drehachsen · 84

Mampfende Roboter · 86

Greiffinger · 90

Dinge anheben · 100

Mit Flügeln schlagen · 106

Räder mit dem interaktiven Motor drehen · · · · · · · · · · · · · · · 110

Mit dem interaktiven Motor gehen · 116

Teile verschießen · 124

Stufenloses Ändern des Drehwinkels · · · · · · · · · · · · · · · · · · · 134

Wind erzeugen · 138

Auf- und Abbewegung beim Drehen · 142

Schrittmotoren · 146

Die Bewegung mit Aufsätzen ändern · · · · · · · · · · · · · · · · · · · 148

Umschaltmechanismen für die Drehrichtung · · · · · · · · · · · · · 152

Teil 3 • Noch mehr spannende Ideen!

Den Farb- und Abstandssensor einsetzen · 156

Automatiktüren · 172

Raketen starten · 182

Mit einem Stiftzeichnen · 186

Drehscheiben einsetzen · 206

Richtungswechsel mittels Lenkung · 214

Autos, die zusammenarbeiten · 218

Noch mehr Möglichkeiten für den Farb- und Abstandssensor · · · · · · · · · · · 222

Den Sensor des Move Hub einsetzen · 232

Motor A und Motor B für unterschiedliche Zwecke verwenden · · · · · · · · · · 238

Noch mehr Ideen! · 240

vi   Inhalt

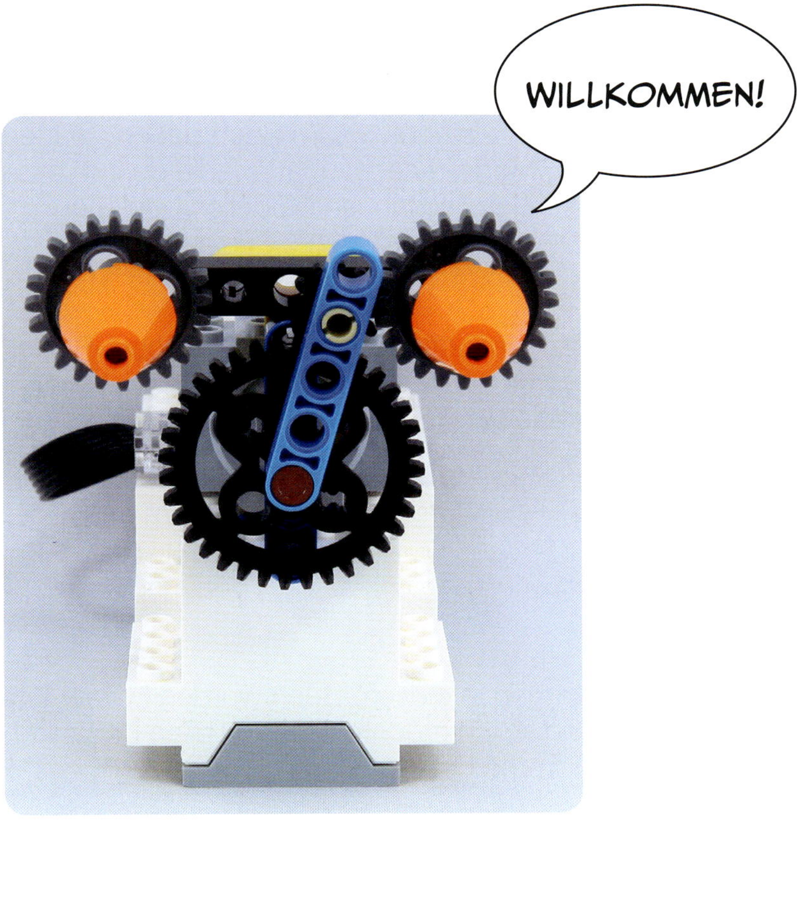
WILLKOMMEN!

Einleitung

Dieses Buch ist kein Anfängerbuch für LEGO Boost. Es ist auch kein Buch zum Bau der Roboter, wie sie in der LEGO-Boost-App enthalten sind. Wenn du bereits mit Boost gebaut und programmiert hast und bereit bist, weitere Ideen kennen zu lernen, um dich weiterzuentwickeln, wird dir dieses Buch dabei helfen. Um die Modelle in diesem Buch zu bauen, brauchst du nur den LEGO-Boost-Kasten (#17101).

Wie du dieses Buch nutzt

Die meisten der Modelle in diesem Buch sind kleine, einfache Mechanismen, und die Programme, die du benötigst, um sie zu steuern, sind auch einfach. Wenn du die Modelle baust und in Bewegung versetzt, wirst du die Mechanik und Programme viel besser verstehen. Wenn du sie weiter und weiter entwickelst, kannst du sogar deine eigenen Programme schreiben. Es wäre auch toll, einige Mechanismen miteinander zu kombinieren. Zögere nicht, sie umzubauen, zu verstärken und zu verzieren. Deiner Kreativität sind keine Grenzen gesetzt.

Du musst die Modelle nicht in der Reihenfolge im Buch bauen. Blättere durch die Seiten und versuche dann, Modelle nachzubauen, die du interessant findest. Du solltest vielleicht zuerst mit relativ einfachen Modellen beginnen.

Empfohlene Lektüre

Informationen für Boost-Anfänger findest du in »LEGO®-Boost-Roboter« von Henry Krasemann, Hilke Krasemann und Michael Friedrichs, sowie im LEGO-Boost-Buch von Daniele Benedettelli.

Wenn du noch mehr Mechanismen ausprobieren möchtest, schau dir mein Buch zu LEGO Mindstorms an: Das LEGO Mindstorms EV3 Ideenbuch, oder probiere »Das Inoffizielle LEGO®-Technic-Buch« von Pawel »Sariel« Kmiec.

Danksagungen

Für die Erstellung der Abbildungen in diesem Buch wurden LDraw-Daten und die Anwendung LPub verwendet. Ich möchte mich bei allen bedanken, die an der Entwicklung dieser Programme beteiligt sind.

Boost programmieren

In der LEGO-Boost-App kannst du die in diesem Buch gezeigten Programme erstellen, indem du auf die kreative Leinwand auf der rechten Seite des Menüs klickst. Wenn der Bildschirm nach unten gerollt wird, tippst du auf den Bildschirm, um ihn nach oben zu rollen und den Projektbildschirm anzuzeigen. Wenn sich der Projektbildschirm öffnet, tippst du auf das Symbol **+** in der linken oberen Ecke.

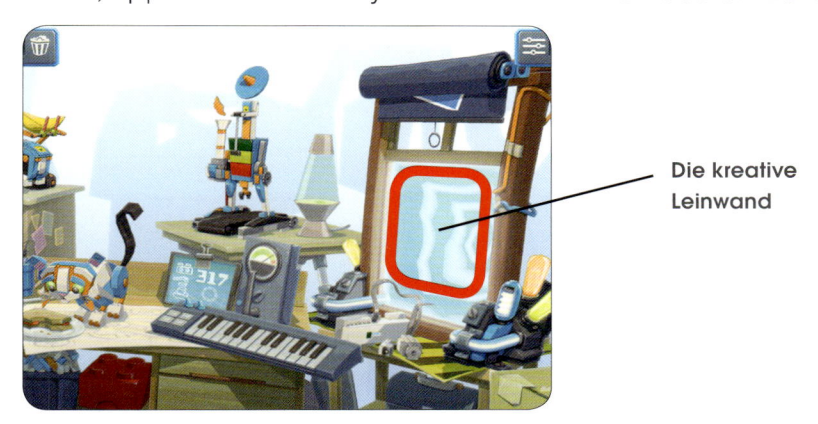

Die kreative Leinwand

Ein neuer Bildschirm wird geöffnet, in dem du Programme erstellen kannst. Beachte bitte, dass dieses Leinwand-Symbol erst verfügbar wird, wenn du versuchst, Programme für die Roboterprojekte in der LEGO-Boost-App zu erstellen. Du kannst den Schwierigkeitsgrad für die Programmierung von Blöcken auf eine von drei Stufen einstellen. In diesem Buch verwenden wir die Standardstufe 2. So kannst du den richtigen Schwierigkeitsgrad auswählen:

Projekt-bild-schirm

Die Programme in diesem Buch wurden mit der LEGO-Boost-App Version 1.5.0 erstellt.

Einleitung **ix**

Bevor es losgeht

Schritt-für-Schritt-Anleitungen findest du in diesem Buch nicht. Verwende stattdessen die aus verschiedenen Blickwinkeln aufgenommenen Fotos, um zu versuchen, das Modell zu nachzubauen. Auf diese Weise zu bauen ist so ähnlich wie ein Puzzle. Du wirst schnell den Überblick bekommen und viel Spaß haben!

Lass uns zuerst üben.

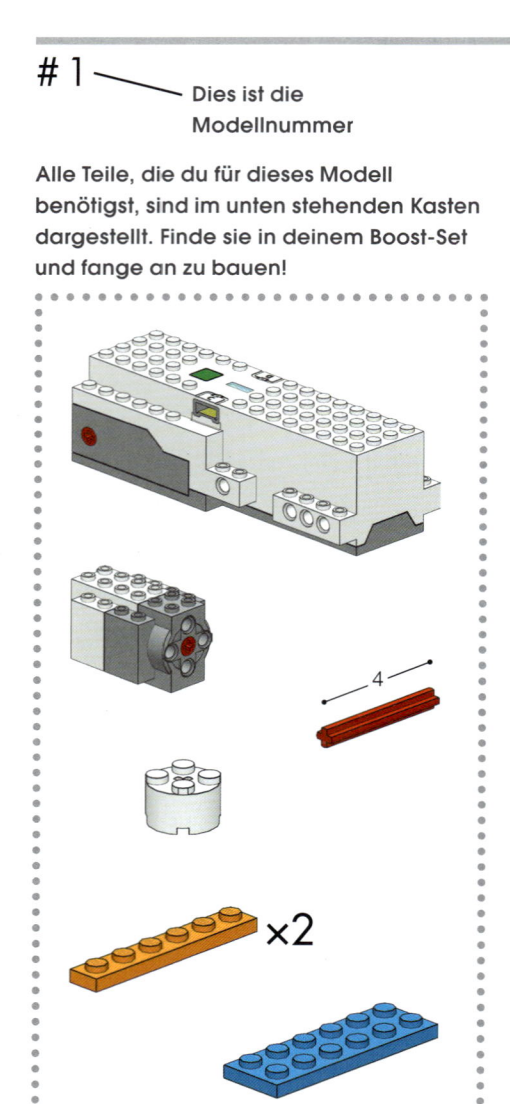

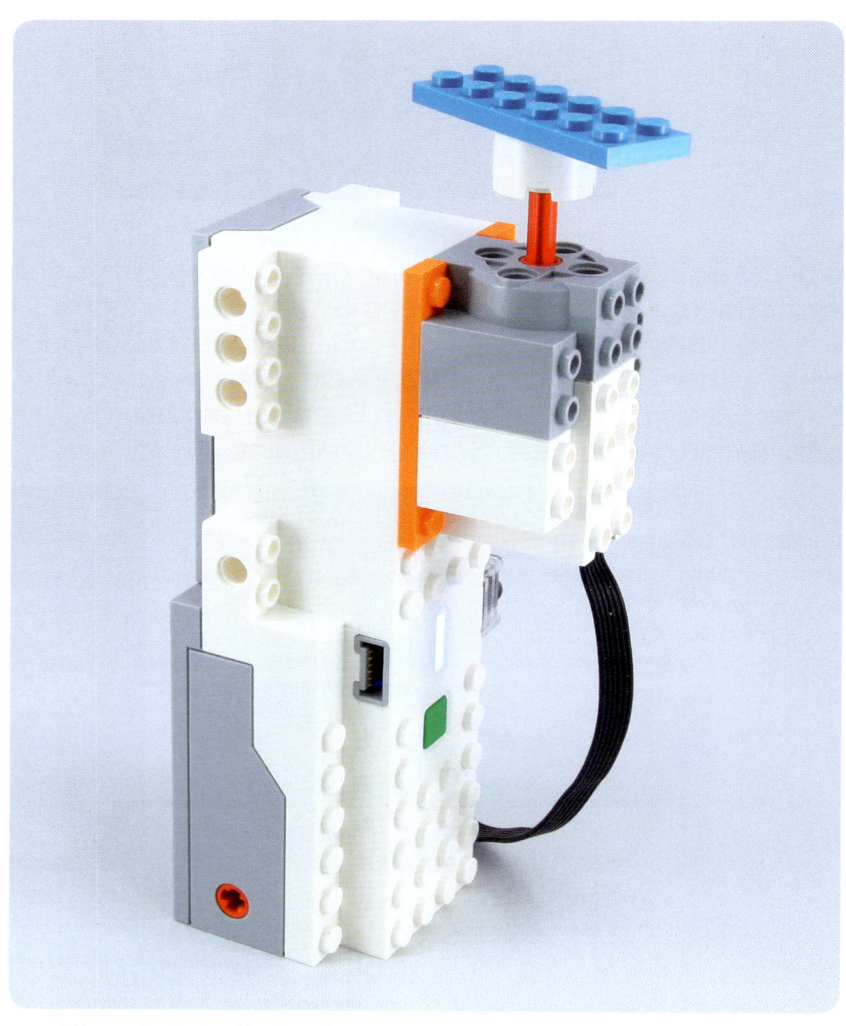

1 — Dies ist die Modellnummer

Alle Teile, die du für dieses Modell benötigst, sind im unten stehenden Kasten dargestellt. Finde sie in deinem Boost-Set und fange an zu bauen!

Wenn du die im Kasten abgebildeten Teile zusammengesucht hast, versuche das Modell anhand der Fotos auf dieser und der nächsten Seite zu nachzubauen.

x Einleitung

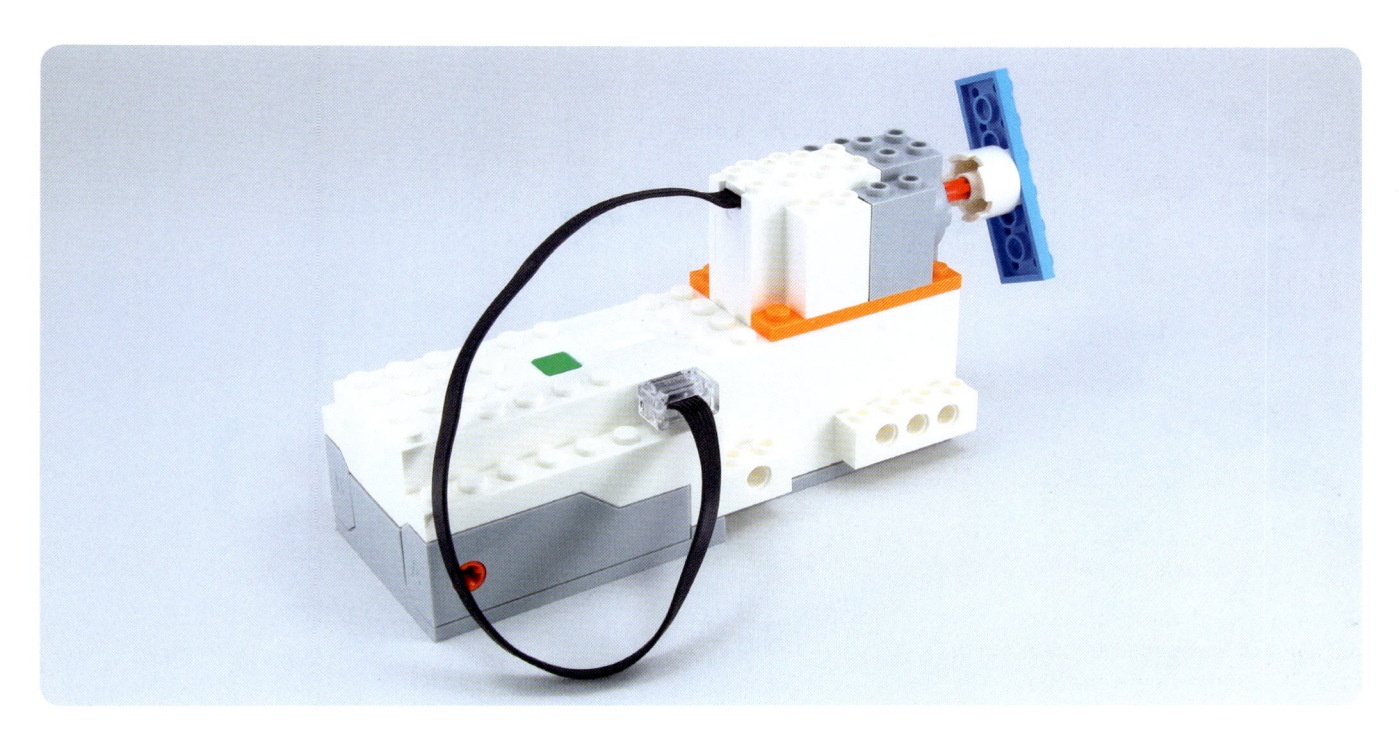

Dies ist ein Beispielprogramm, mit dem du das Modell in Bewegung versetzen kannst.

Dies ist das »Hinweis«-Symbol, das Bauvarianten und eine andere Programmierung anzeigt. Versuche mit diesen Tipps deine eigenen einzigartigen und lustigen Modelle zu bauen.

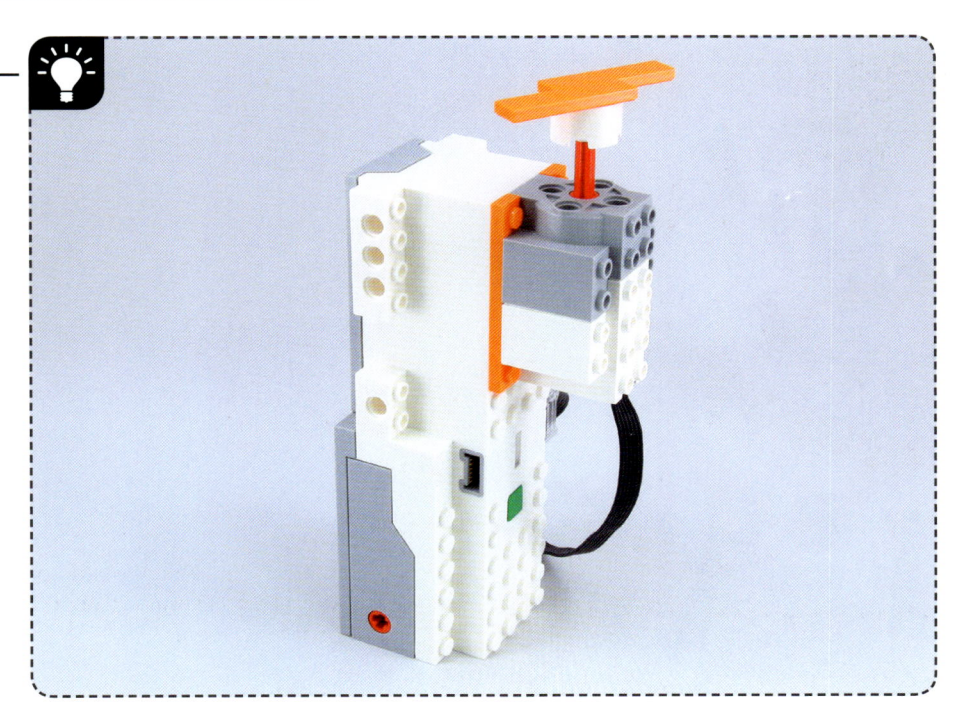

Einleitung **xi**

Teil 1

Bewegung mit dem Move Hub

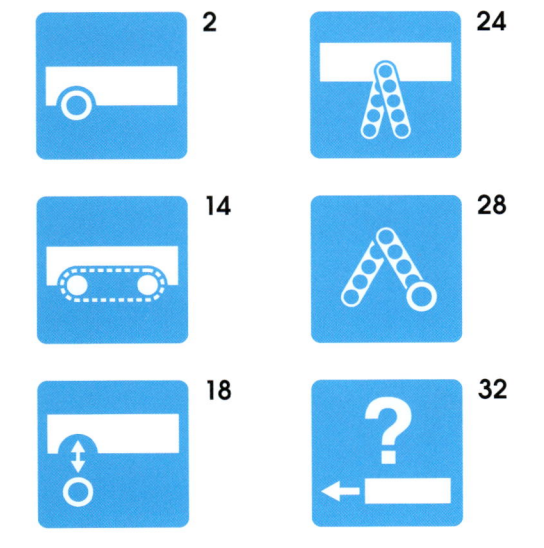

2	24
14	28
18	32

Fahren auf Rädern

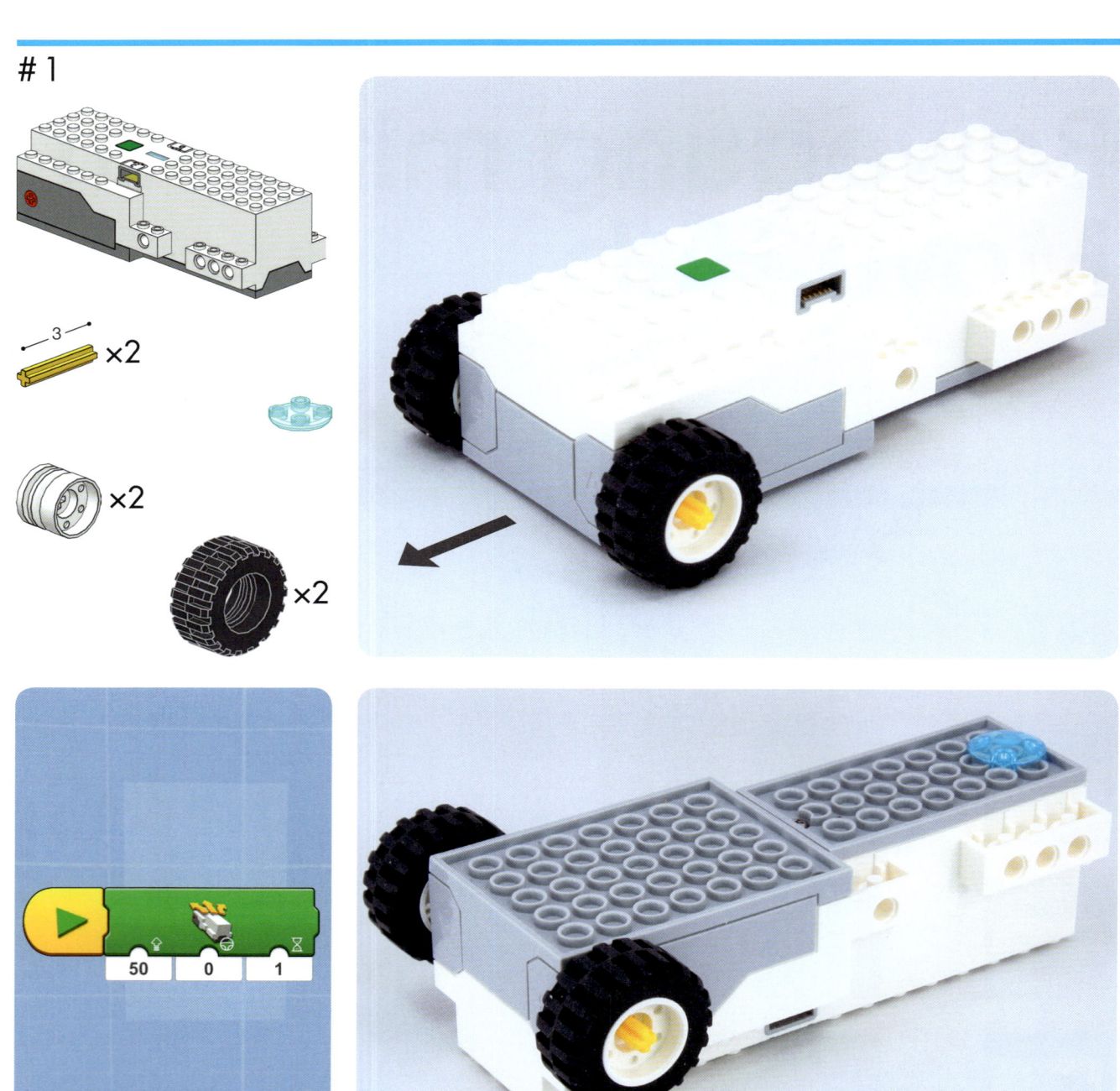

#1

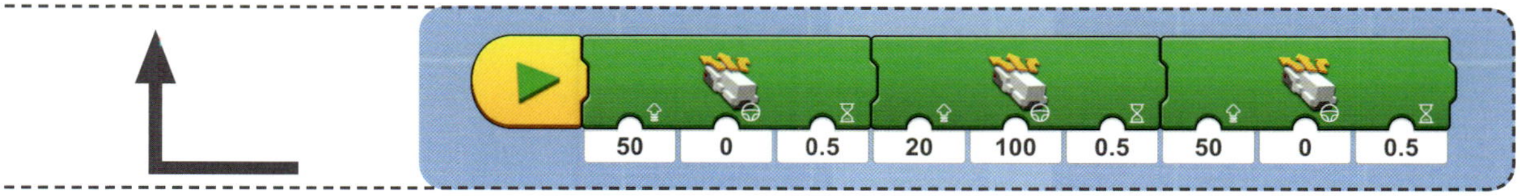

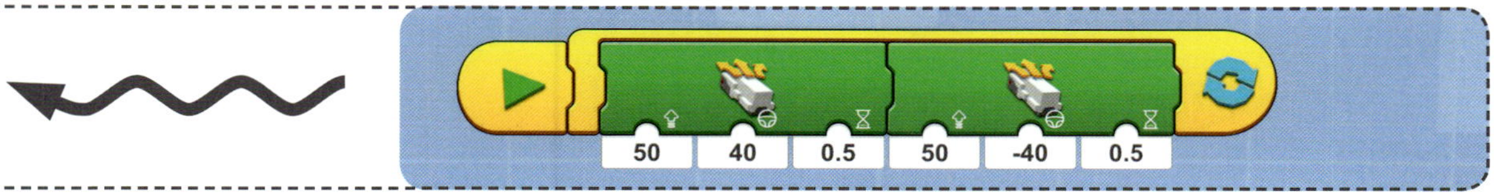

Das Joystickprogramm beinhaltet einen Warte-Block, um eine leichte Verzögerung im Programm zu erstellen. Ohne die Verzögerung könnte das Programm verwirrt sein, da das Gerät kontinuierlich Anweisungen an deinen Roboter senden würde – viel zu schnell, als er reagieren könnte!

Joystick-Widget
Mit diesem Joystick kannst du dein Auto steuern.

Fahren auf Rädern **3**

#2

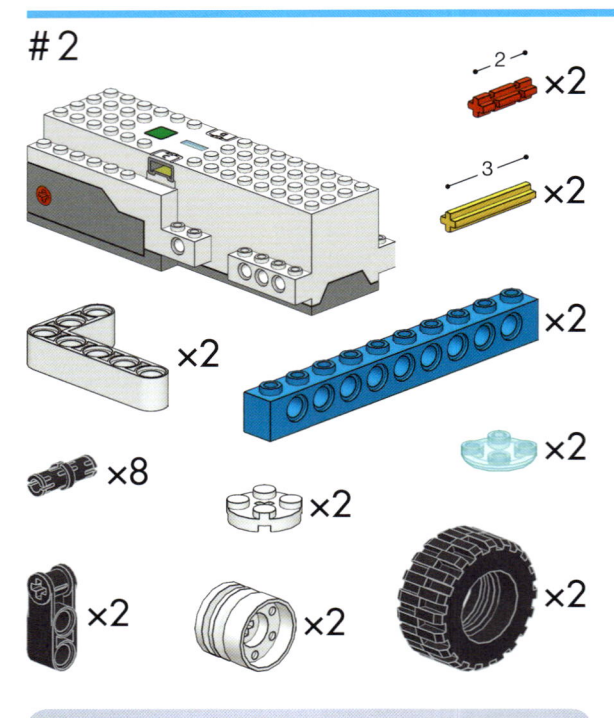

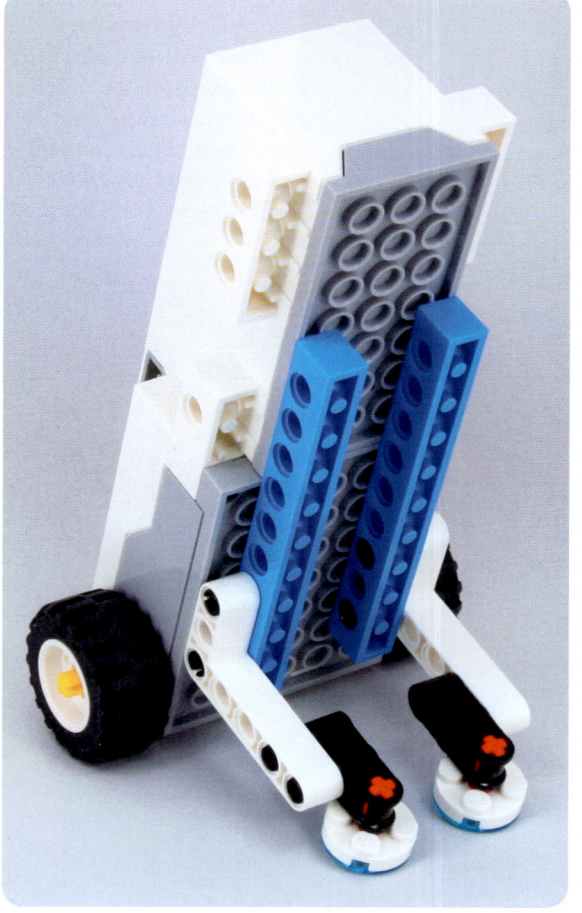

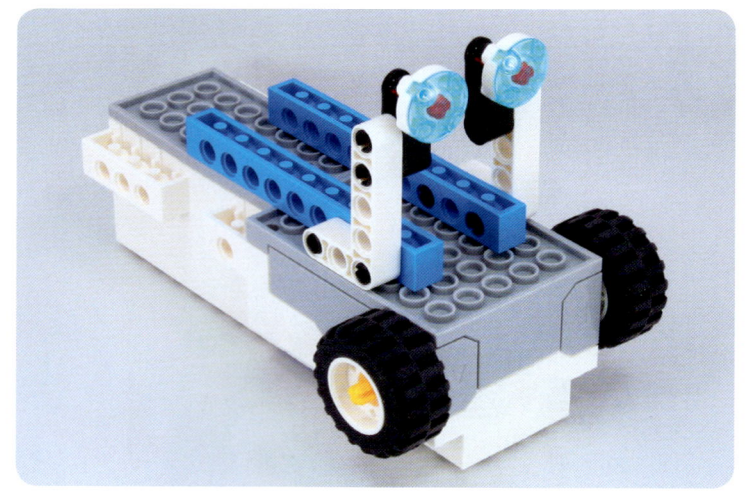

4 Fahren auf Rädern

Fahren auf Rädern

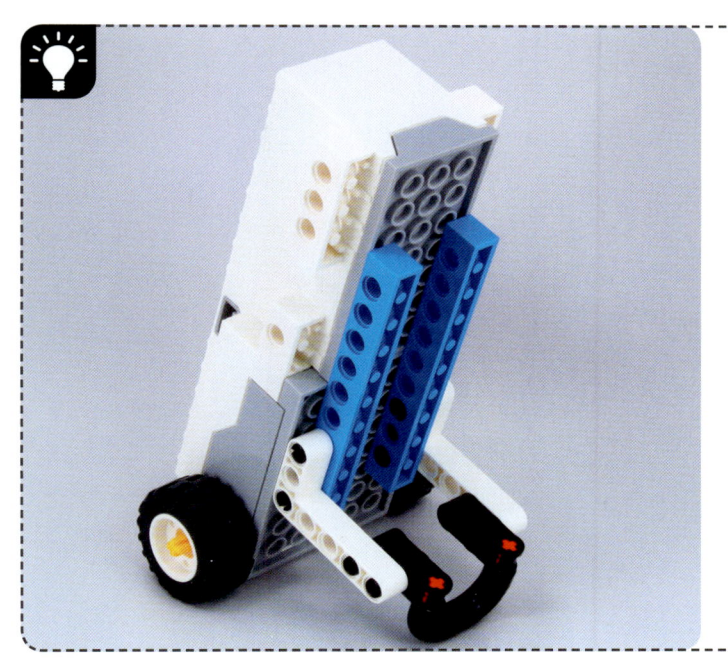

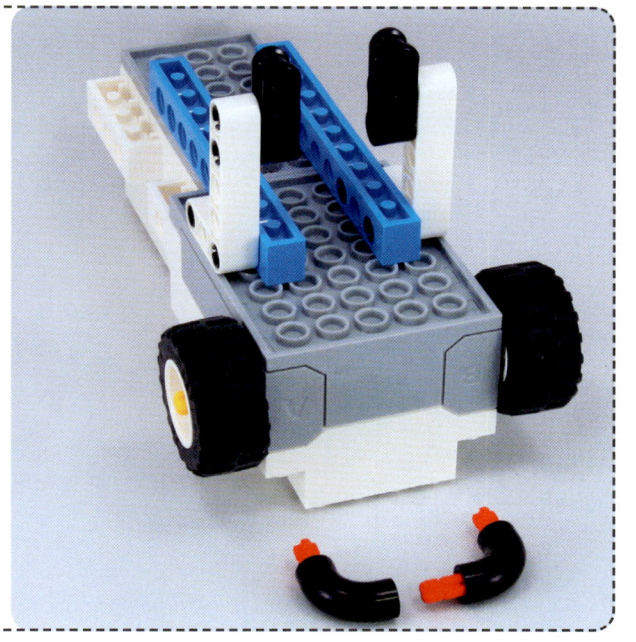

#3

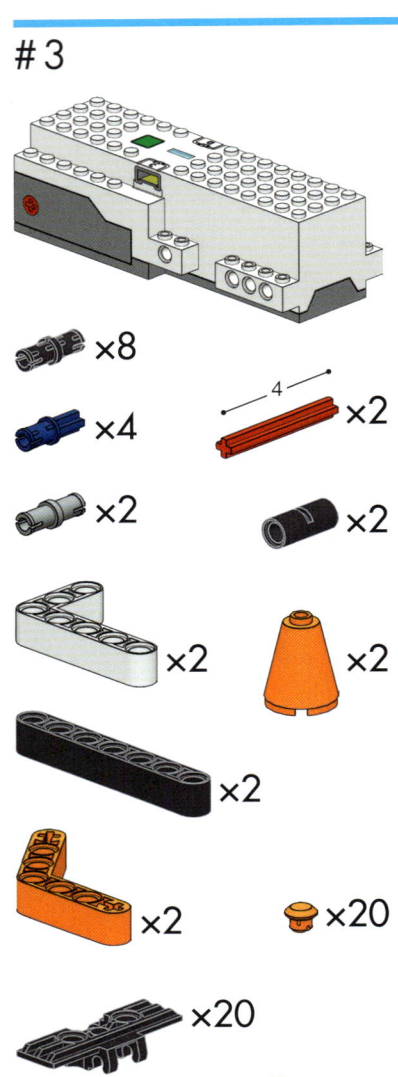

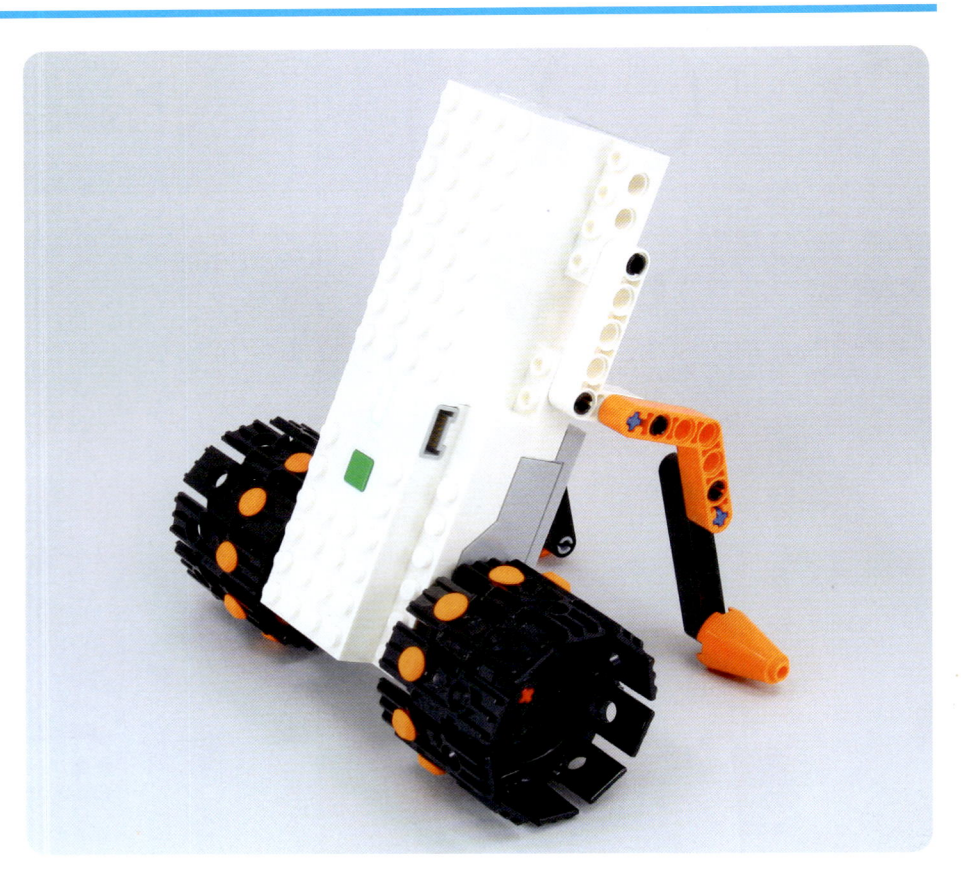

×8
×4
4 ×2
×2
×2
×2
×2
×2
×20
×20
×2

| 20 | 0 | 2 |

6 Fahren auf Rädern

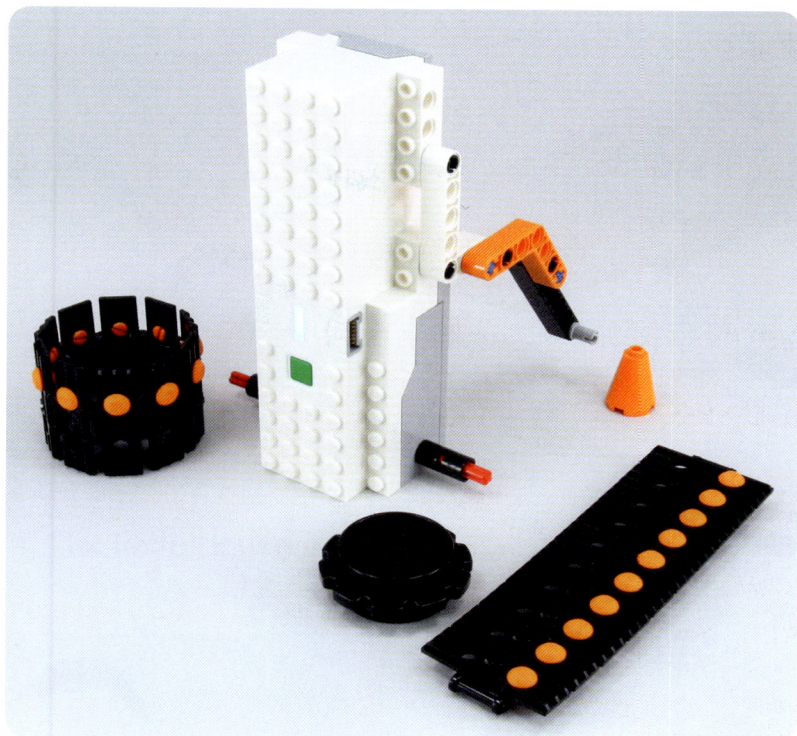

×2

| 3 | 20 | -30 | 1 | -20 | 30 | 1 |

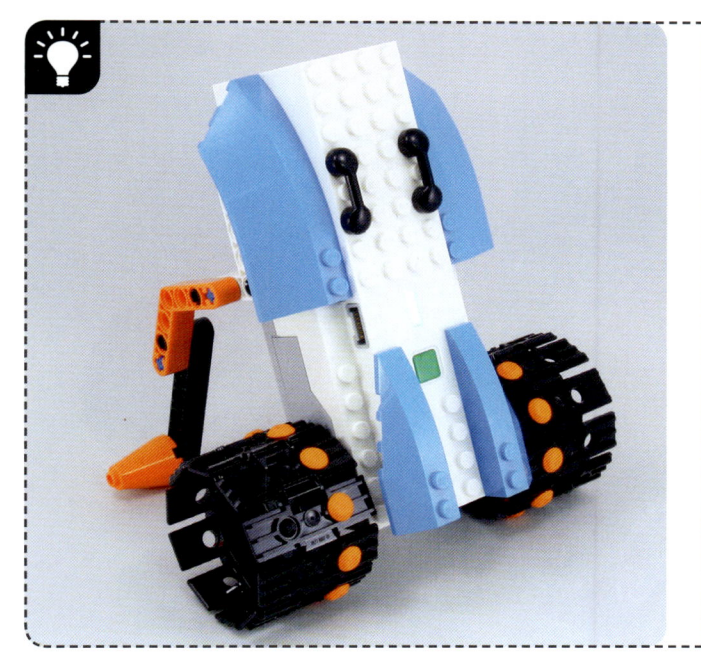

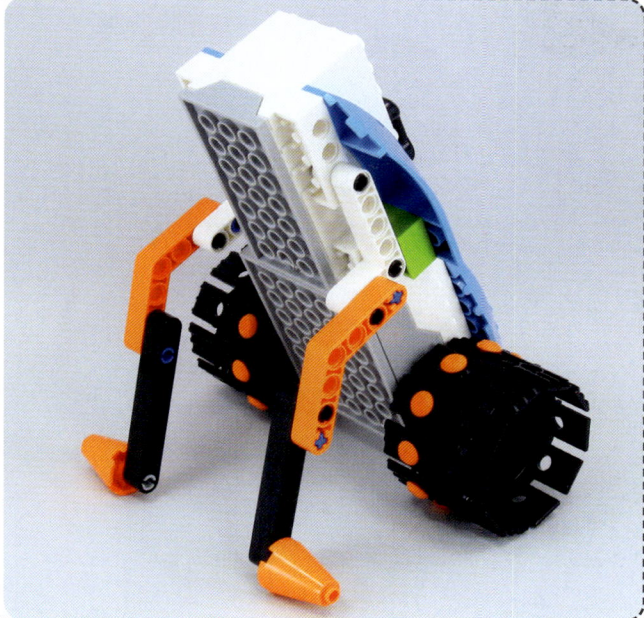

Fahren auf Rädern

#4

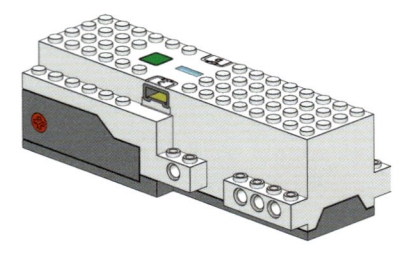

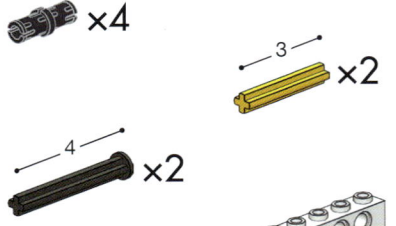

Übersetzung 8:24 = 1:3
» Geschwindigkeit × 1/3
» Leistung × 3

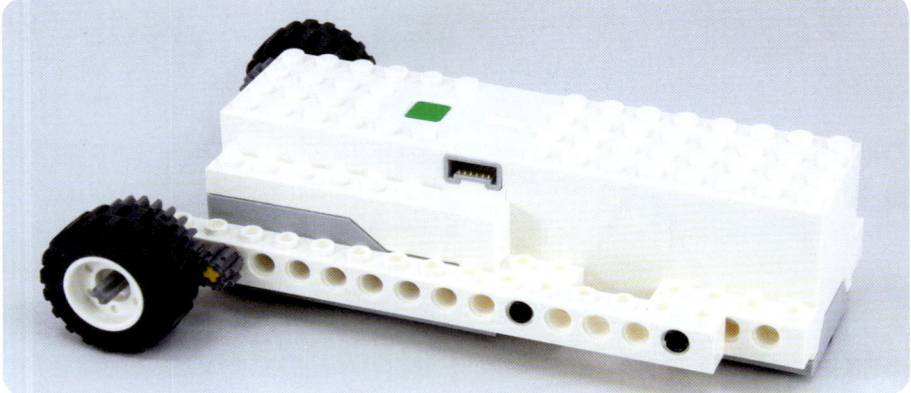

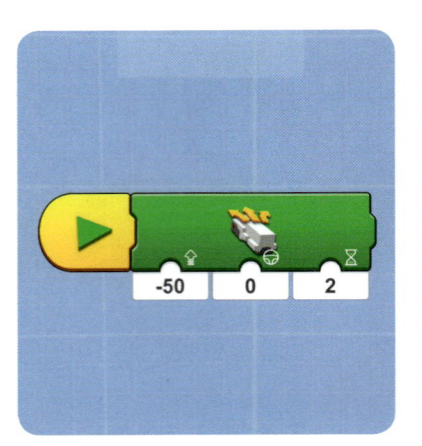

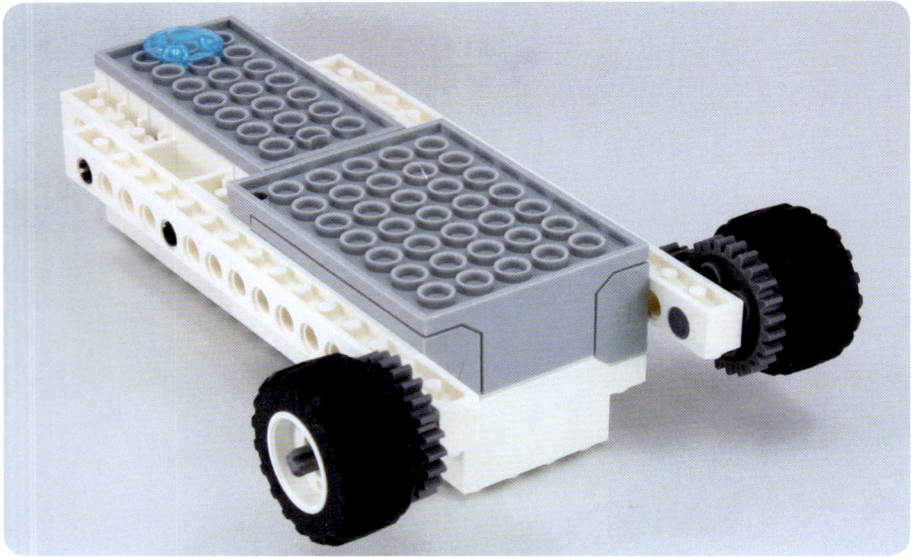

Geschwindigkeit × 1/3

8 Fahren auf Rädern

Fahren auf Rädern

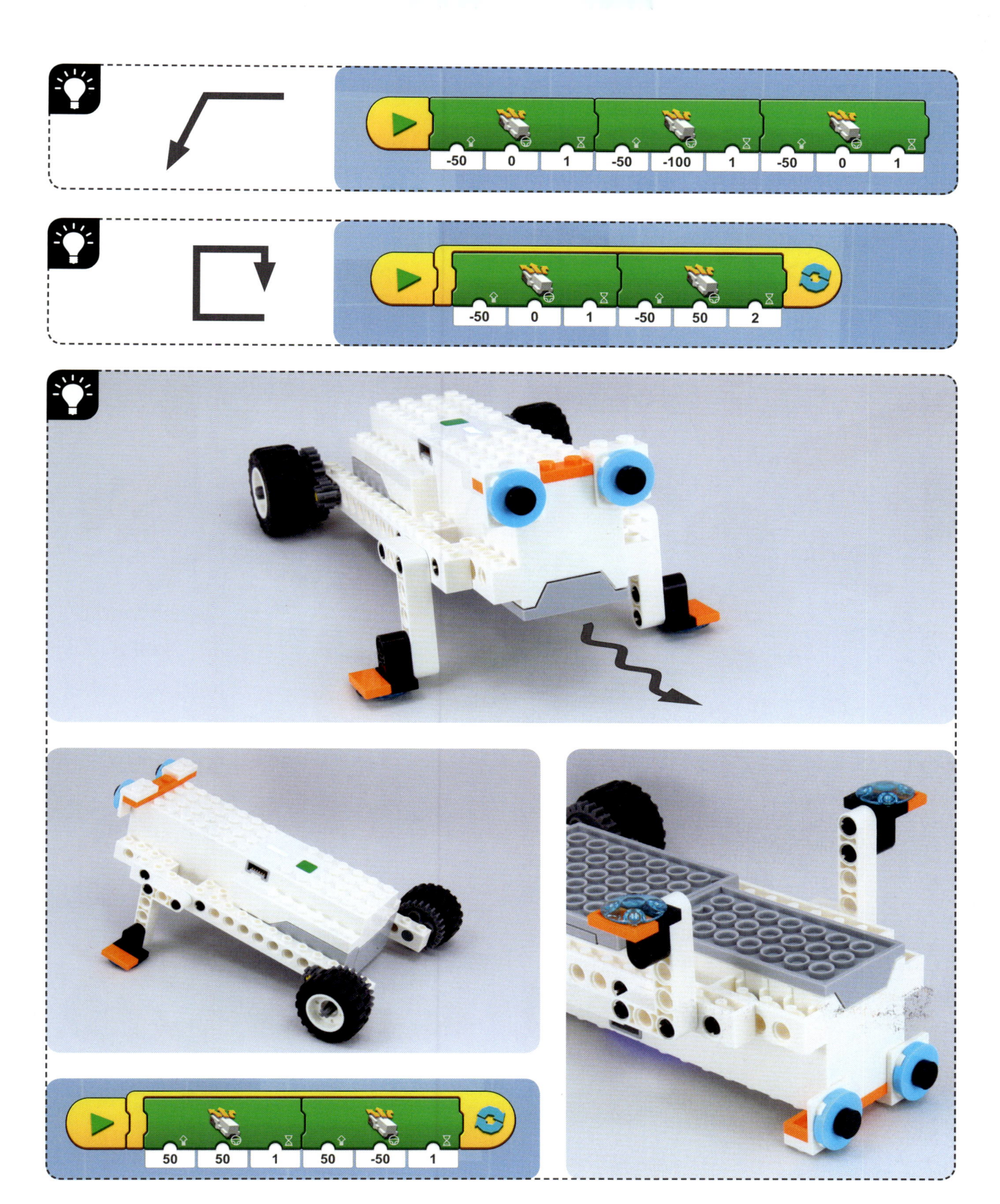

#5

Übersetzung 8:24 = 1:3
» Geschwindigkeit × 1/3
» Leistung × 3

Geschwindigkeit × 1/3

10 Fahren auf Rädern

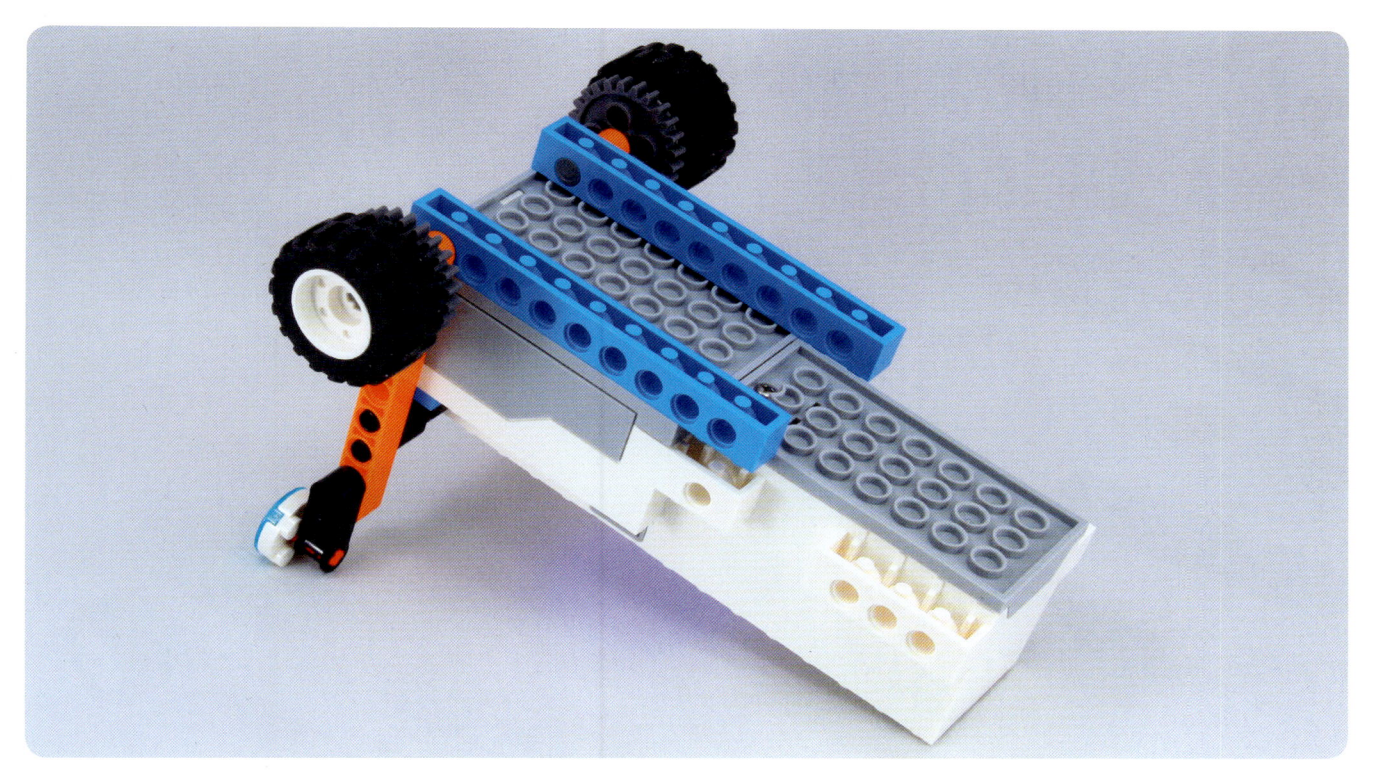

Joystick-Widget
Mit diesem Joystick kannst du dein Auto steuern.

Das Joystickprogramm beinhaltet einen Warte-Block, um eine leichte Verzögerung im Programm zu erstellen. Ohne die Verzögerung könnte das Programm verwirrt sein, da das Gerät kontinuierlich Anweisungen an deinen Roboter senden würde – viel zu schnell, als er reagieren könnte!

Fahren auf Rädern 11

#6

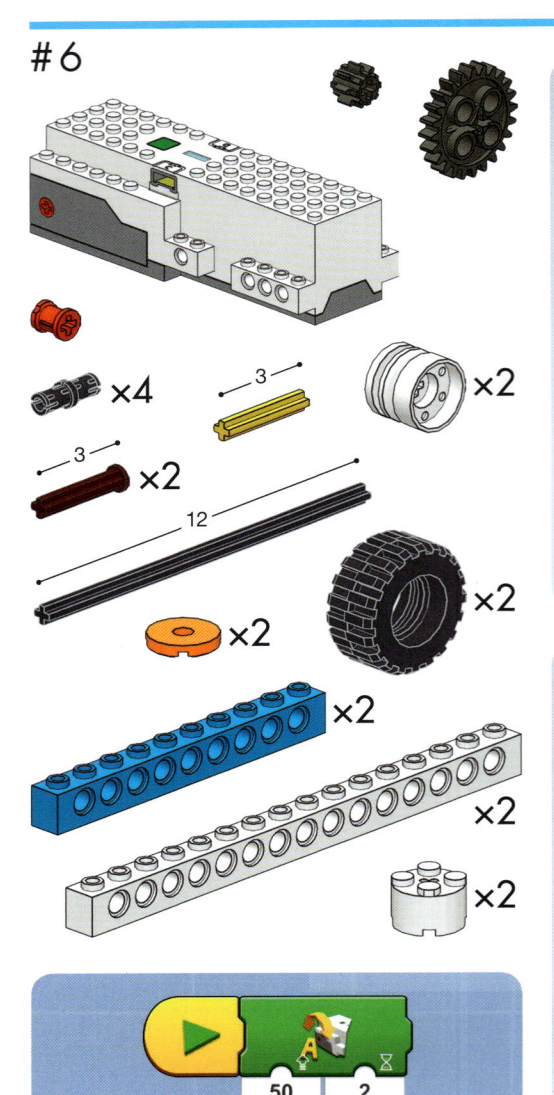

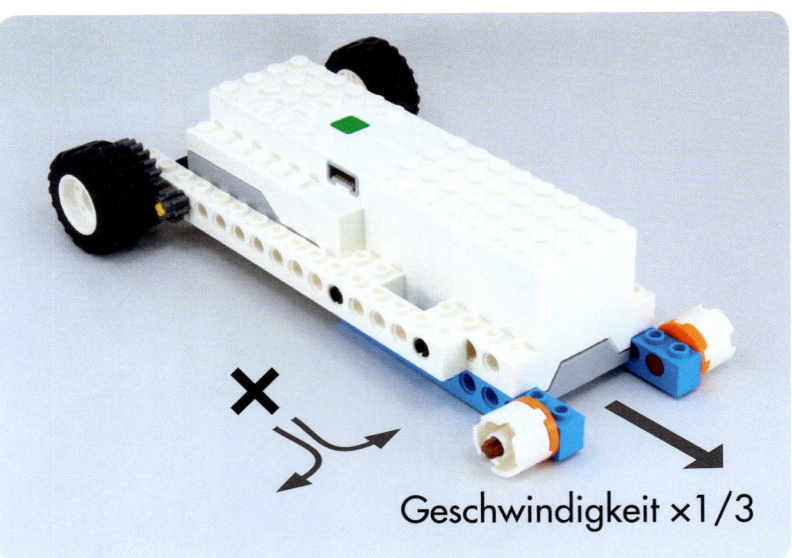

Geschwindigkeit ×1/3

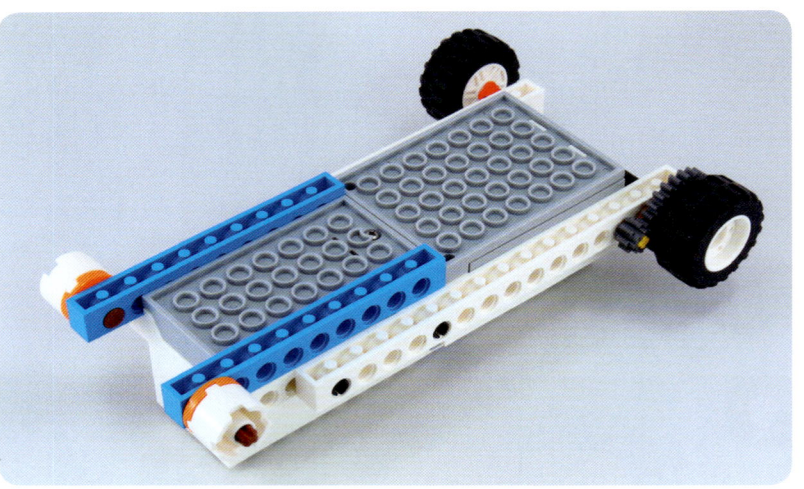

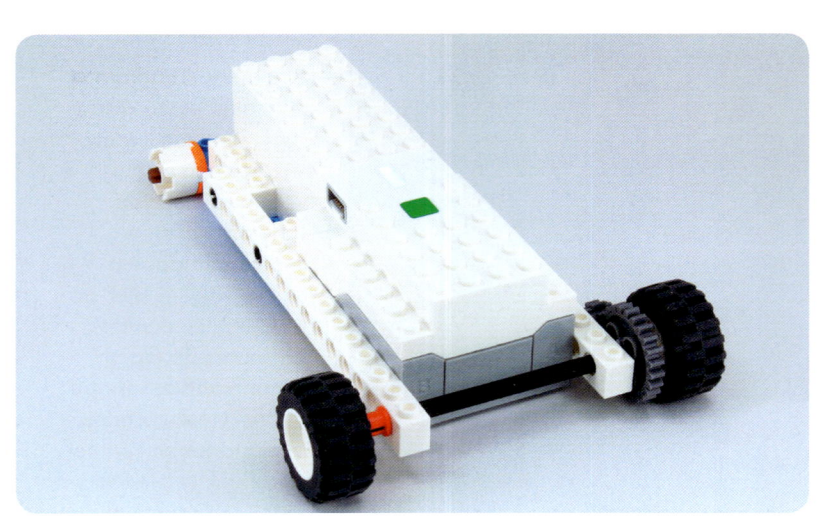

Übersetzung 8:24 = 1:3
» Geschwindigkeit × 1/3
» Leistung × 3

12 Fahren auf Rädern

Geschwindigkeit ×3

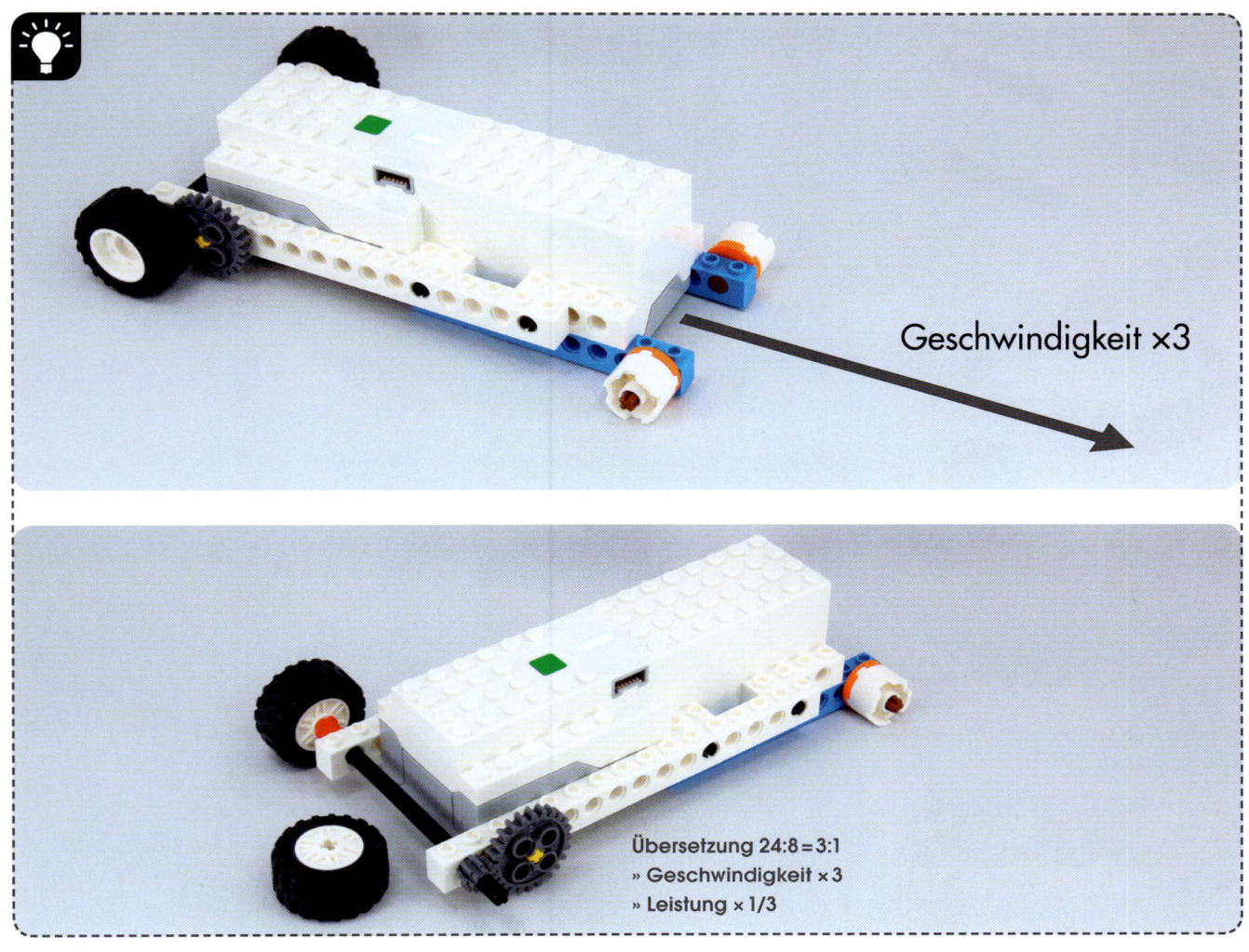

Übersetzung 24:8 = 3:1
» Geschwindigkeit × 3
» Leistung × 1/3

Fahren auf Rädern **13**

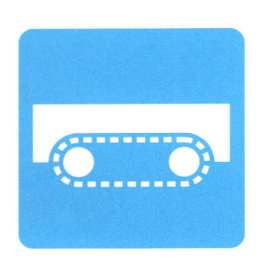

Fahren auf Raupenketten

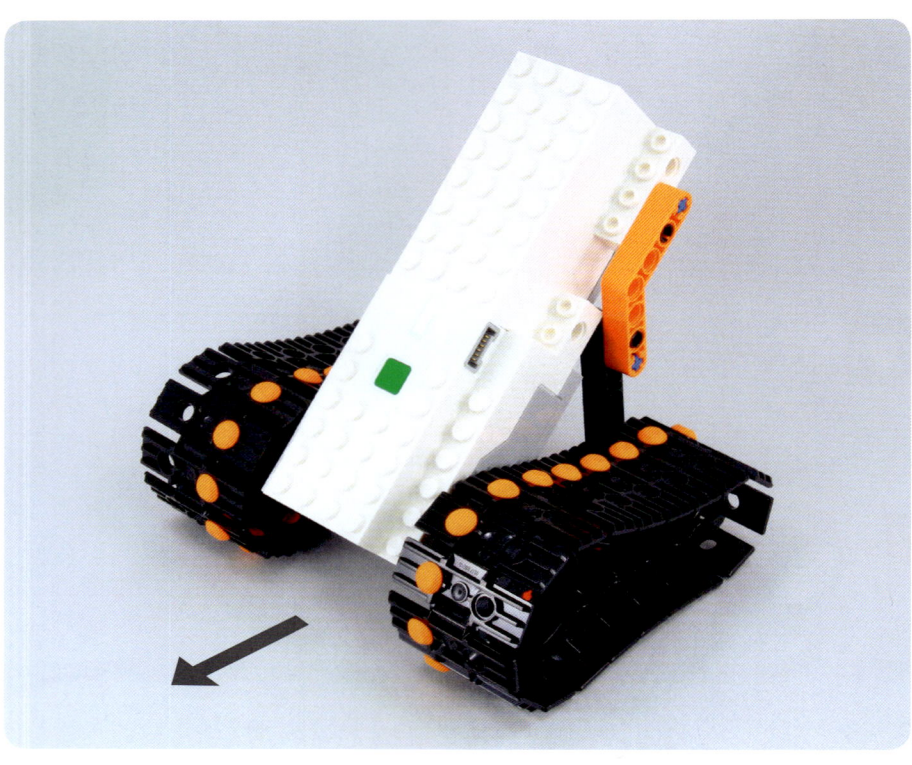

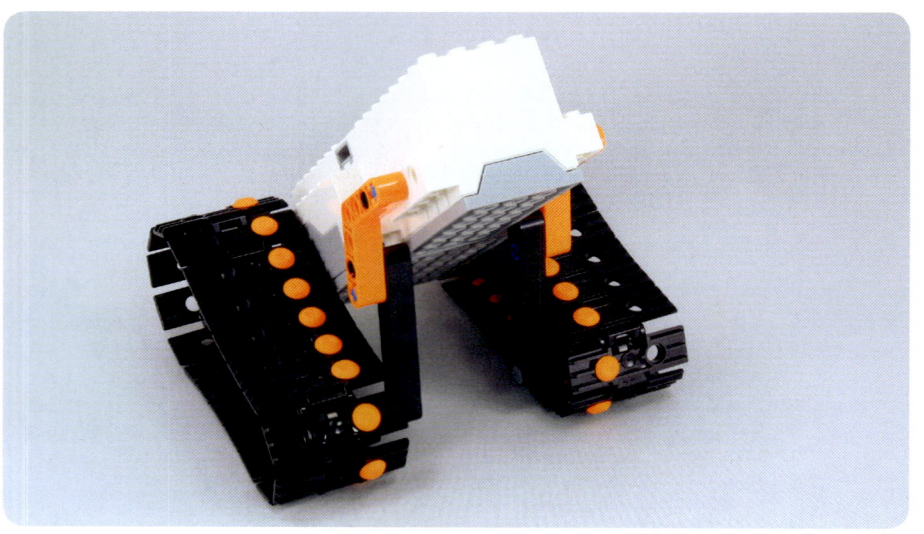

#7

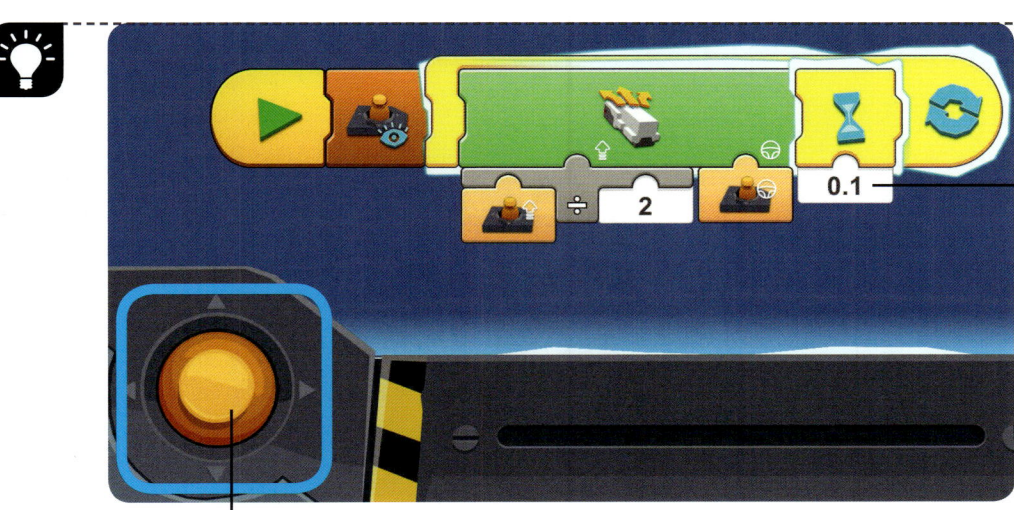

Joystick-Widget
Mit diesem Joystick kannst du dein Auto steuern.

Das Joystickprogramm beinhaltet einen Warte-Block, um eine leichte Verzögerung im Programm zu erstellen. Ohne die Verzögerung könnte das Programm verwirrt sein, da das Gerät kontinuierlich Anweisungen an deinen Roboter senden würde – viel zu schnell, als er reagieren könnte!

Fahren auf Raupenketten

#8

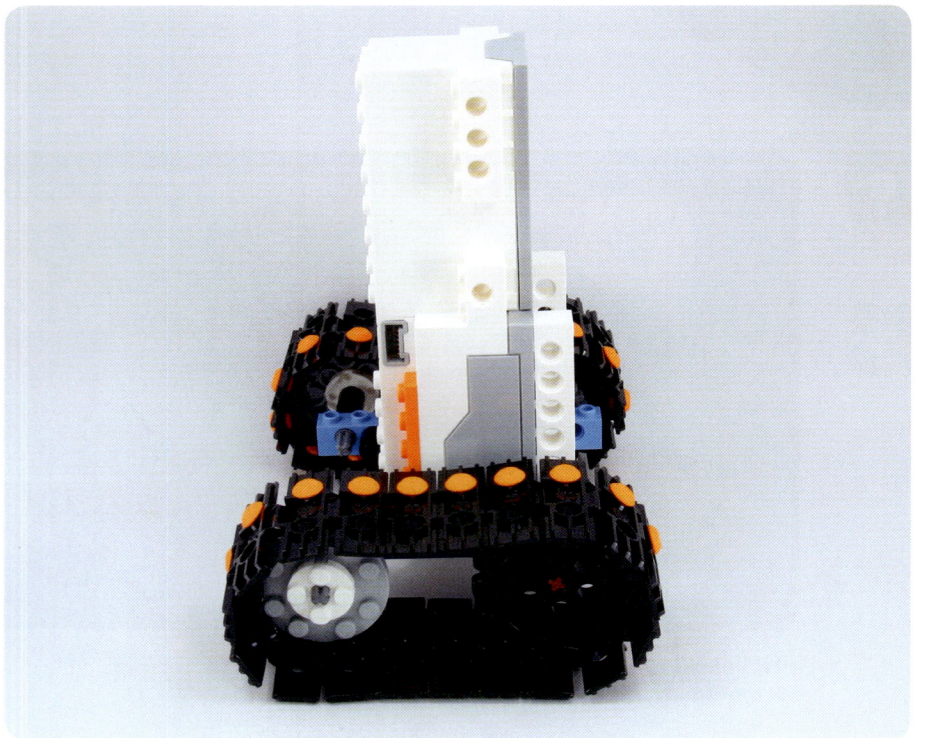

Geschwindigkeit ×1/3

16 Fahren auf Raupenketten

Übersetzung 8:24 = 1:3
- » Geschwindigkeit × 1/3
- » Leistung × 3

Du kannst dieses Modell steuern, indem du dein Tablet oder Smartphone hin und her oder links und rechts kippst. (Achtung: Dies funktioniert möglicherweise nicht mit jedem Gerät!)

Fahren auf Raupenketten **17**

Fahrwerksaufhängungen

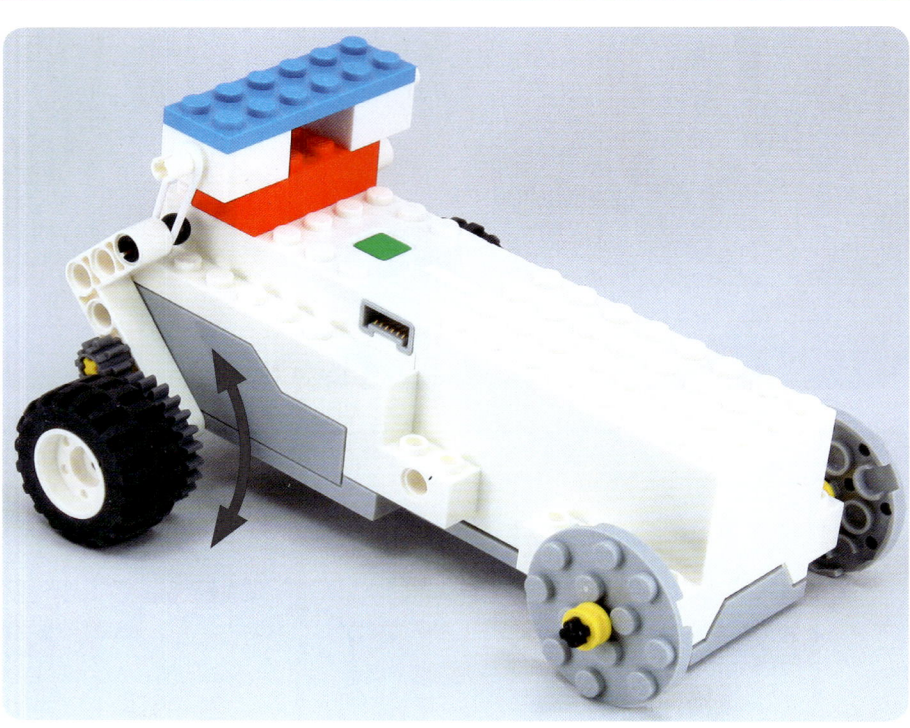

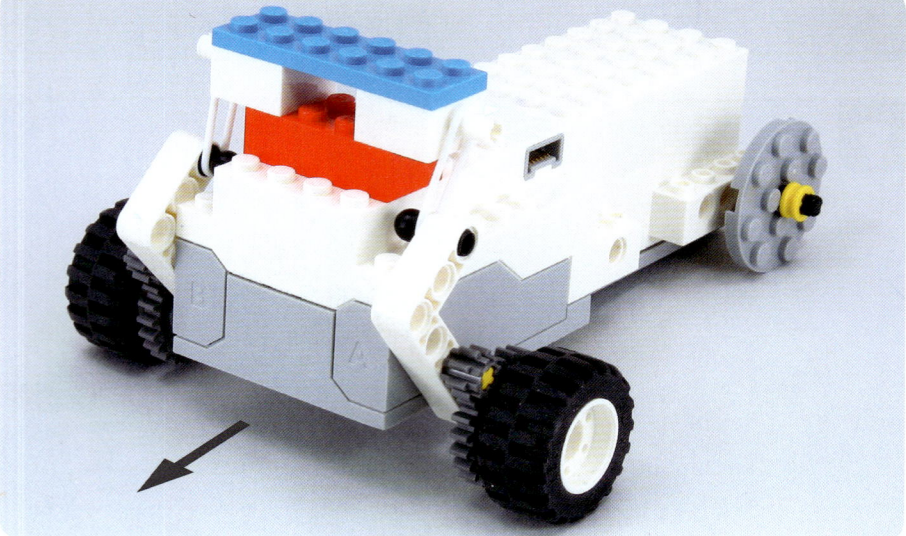

#9

Fahrwerksaufhängungen   **19**

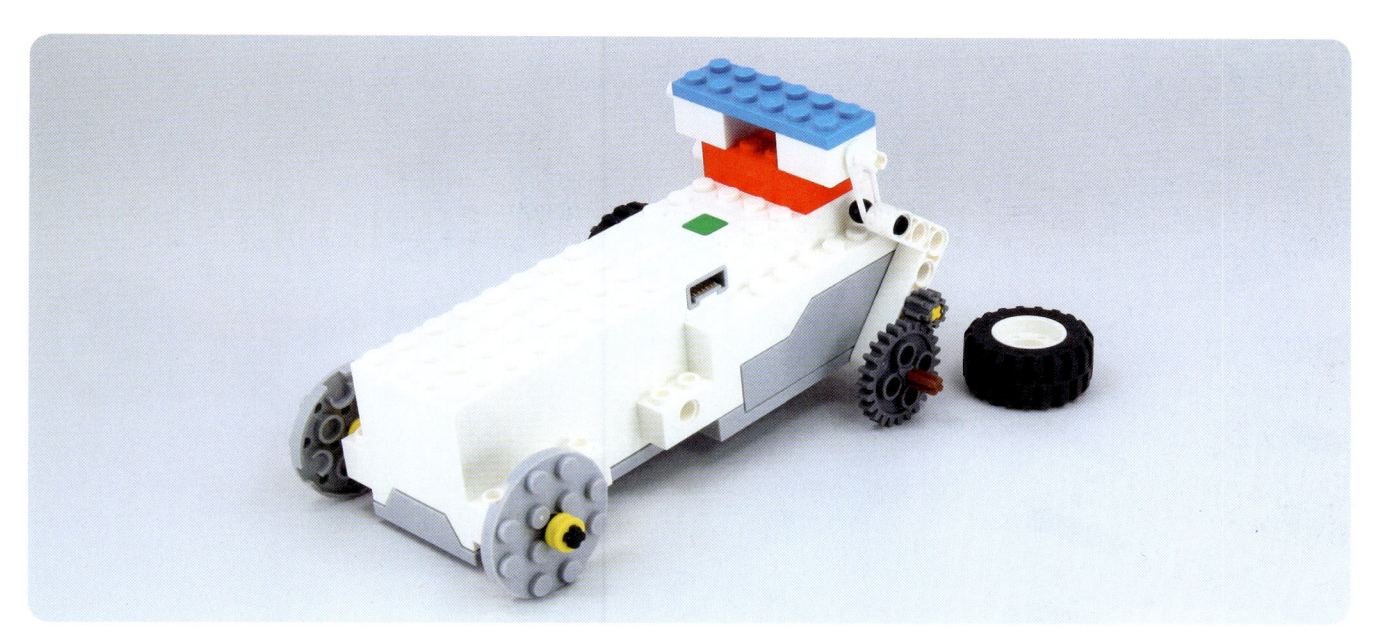

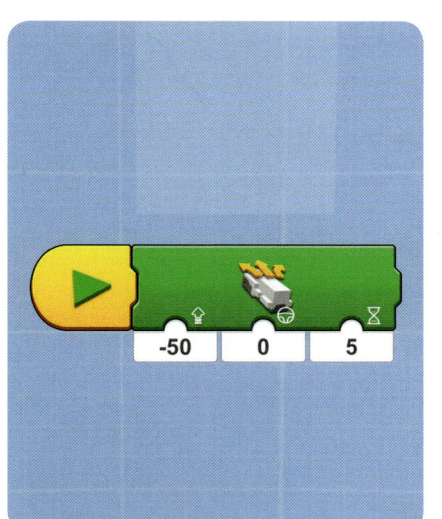

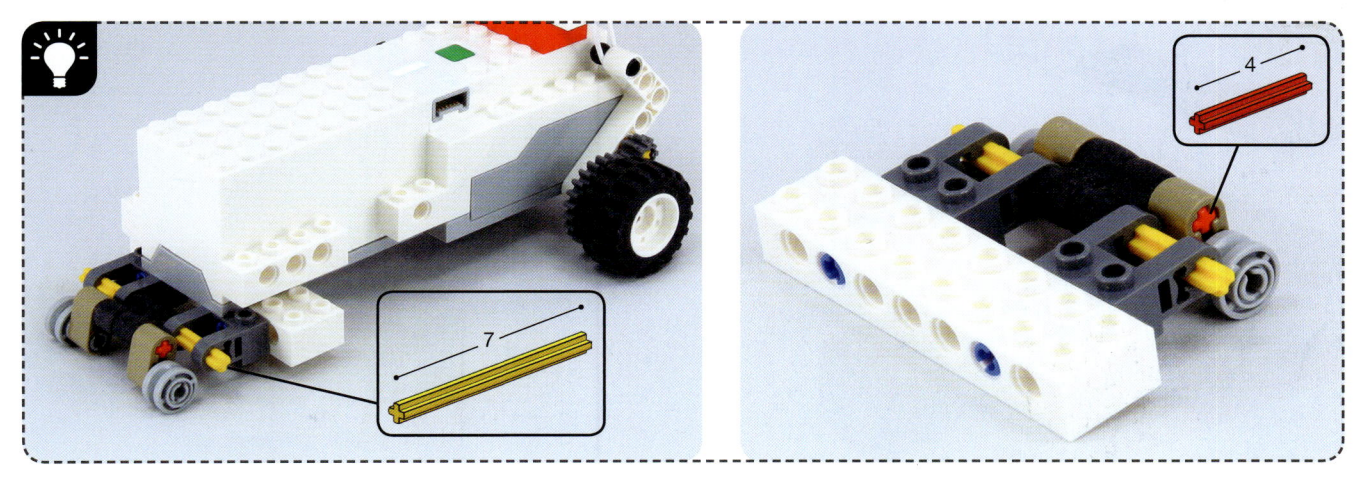

#10

20 Fahrwerksaufhängungen

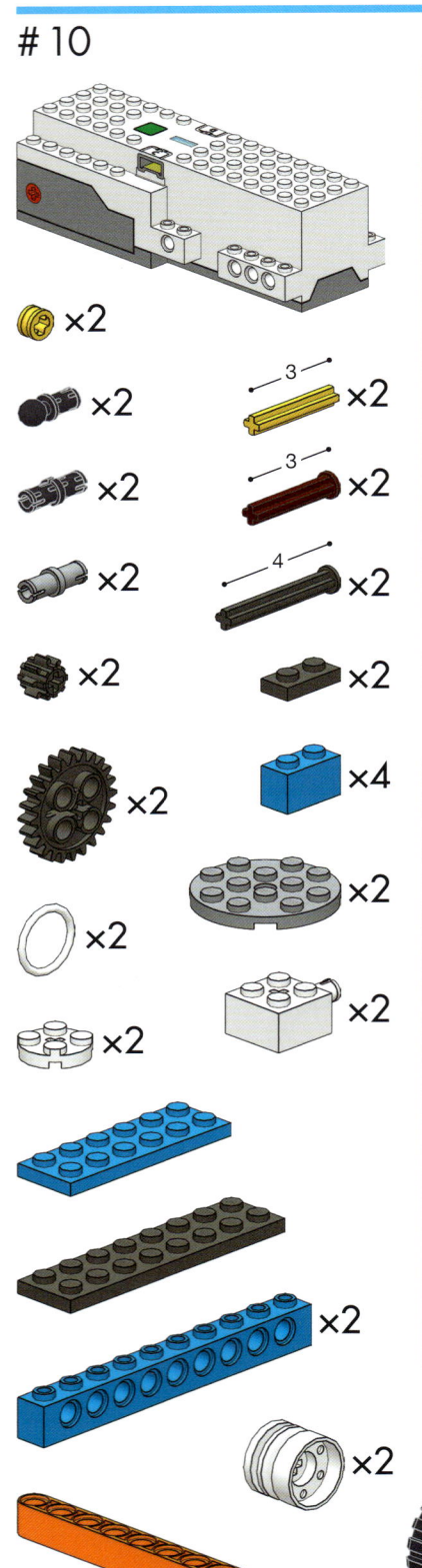

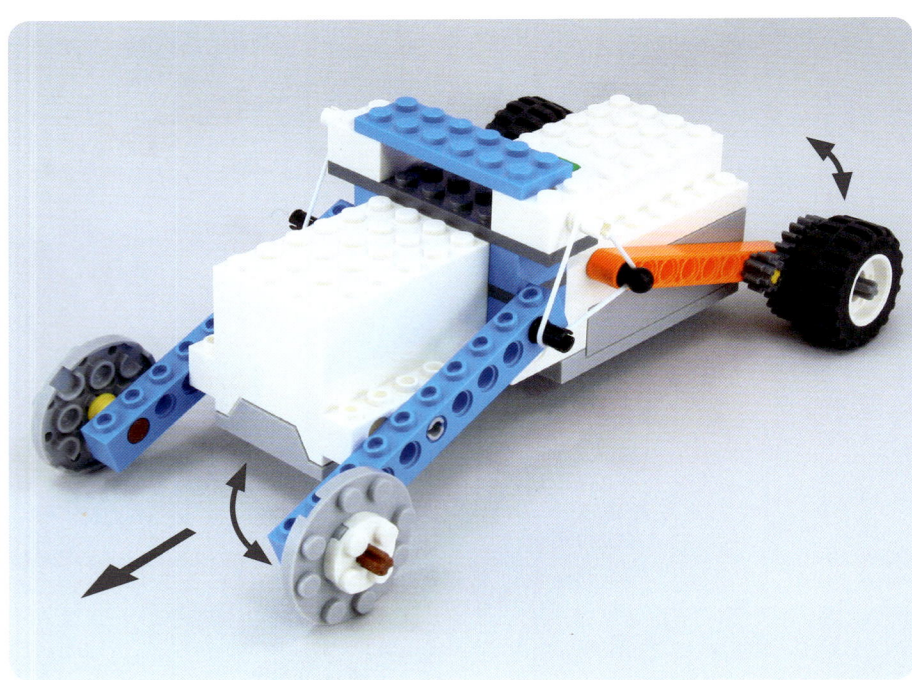

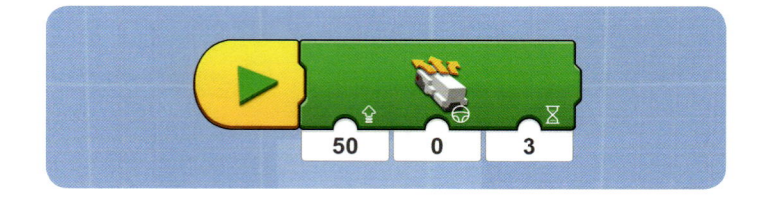

Fahrwerksaufhängungen **21**

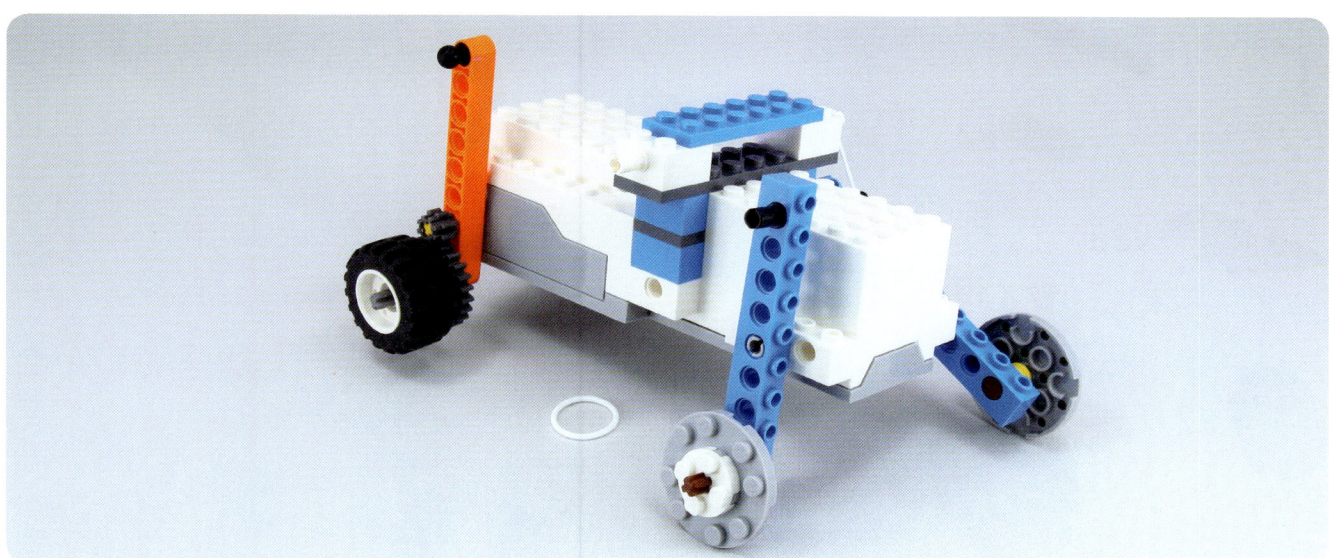

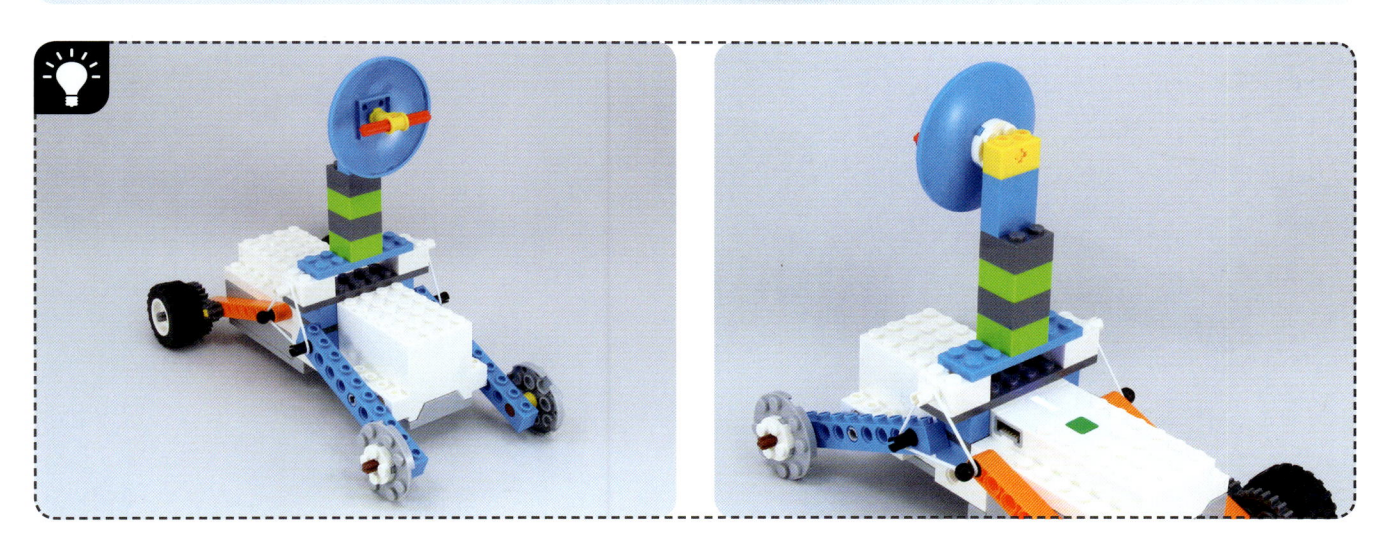

#11

22 Fahrwerksaufhängungen

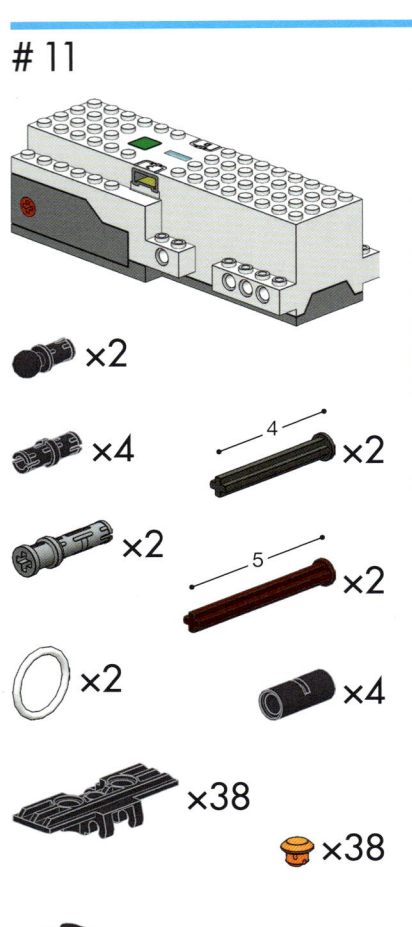

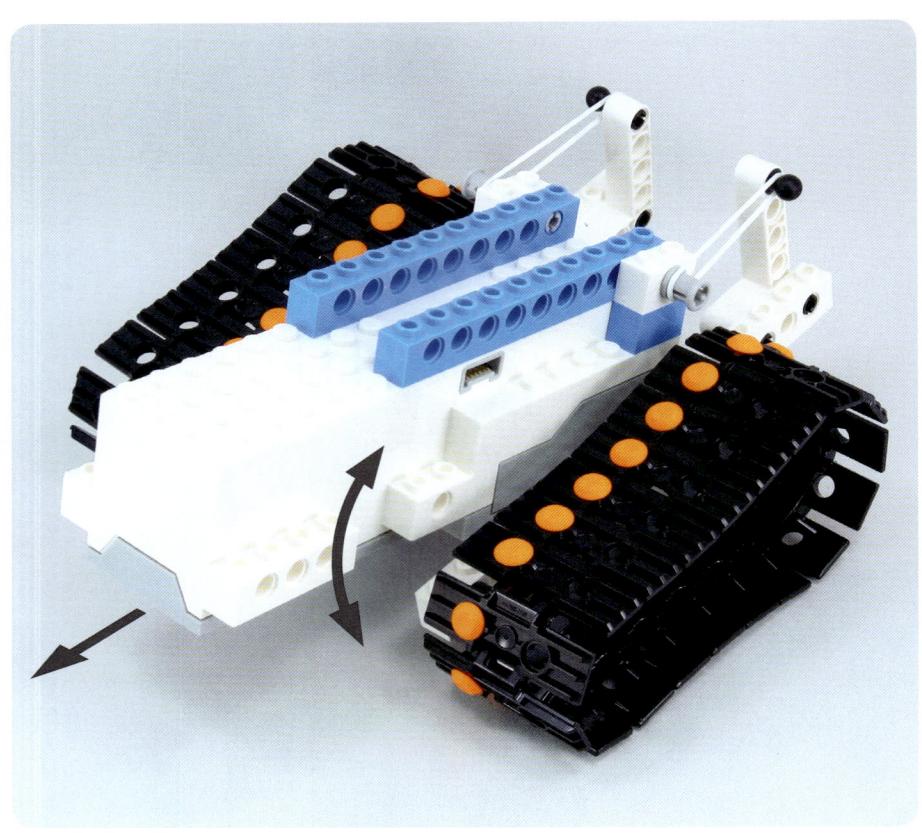

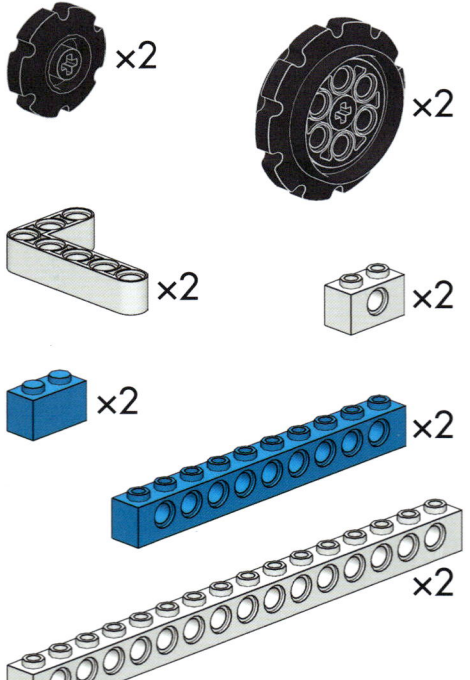

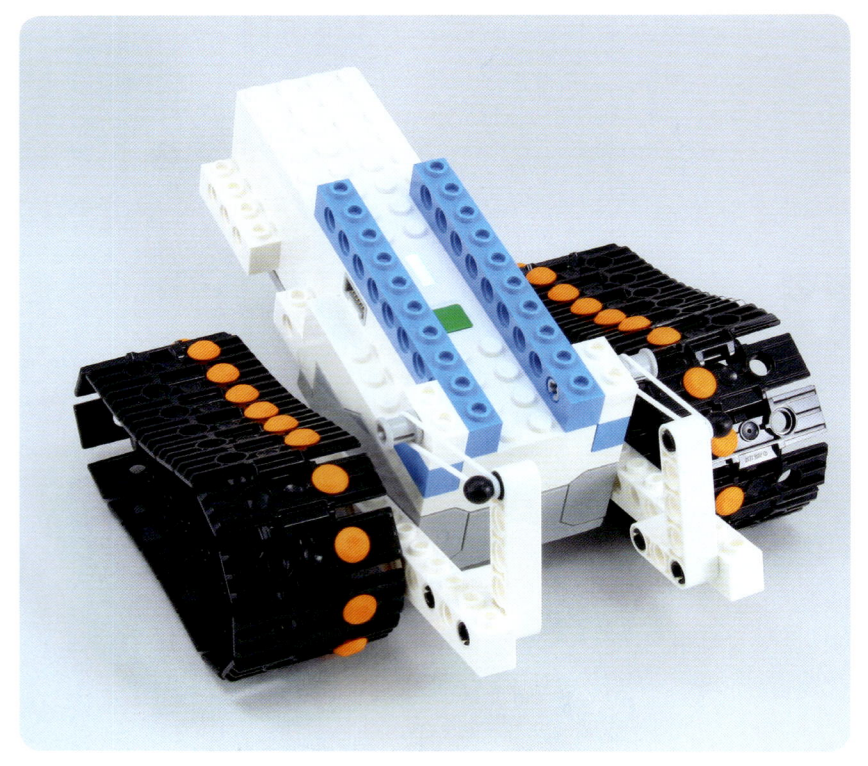

Fahrwerksaufhängungen

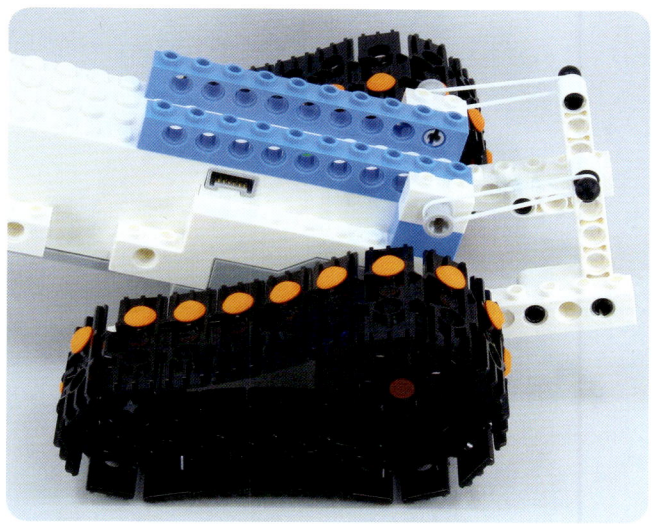

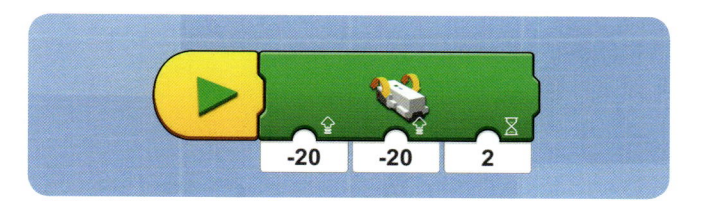

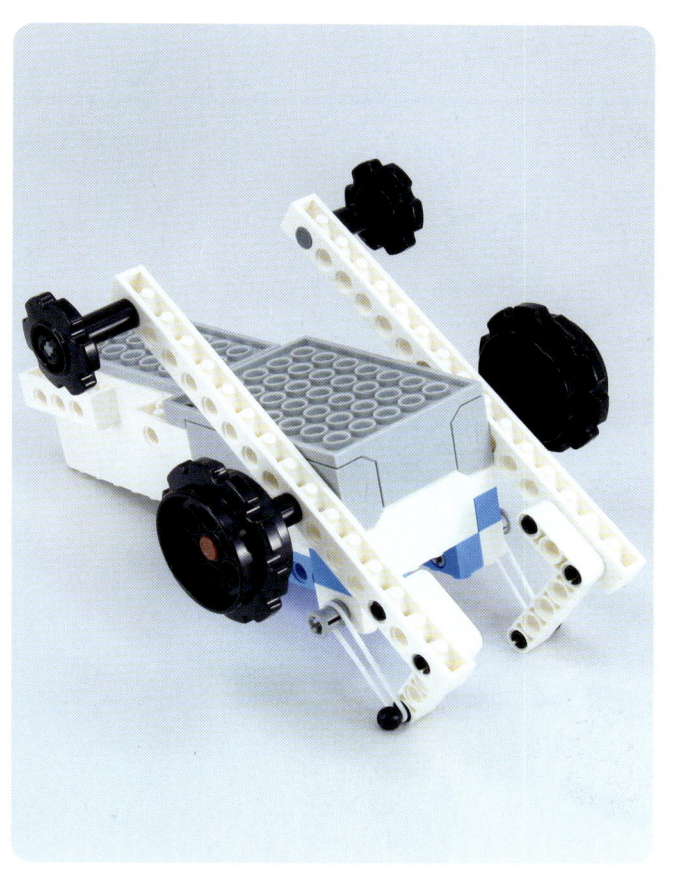

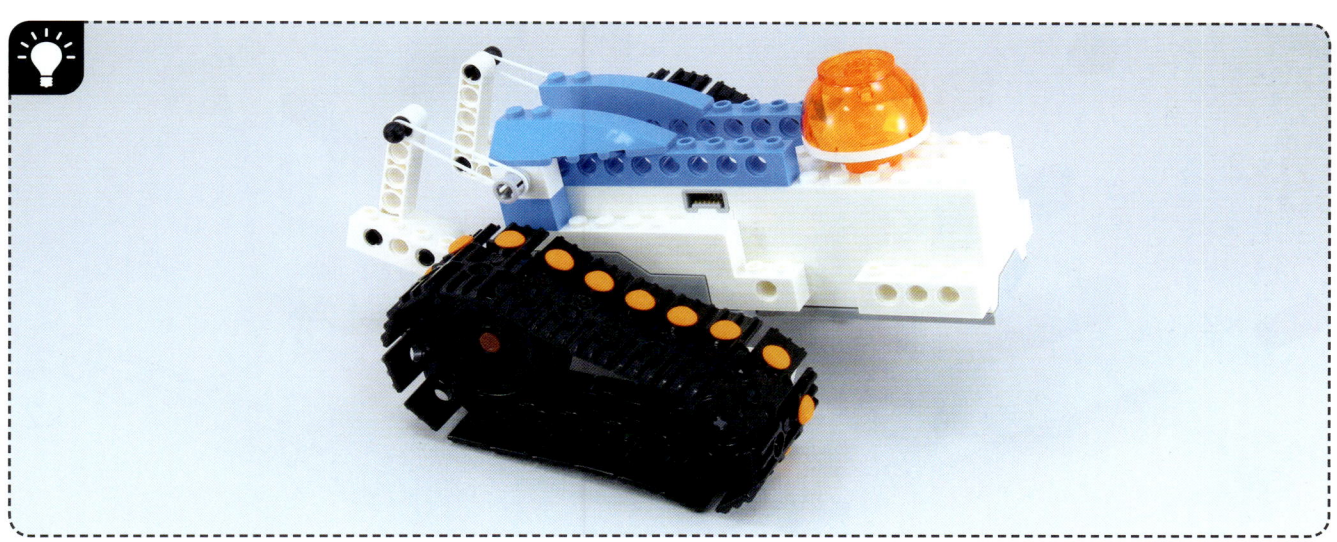

Maschinen, die laufen

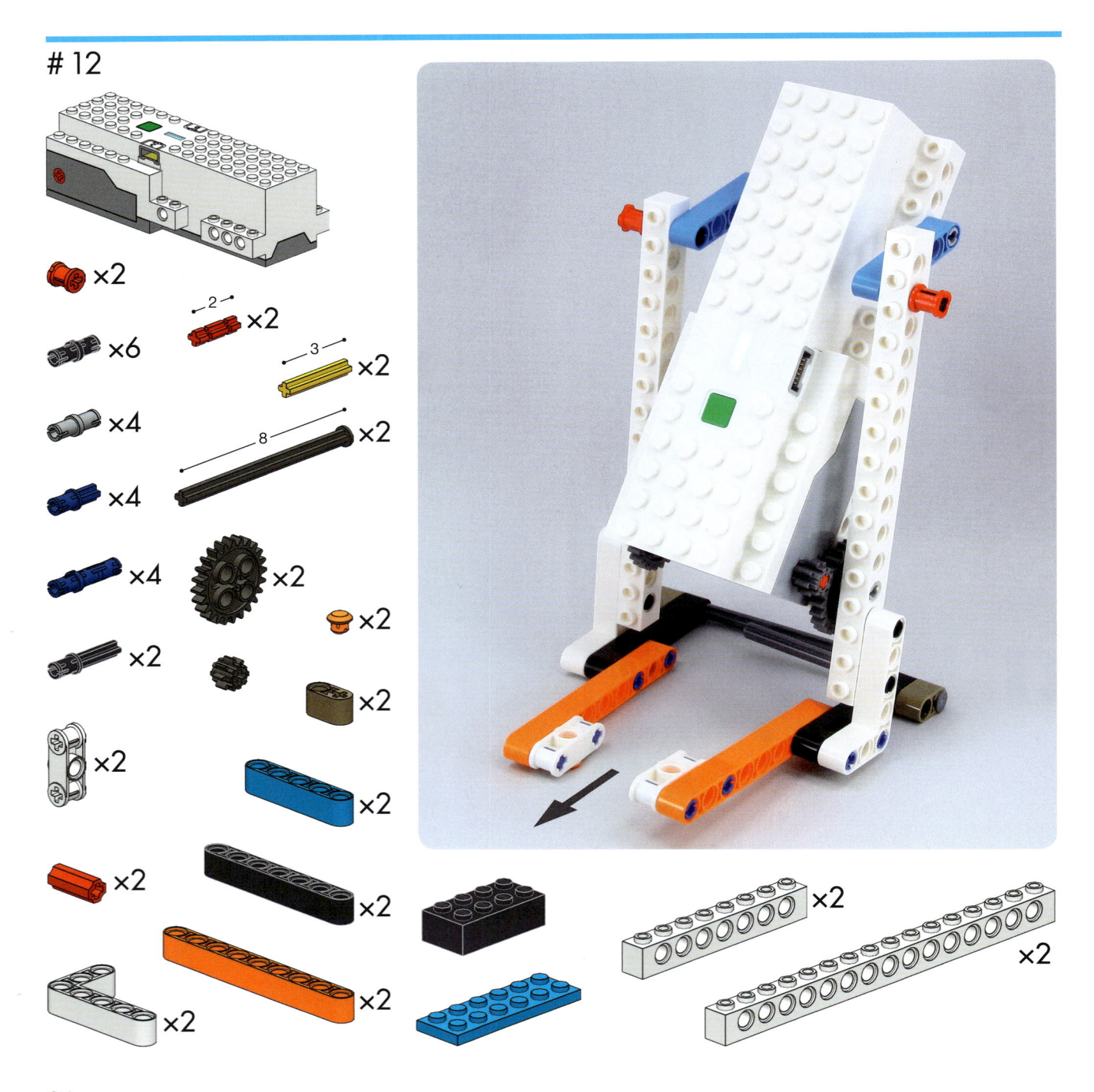

12

Maschinen, die laufen 25

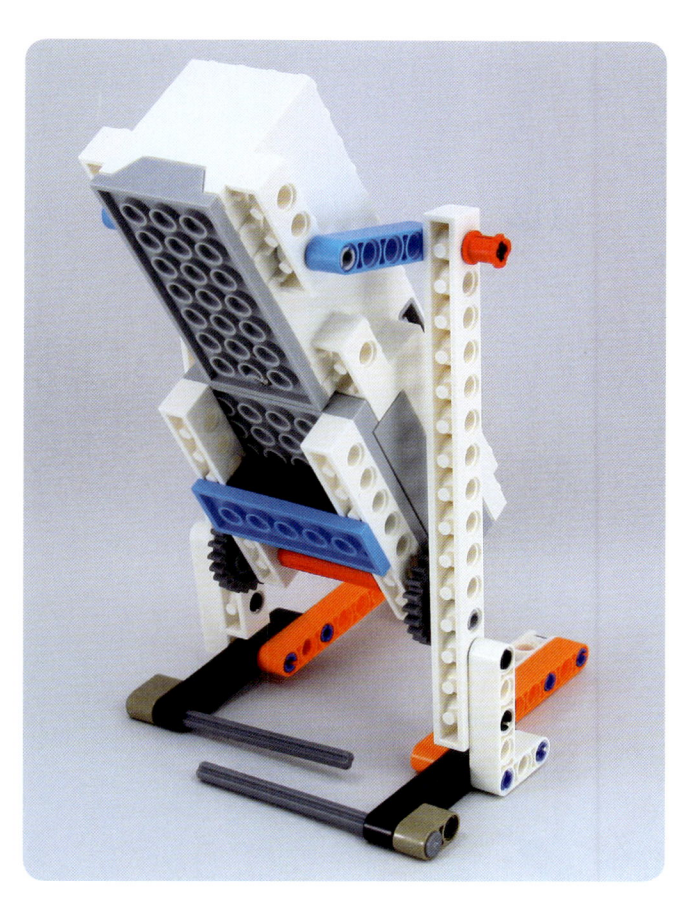

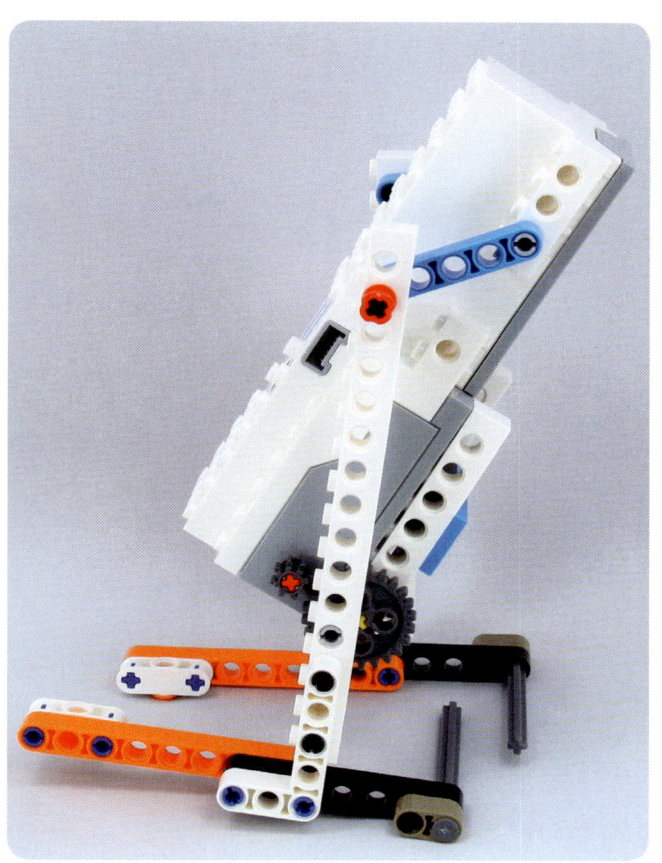

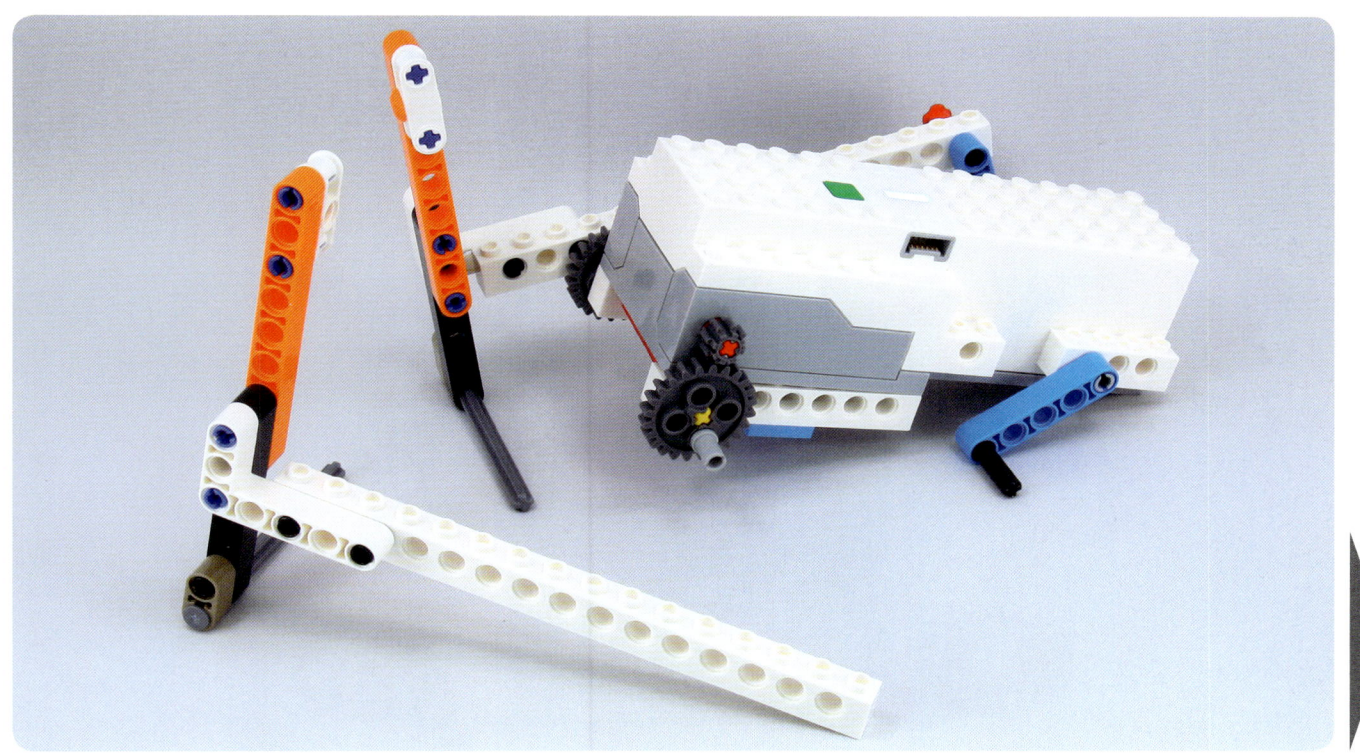

26 Maschinen, die laufen

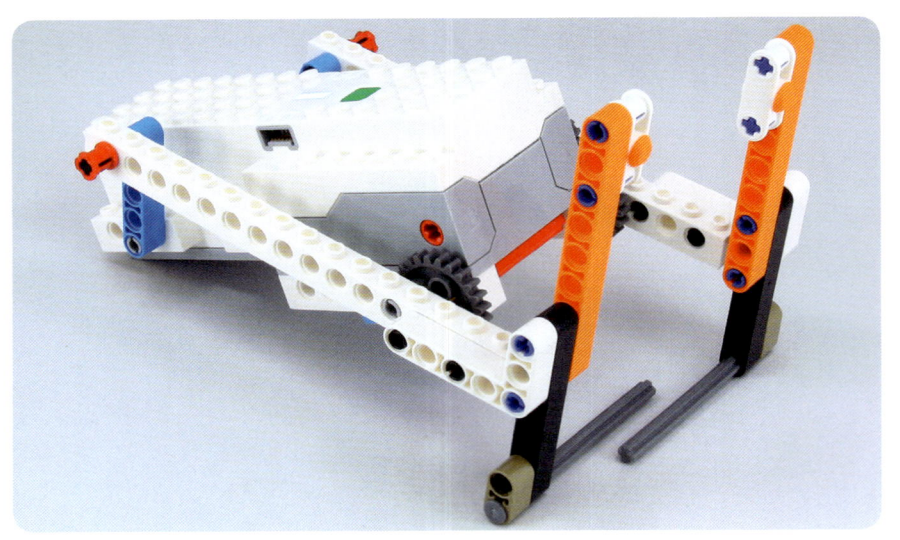

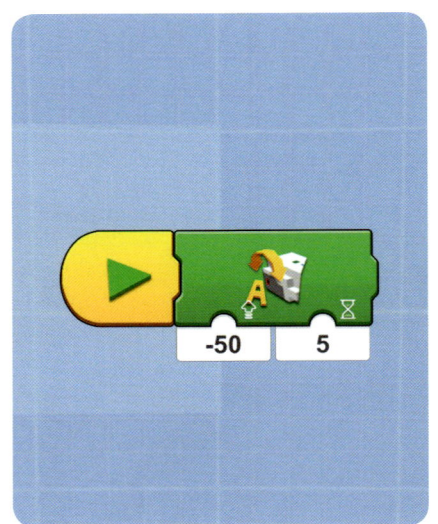

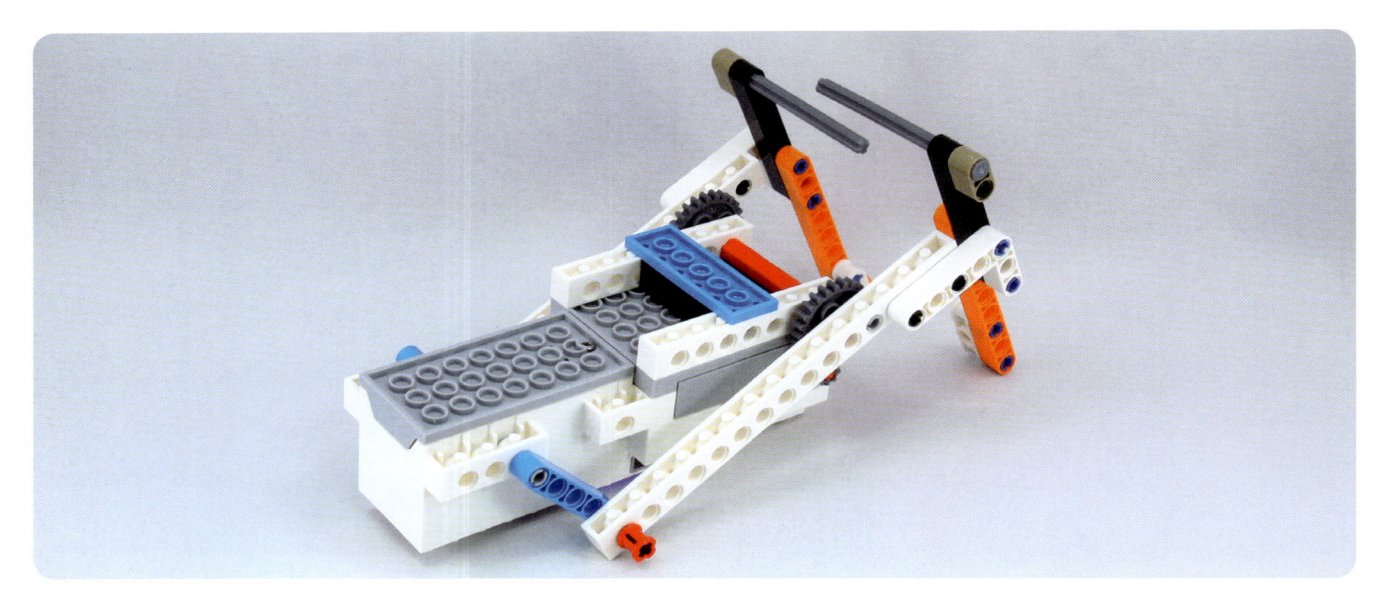

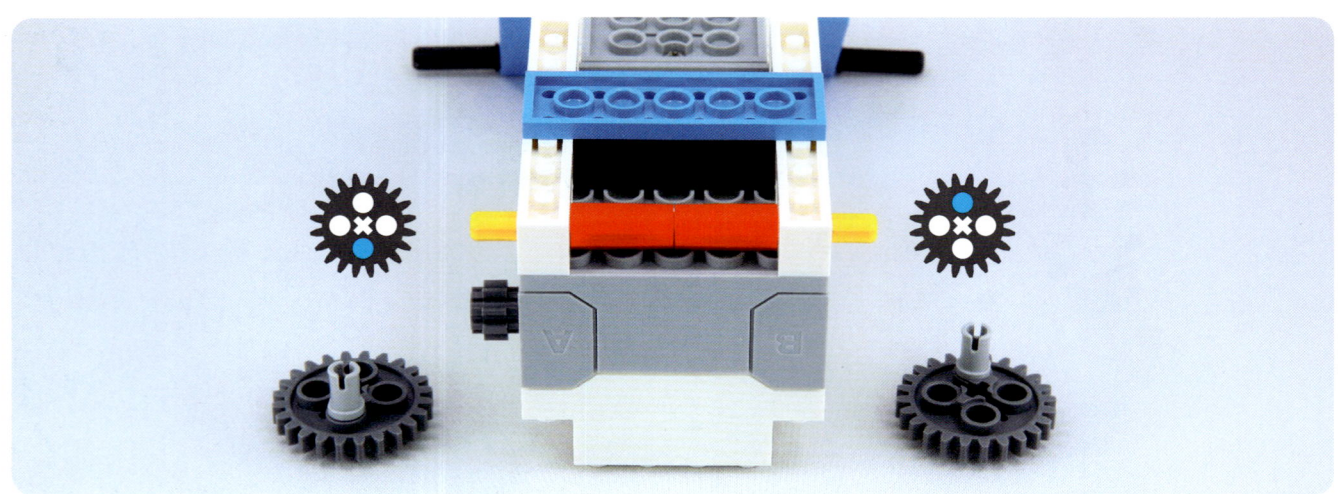

Maschinen, die laufen **27**

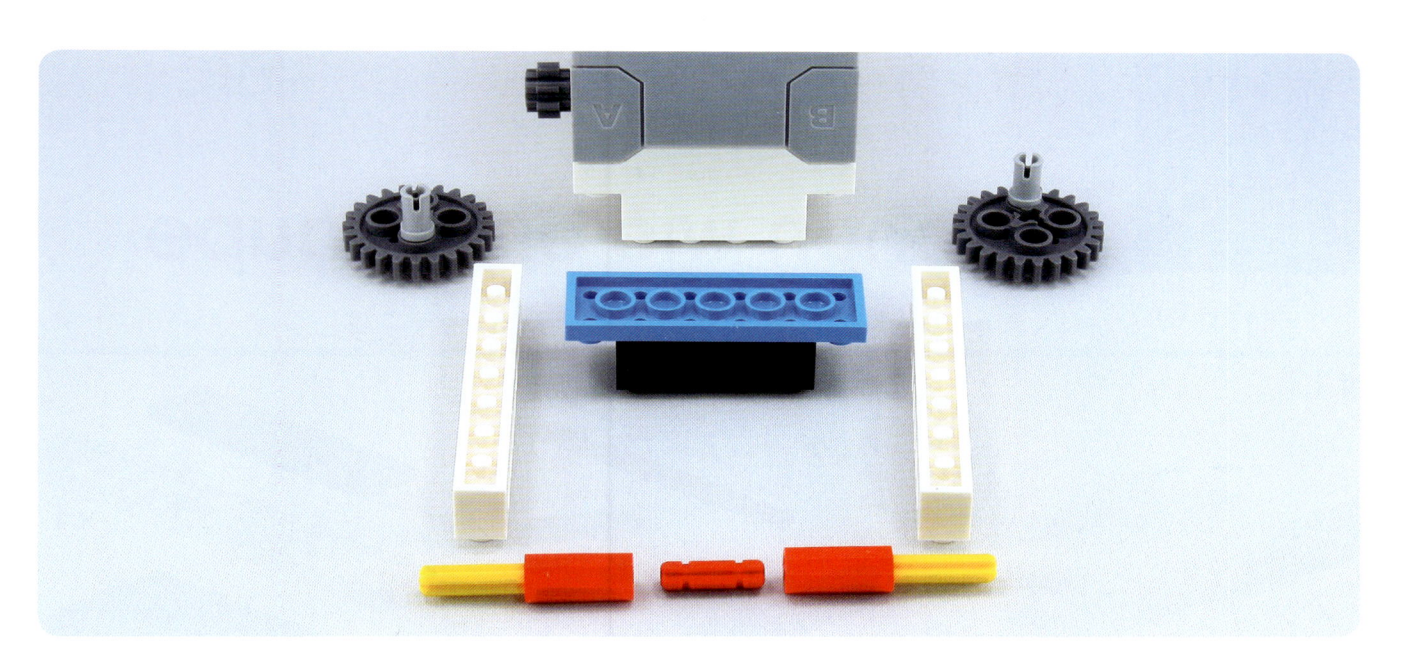

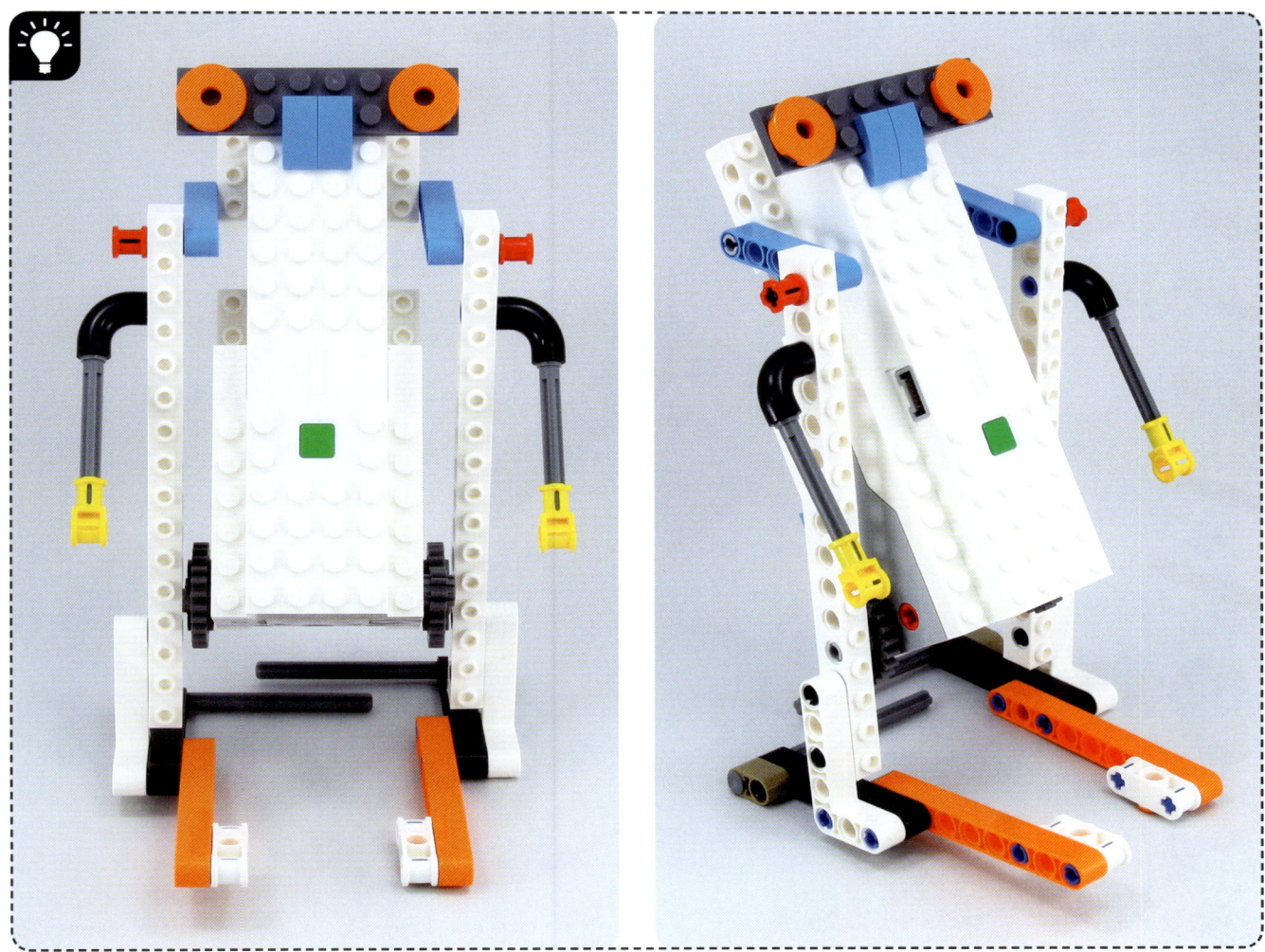

Kriechen wie eine Raupe

13

28

Kriechen wie eine Raupe   29

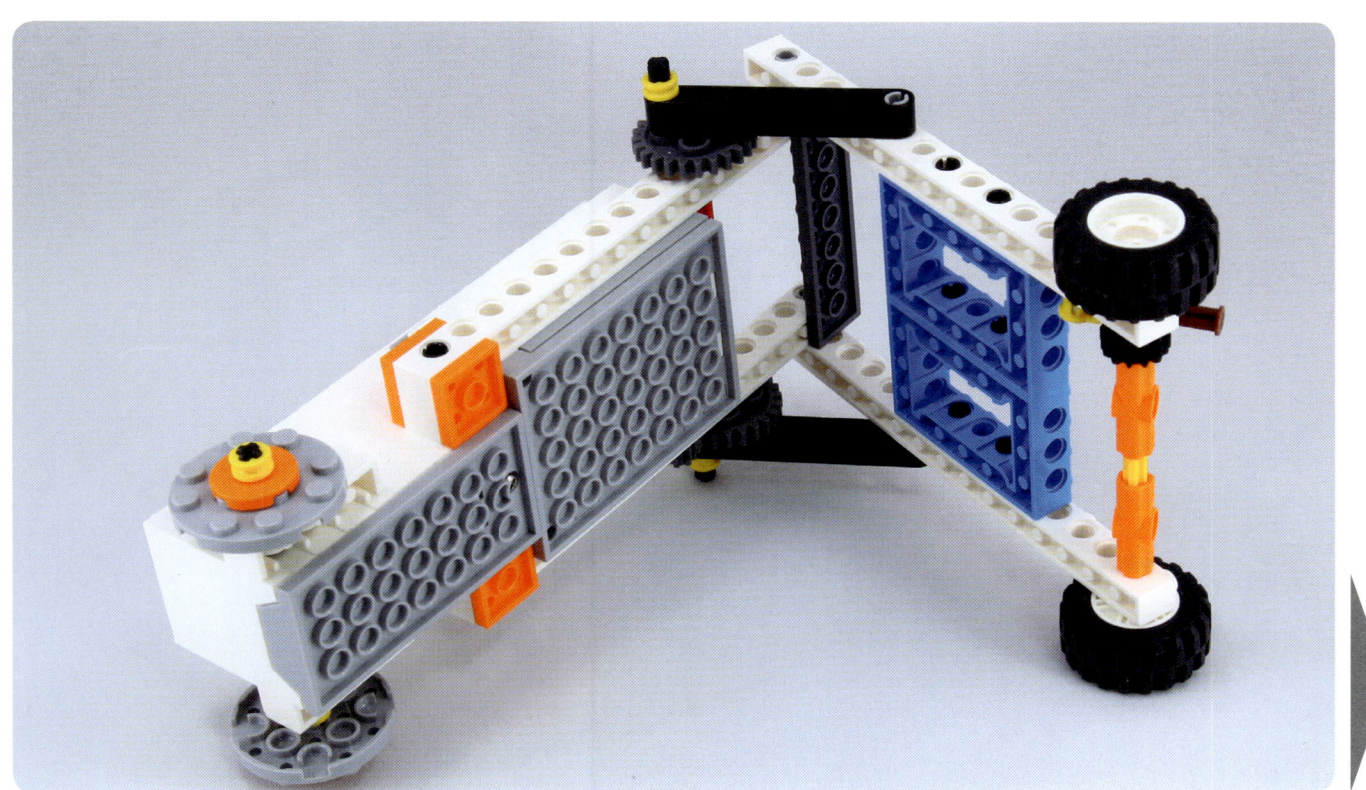

30 Kriechen wie eine Raupe

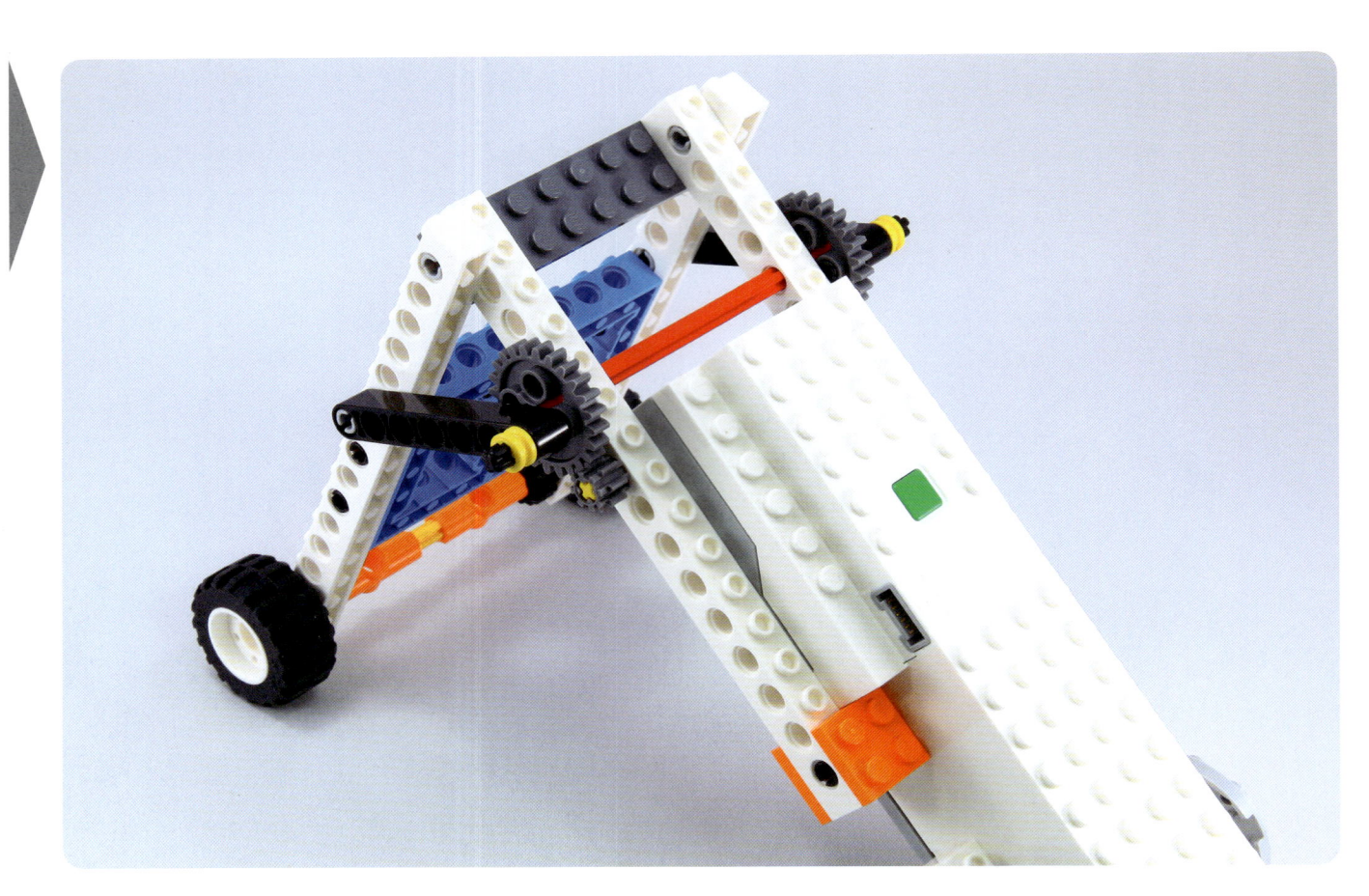

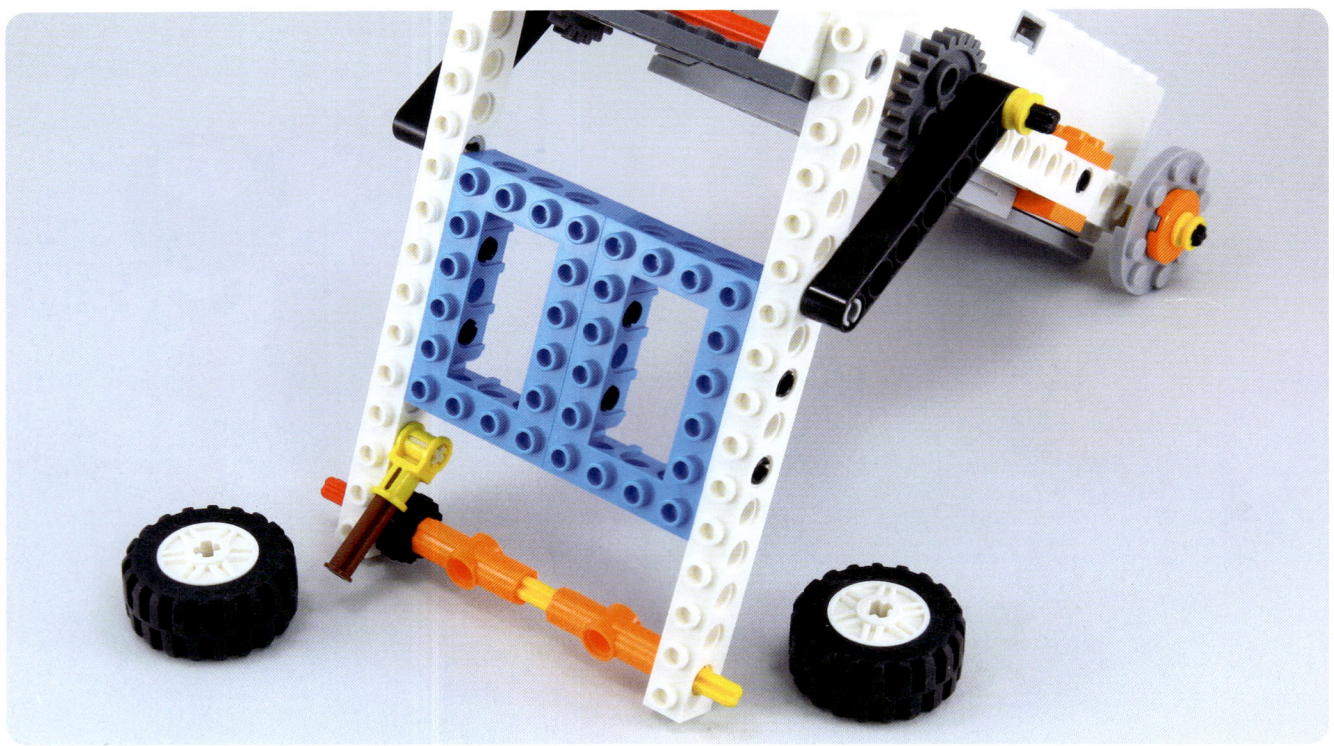

Kriechen wie eine Raupe   31

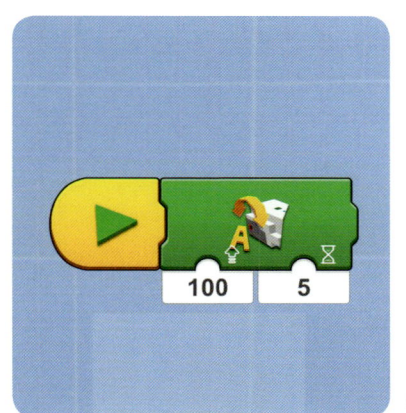

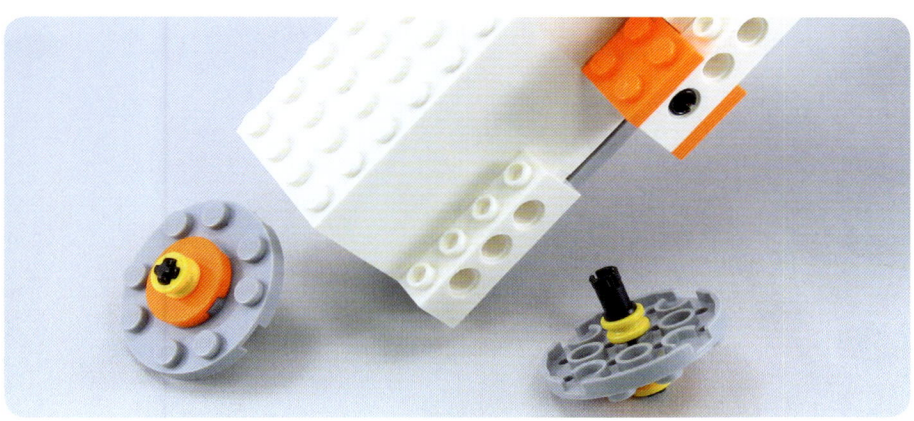

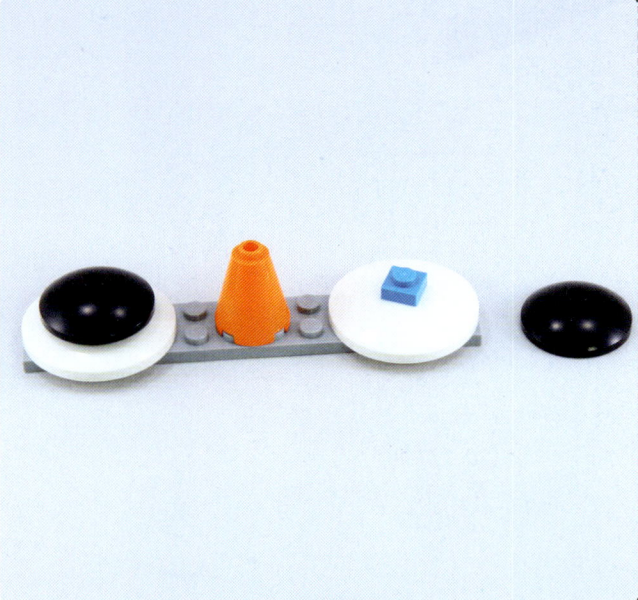

Weitere Fortbewegungsarten

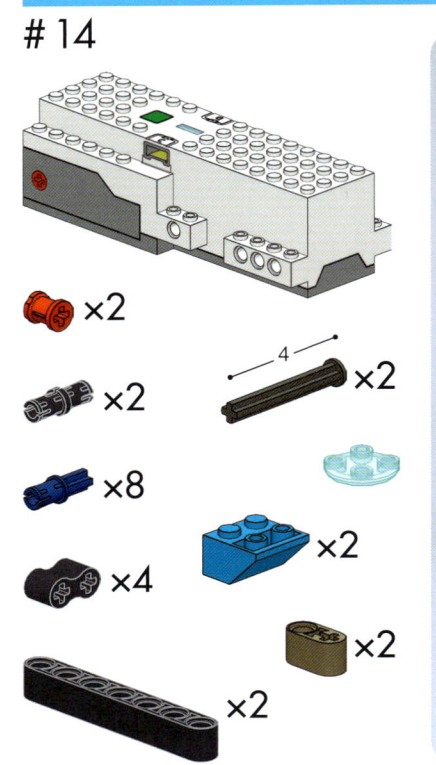

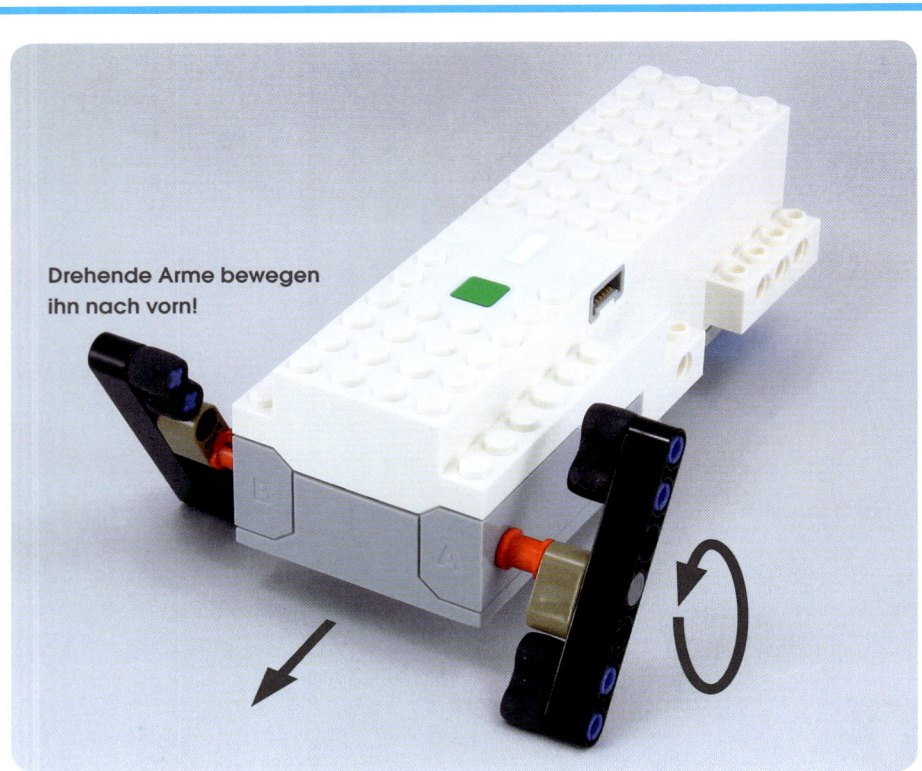

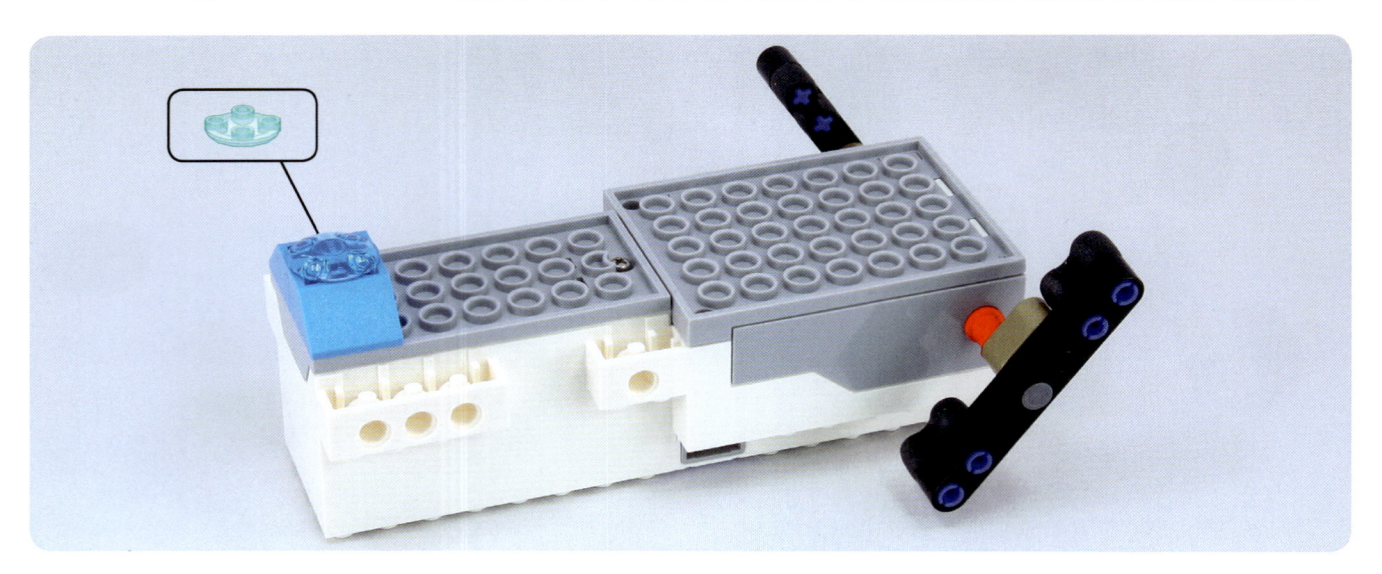

#14

Drehende Arme bewegen ihn nach vorn!

32

Weitere Fortbewegungsarten **33**

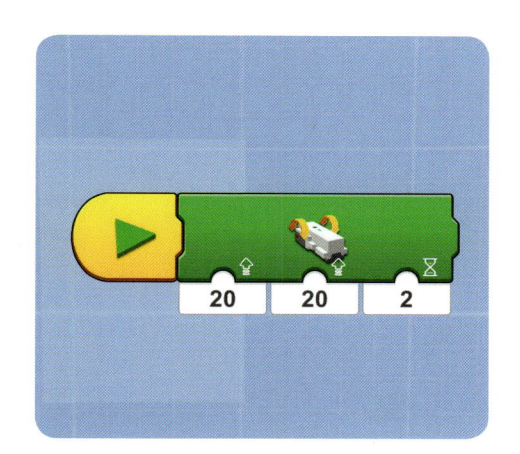

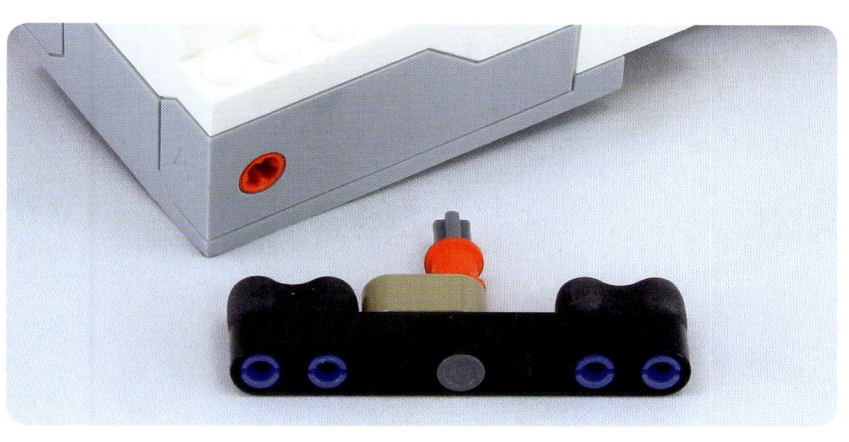

#15

×4

×2

×2

×2

×2

×2

×2

×2

×2

×2

×2

×2

Räder mit exzentrischer Achse erzeugen eine ungewöhnliche Bewegung!

34 Weitere Fortbewegungsarten

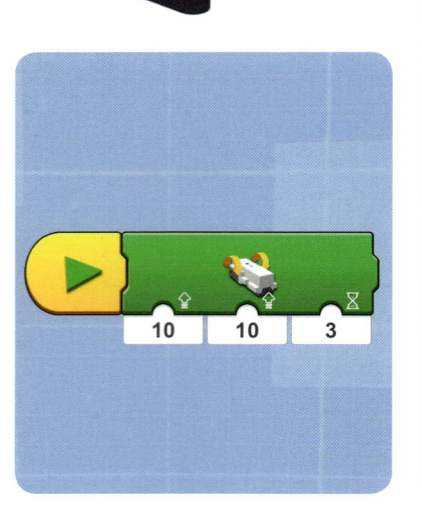

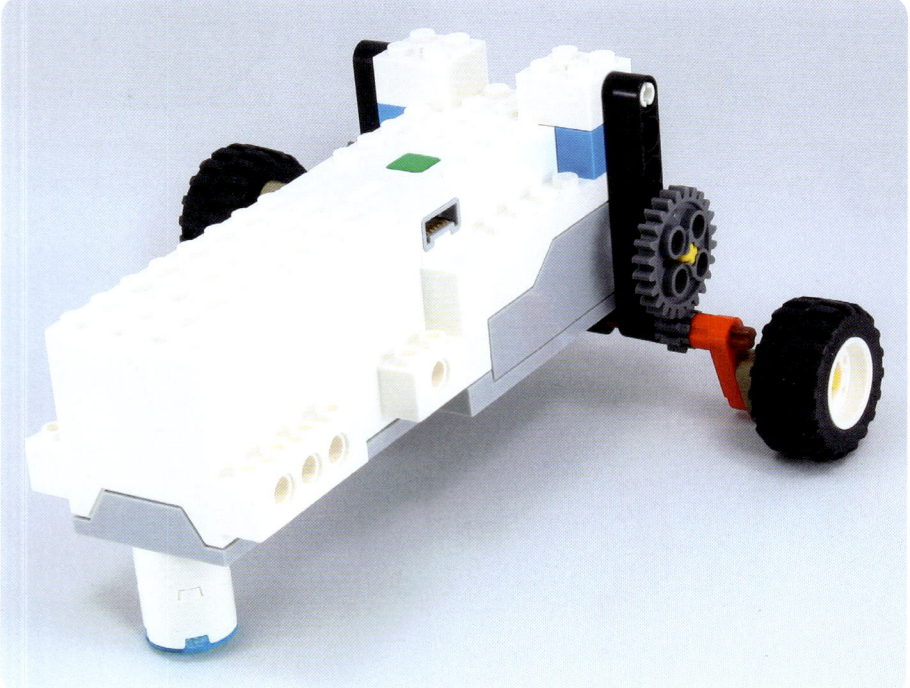

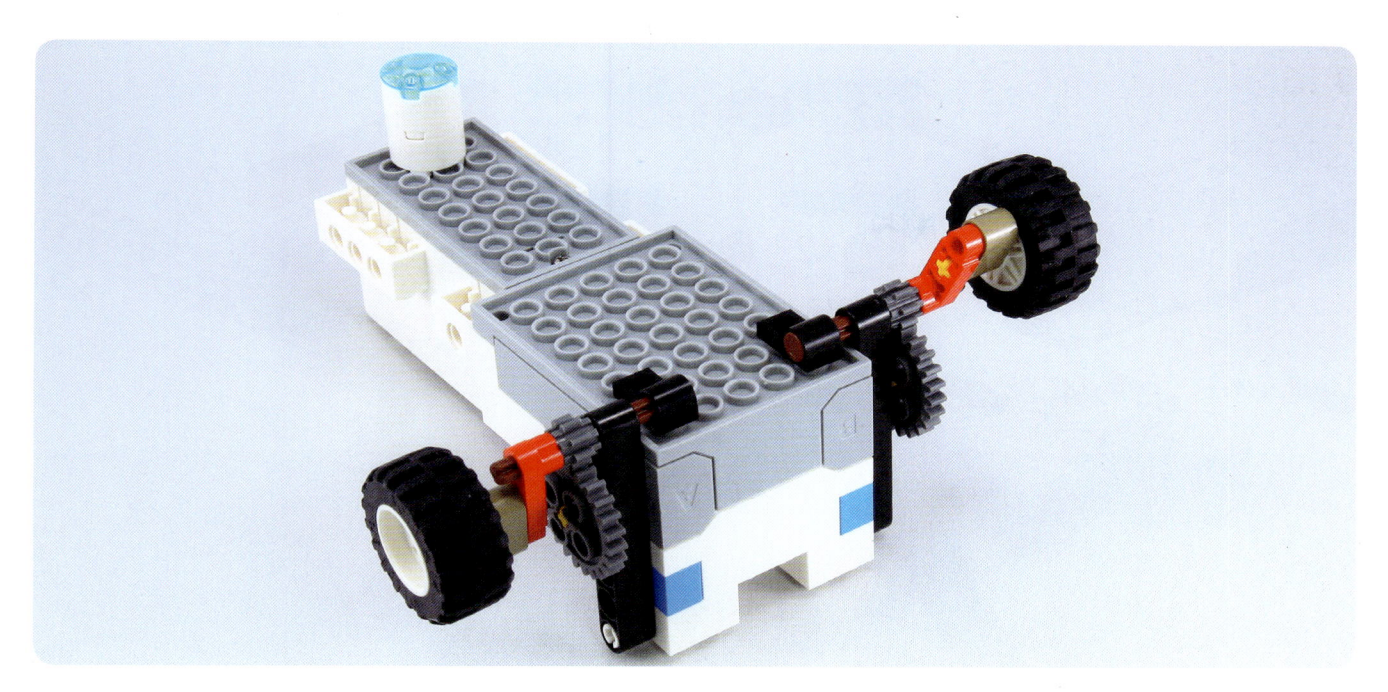

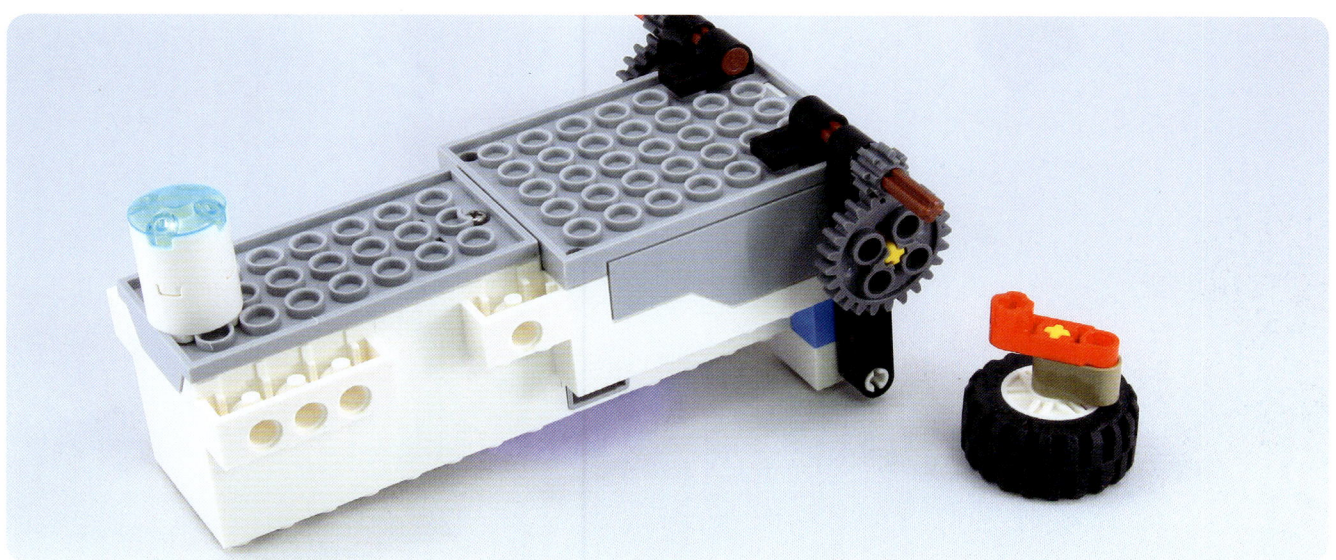

Joystick-Widget
Mit diesem Joystick kannst du dein Auto steuern.

Das Joystickprogramm beinhaltet einen Warte-Block, um eine leichte Verzögerung im Programm zu erstellen. Ohne die Verzögerung könnte das Programm verwirrt sein, da das Gerät kontinuierlich Anweisungen an deinen Roboter senden würde – viel zu schnell, als er reagieren könnte!

Weitere Fortbewegungsarten **35**

#16

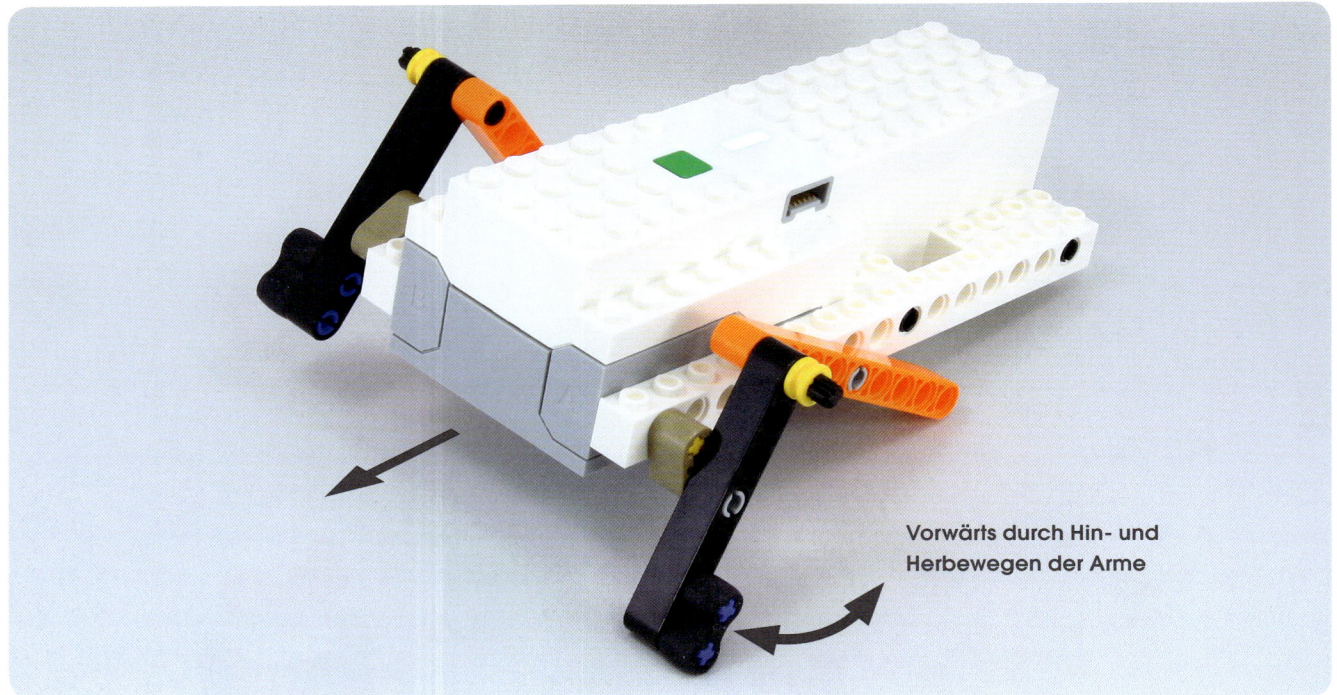

Vorwärts durch Hin- und Herbewegen der Arme

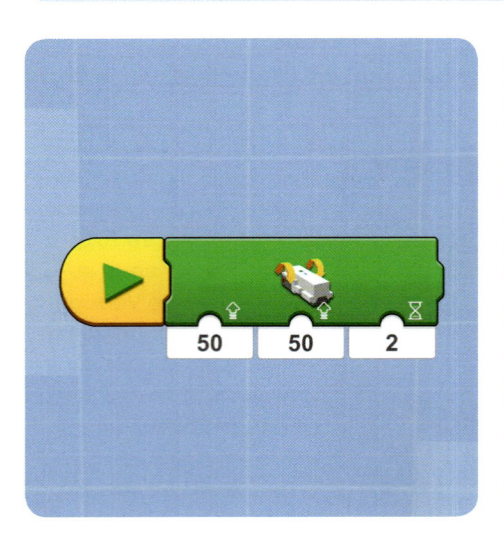

36 Weitere Fortbewegungsarten

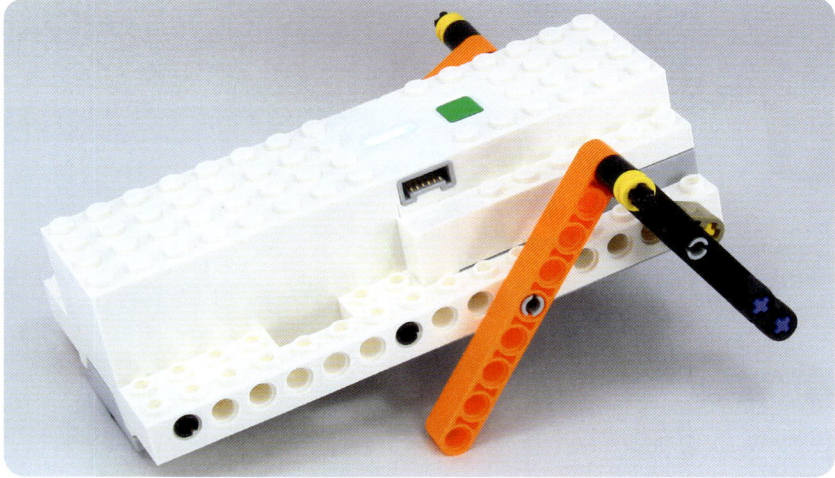

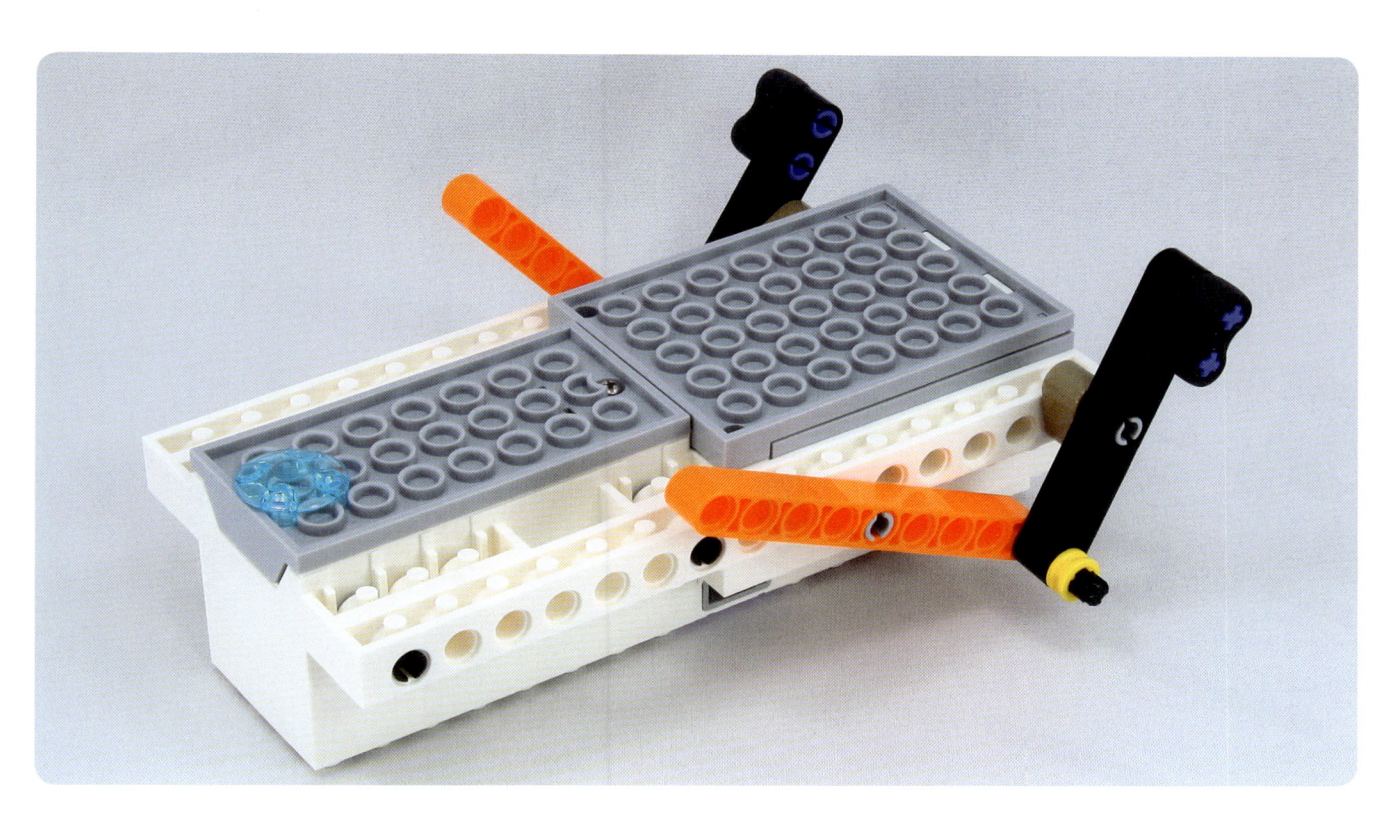

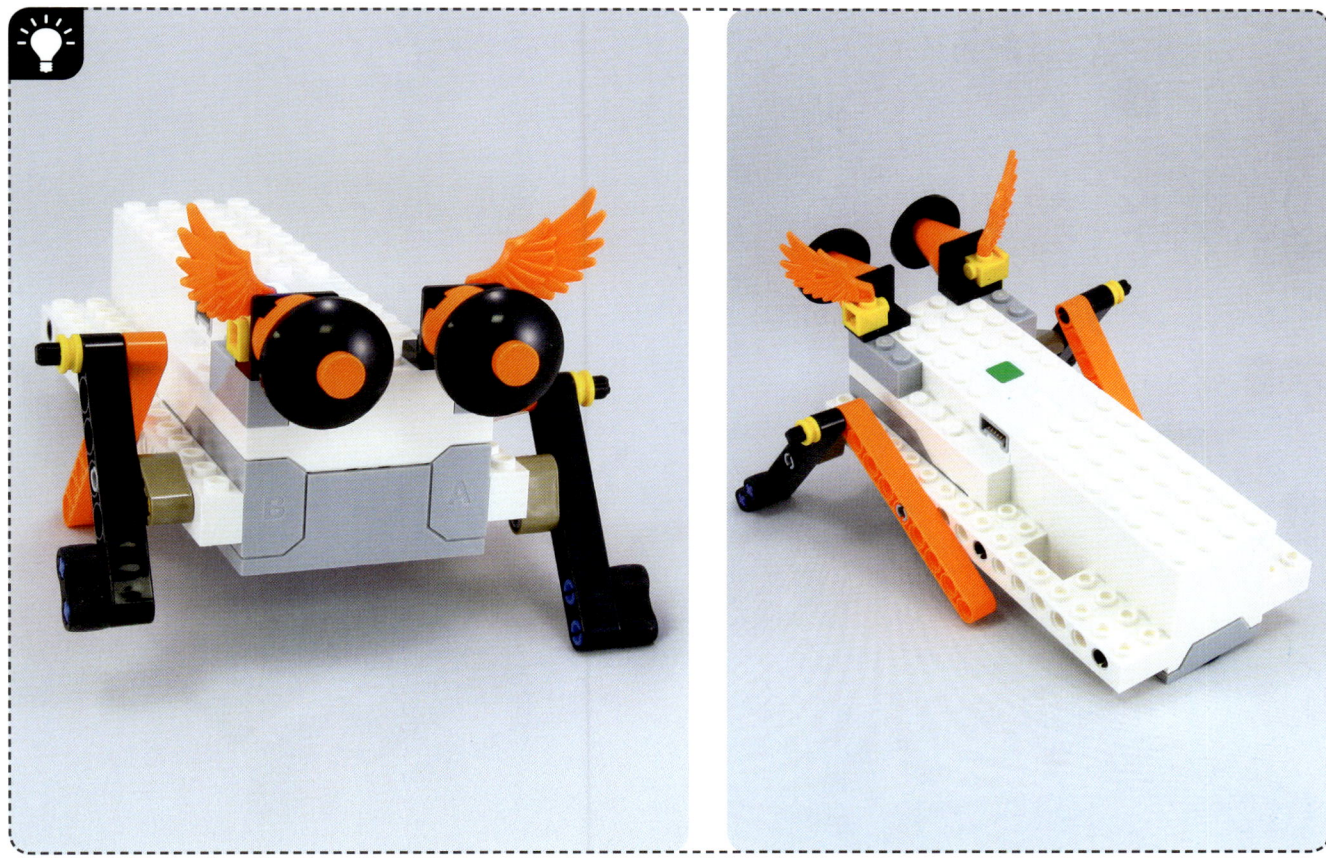

Weitere Fortbewegungsarten   37

#17

×4 ×4 ×2 ×2

×8 ×2 ×2 ×2

3 4 ×2

9 ×2

12

×2 ×2 ×2

×2 ×2

×2 ×2

×2

Vorwärts durch Hin- und Herbewegen der Räder

38 Weitere Fortbewegungsarten

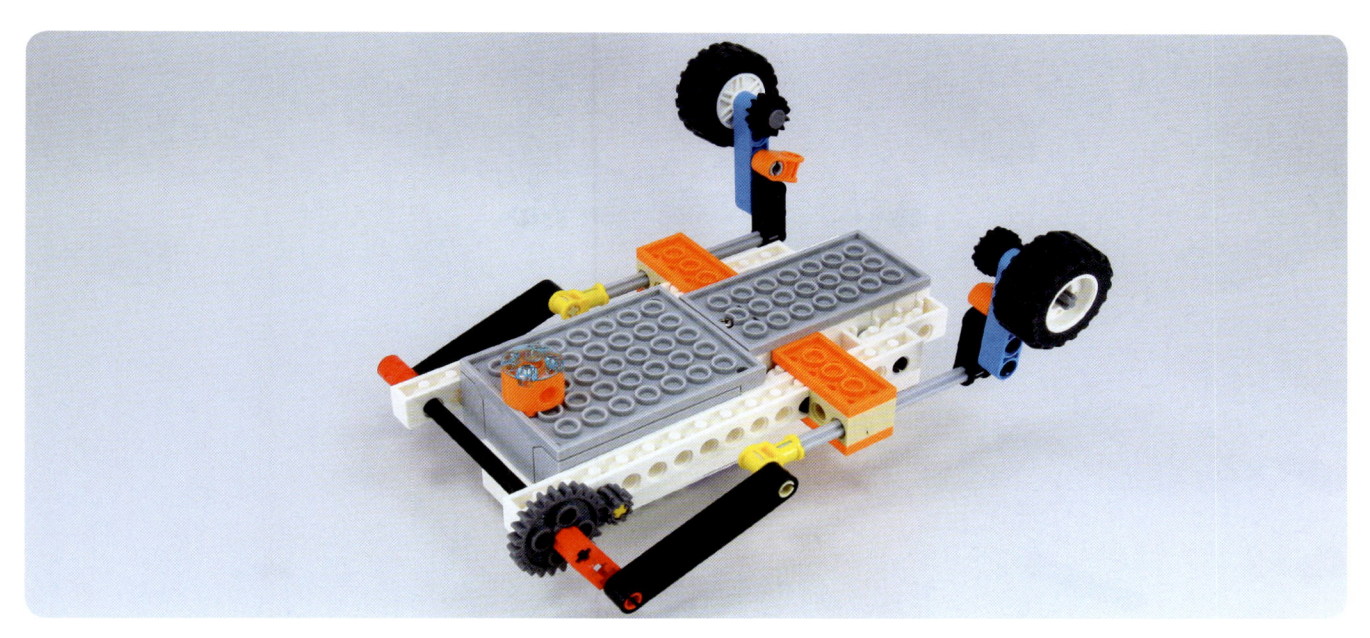

Weitere Fortbewegungsarten **39**

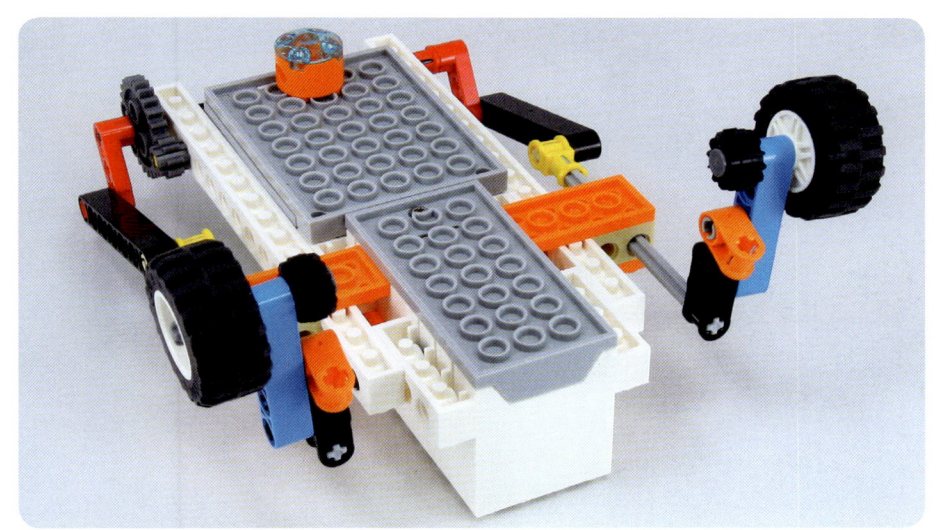

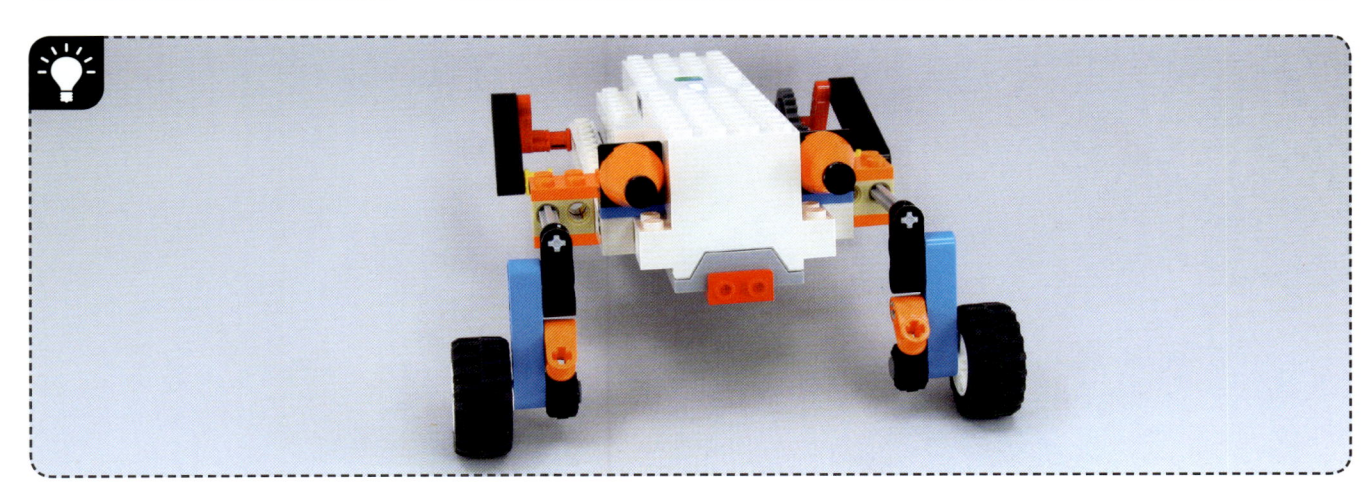

#18

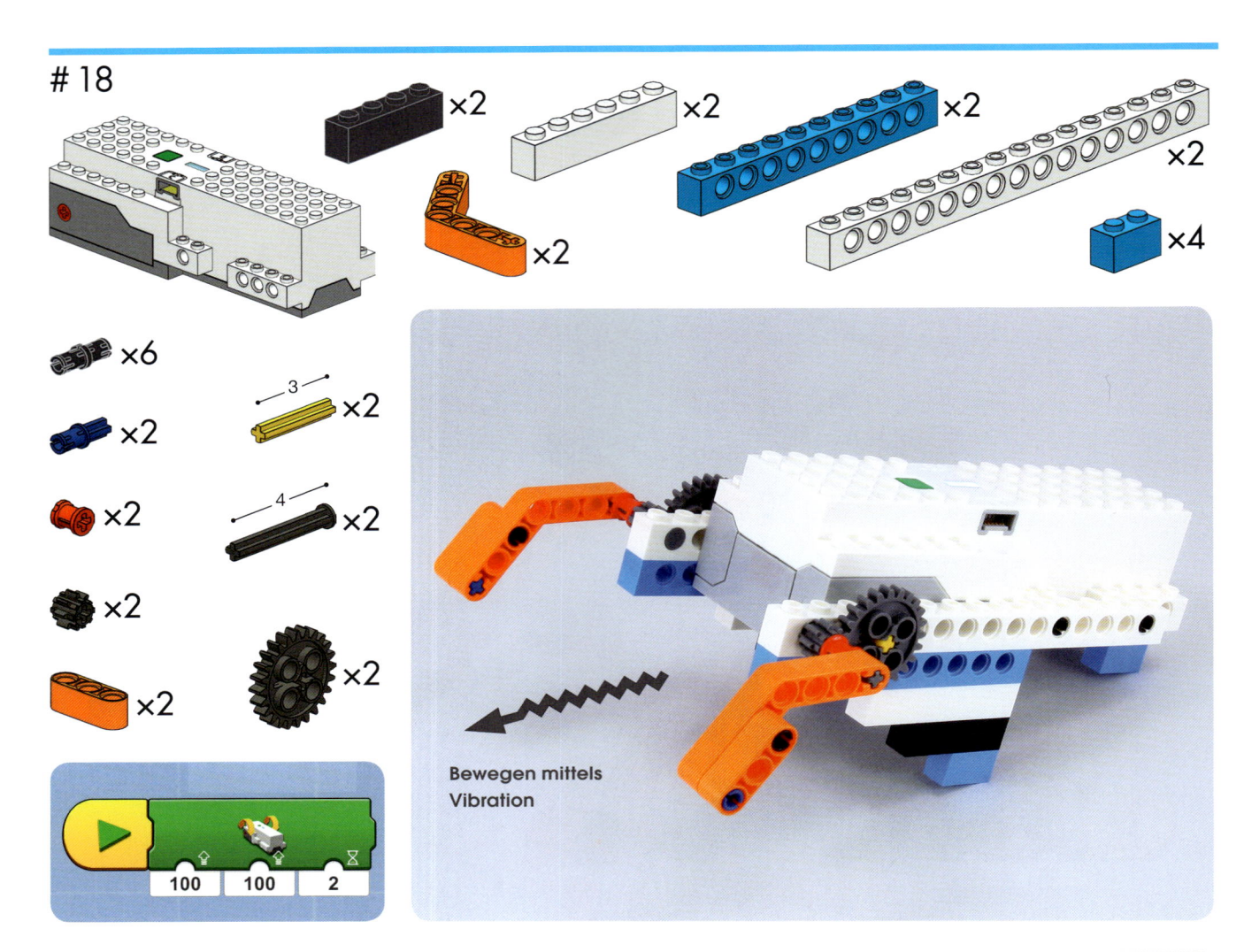

×2 ×2 ×2 ×2

×2 ×2 ×4

×6

×2

×2 —3— ×2

×2 —4— ×2

×2

×2

Bewegen mittels Vibration

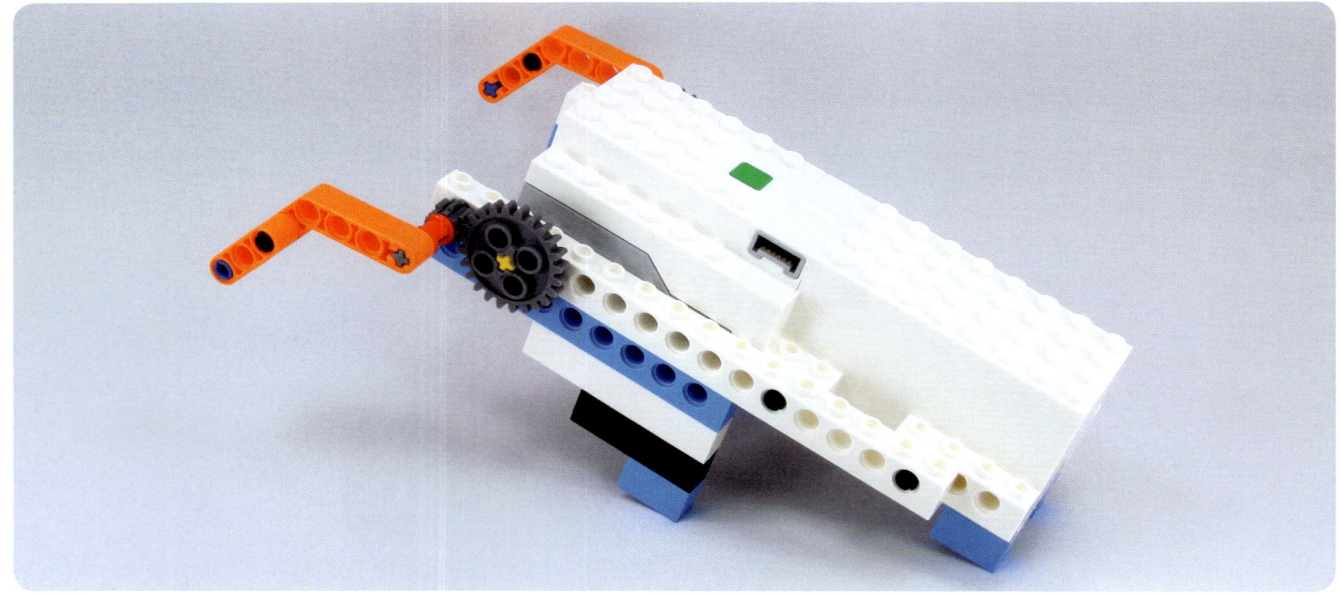

| 100 | 100 | 2 |

40 Weitere Fortbewegungsarten

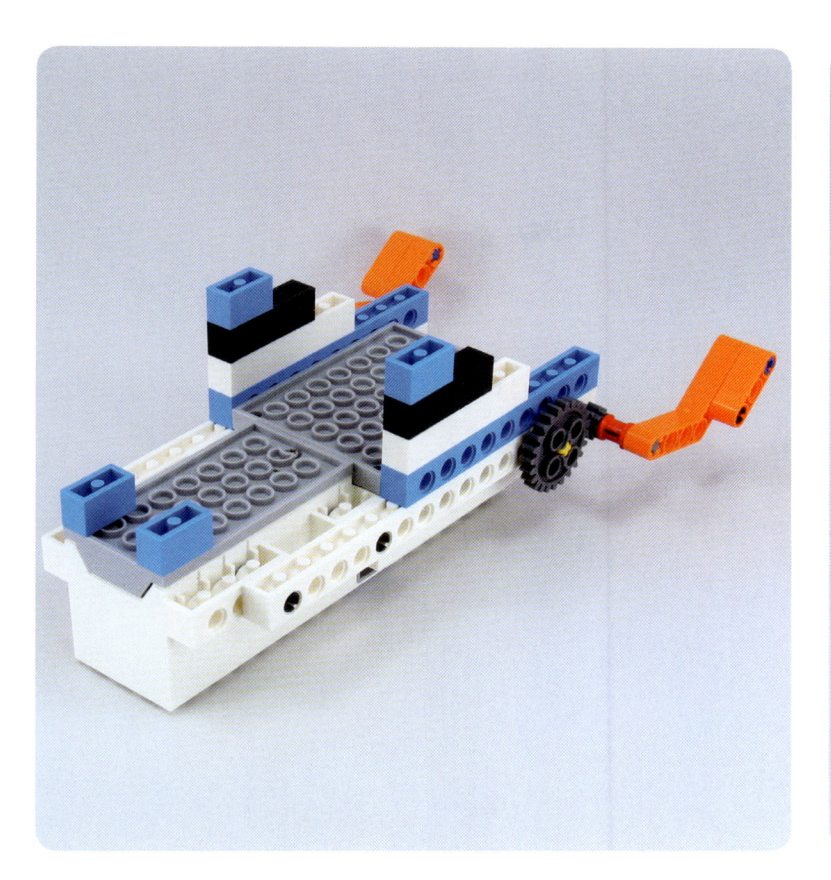

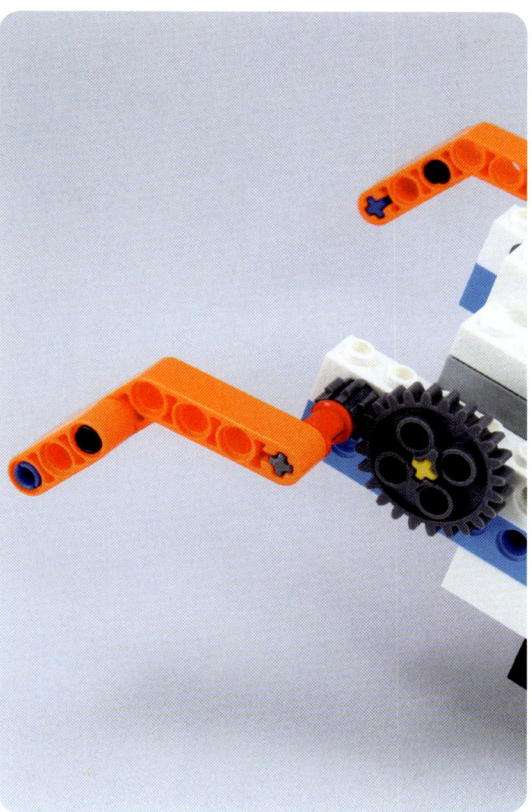

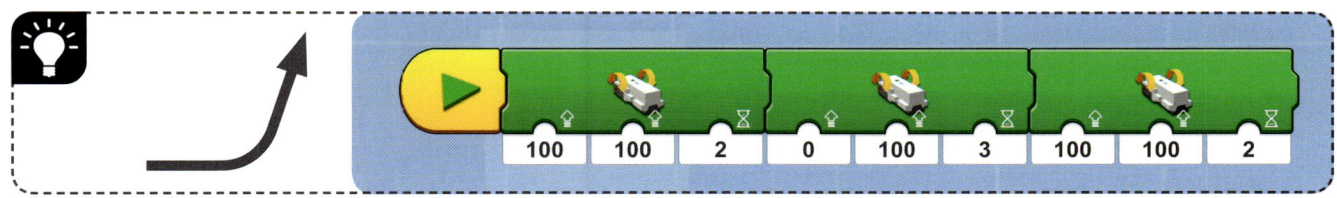

Weitere Fortbewegungsarten **41**

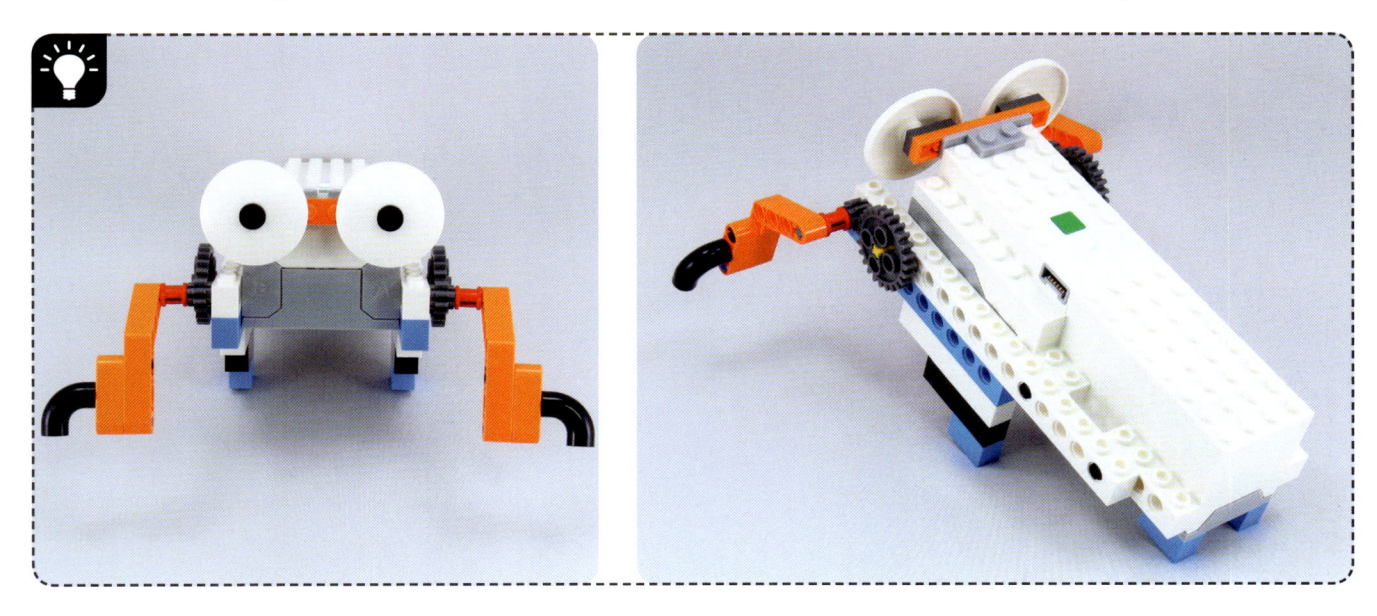

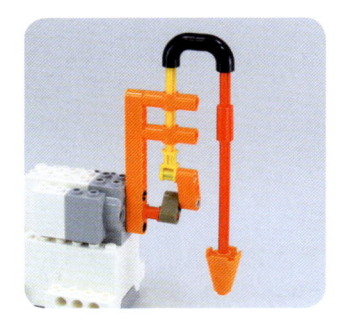

Teil 2

Den interaktiven Motor einsetzen

44	66	90	124	148
48	74	100	134	152
52	82	106	138	
54	84	110	142	
60	86	116	146	

Teile drehen

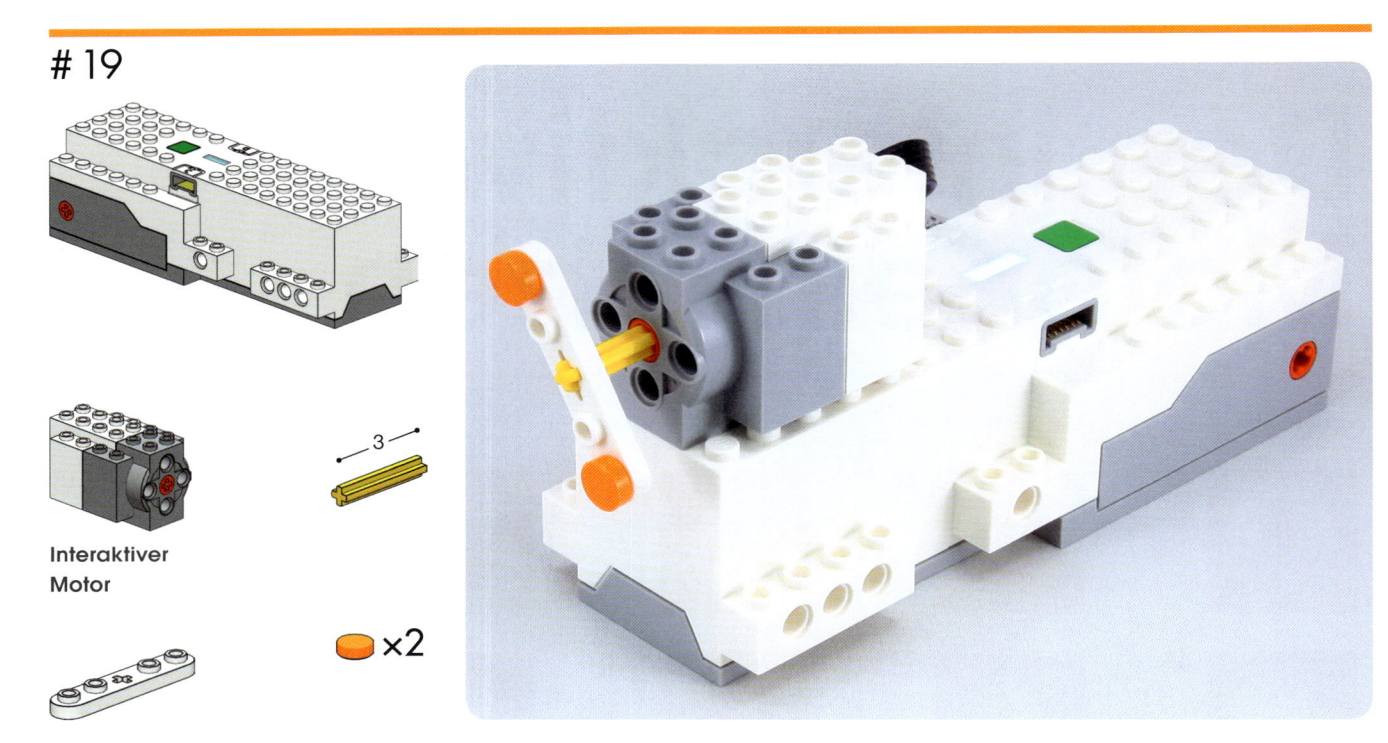

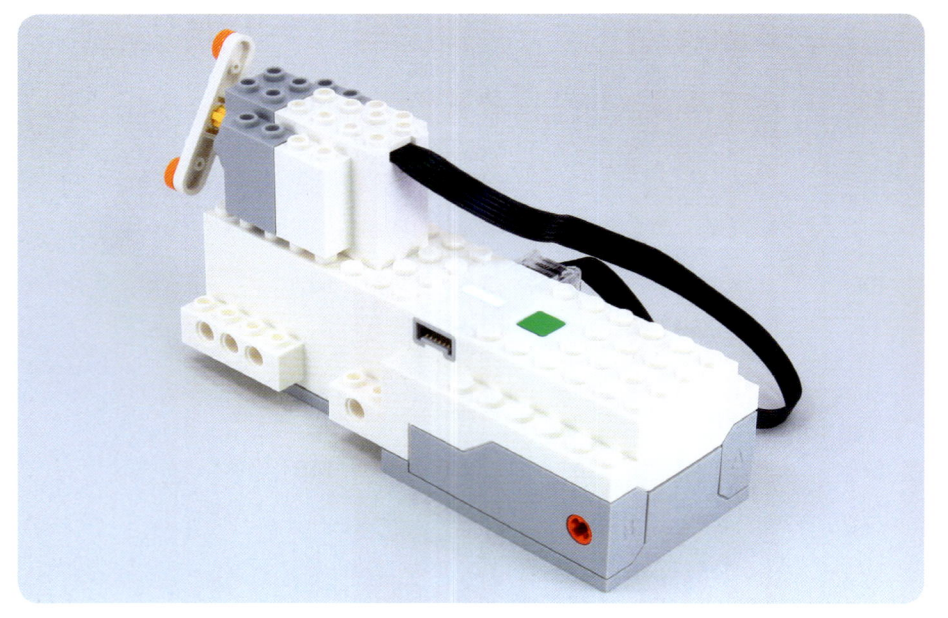

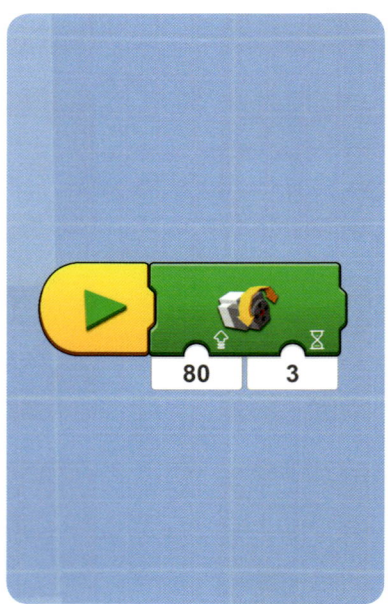

#19

Interaktiver Motor

— 3 —

×2

80 3

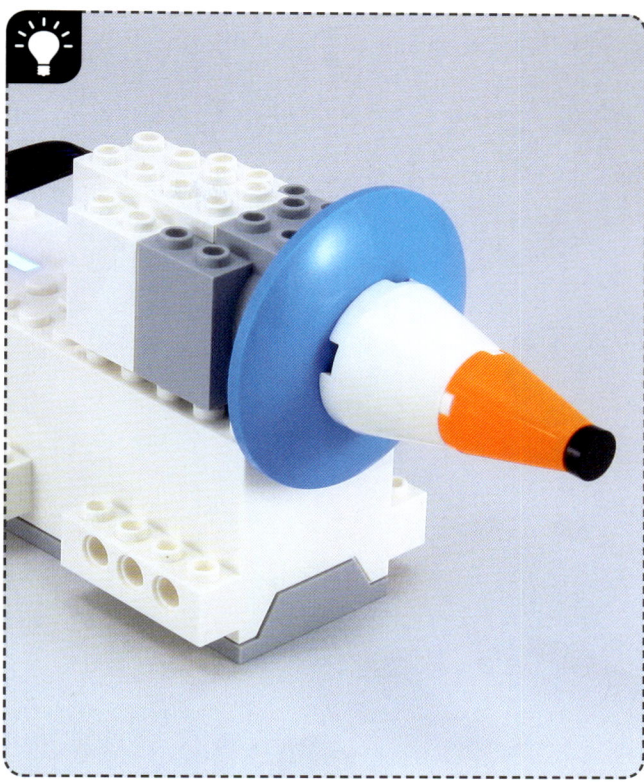

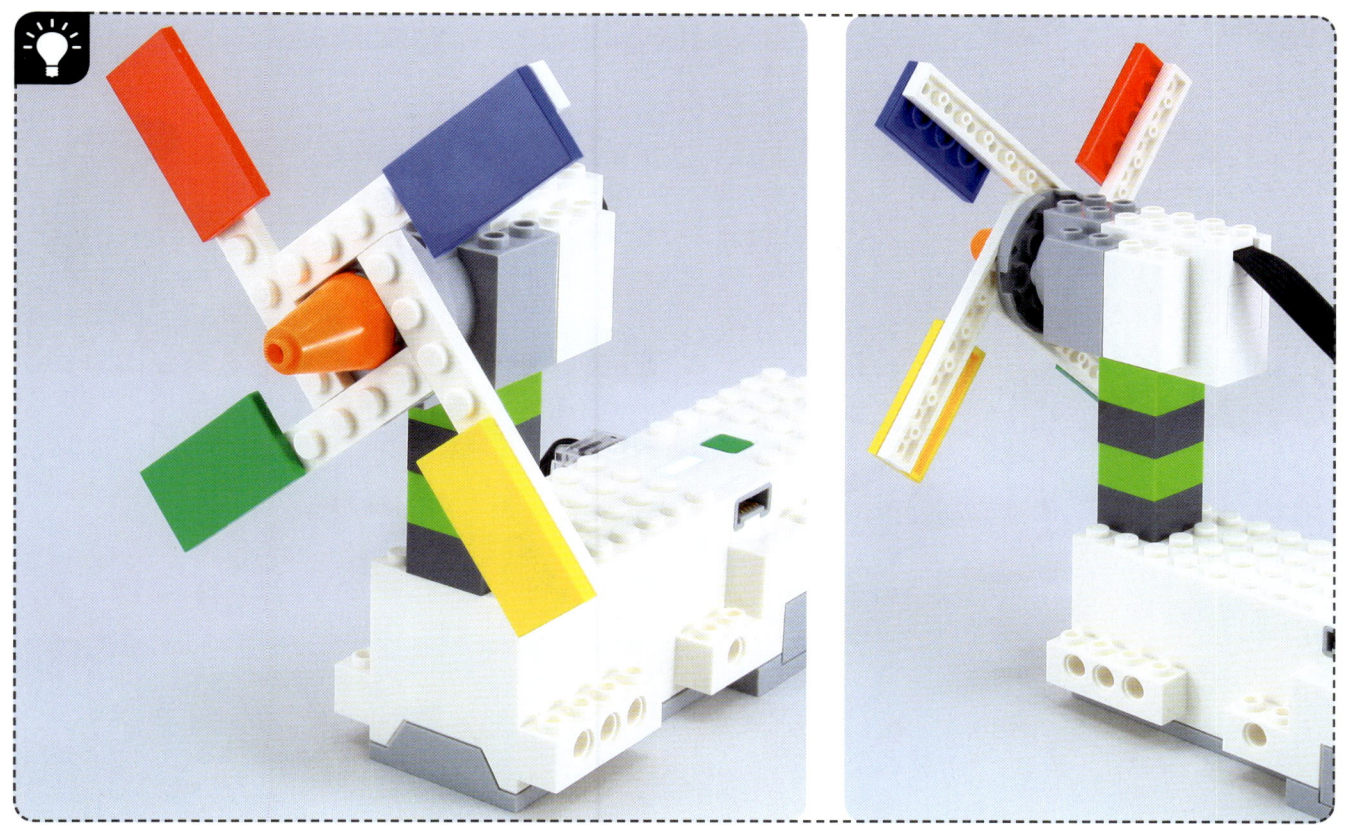

Teile drehen **45**

#20

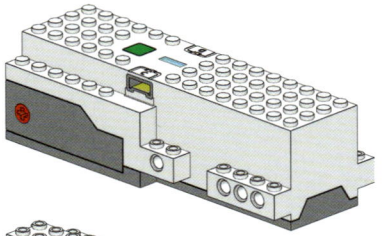

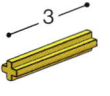

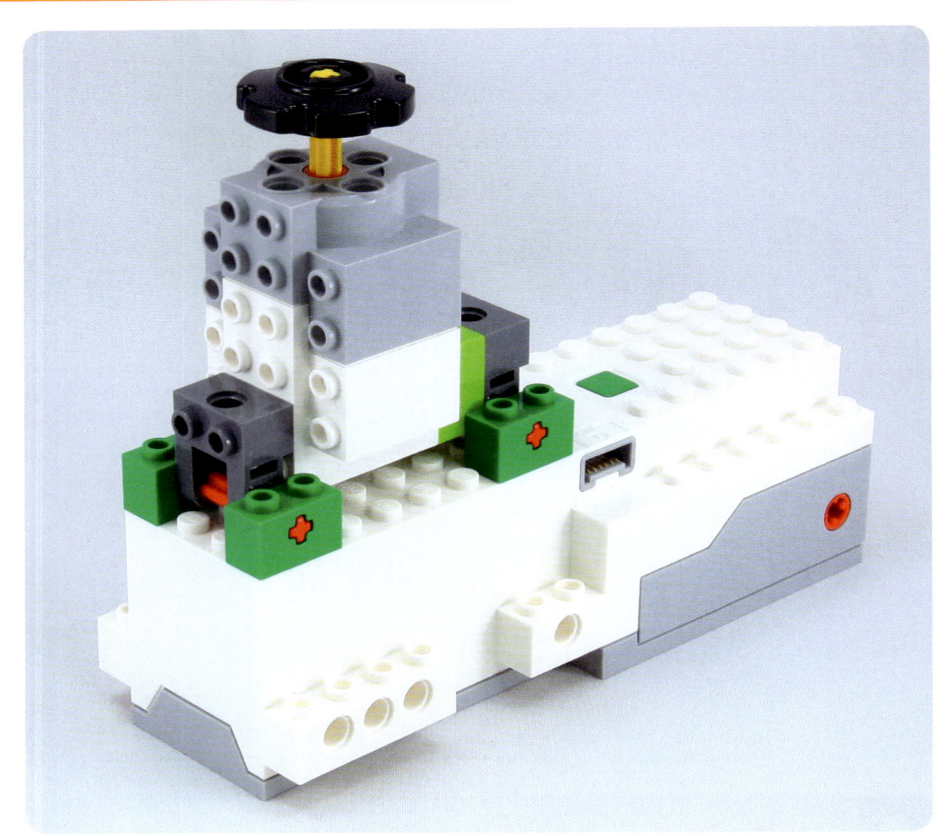

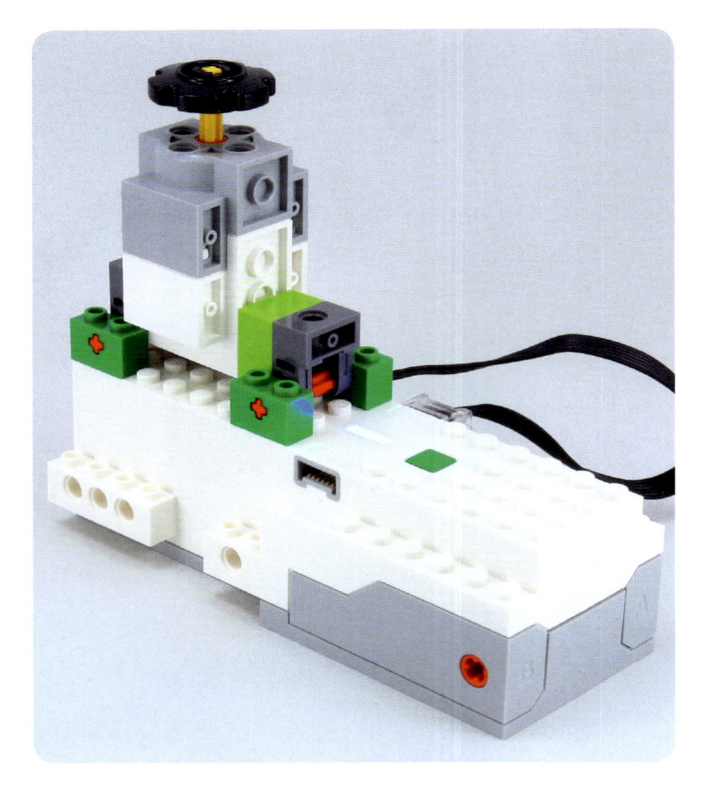

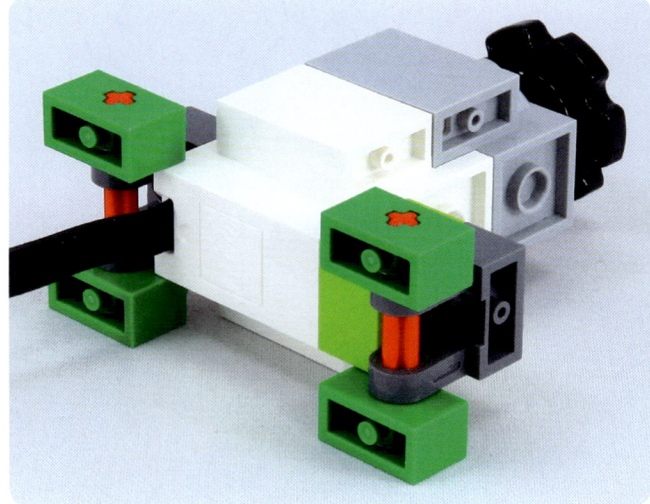

46 Teile drehen

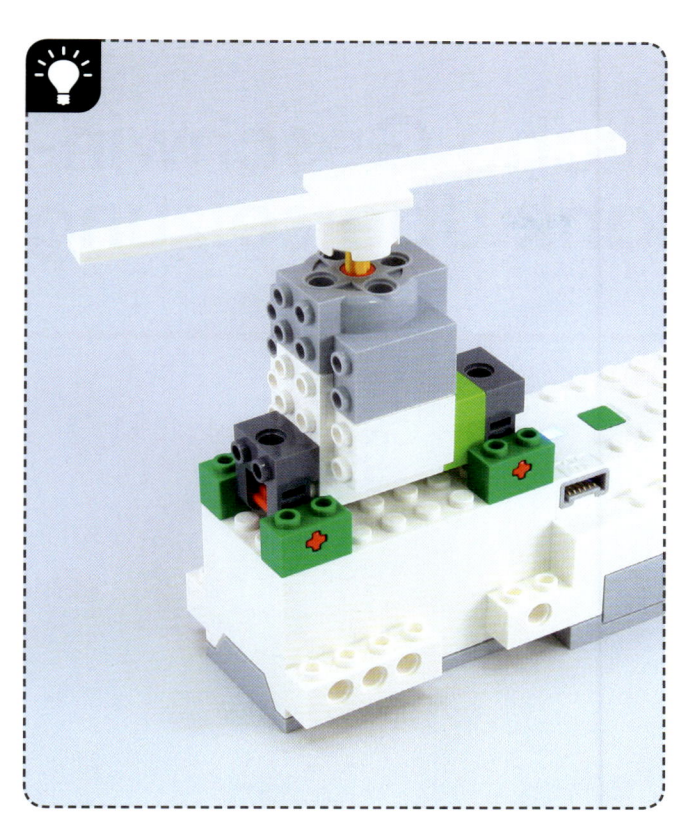

Teile drehen **47**

Unterschiedliche Geschwindigkeiten dank Übersetzung

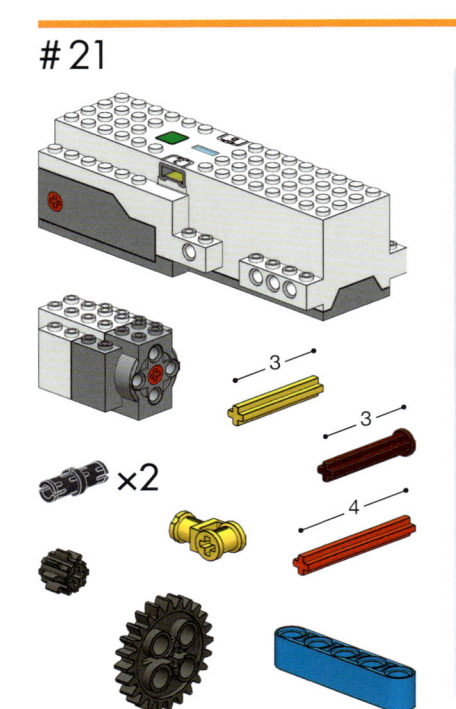

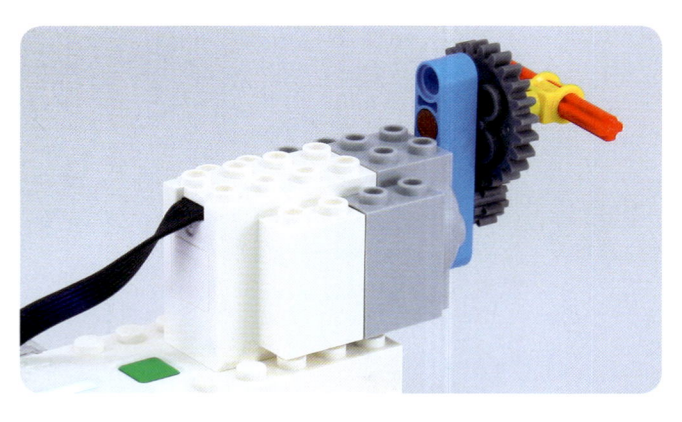

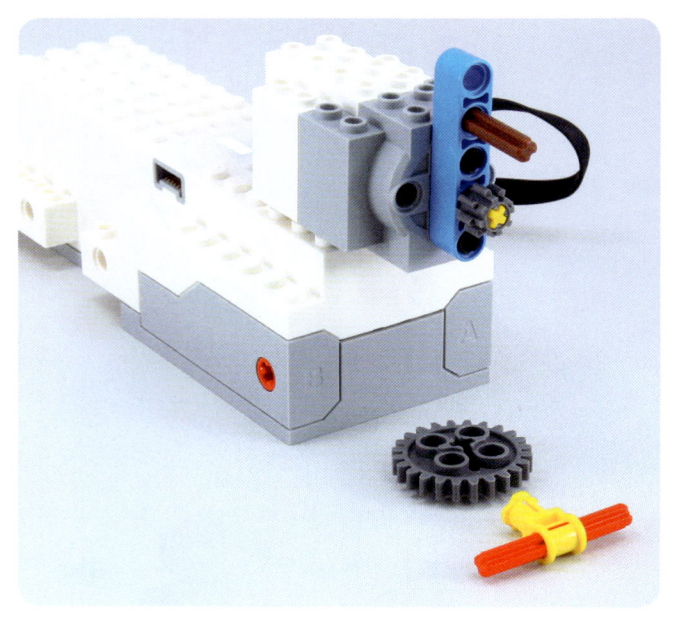

#21

Geschwindigkeit ×1/3

Übersetzung 8:24 = 1:3
» Geschwindigkeit × 1/3
» Leistung × 3

#22

Übersetzung 12:36 = 1:3
» Geschwindigkeit × 1/3
» Leistung × 3

Geschwindigkeit ×1/3

Unterschiedliche Geschwindigkeiten dank Übersetzung **49**

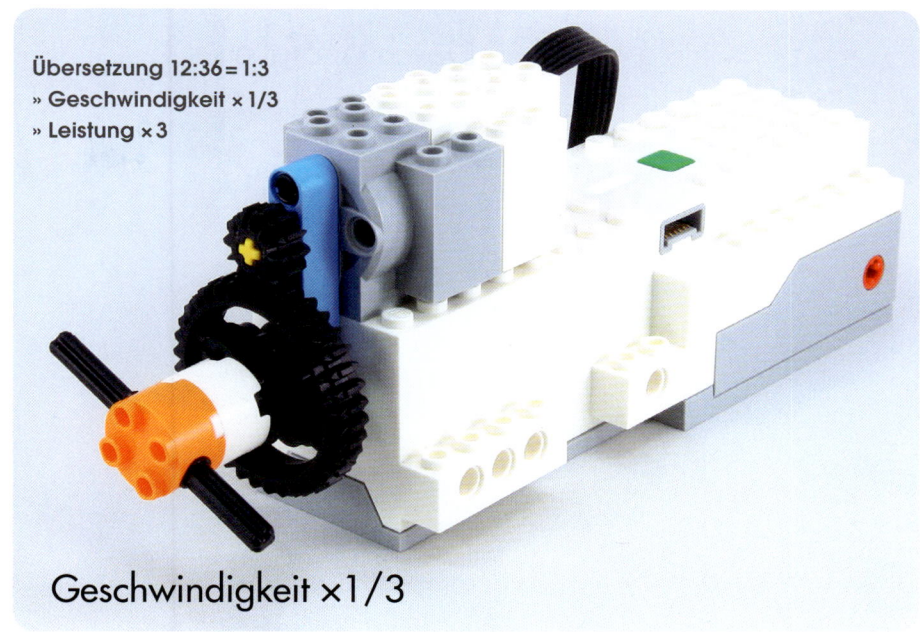

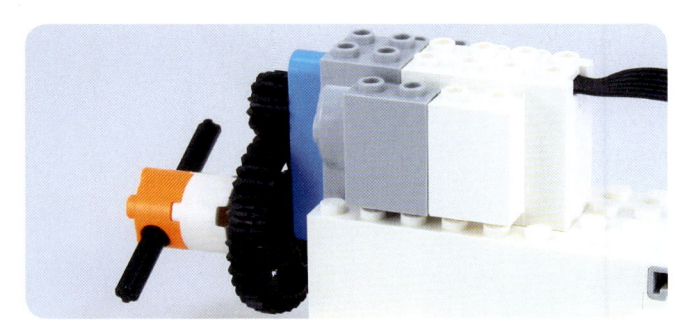

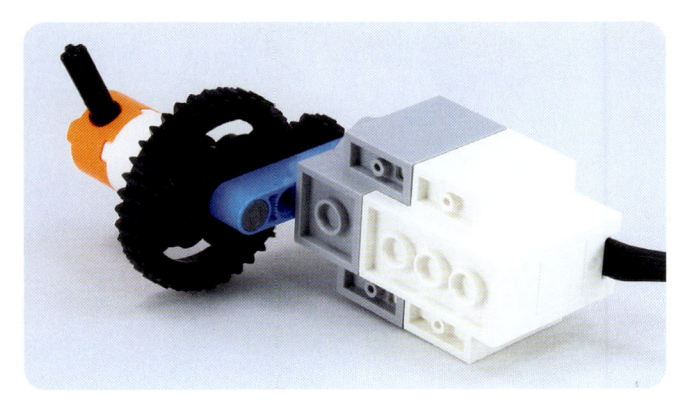

#23

Geschwindigkeit ×3

Übersetzung 36:12 = 3:1
» Geschwindigkeit × 3
» Leistung × 1/3

50 Unterschiedliche Geschwindigkeiten dank Übersetzung

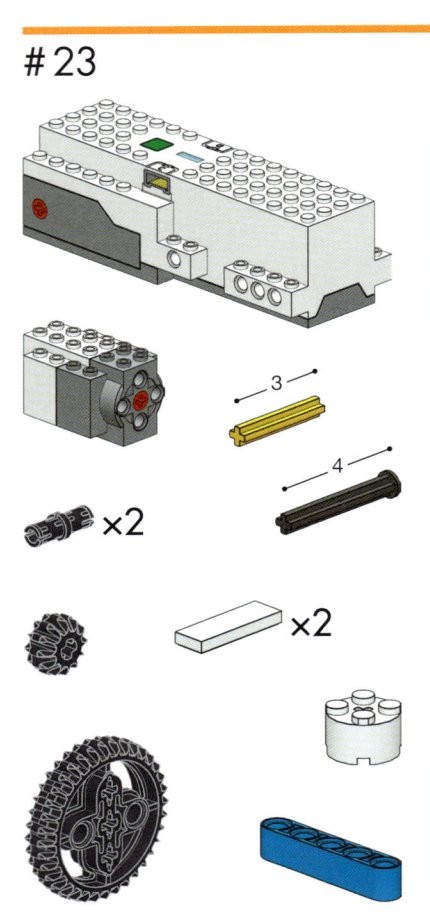

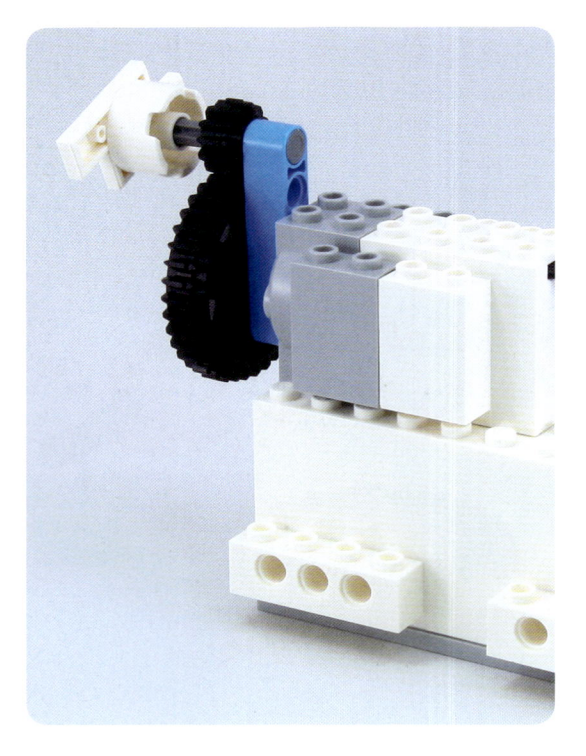

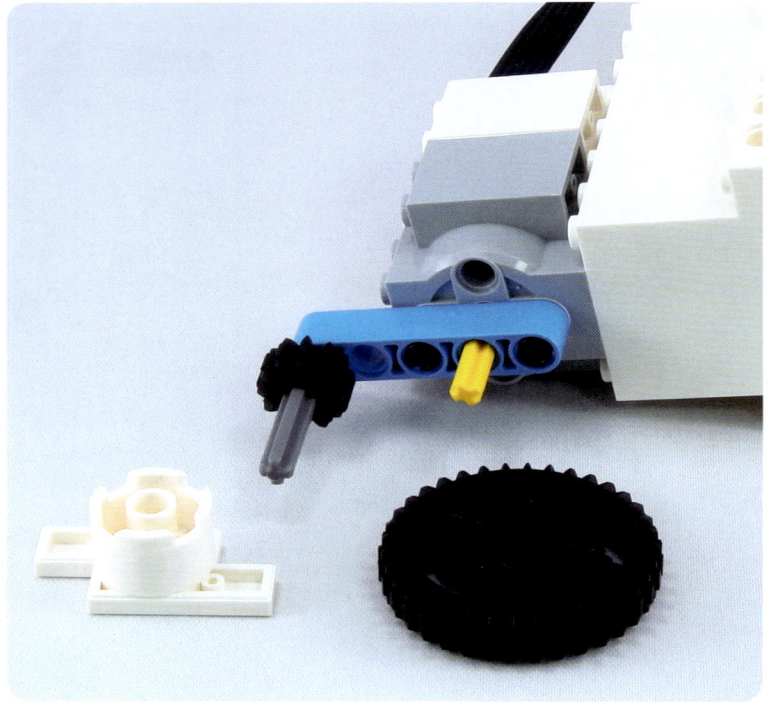

#24

Geschwindigkeit ×9

Übersetzung 24:8 = 3:1 = 9:[3]
24:8 = 3:1 = [3]:1
» Geschwindigkeit ×9
» Leistung × 1/9

Unterschiedliche Geschwindigkeiten dank Übersetzung

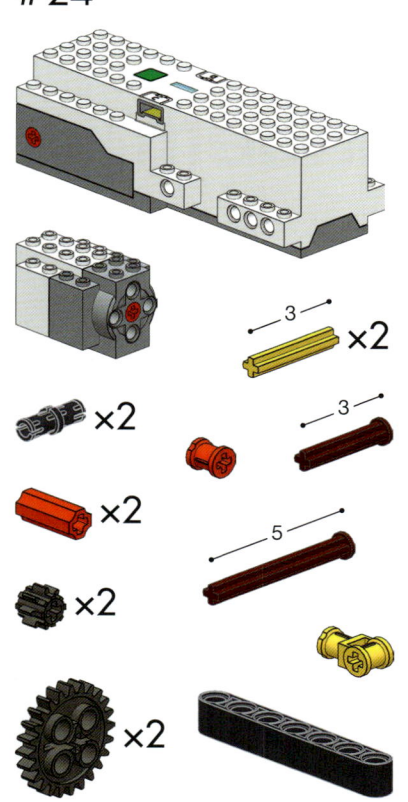

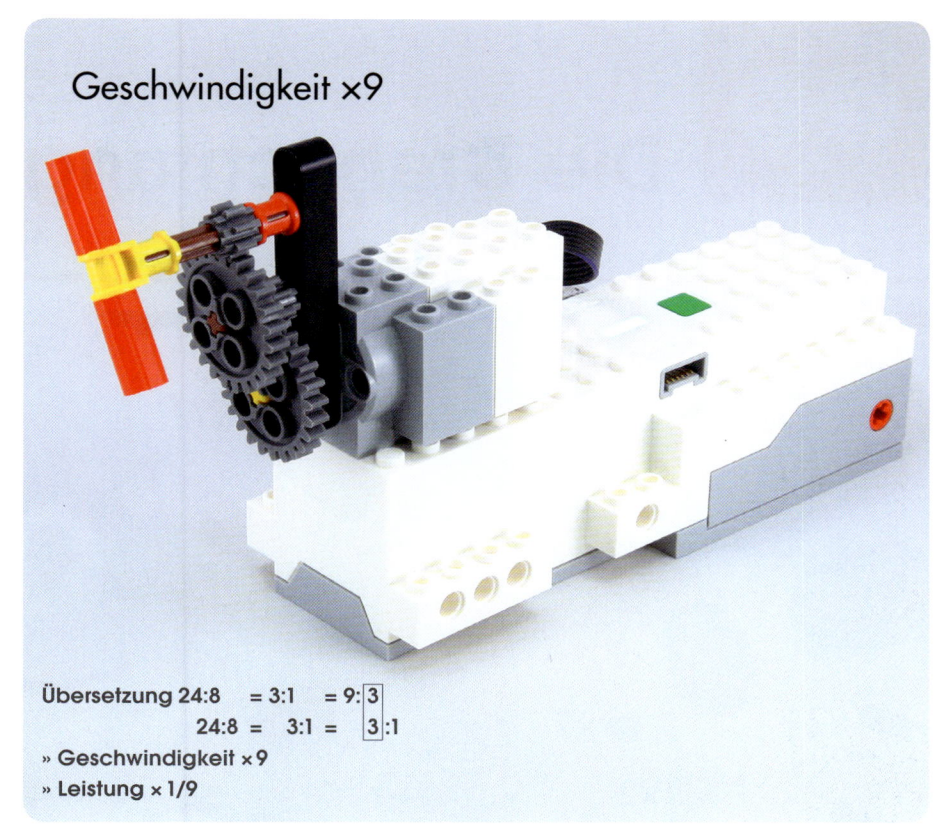

Die Drehrichtung ändern

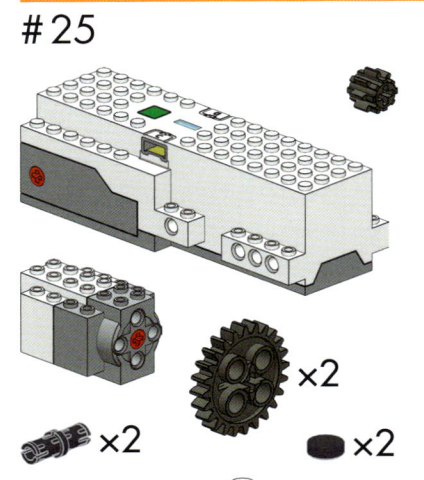

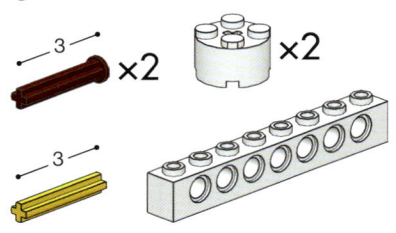

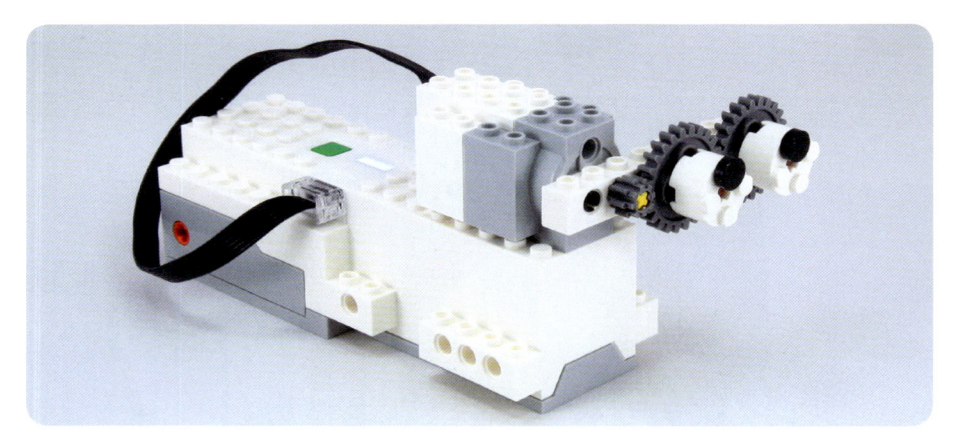

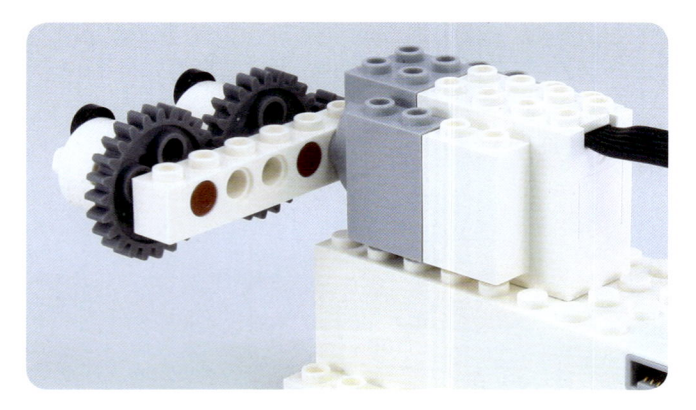

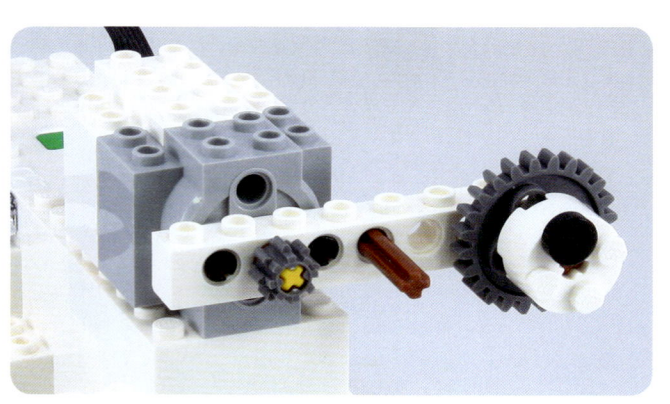

#25

Diese Zahnräder drehen sich in entgegengesetzte Richtungen.

#26

Baust du in die Mitte ein weiteres Zahnrad ein, drehen sich die beiden Zahnräder außen in die gleiche Richtung.

Die Drehrichtung ändern 53

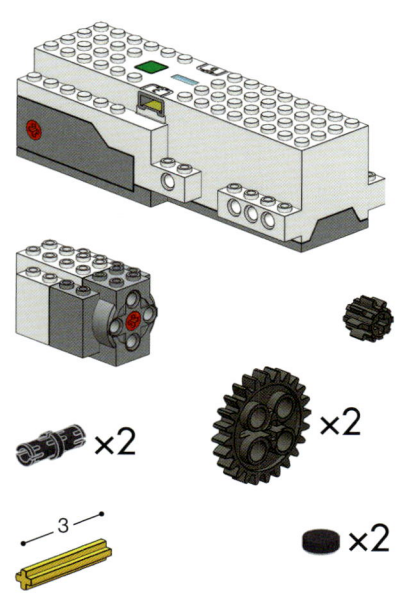

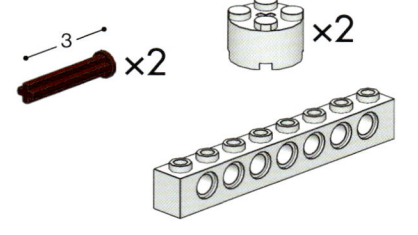

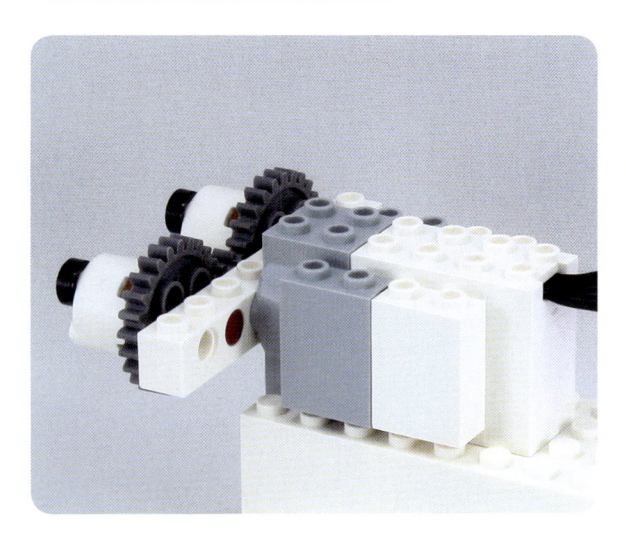

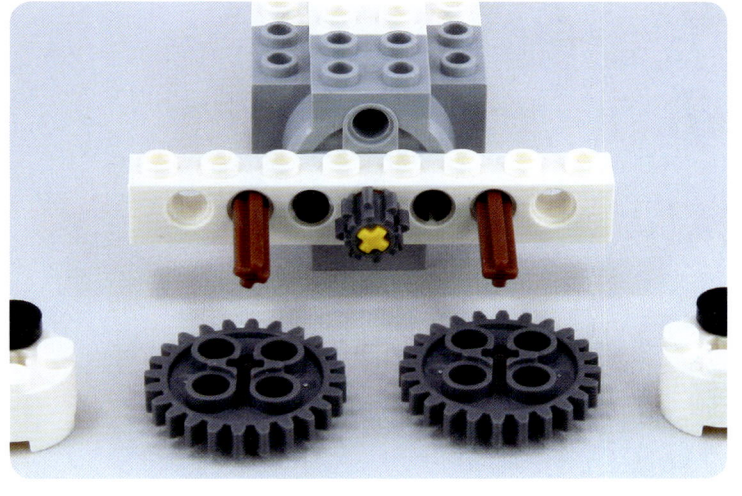

Die Achse der Drehung ändern

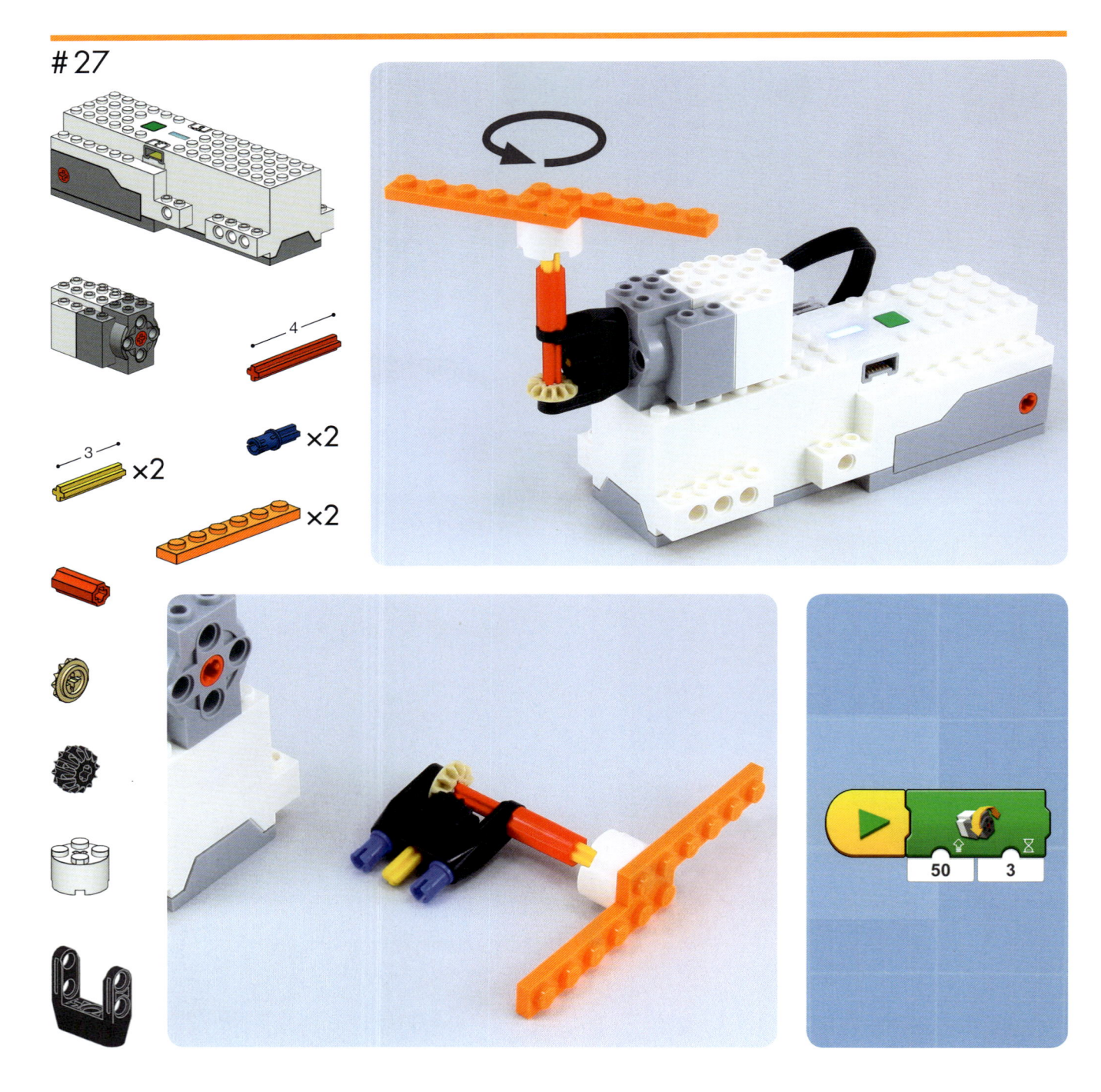

#27

54

Geschwindigkeit ×3/5

Übersetzung 12:20 = 3:5
» Geschwindigkeit × 3/5
» Leistung × 5/3

Die Achse der Drehung ändern

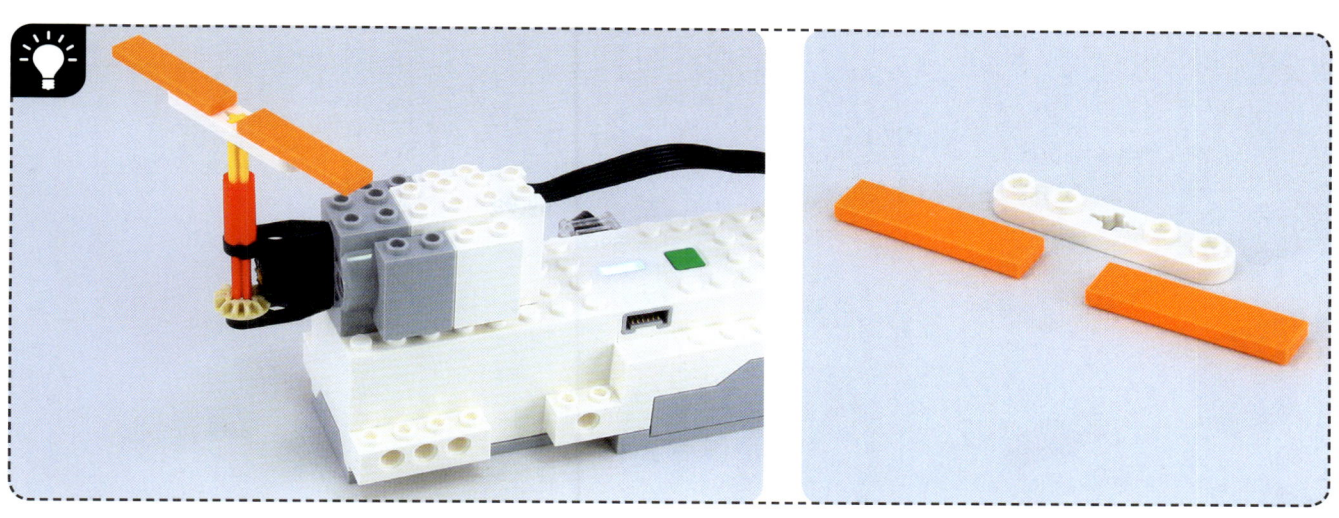

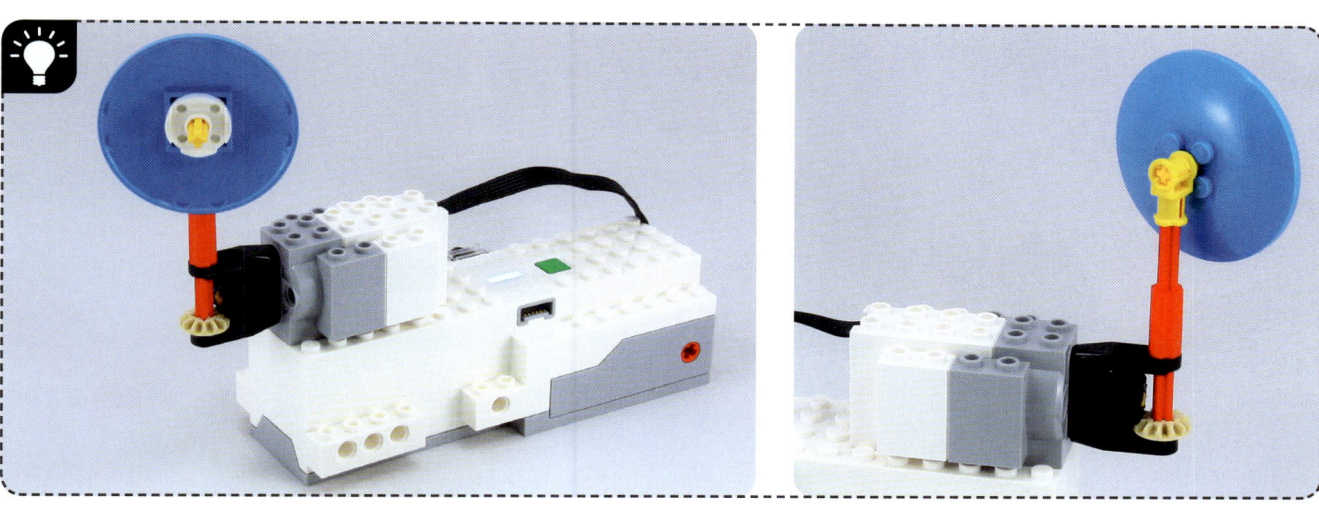

#28

56 Die Achse der Drehung ändern

#29

Geschwindigkeit ×5/3

Übersetzung 20:12 = 5:3
» Geschwindigkeit × 5/3
» Leistung × 3/5

Die Achse der Drehung ändern

#30

58 Die Achse der Drehung ändern

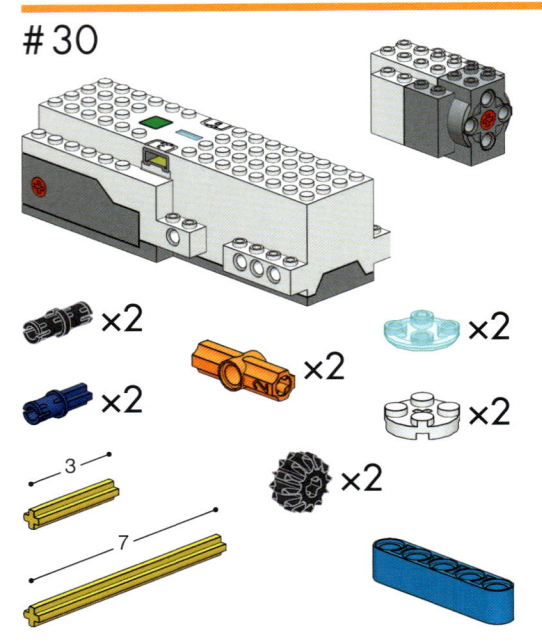

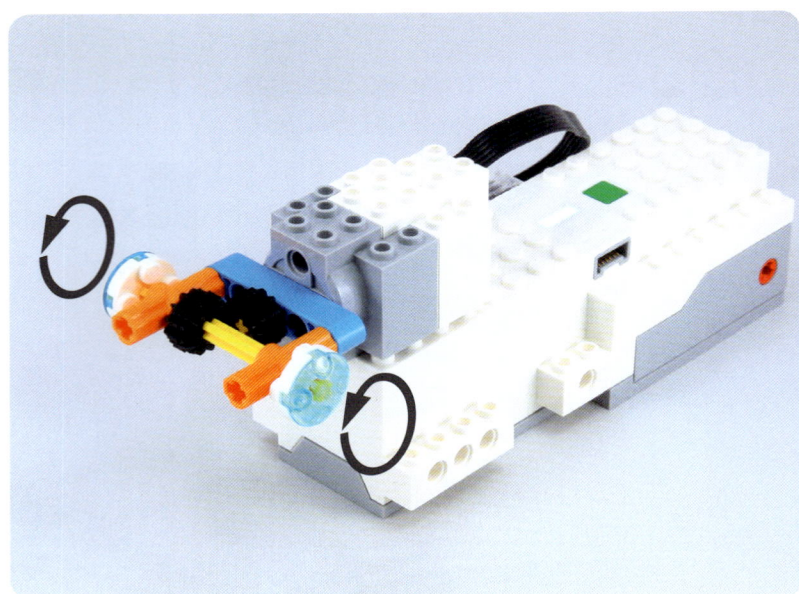

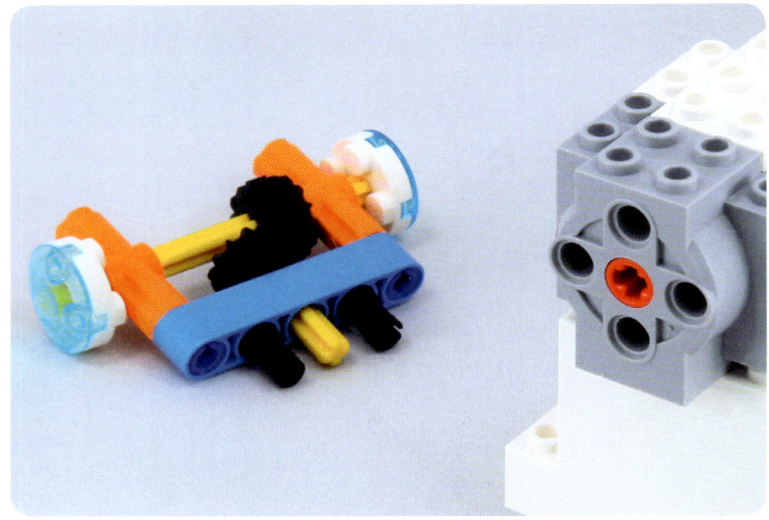

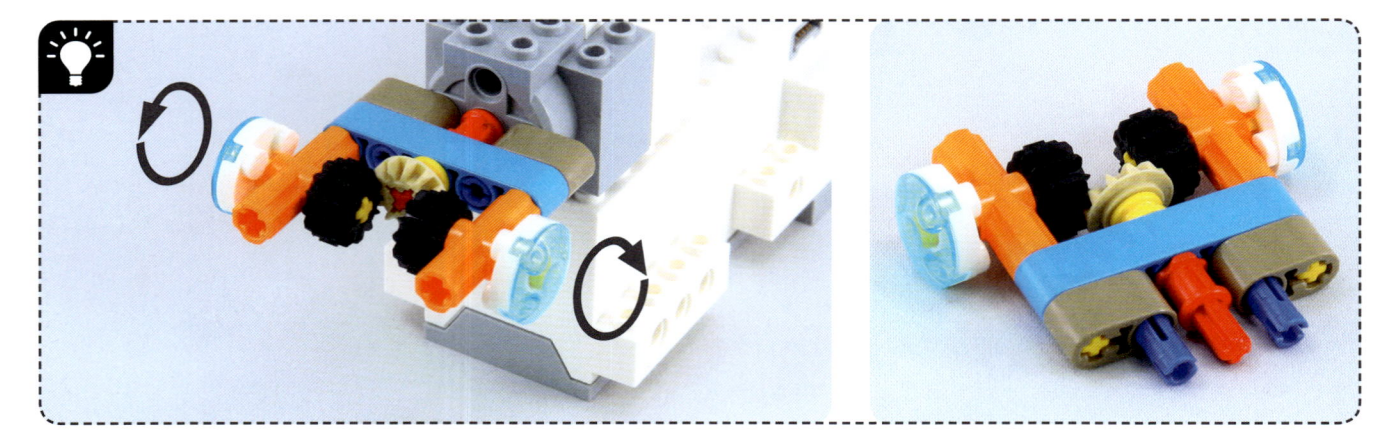

#31

Geschwindigkeit ×5/3

Übersetzung 20:12 = 5:3
» Geschwindigkeit ×5/3
» Leistung ×3/5

Geschwindigkeit ×3/5

Übersetzung 12:20 = 3:5
» Geschwindigkeit ×3/5
» Leistung ×5/3

Die Achse der Drehung ändern

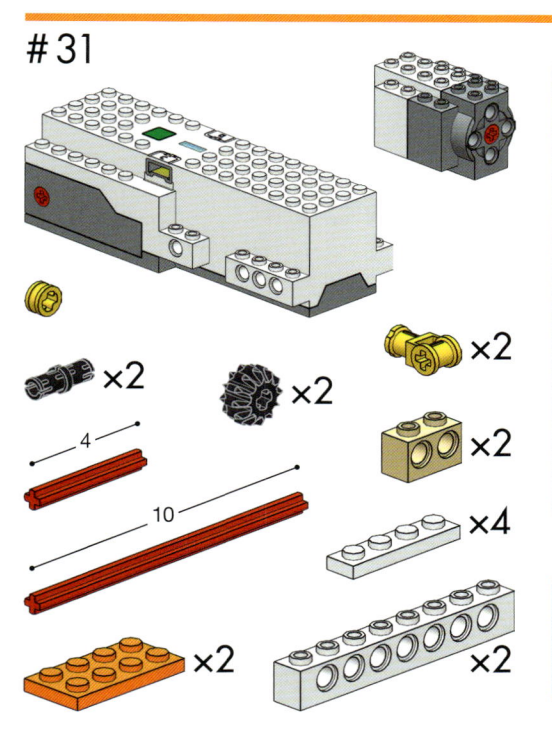

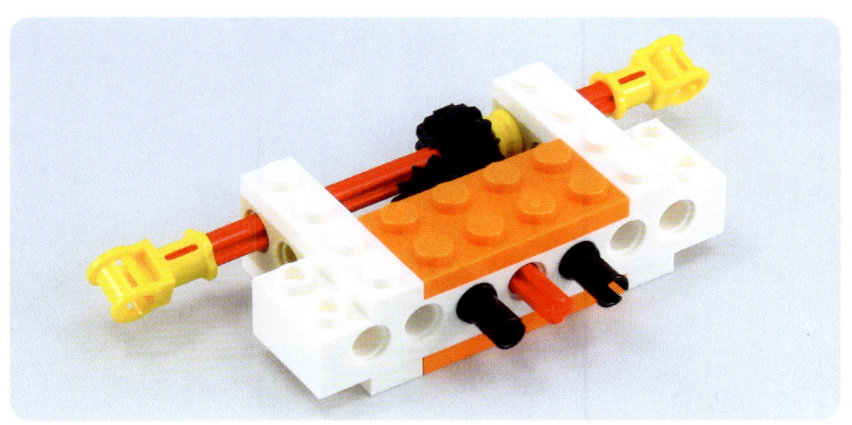

Pendelmechanismen

#32

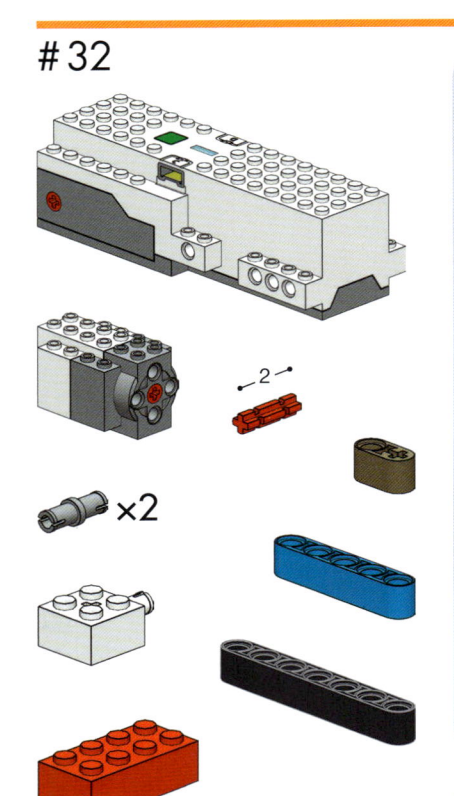

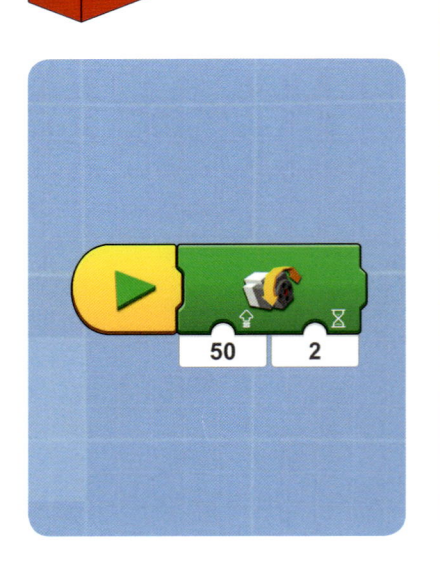

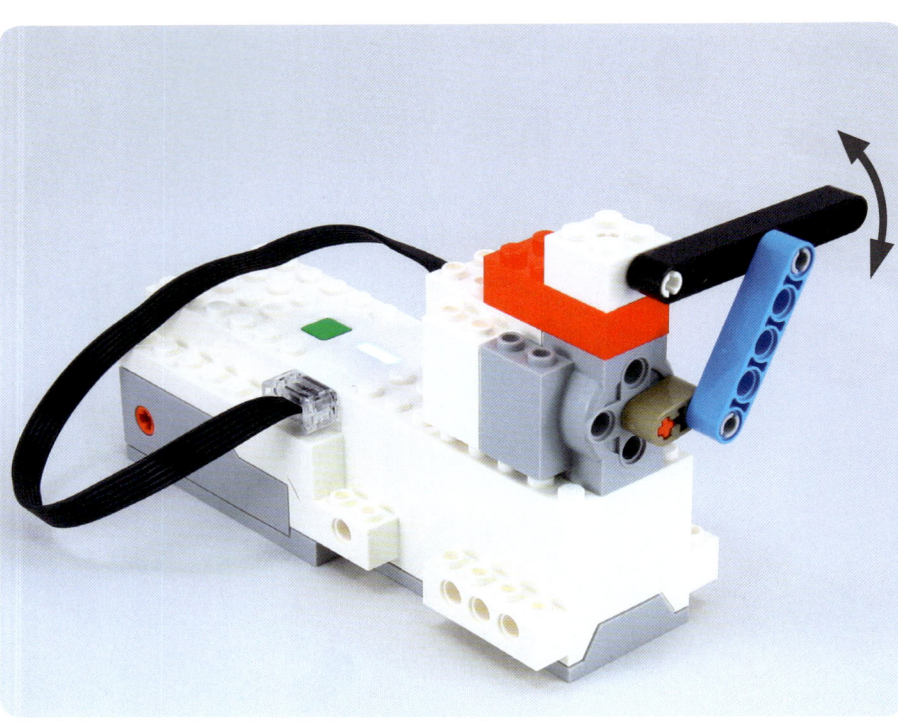

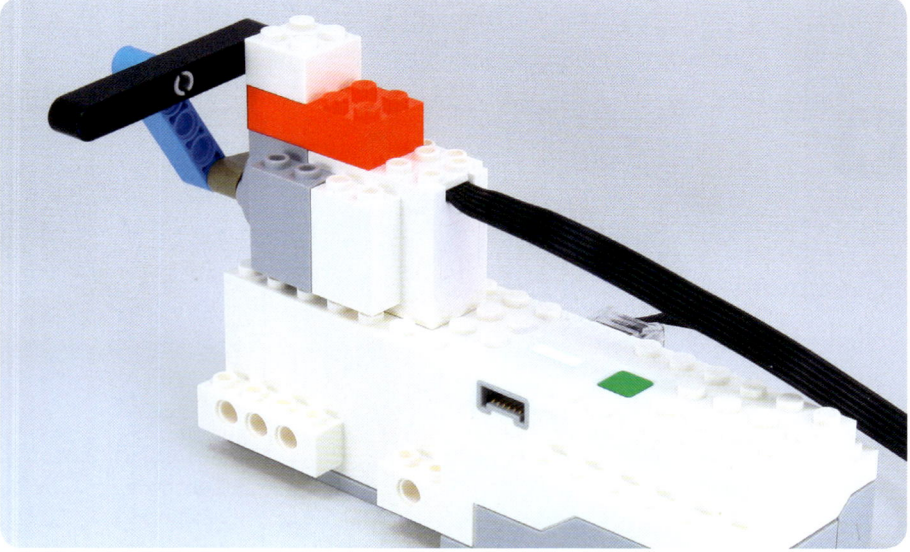

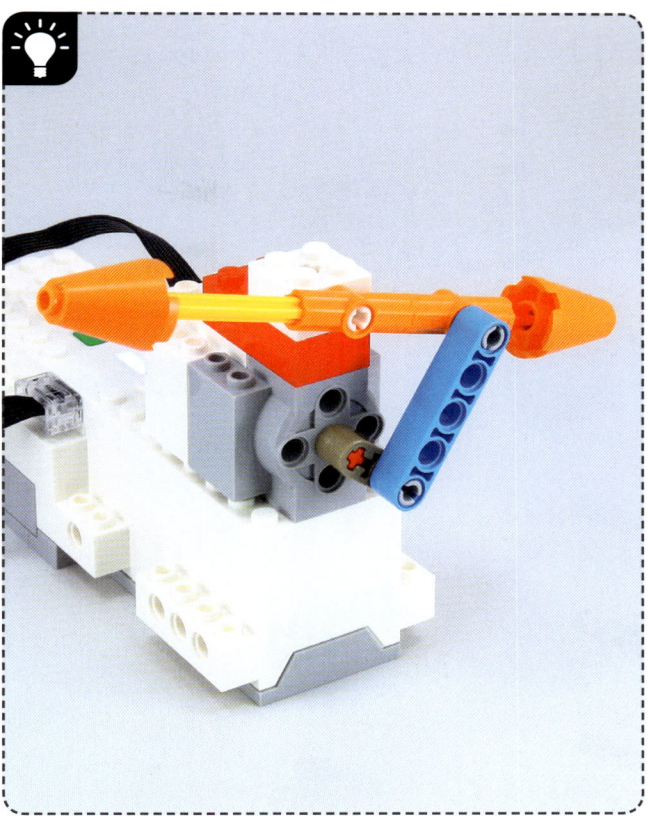

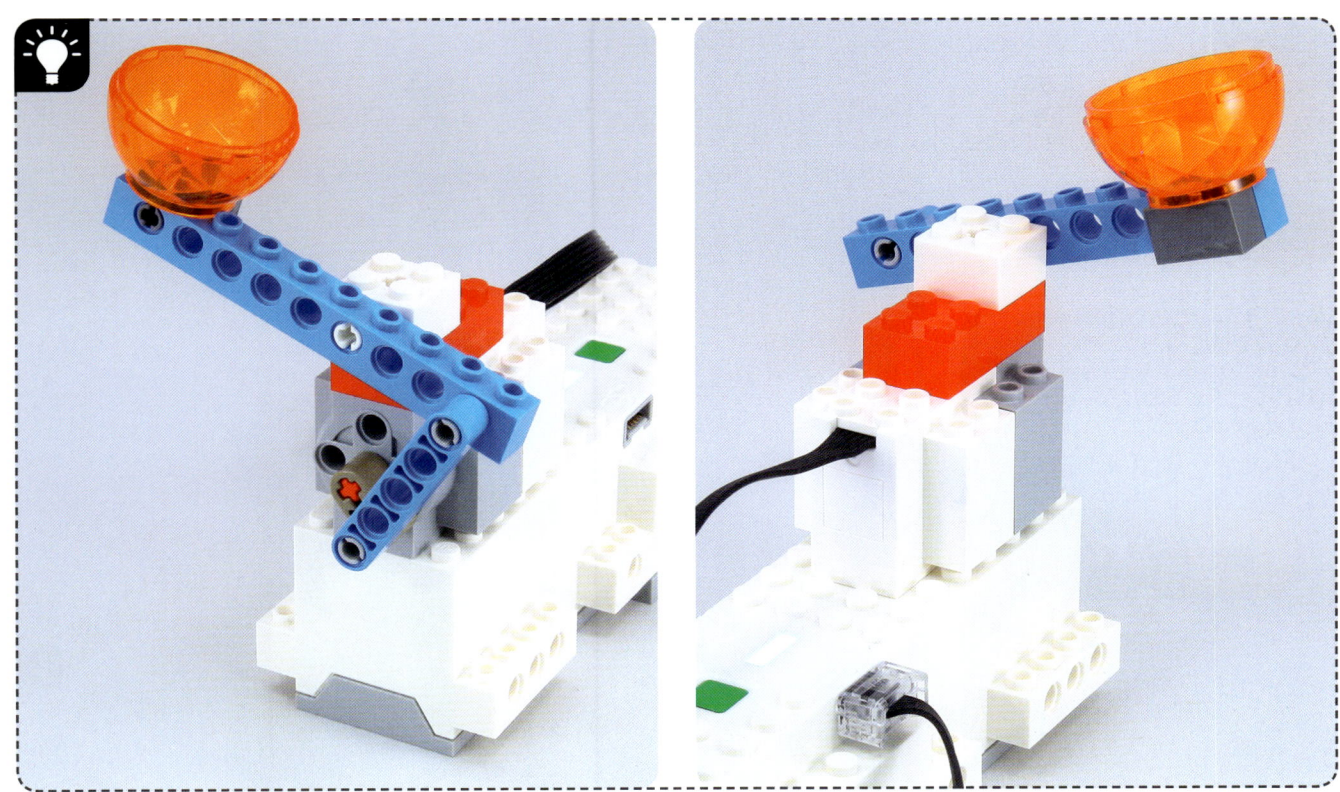

Pendelmechanismen **61**

#33

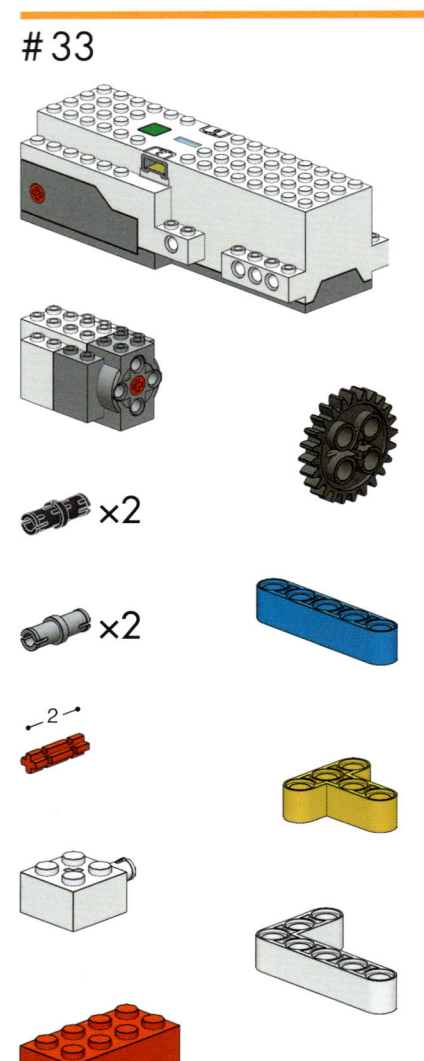

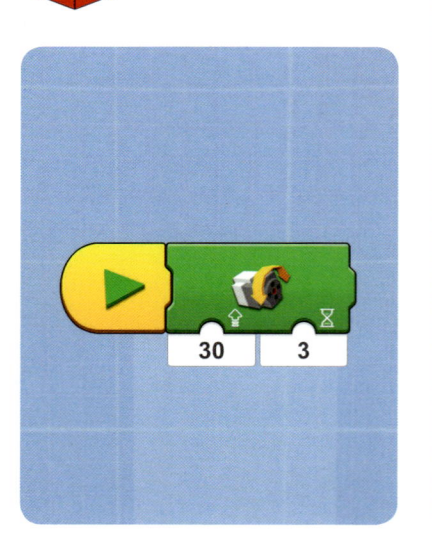

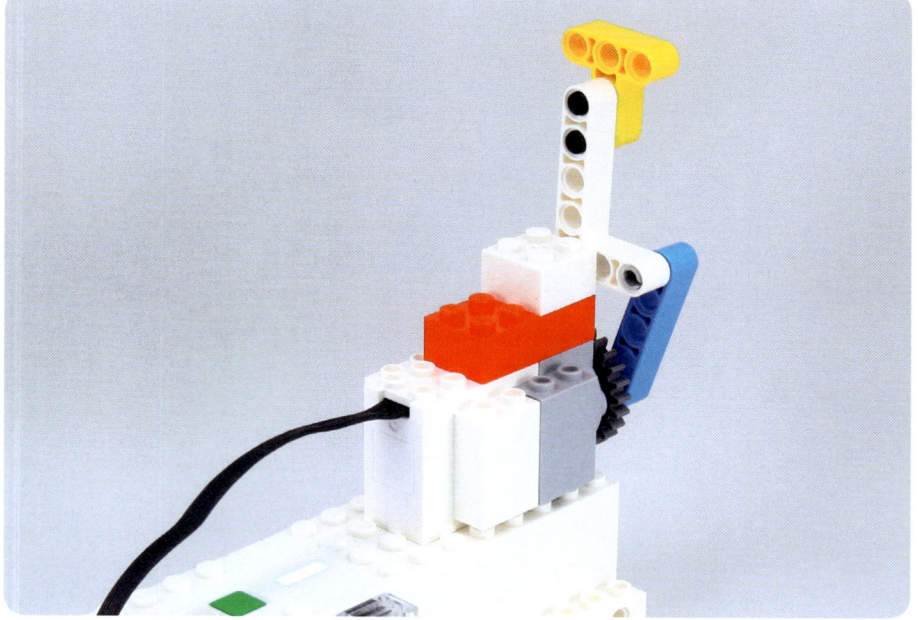

62 Pendelmechanismen

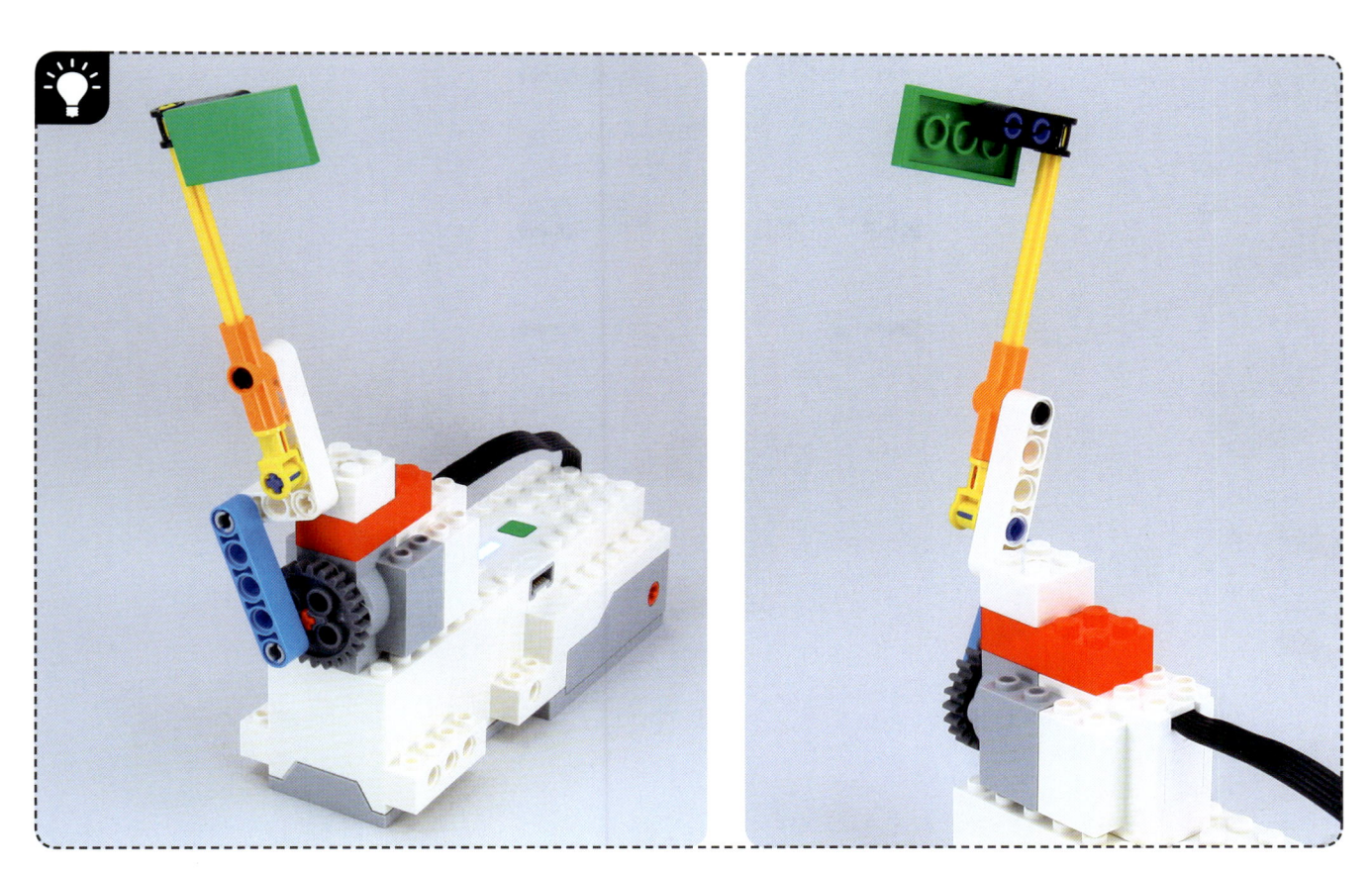

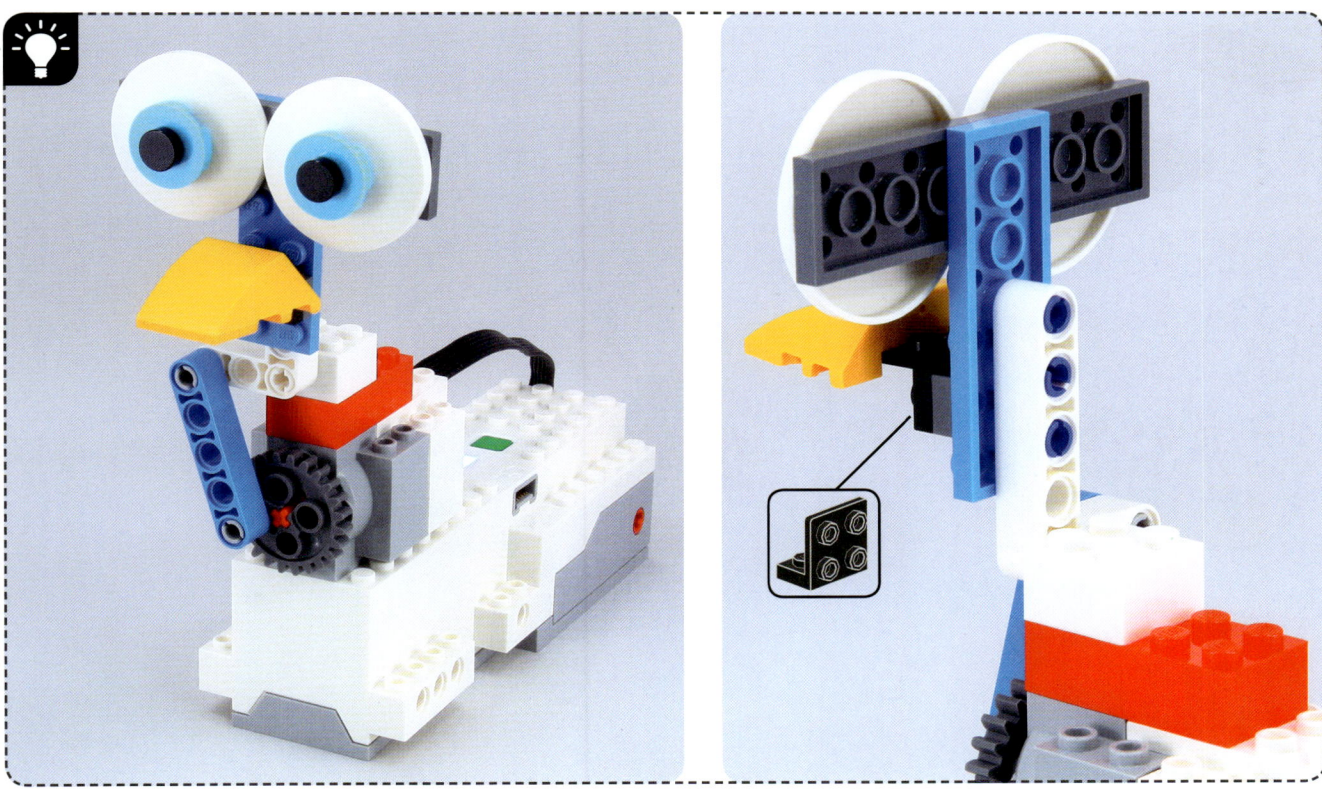

Pendelmechanismen **63**

#34

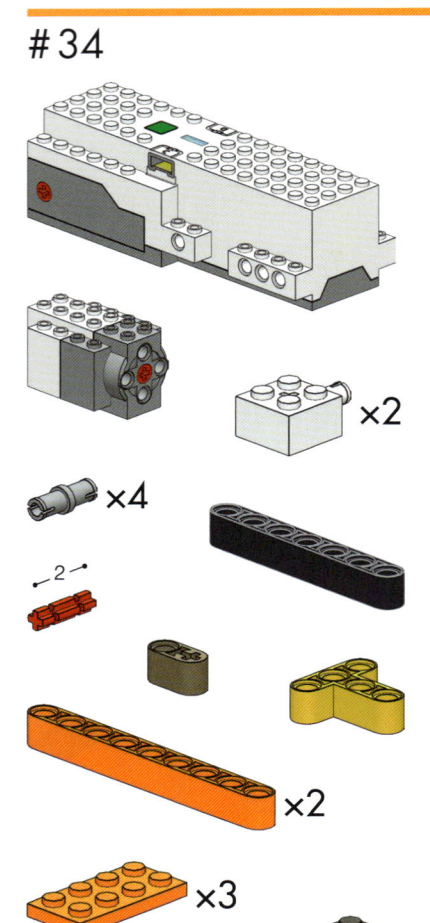

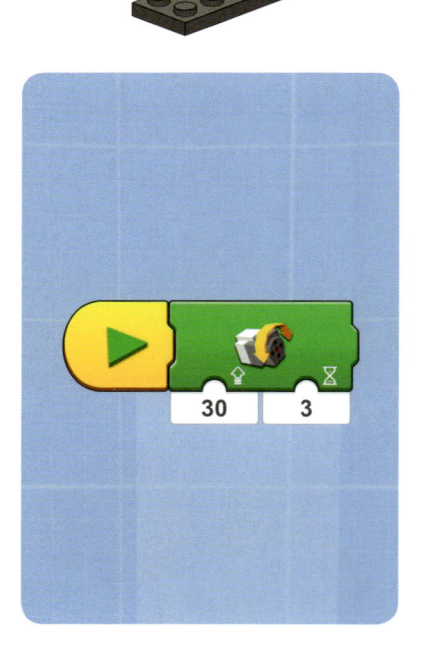

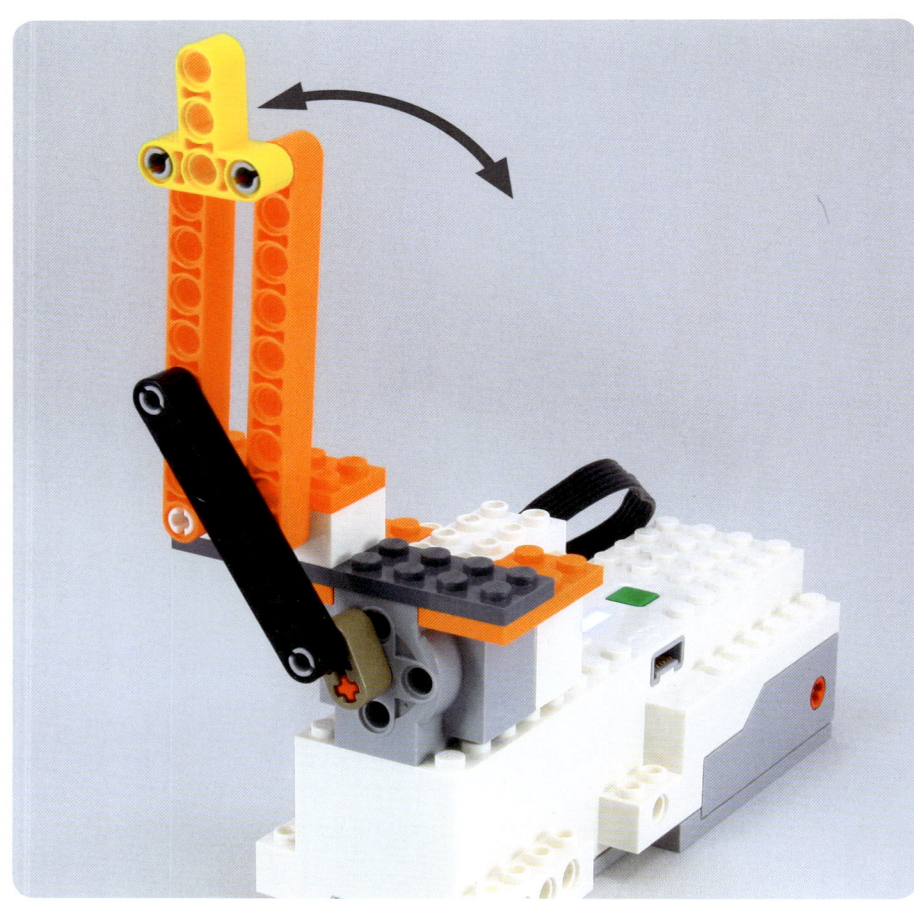

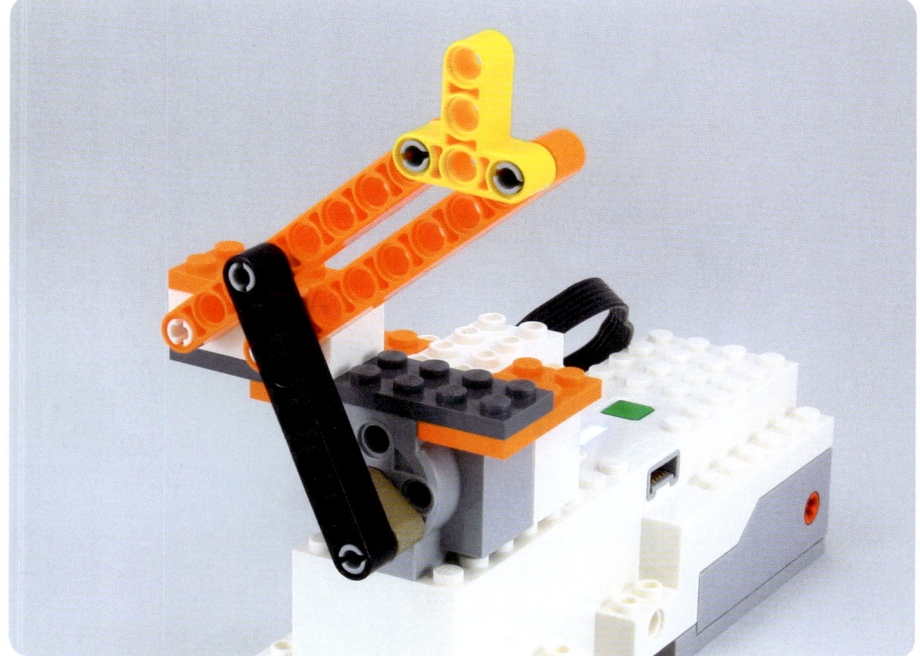

64 Pendelmechanismen

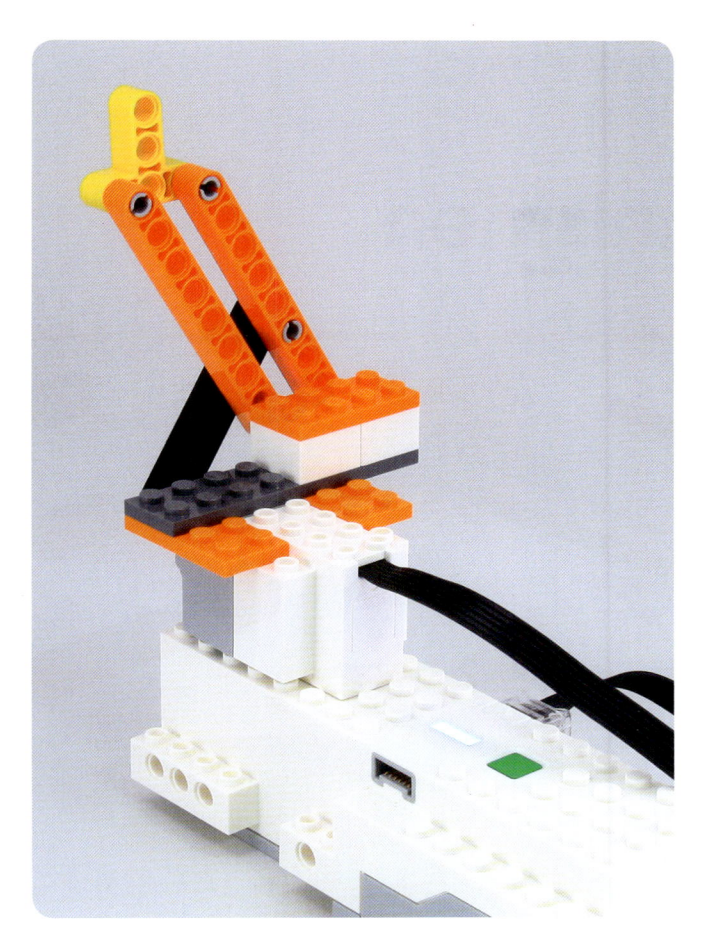

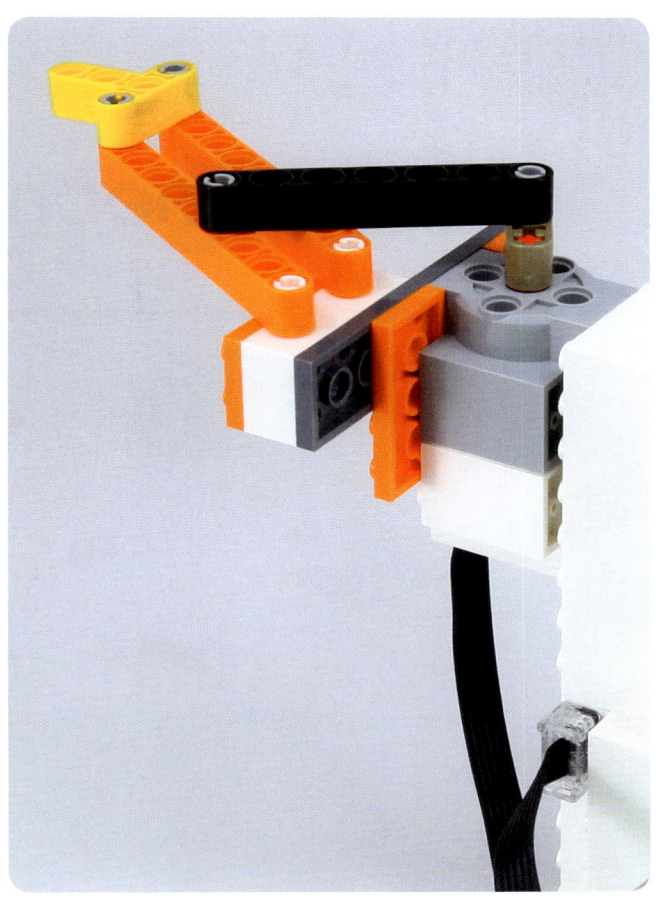

Pendelmechanismen

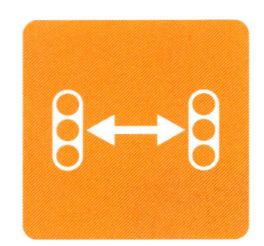

Hubmechanismen

#35

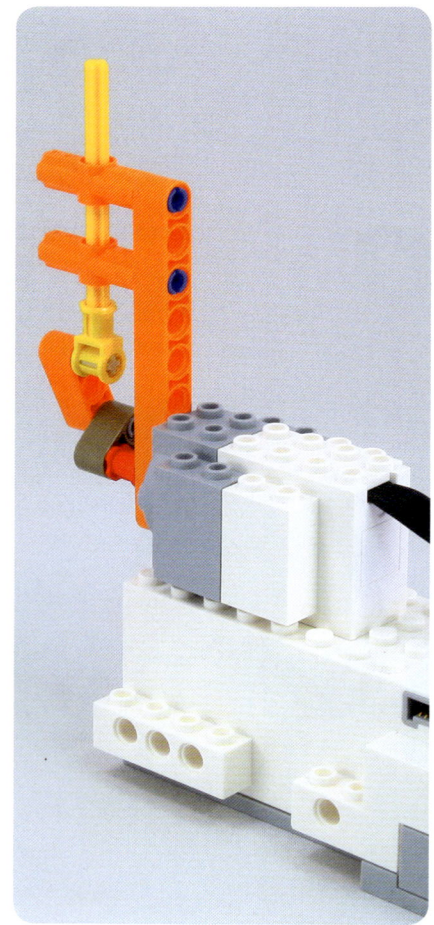

Hubmechanismen **67**

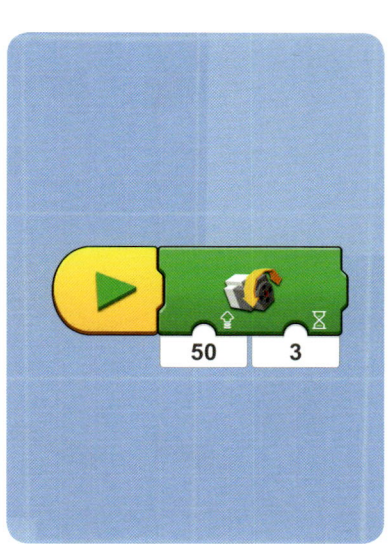

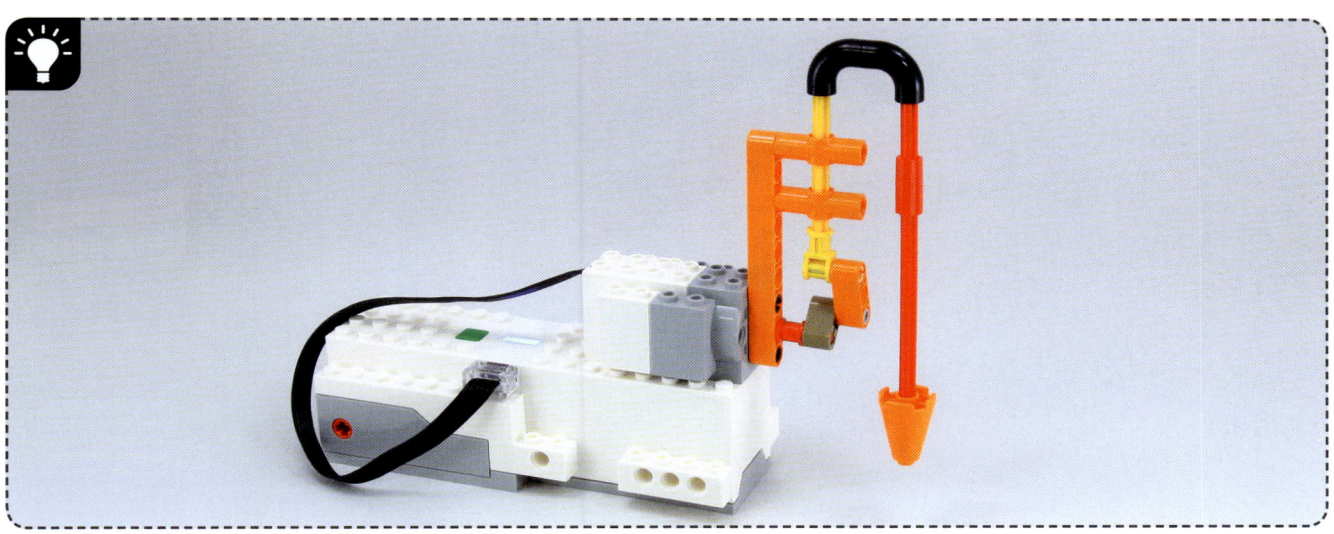

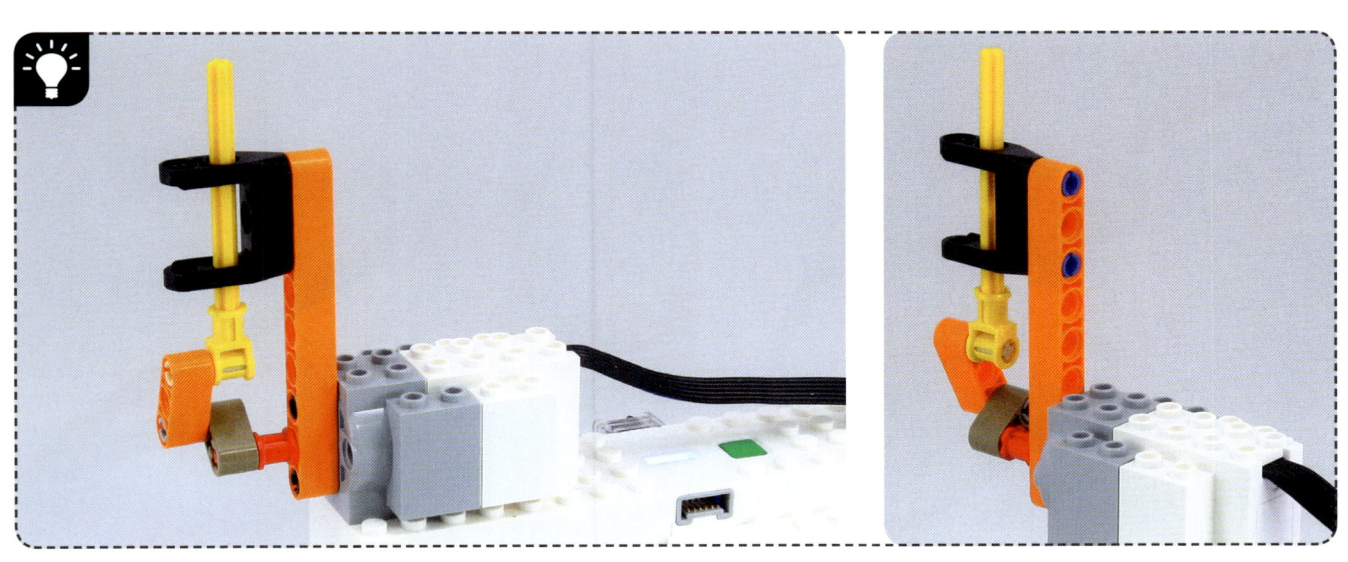

#36

68 Hubmechanismen

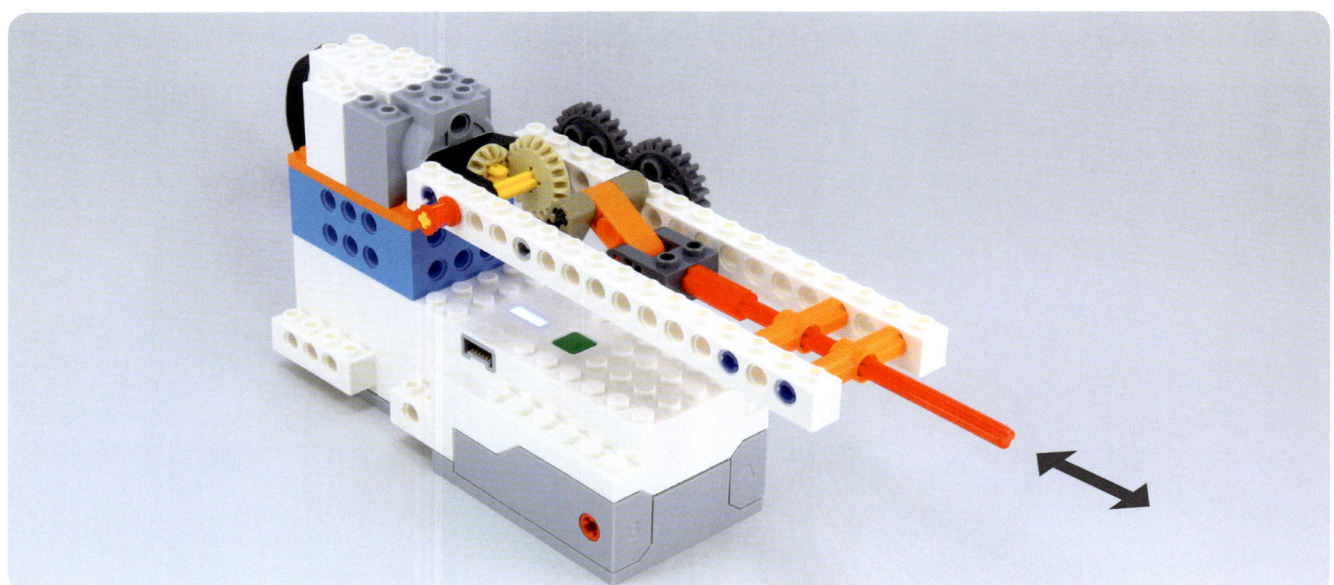

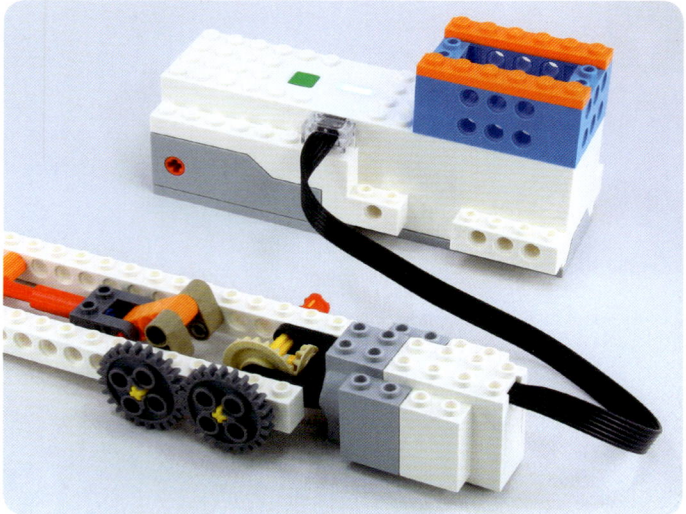

Hubmechanismen 69

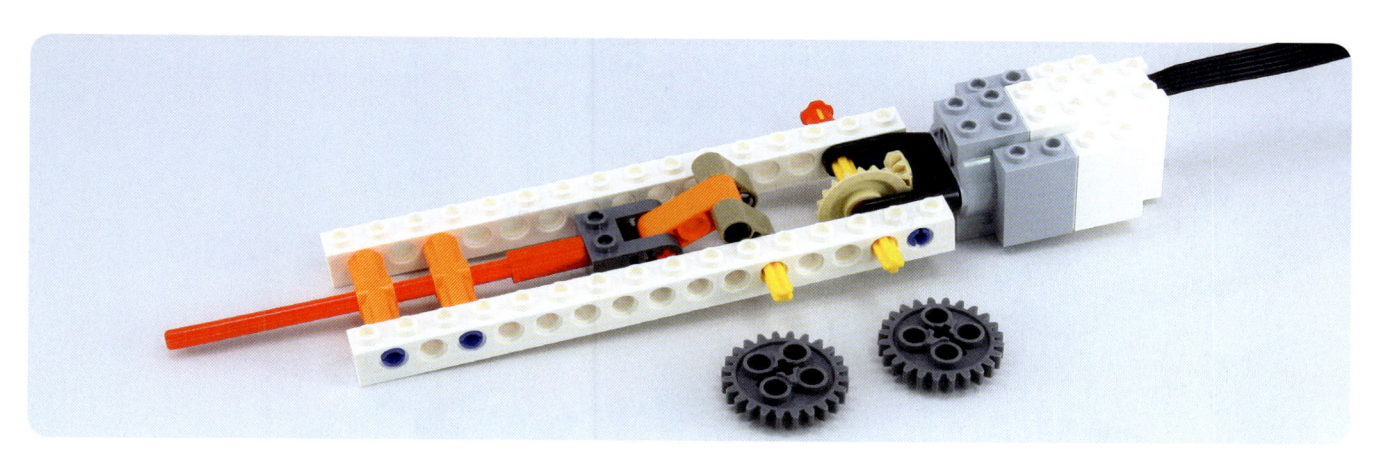

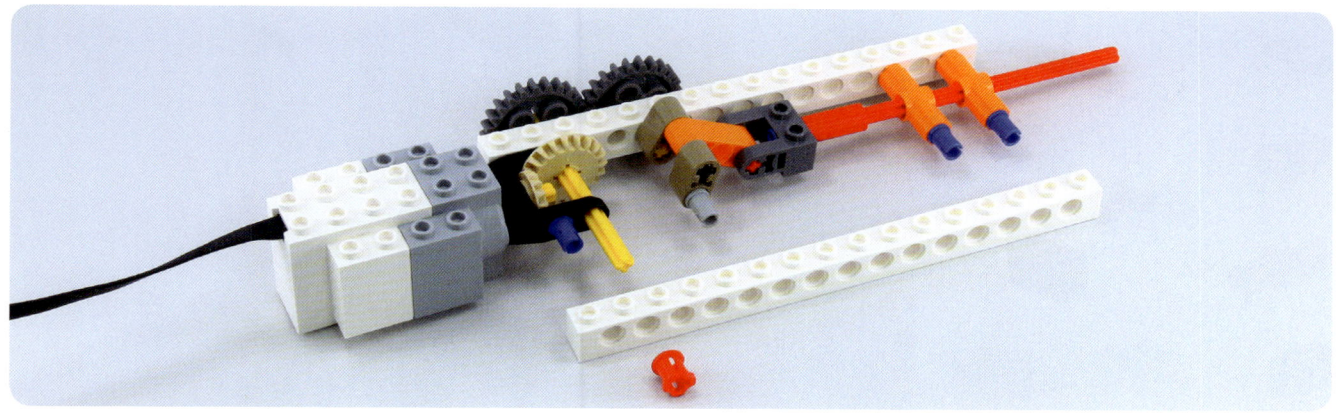

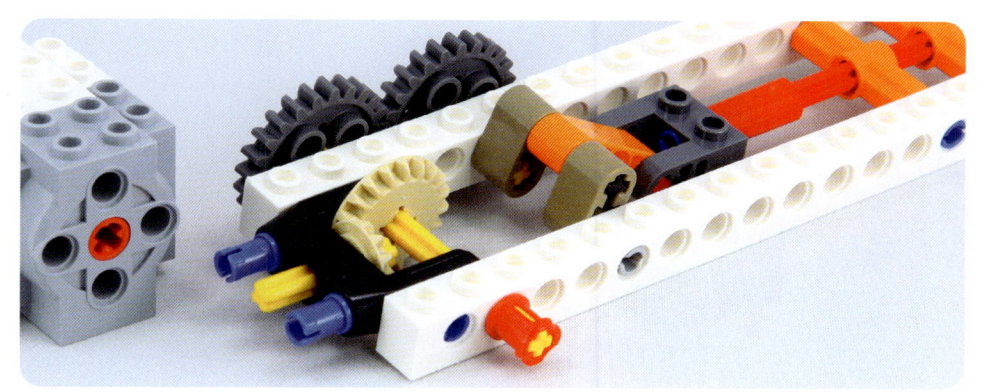

#37

50 5

70 Hubmechanismen

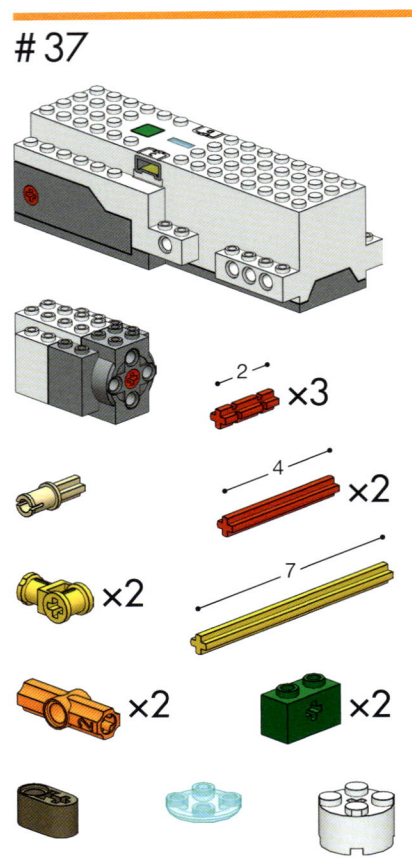

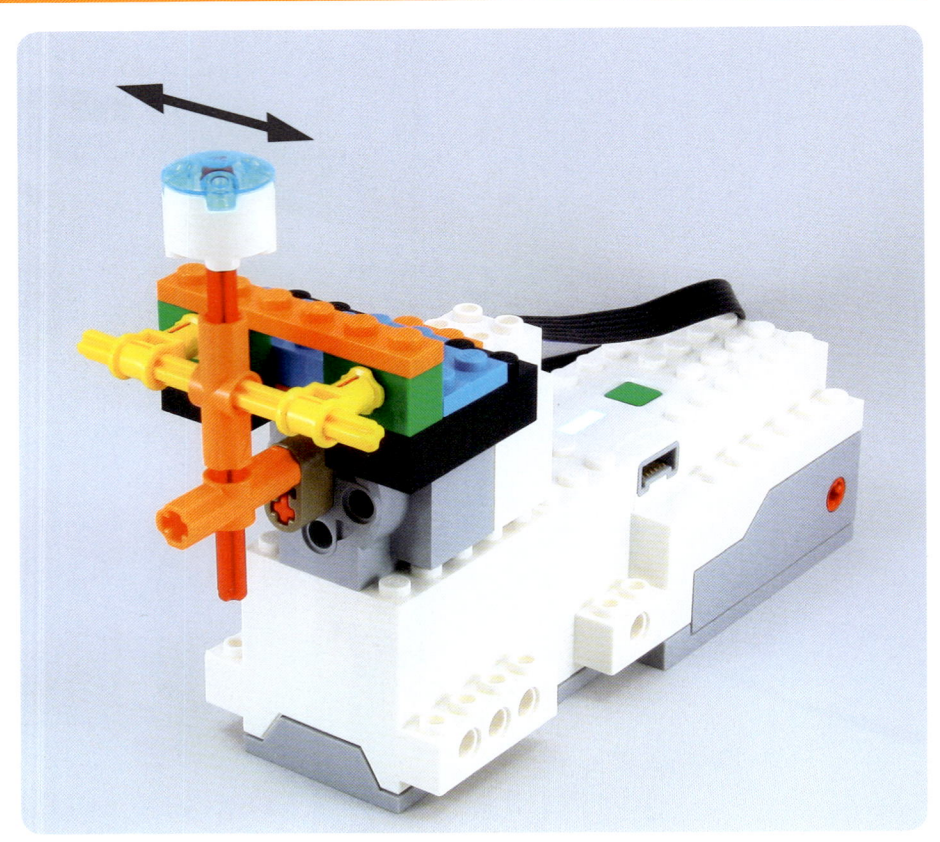

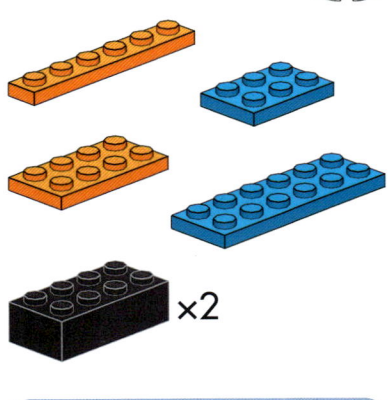

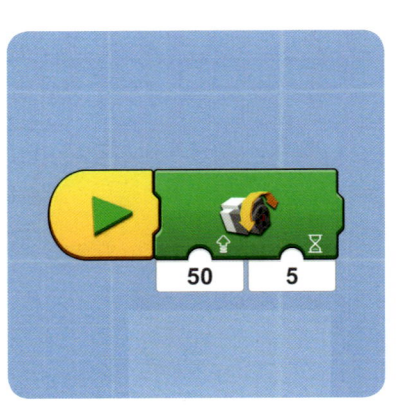

Hubmechanismen 71

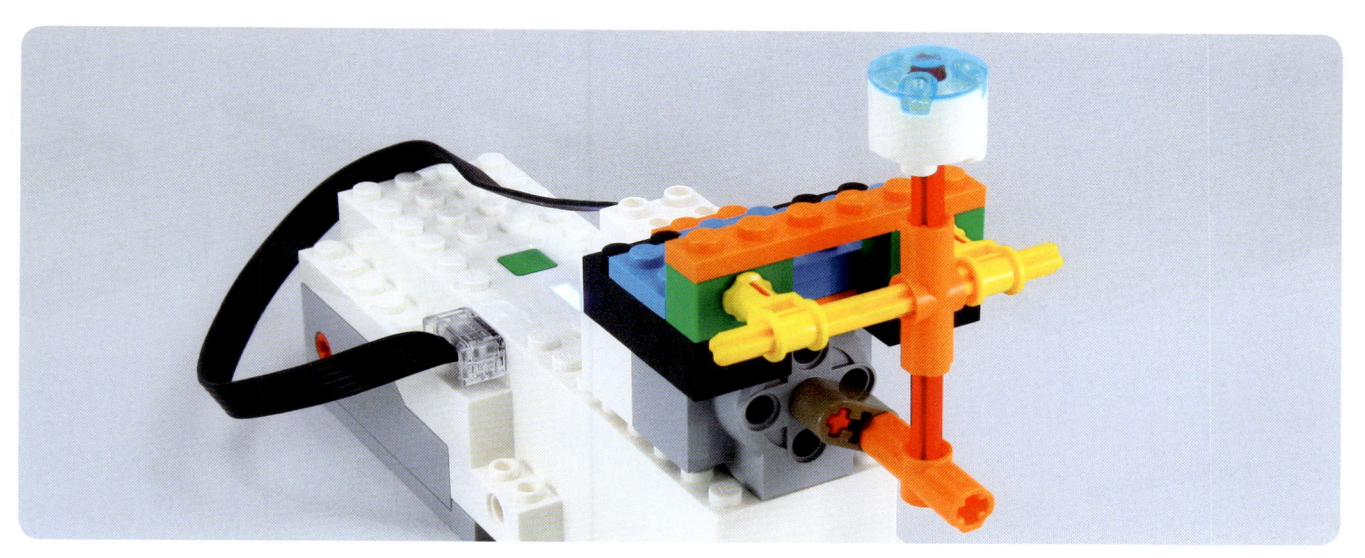

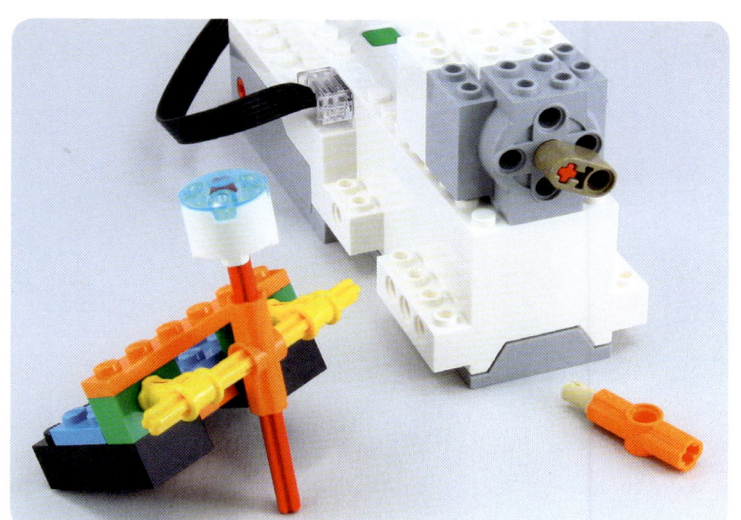

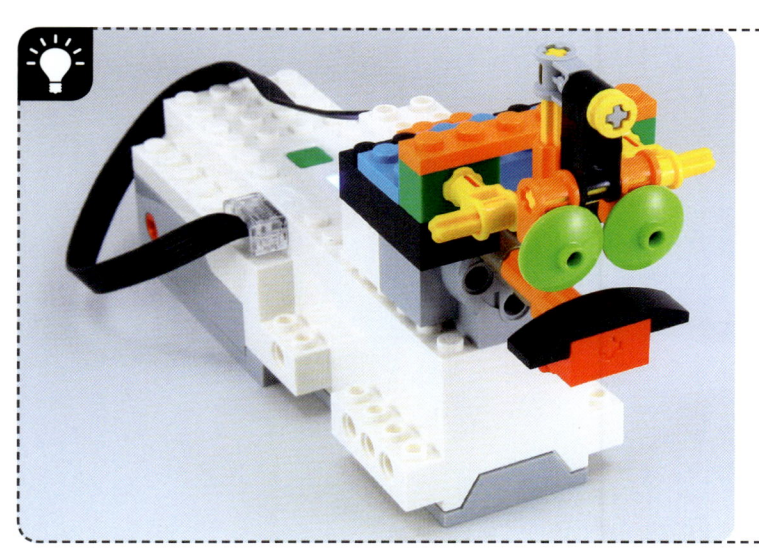

#38

72 Hubmechanismen

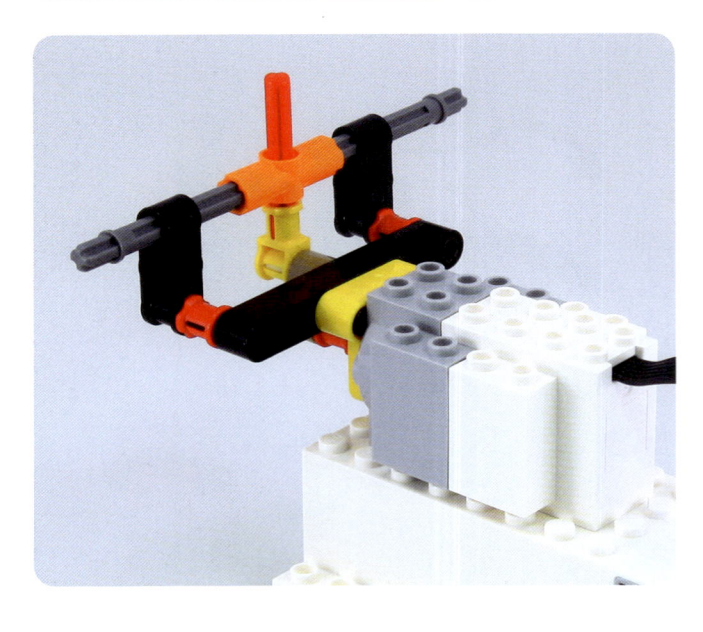

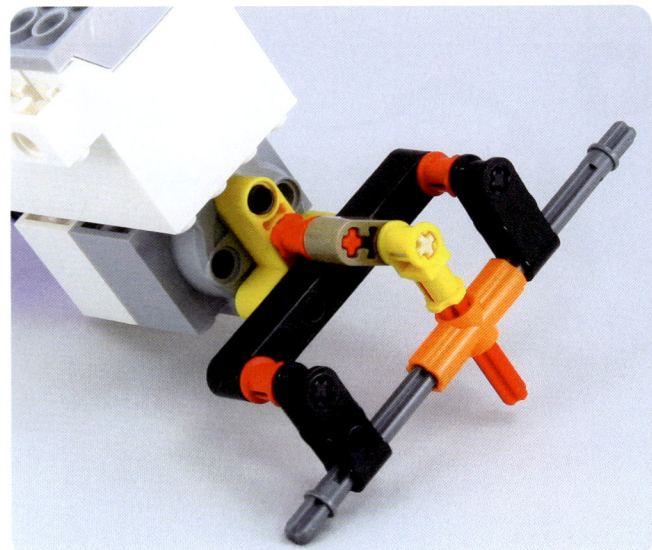

Hubmechanismen 73

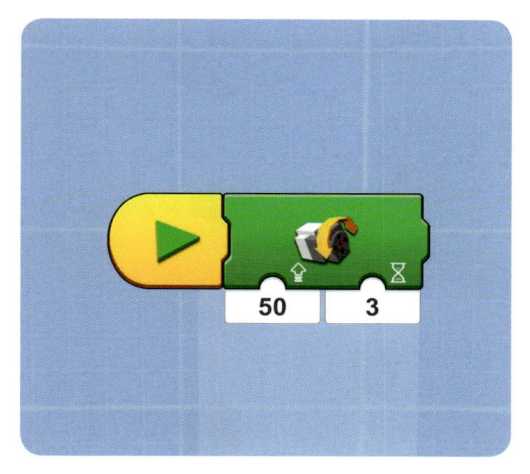

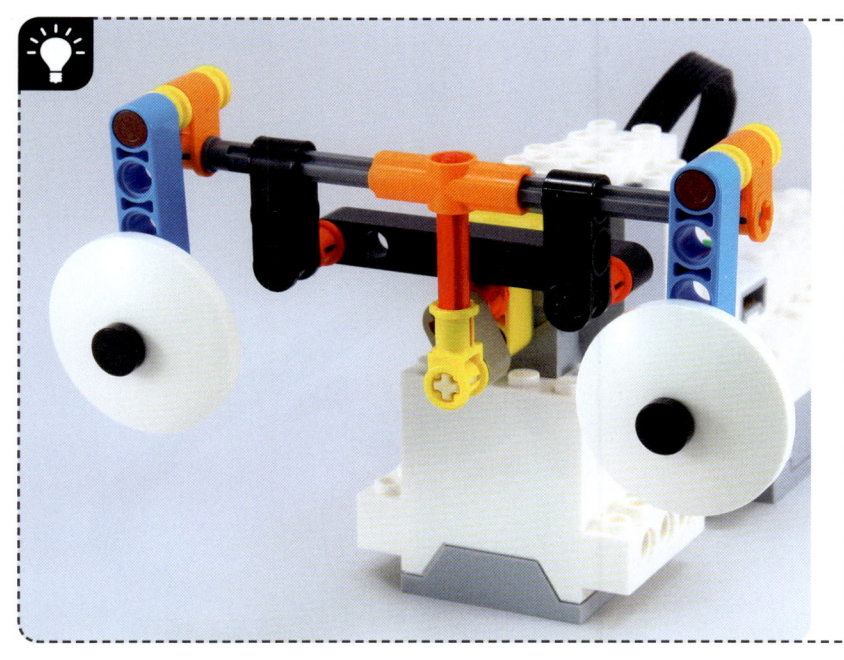

Zahnstangengetriebe

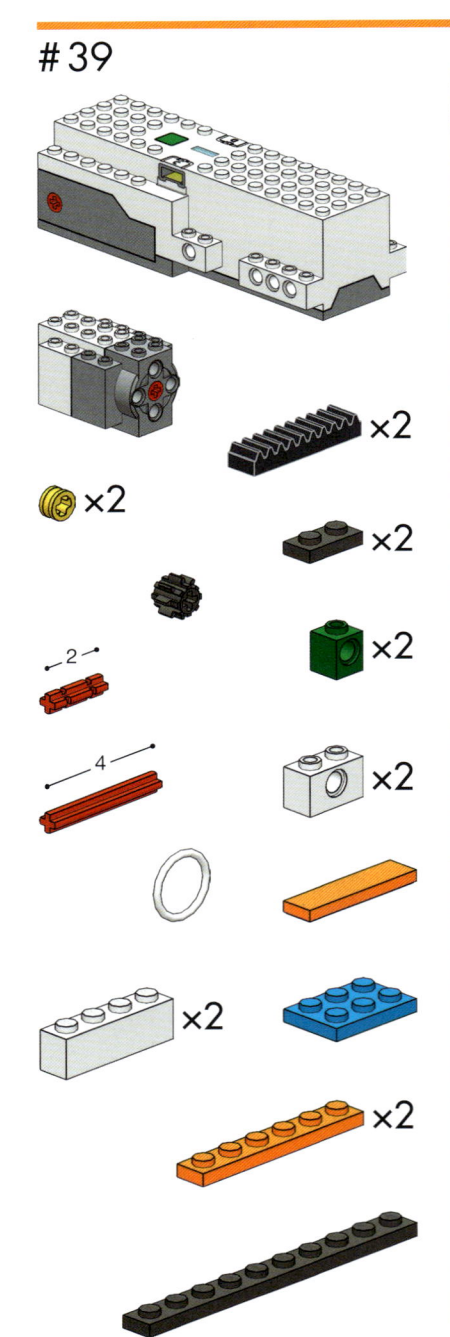

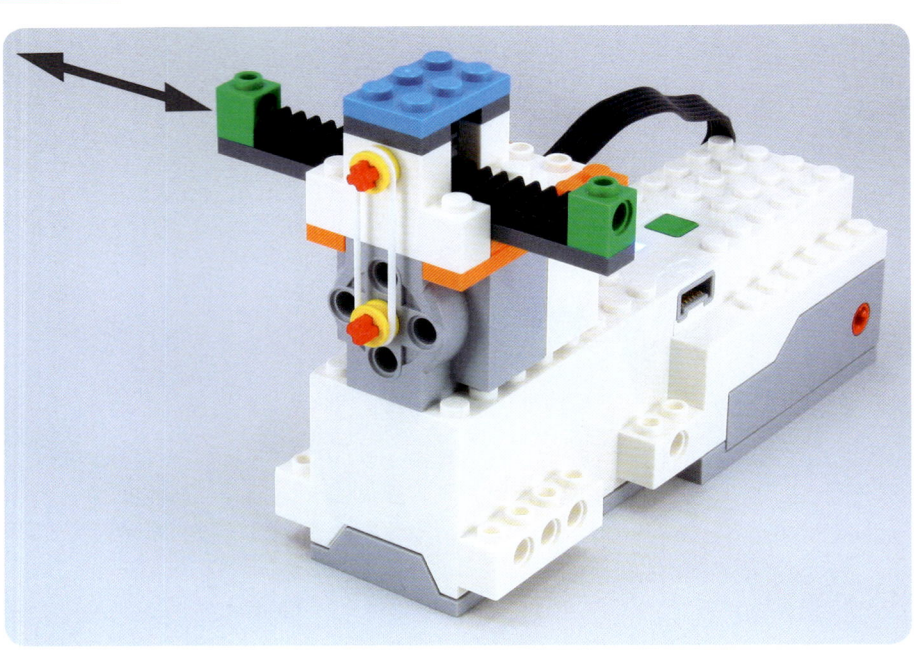

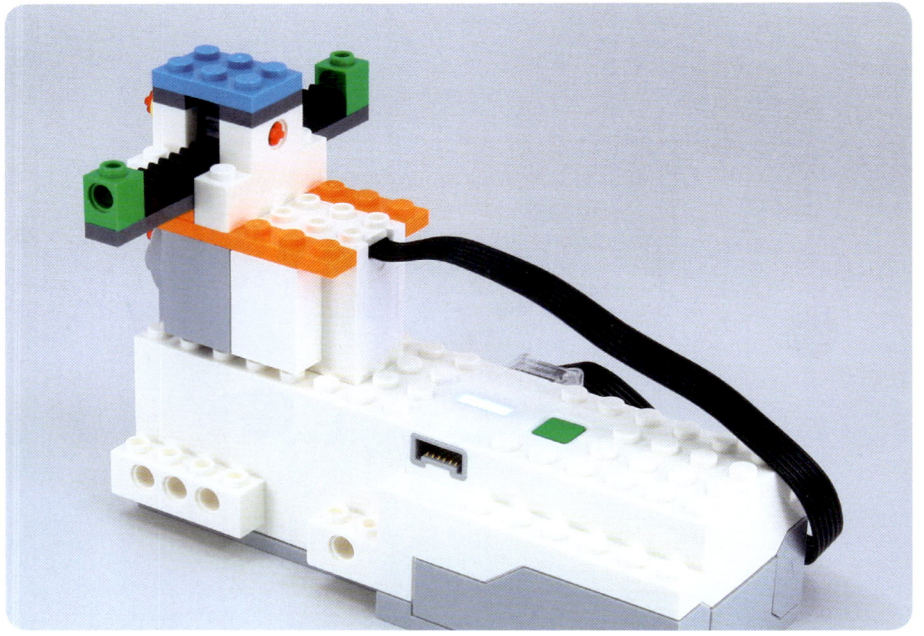

#39

74

Zahnstangengetriebe 75

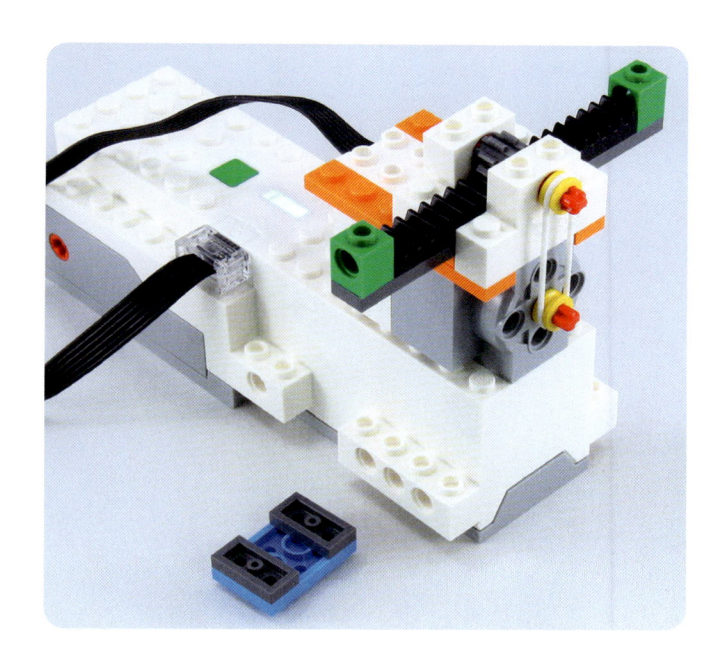

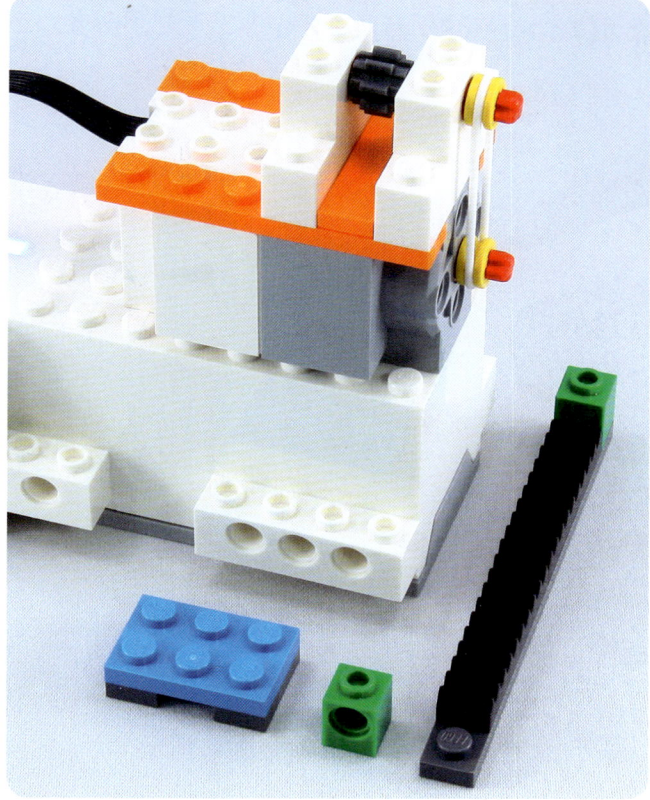

#40

76 Zahnstangengetriebe

Zahnstangengetriebe **77**

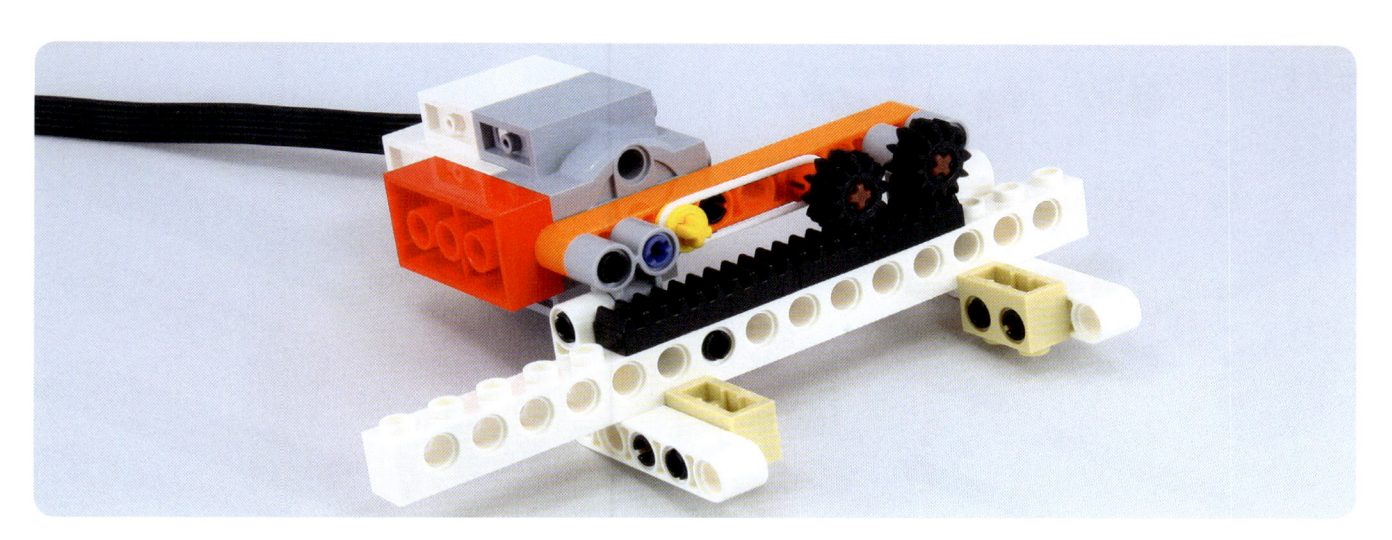

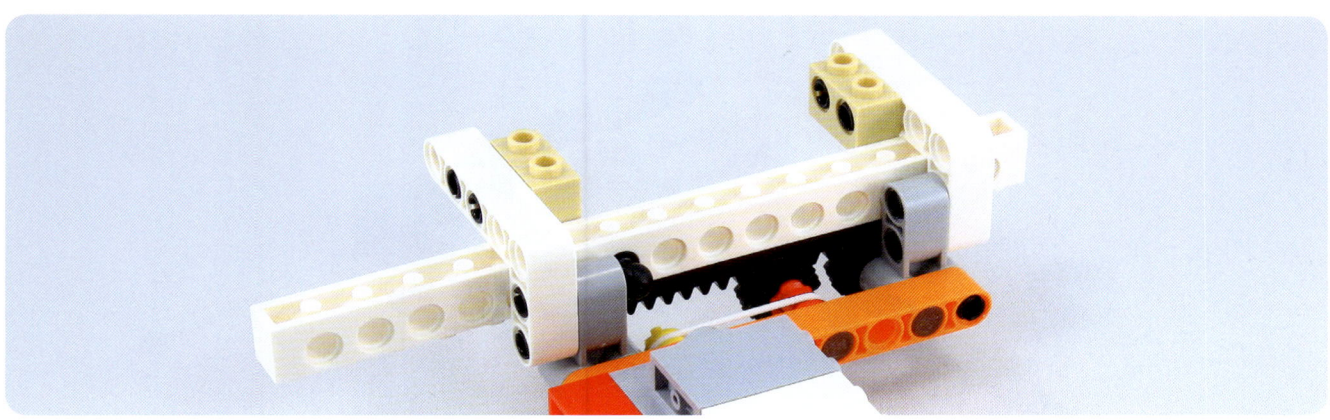

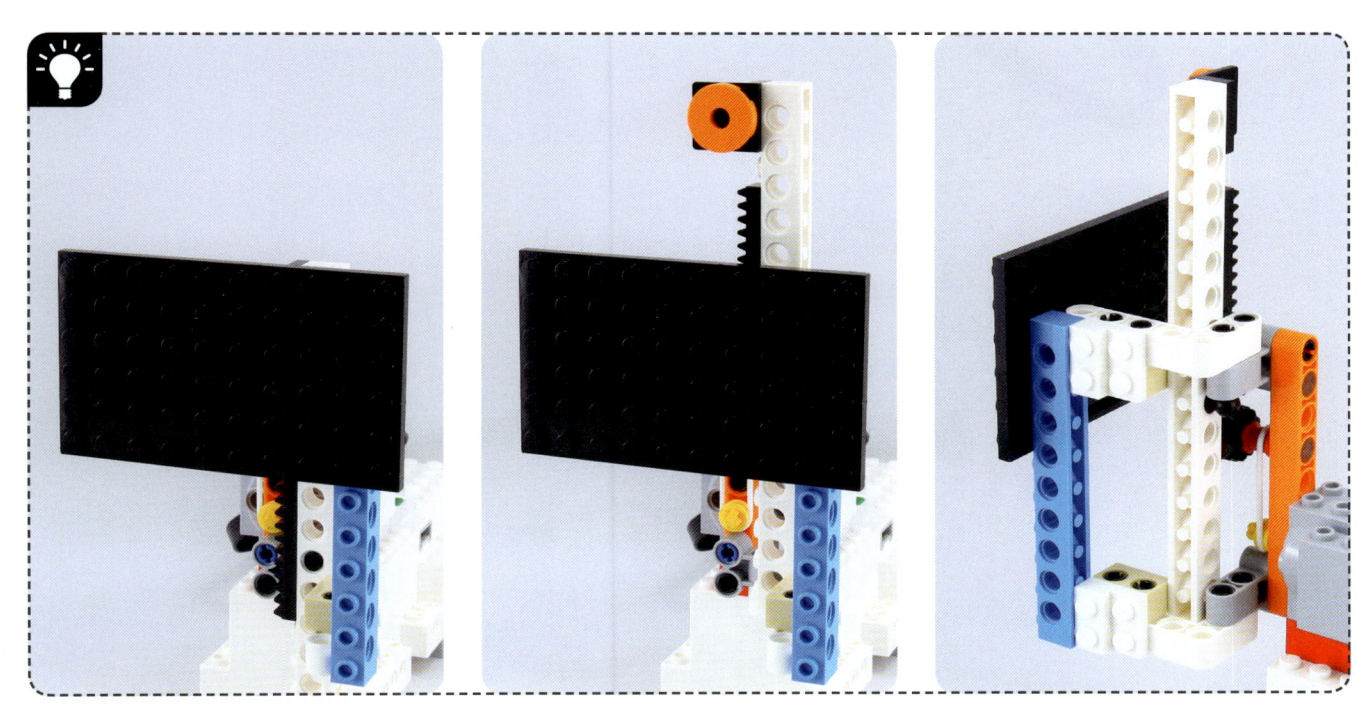

#41

78 Zahnstangengetriebe

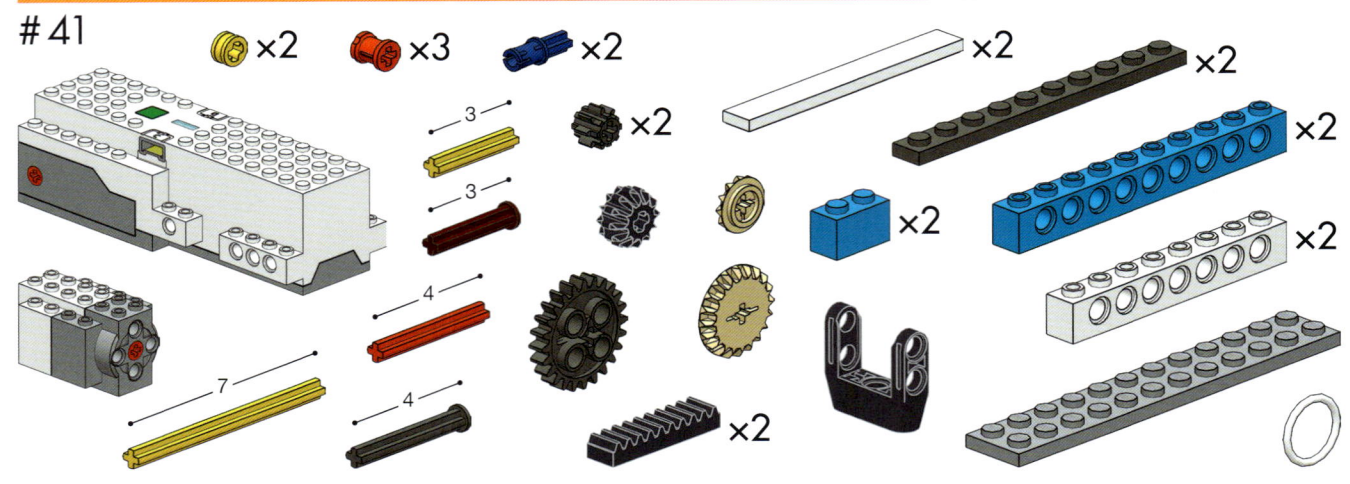

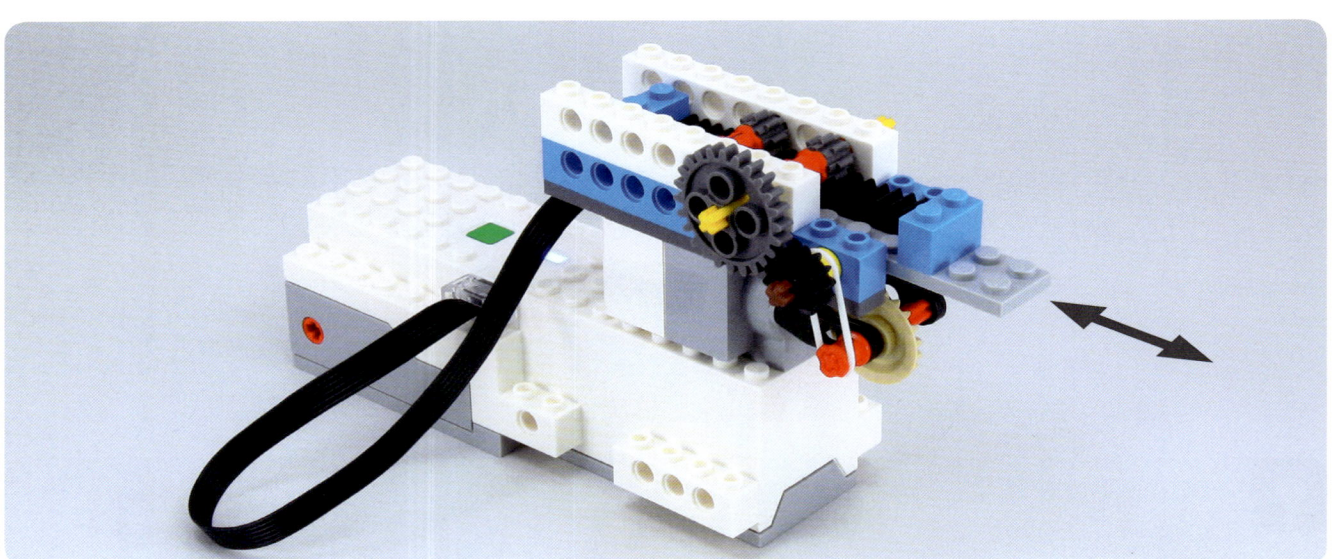

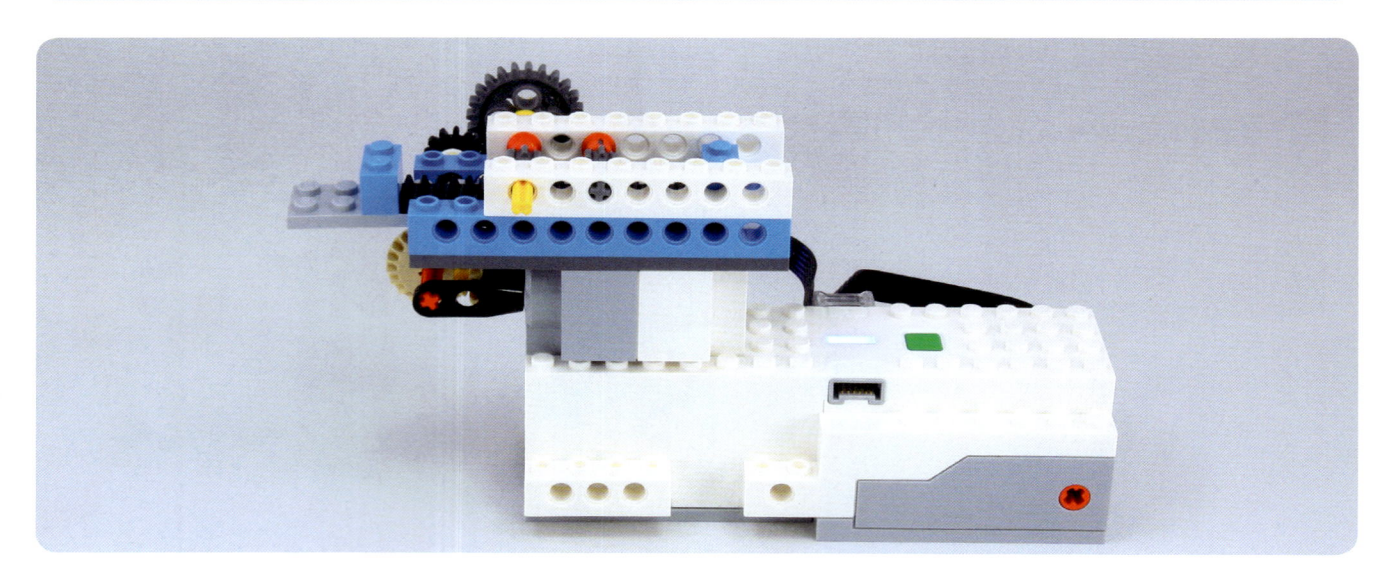

Zahnstangengetriebe **79**

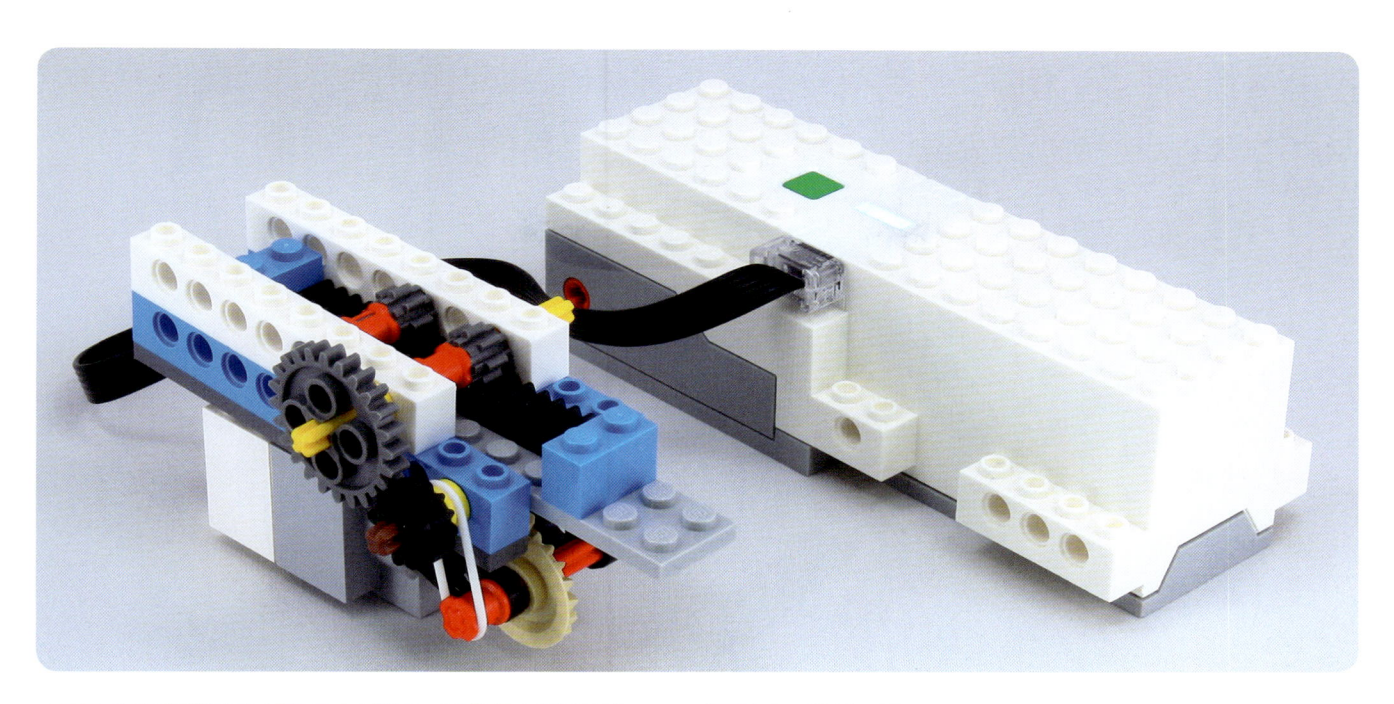

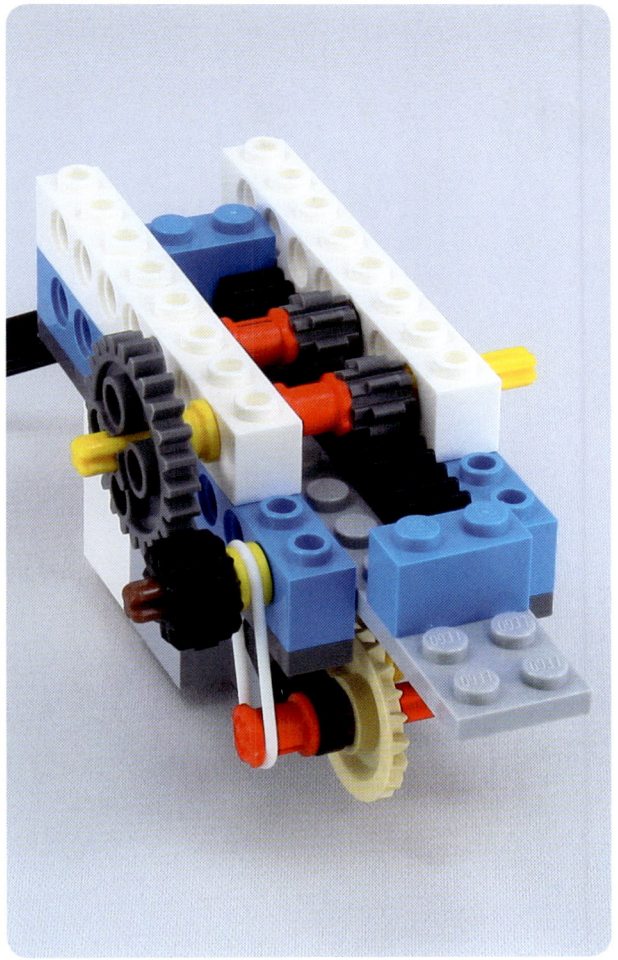

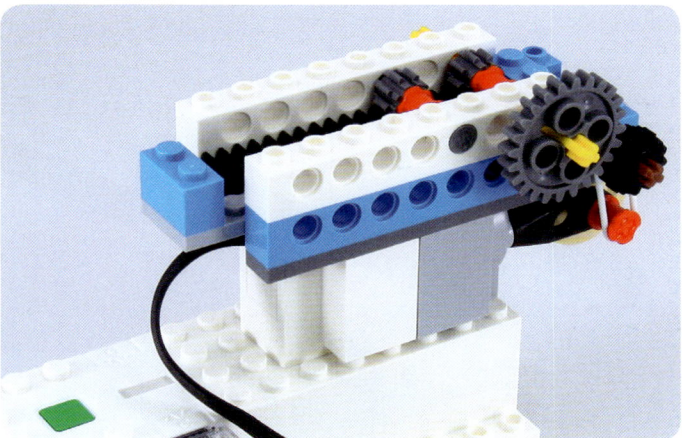

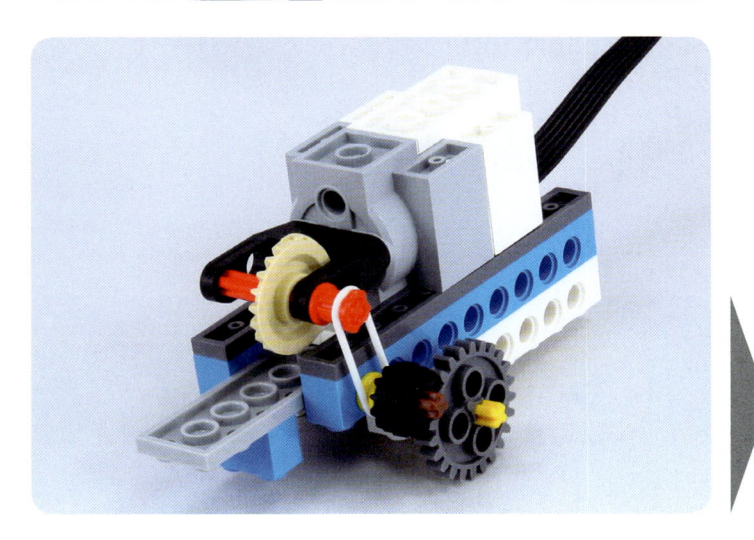

80 Zahnstangengetriebe

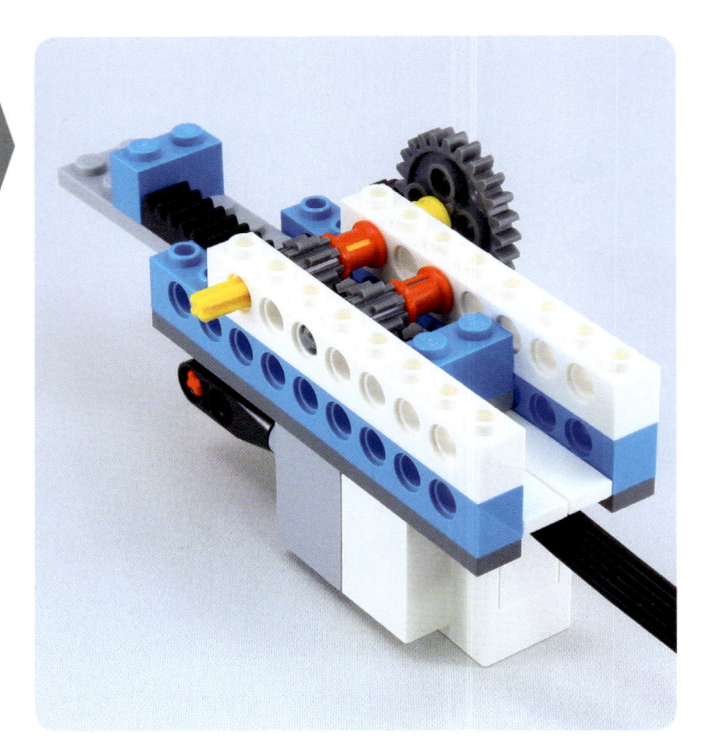

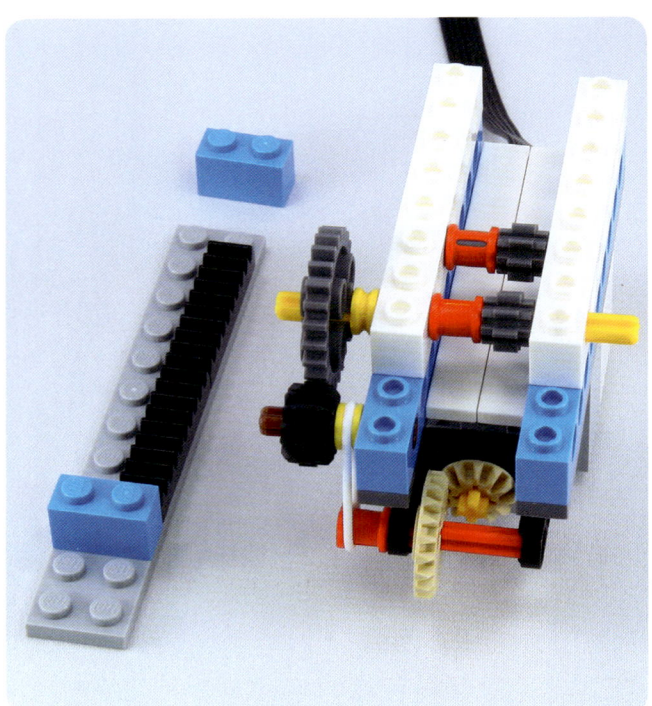

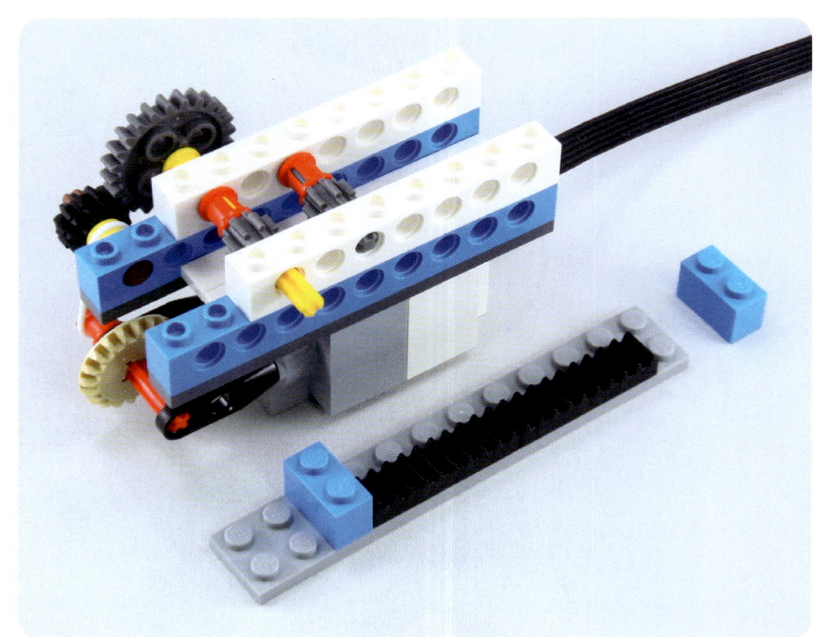

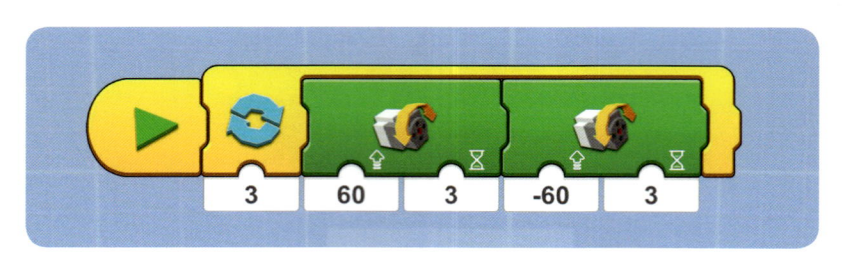

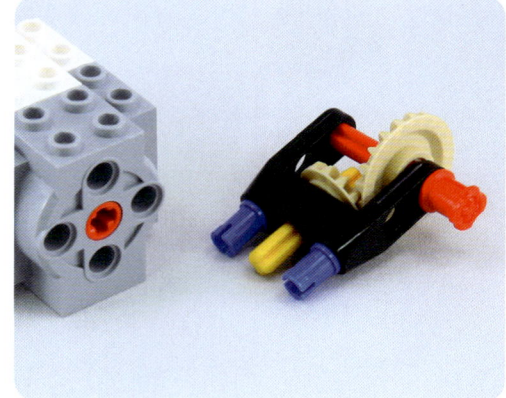

Zahnstangengetriebe **81**

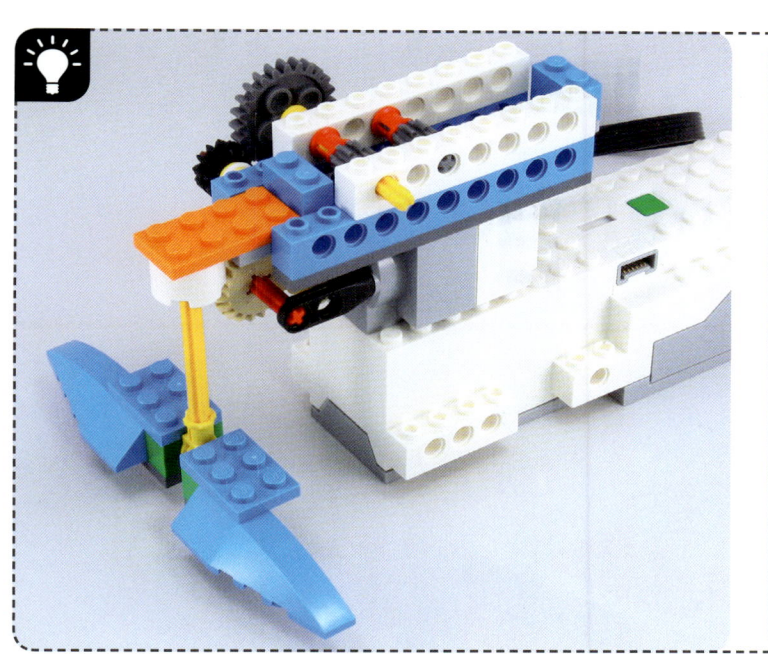

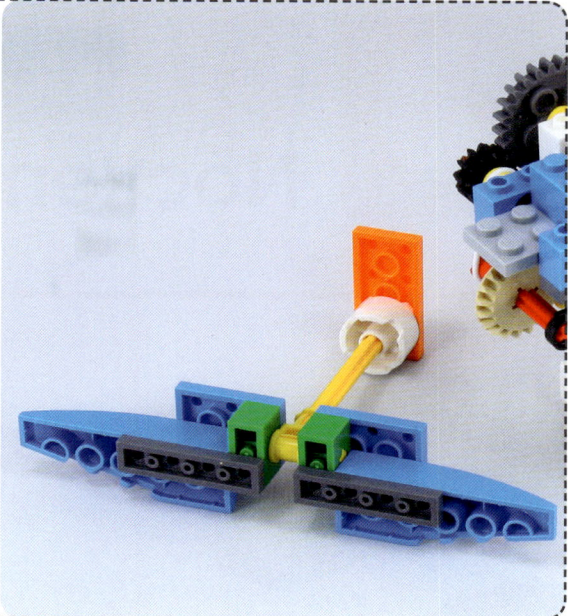

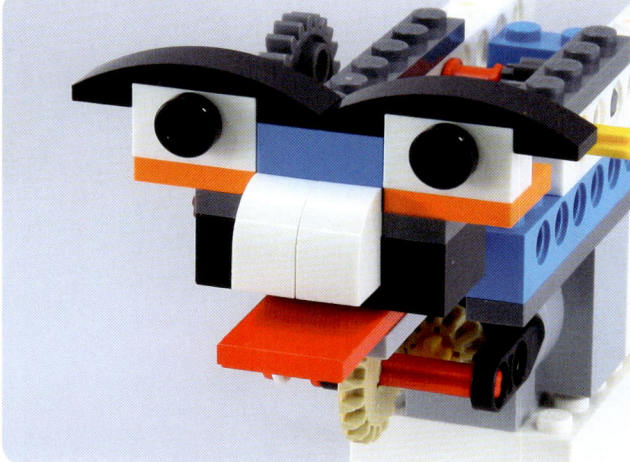

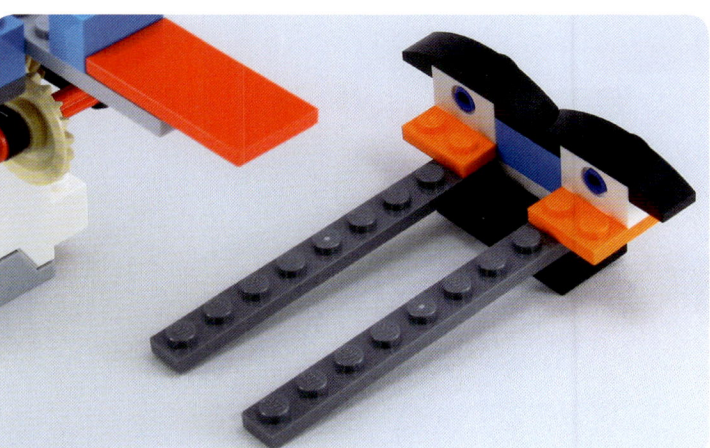

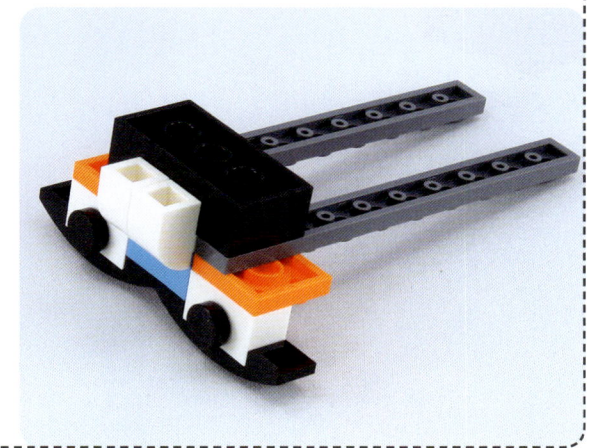

Nockenantriebe

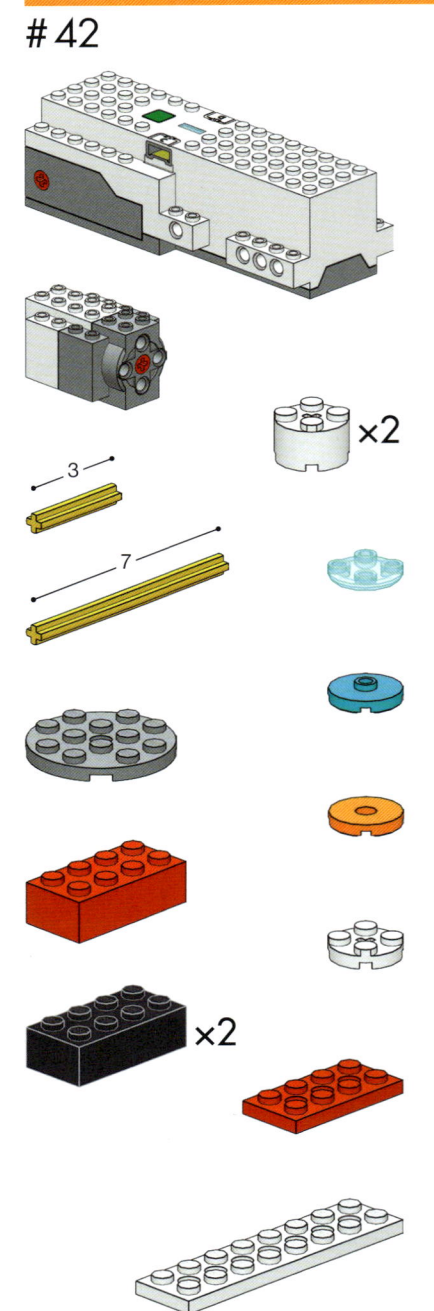

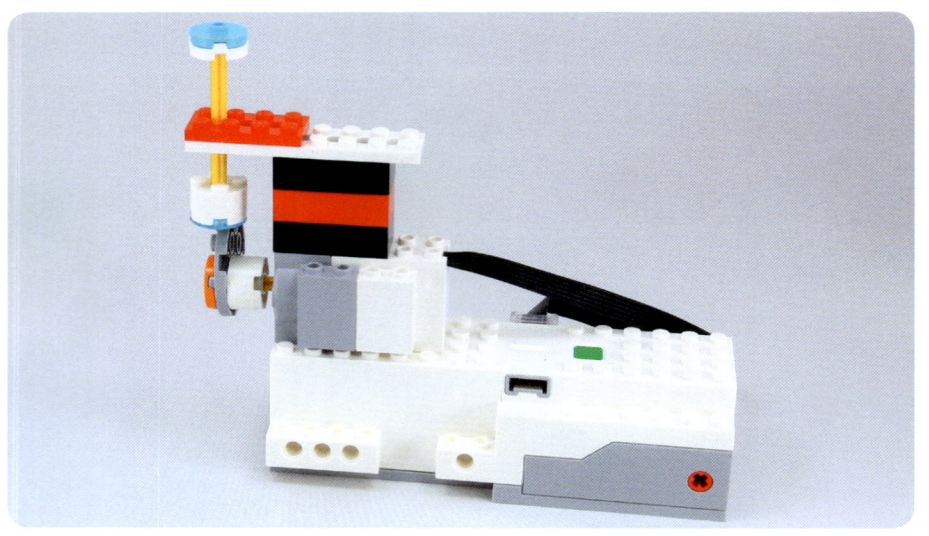

#42

Nockenantriebe **83**

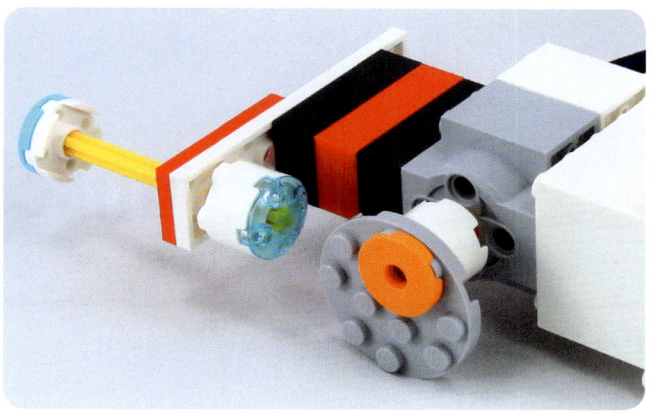

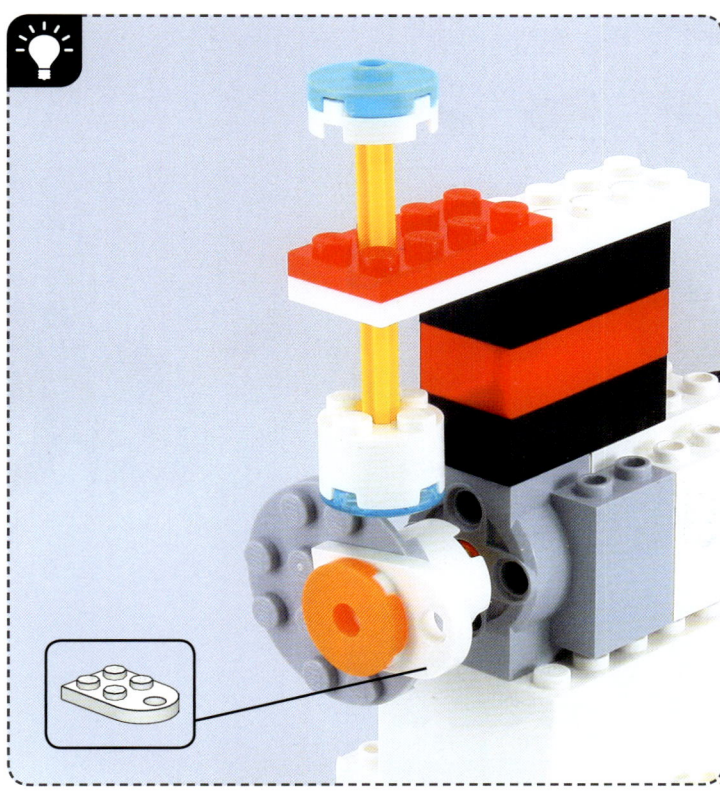

Exzentrische Drehachsen

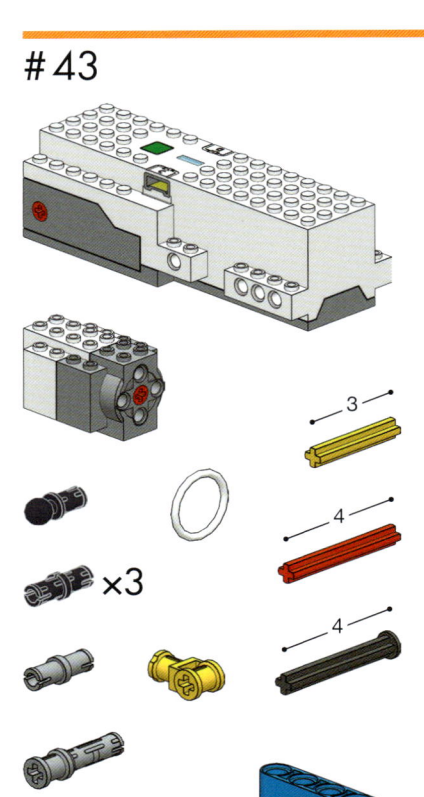

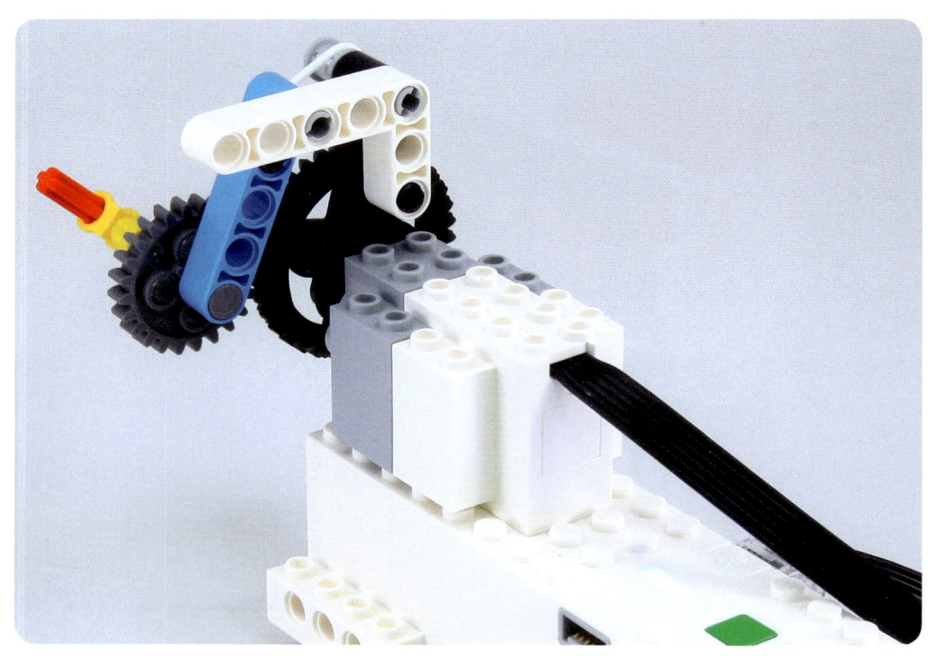

#43

Exzentrische Drehachsen **85**

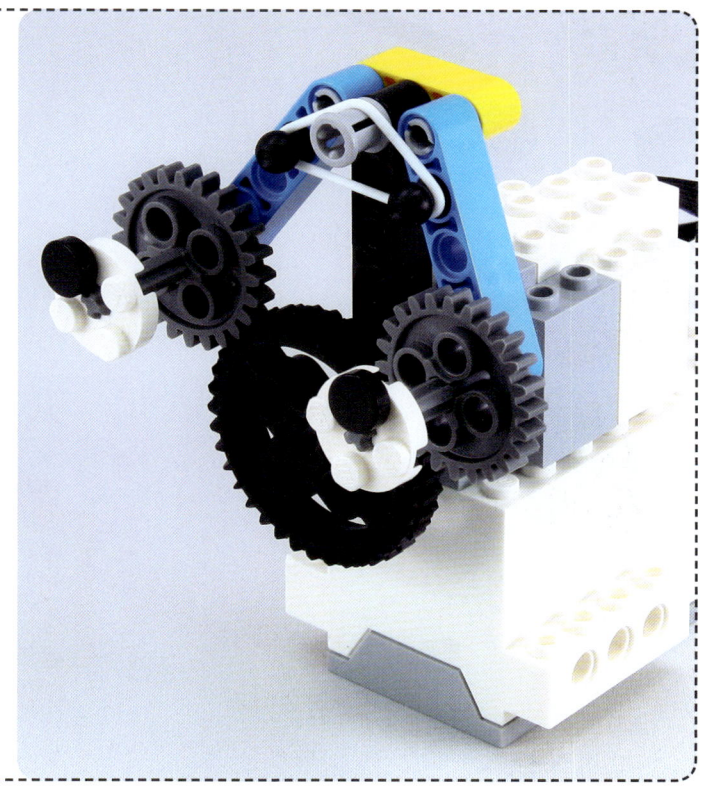

Mampfende Roboter

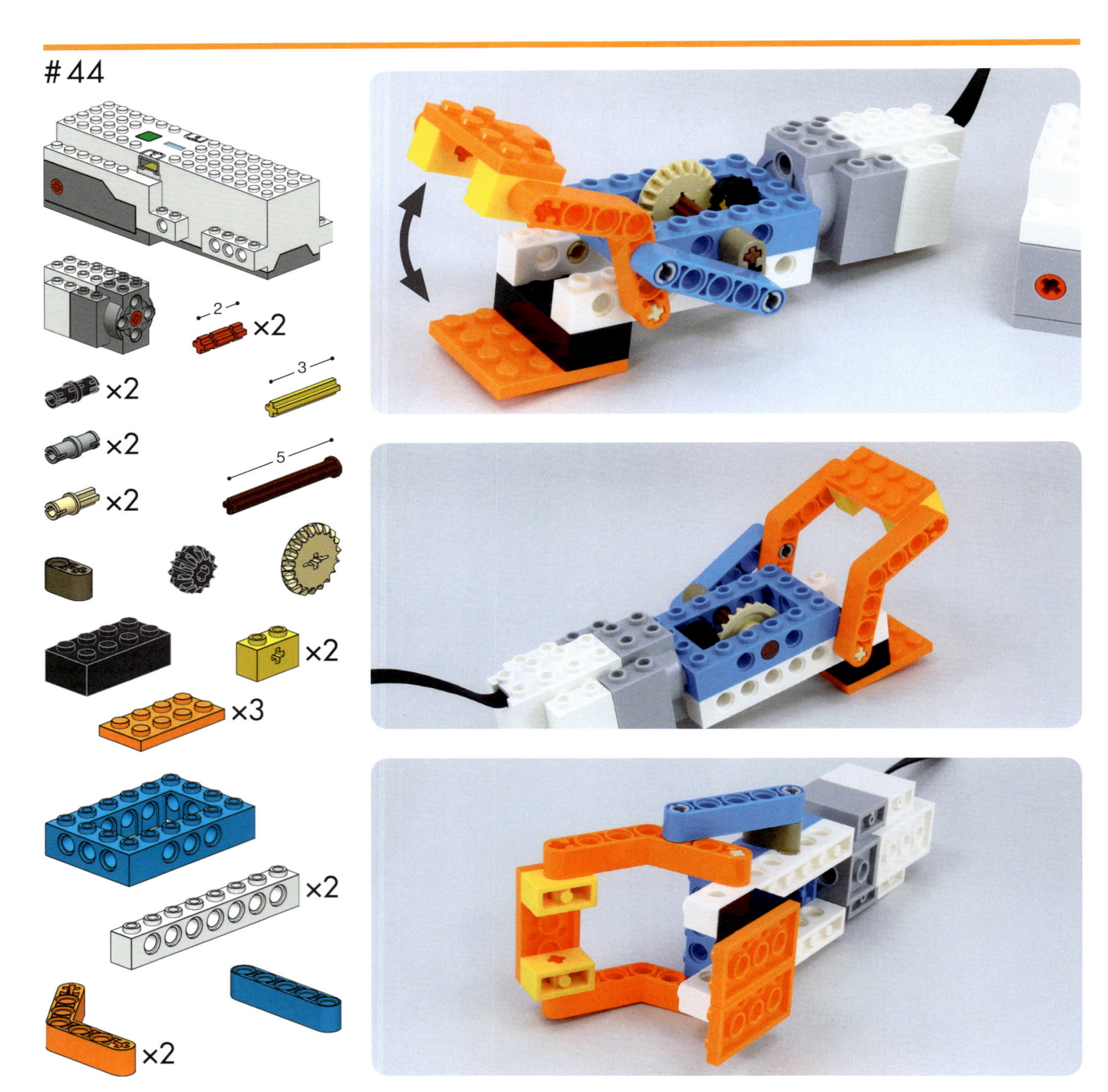

#44

86

Mampfende Roboter 87

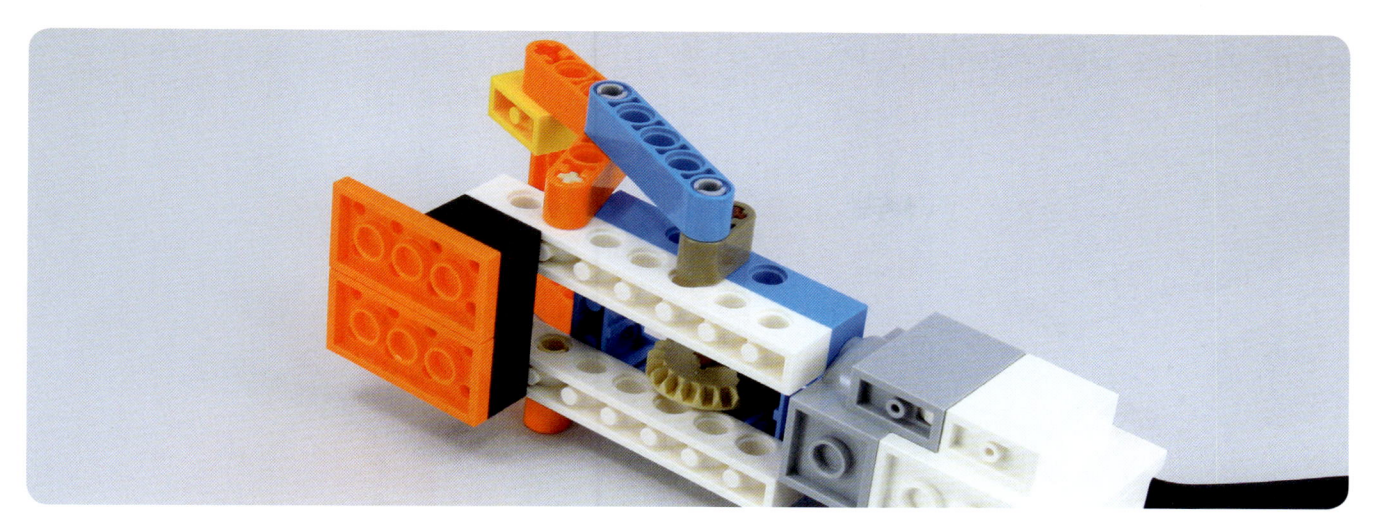

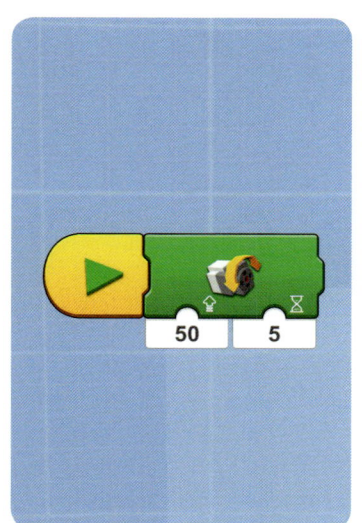

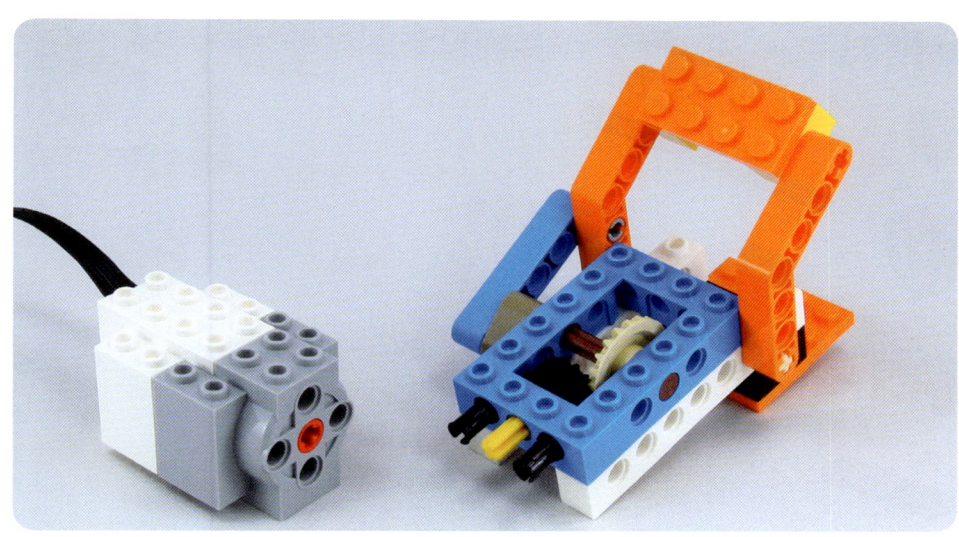

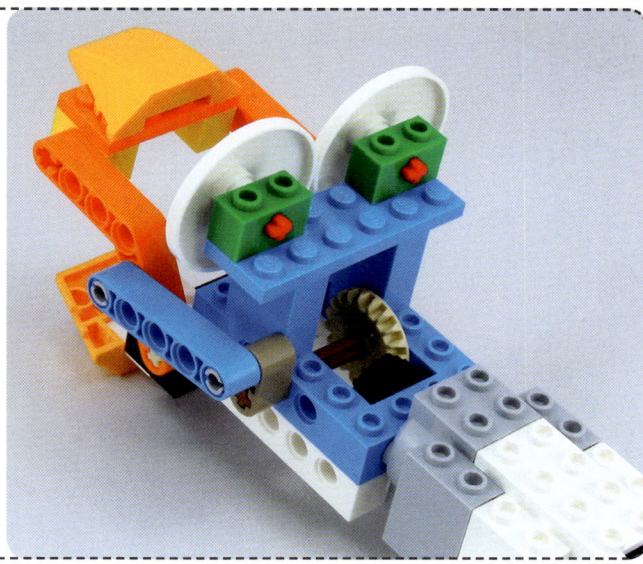

#45

×2
×15
×2
×2
×2
×2
×2
×2
×2
×4
×2

88 Mampfende Roboter

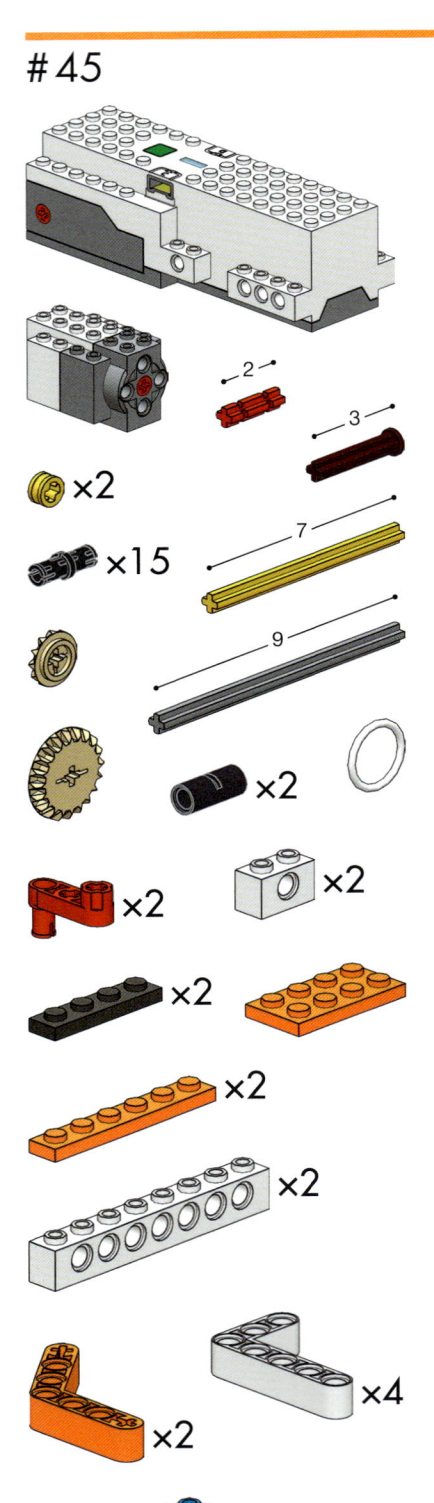

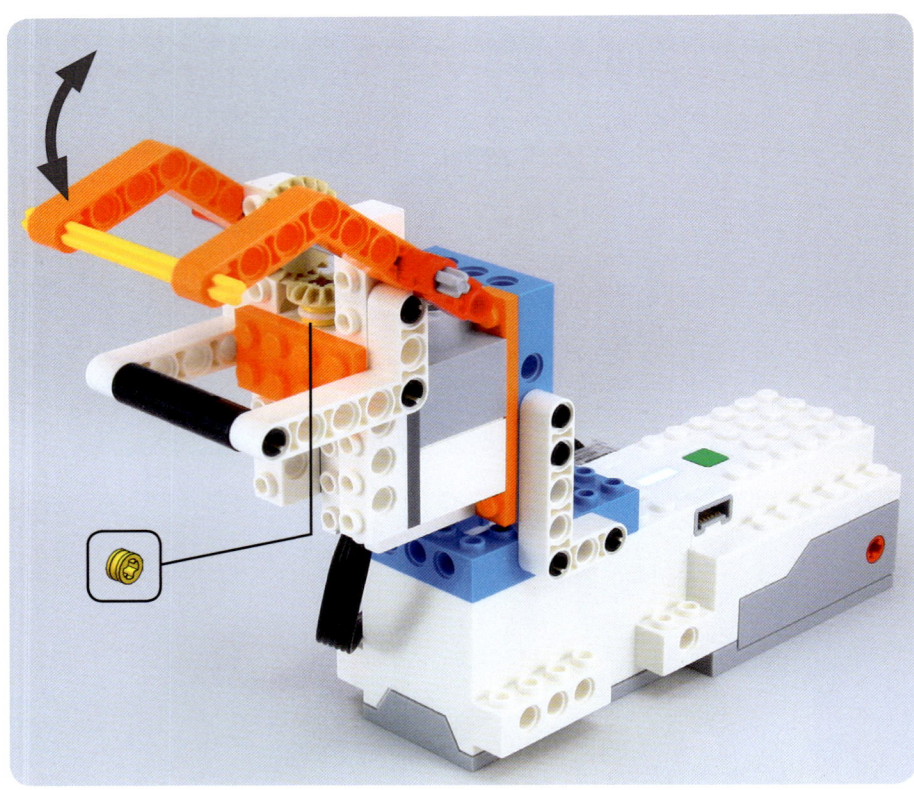

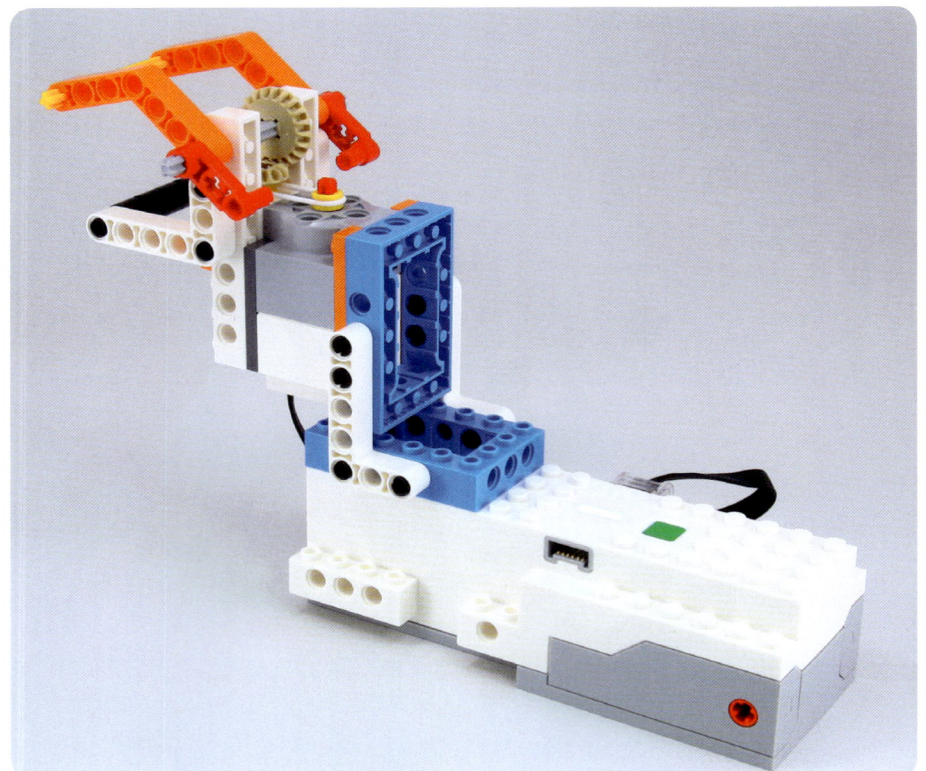

Mampfende Roboter **89**

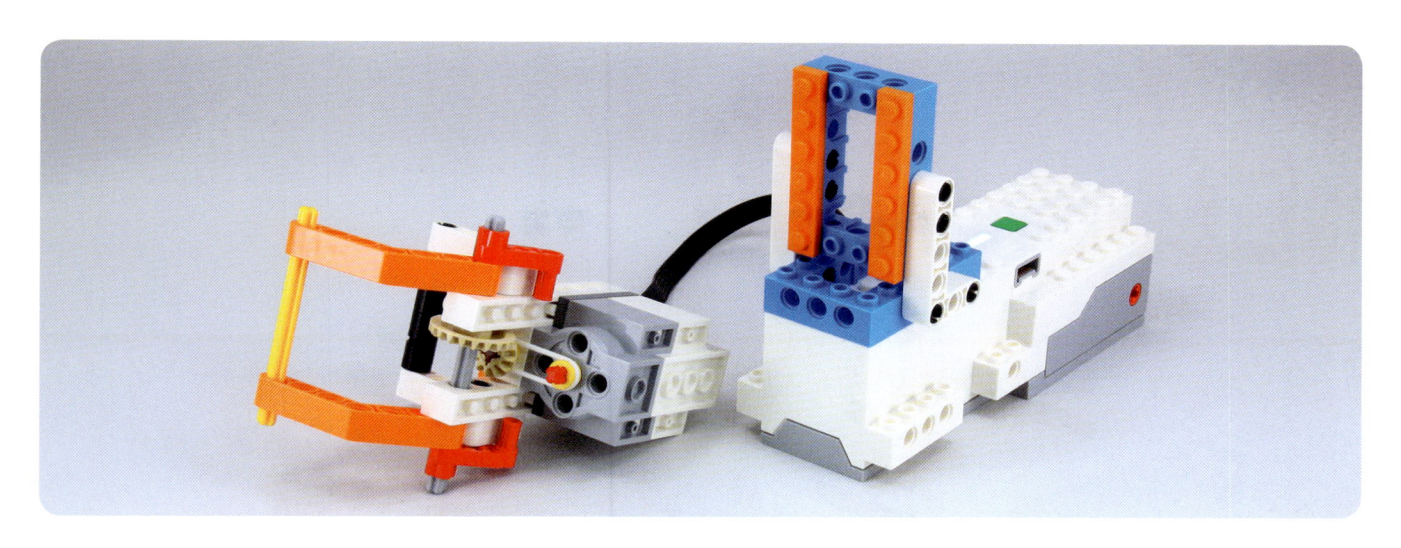

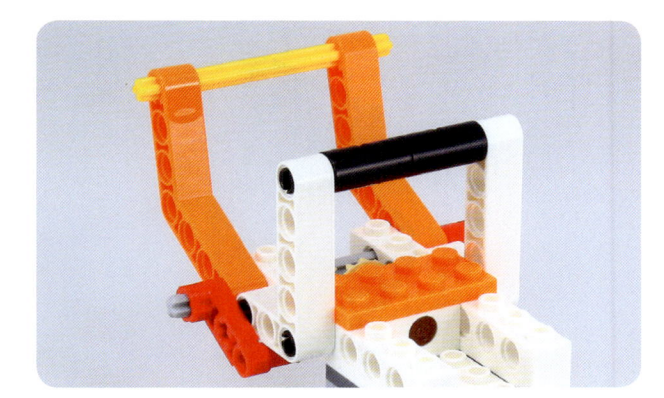

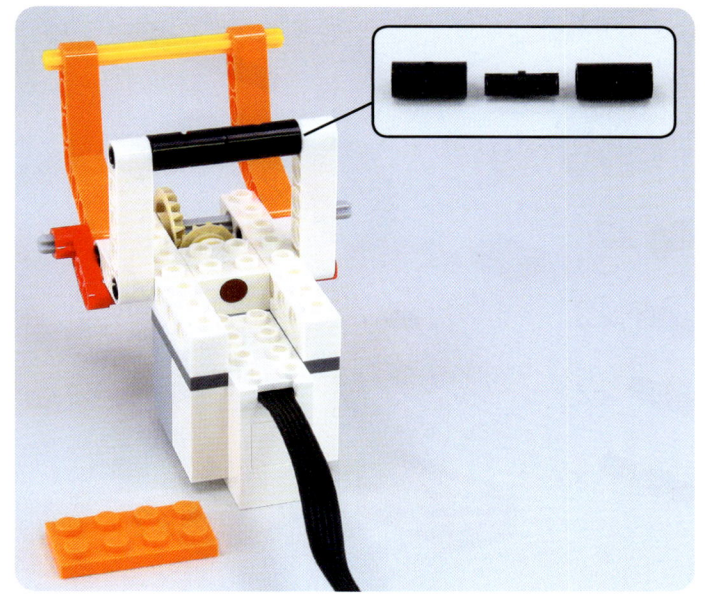

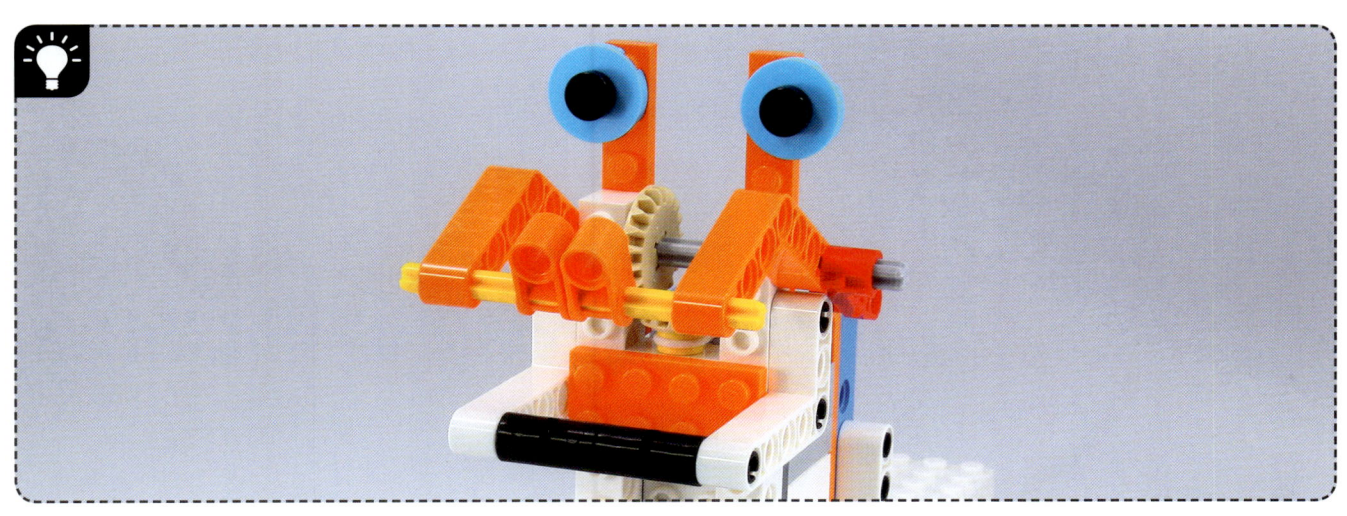

Greiffinger

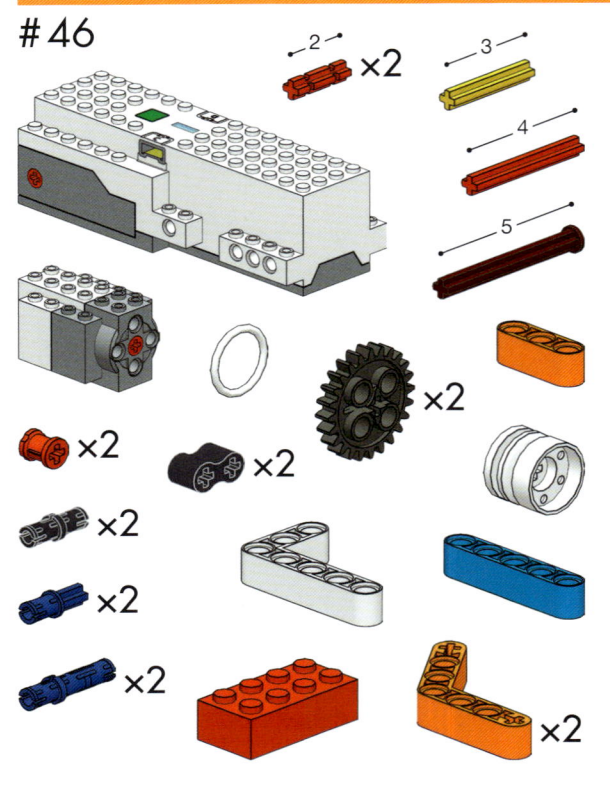

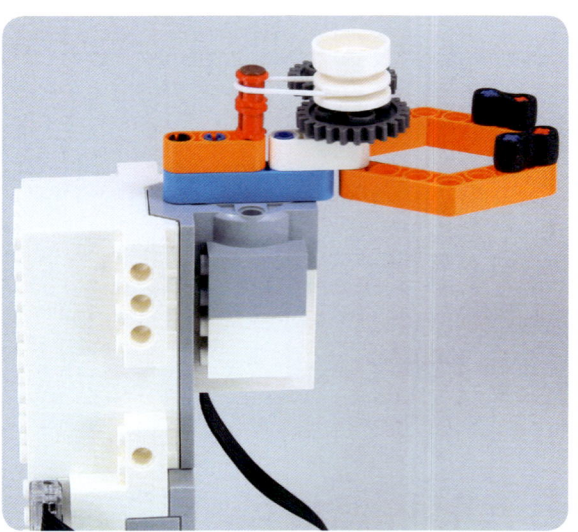

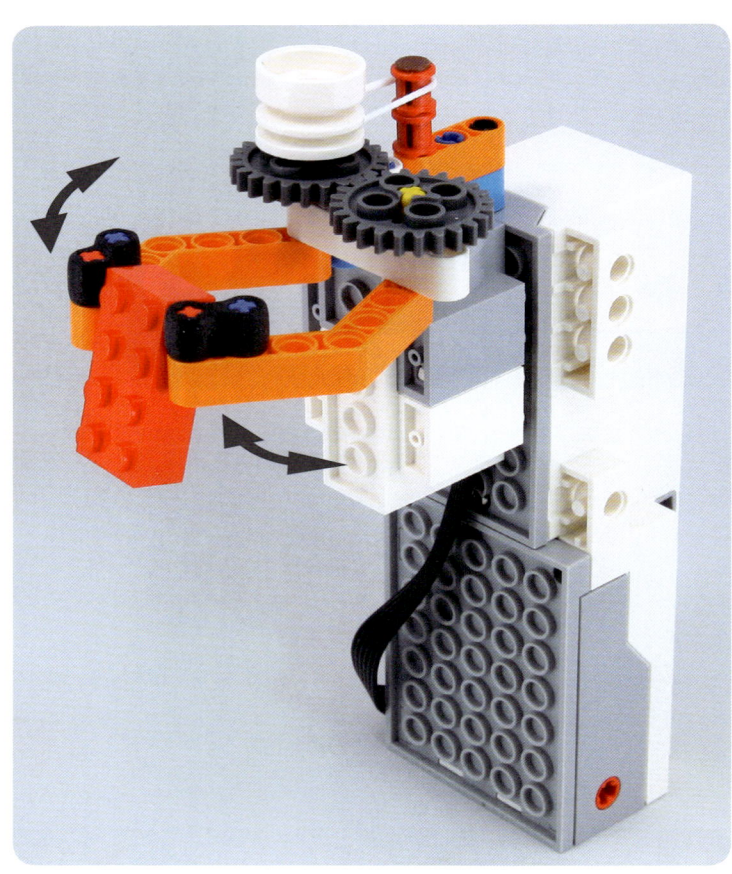

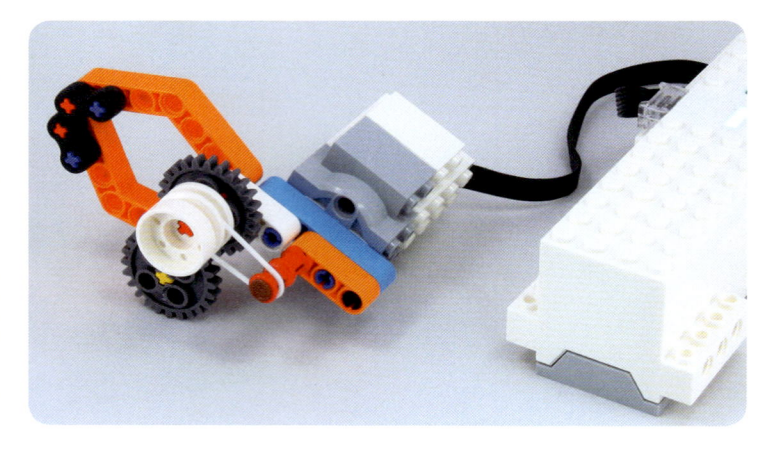

#46

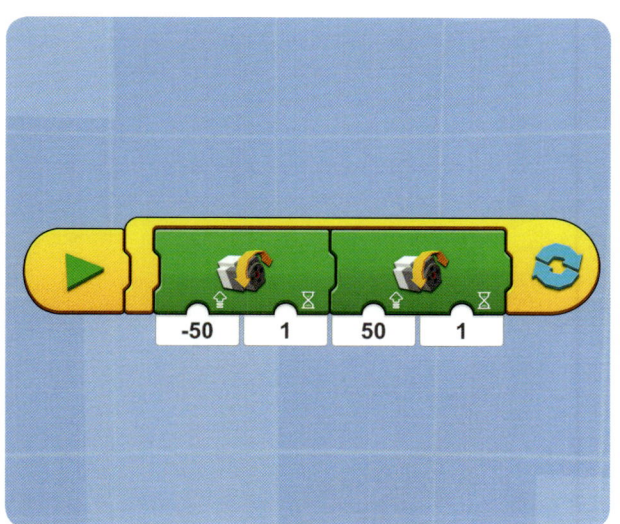

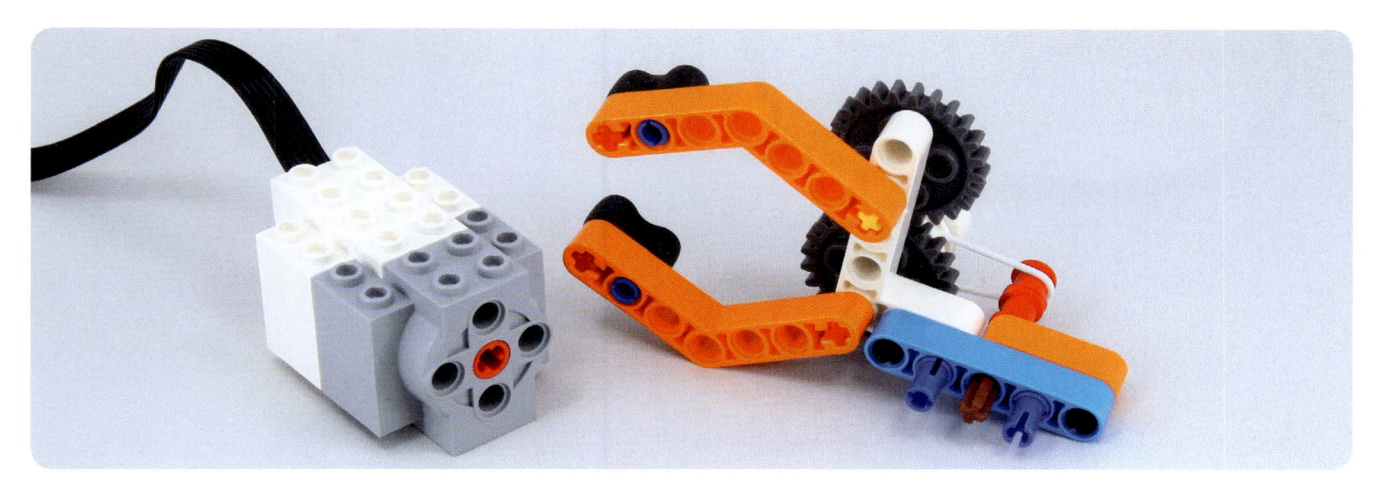

Greiffinger 91

#47

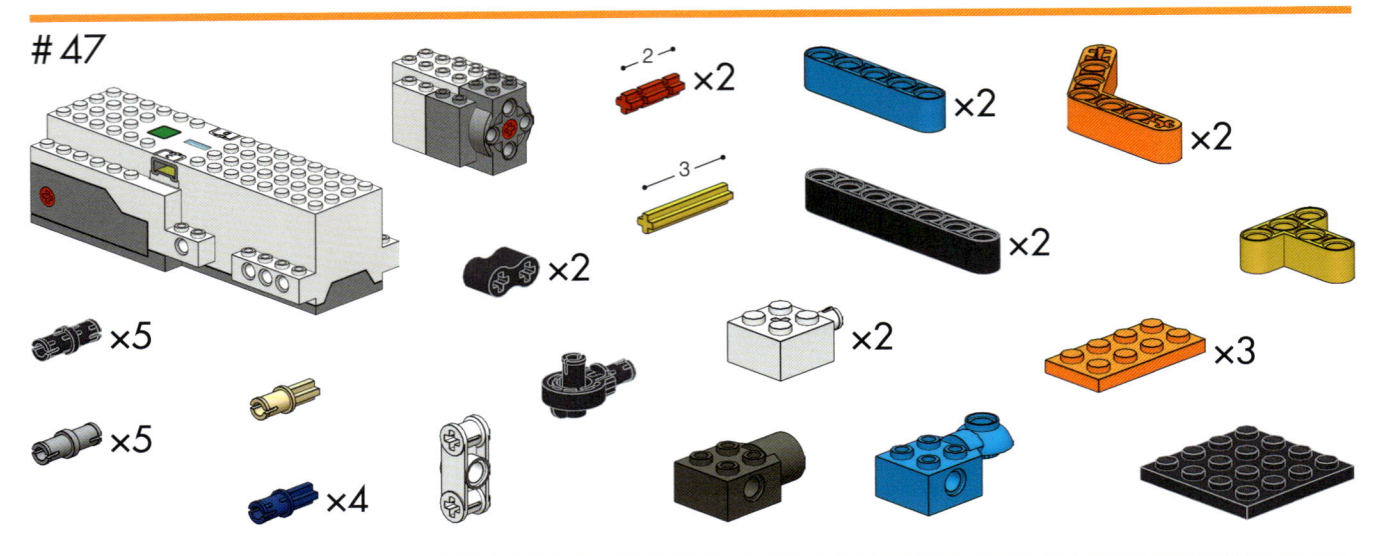

×5
×5
×4
×2
×2
×3
×2
×2
×2
×2
×2
×3

92 Greiffinger

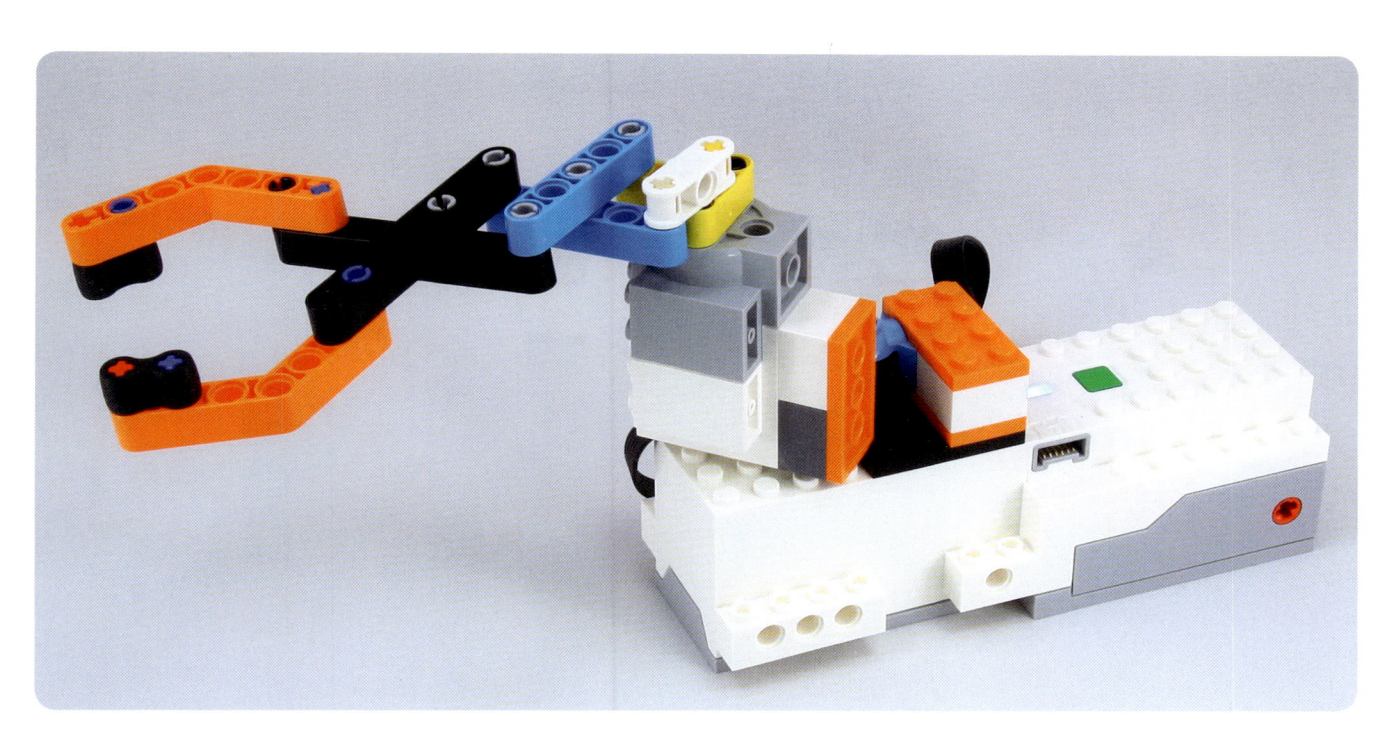

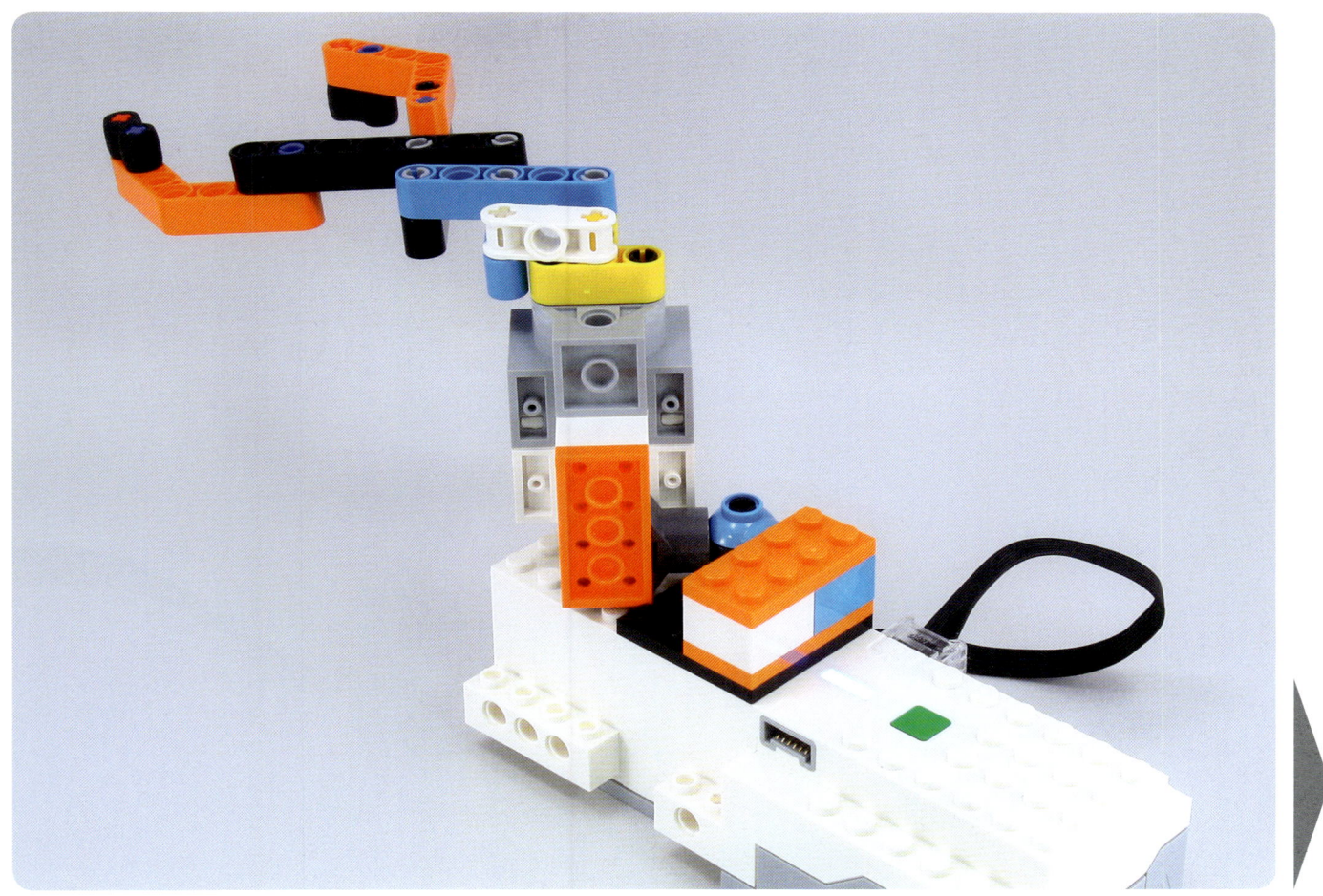

Greiffinger 93

94　Greiffinger

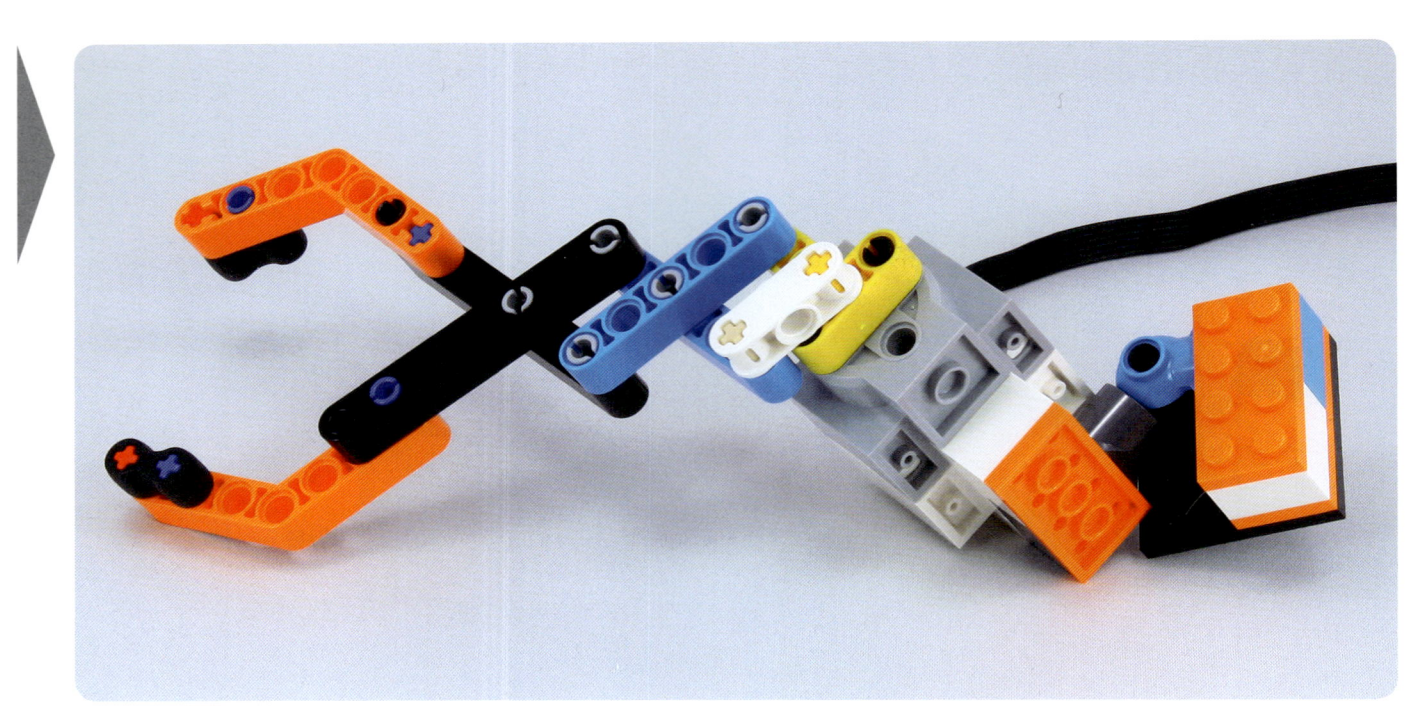

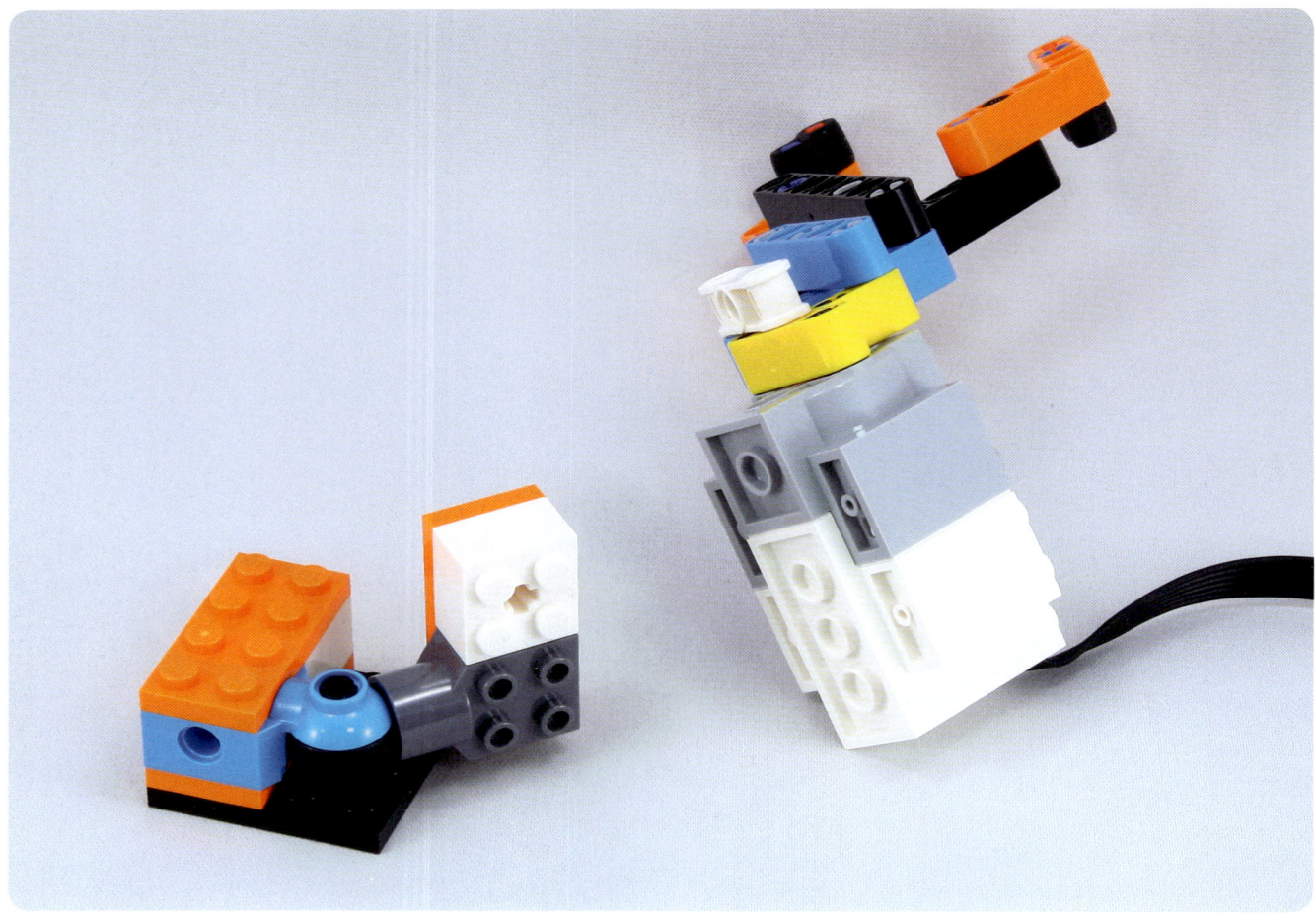

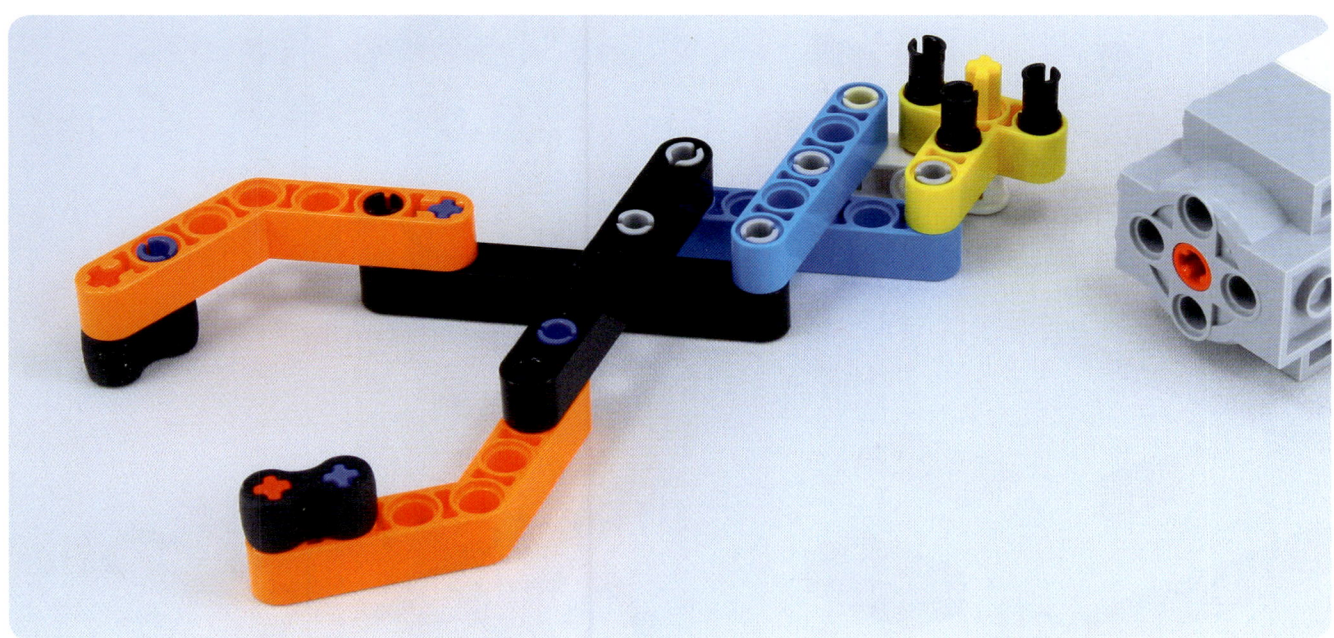

Greiffinger **95**

#48

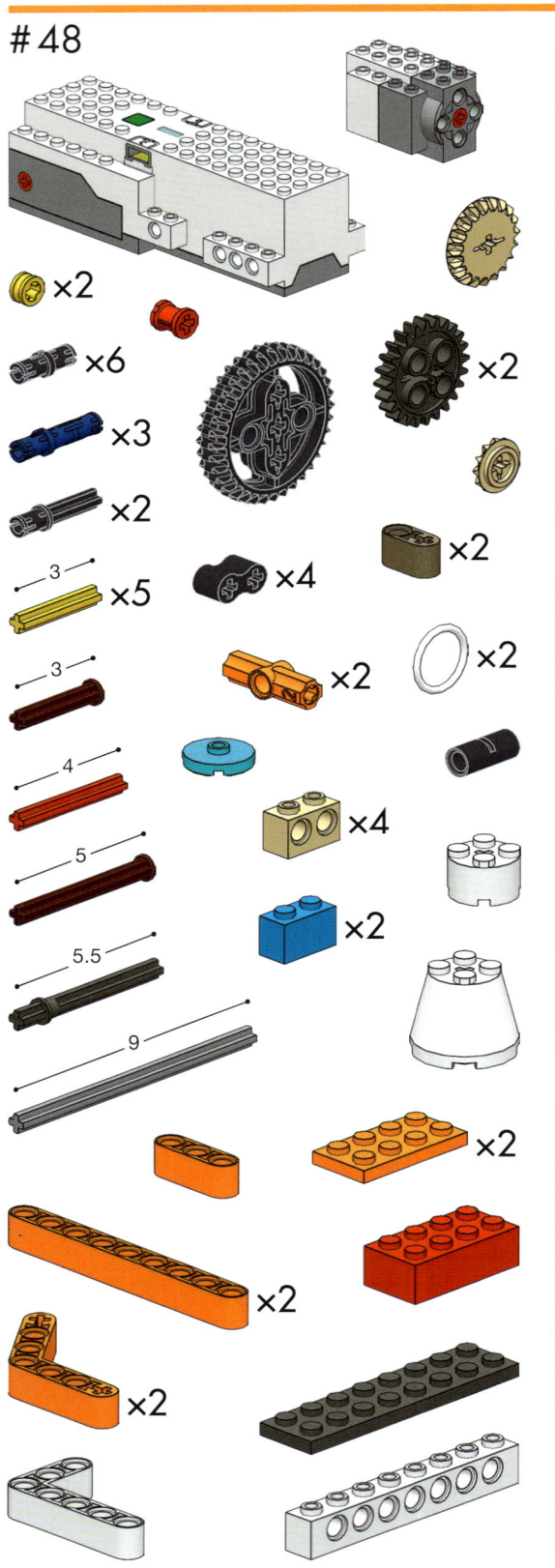

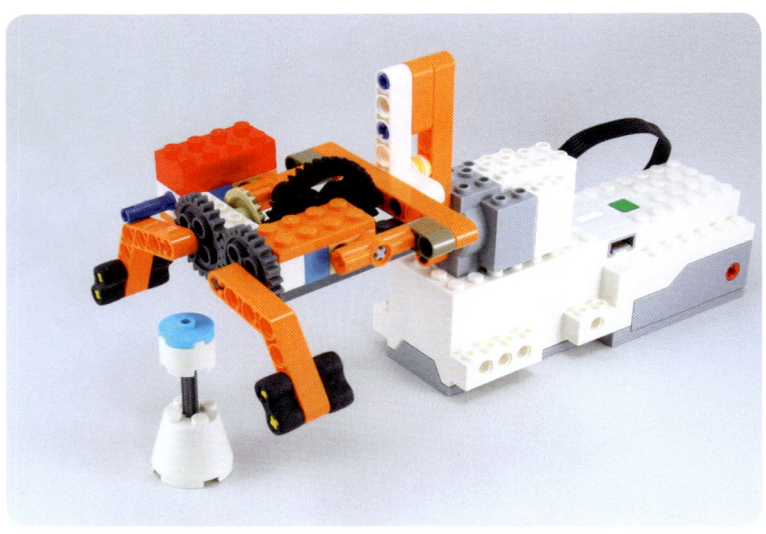

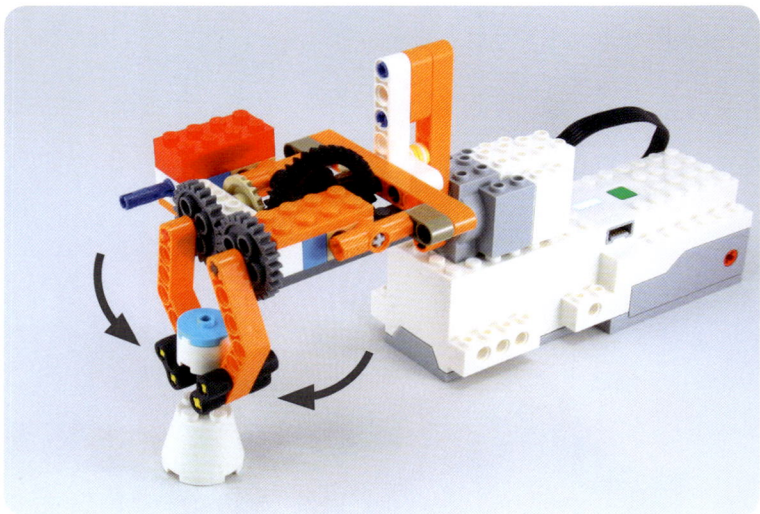

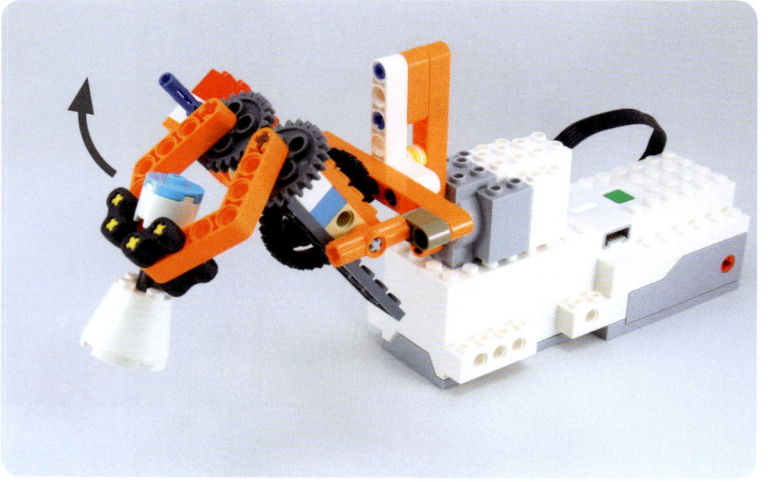

96 Greiffinger

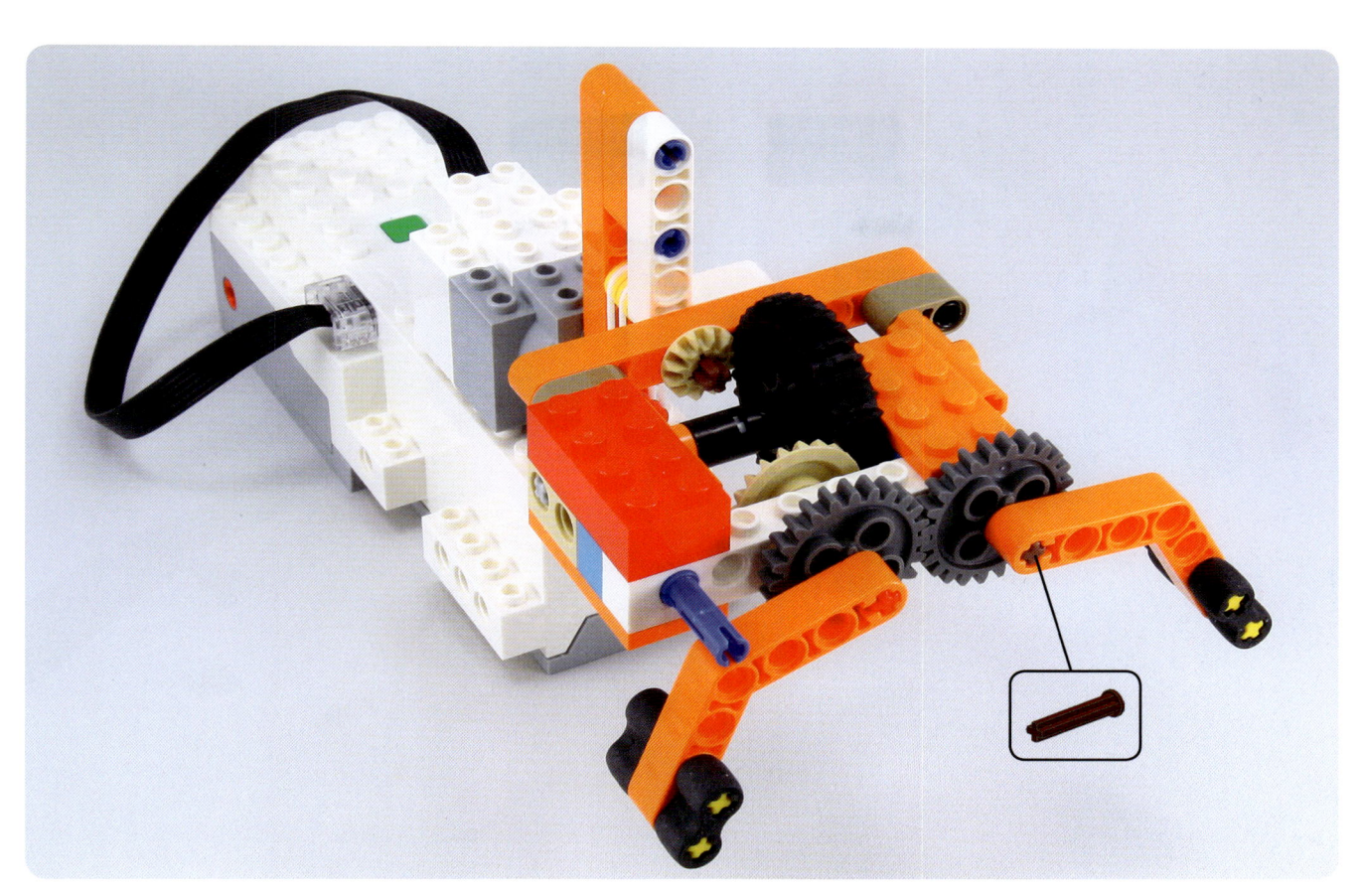

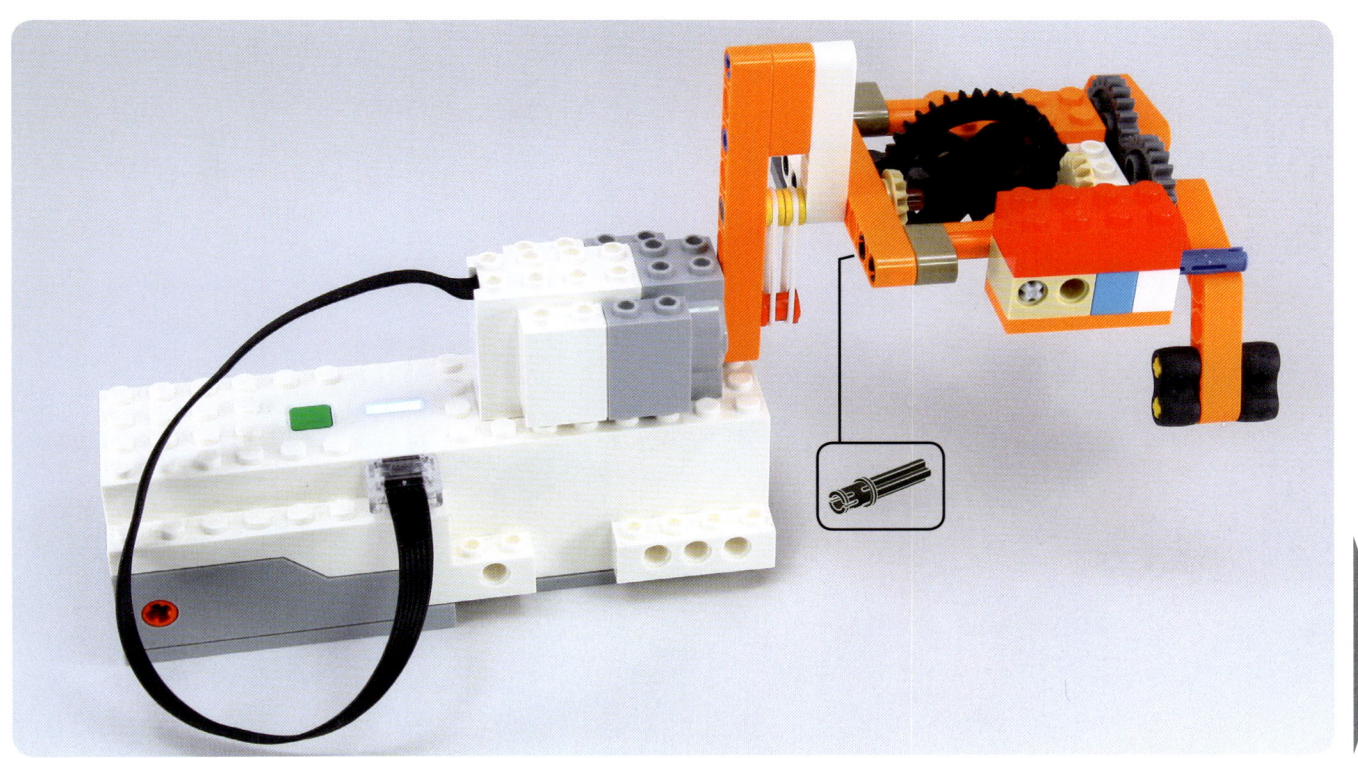

Greiffinger 97

98 Greiffinger

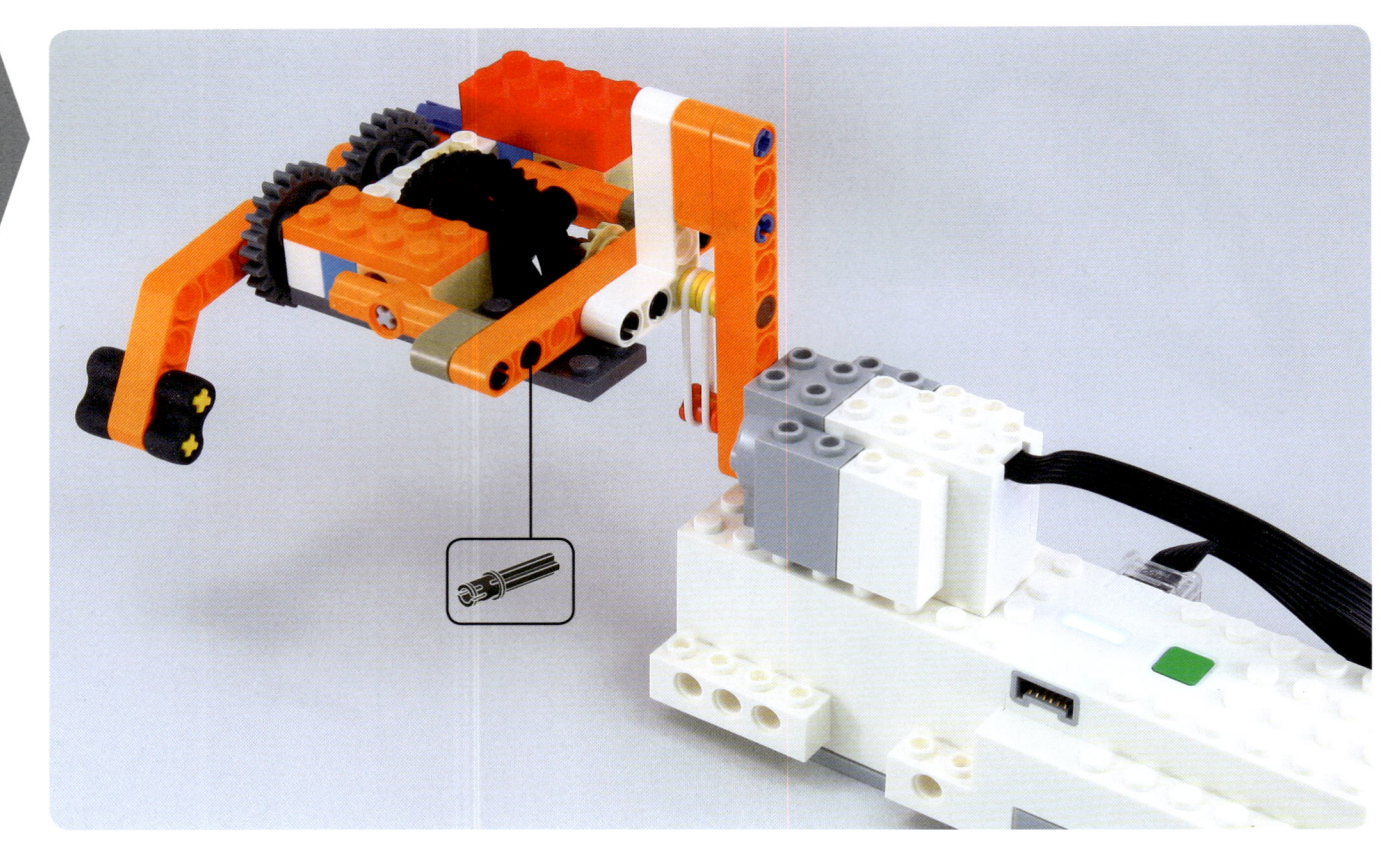

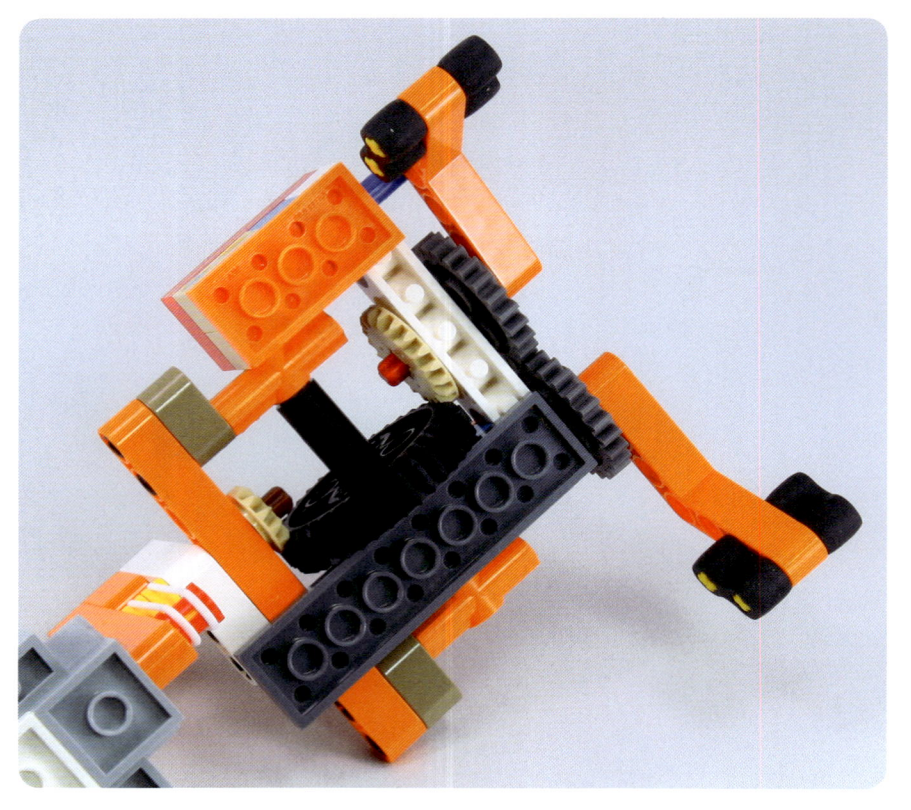

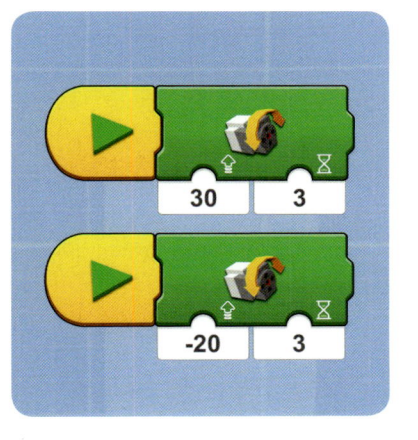

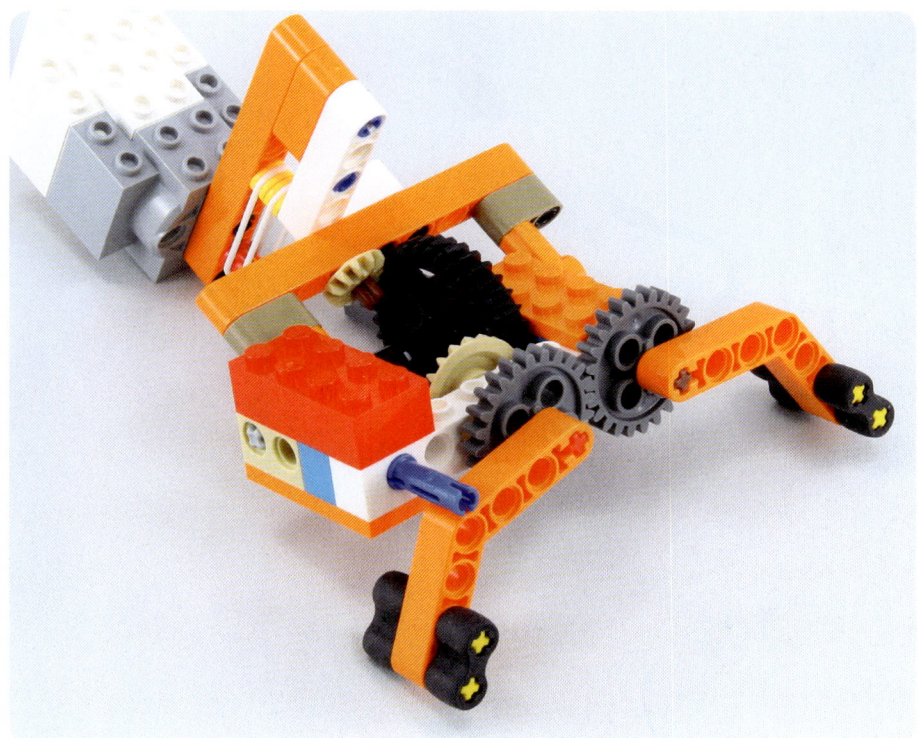

Greiffinger **99**

Dinge anheben

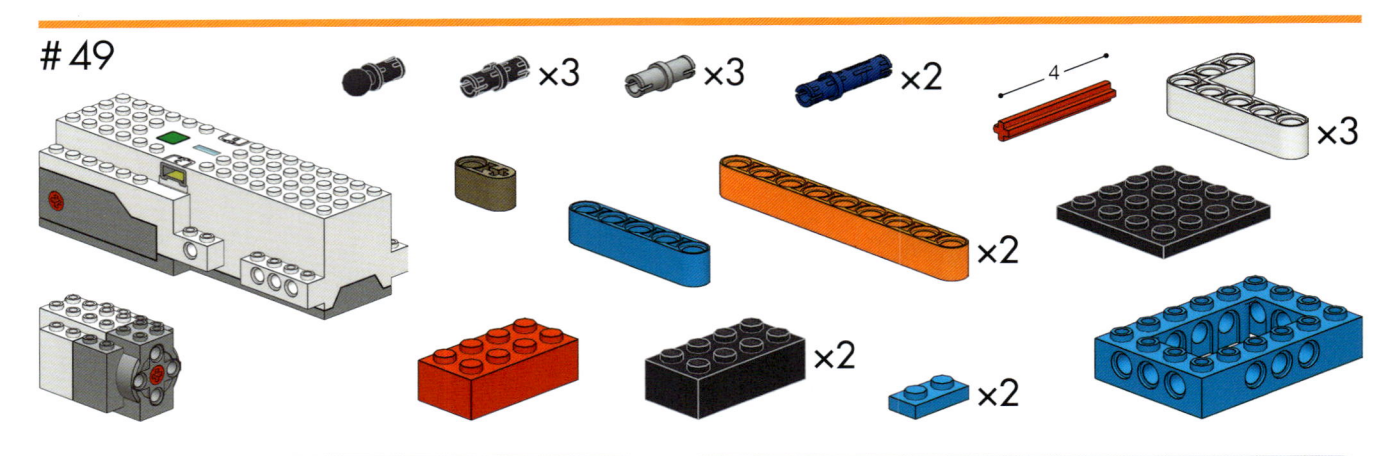

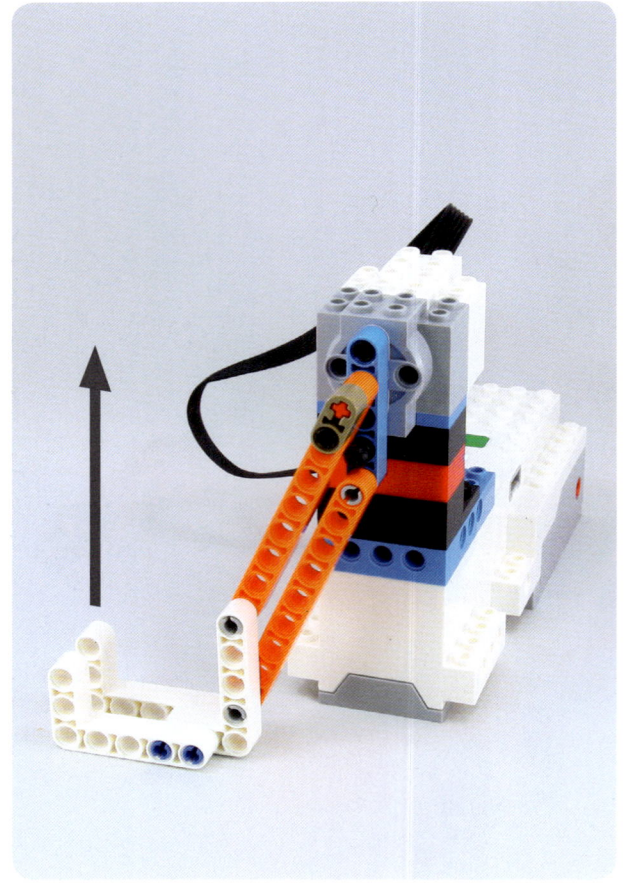

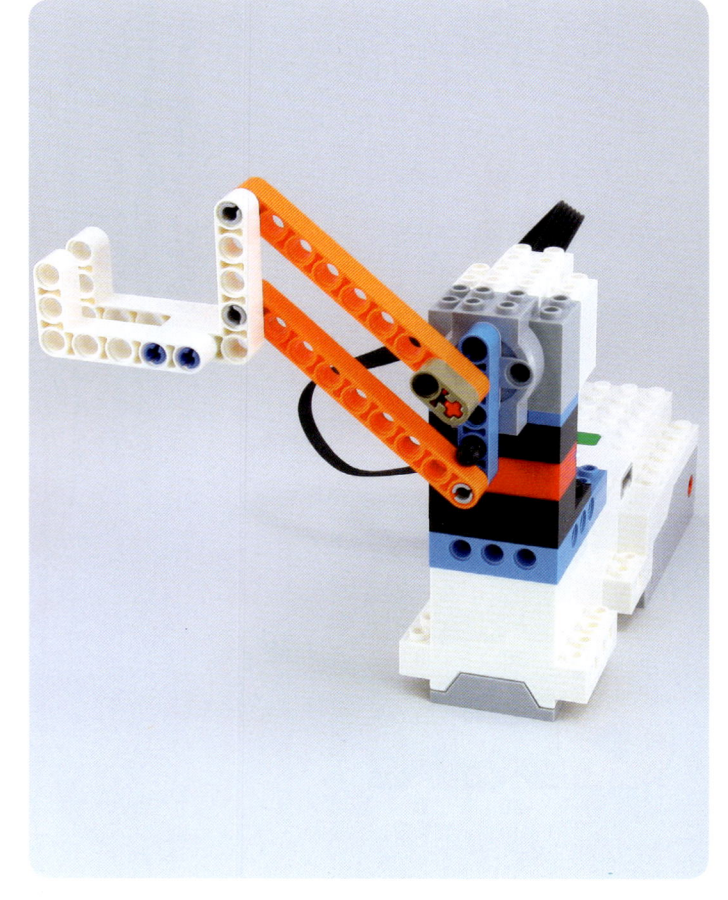

#49

Dinge anheben 101

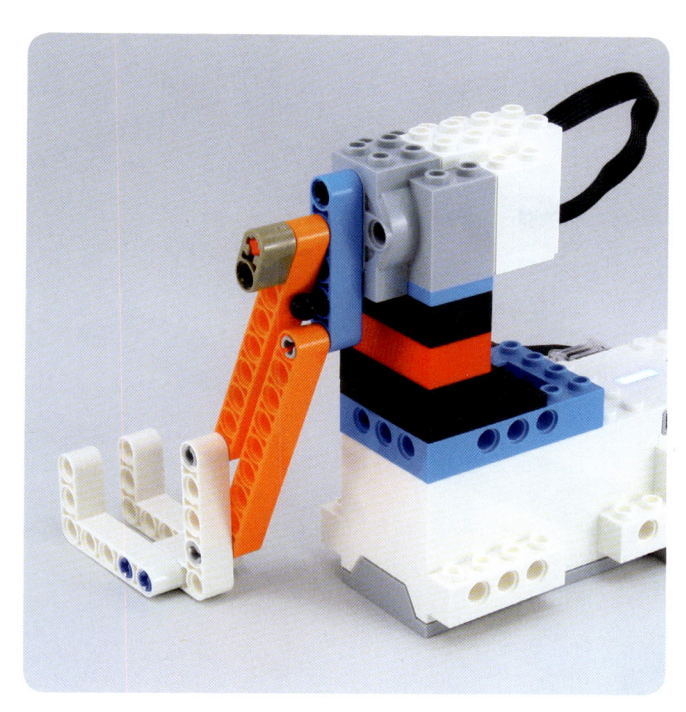

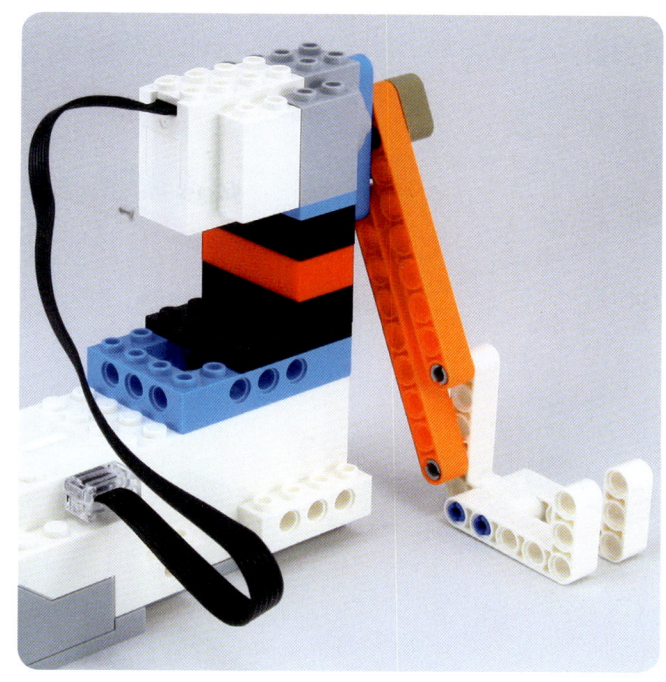

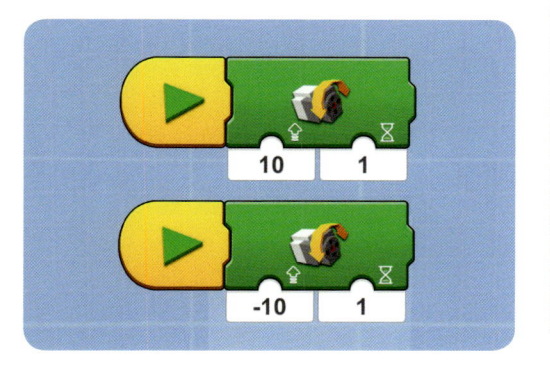

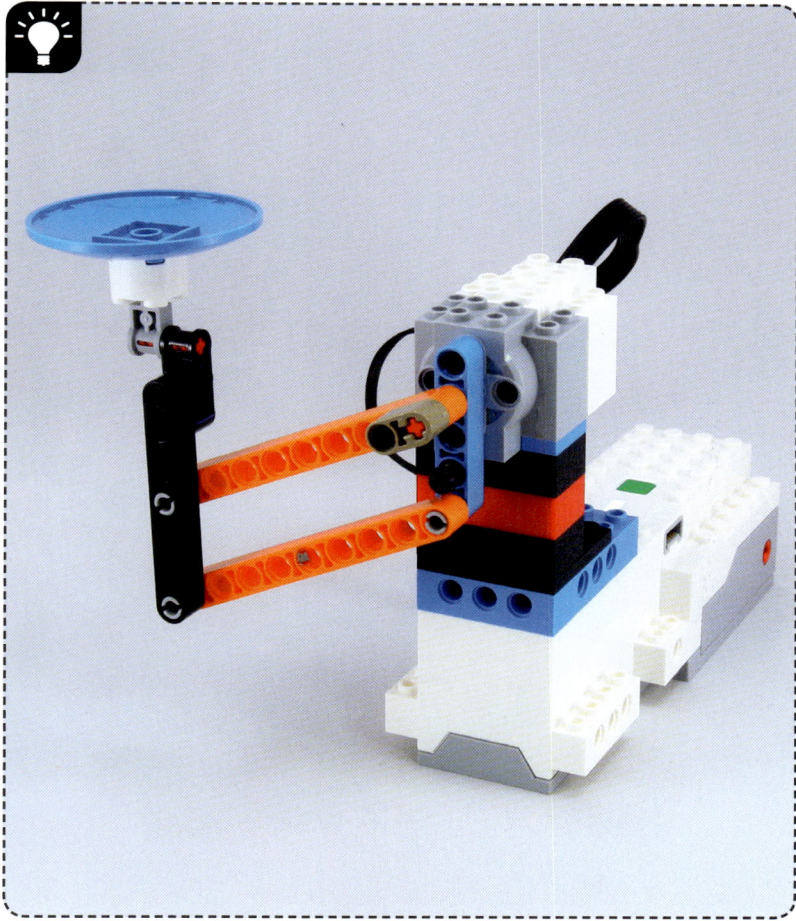

#50

102 Dinge anheben

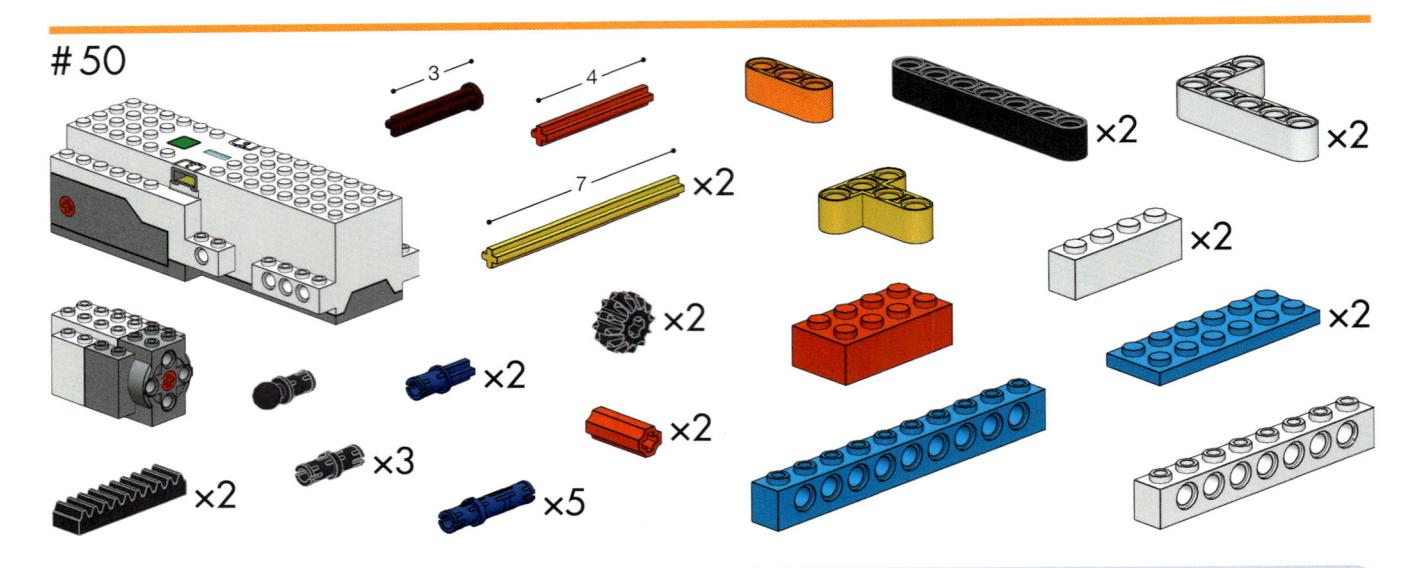

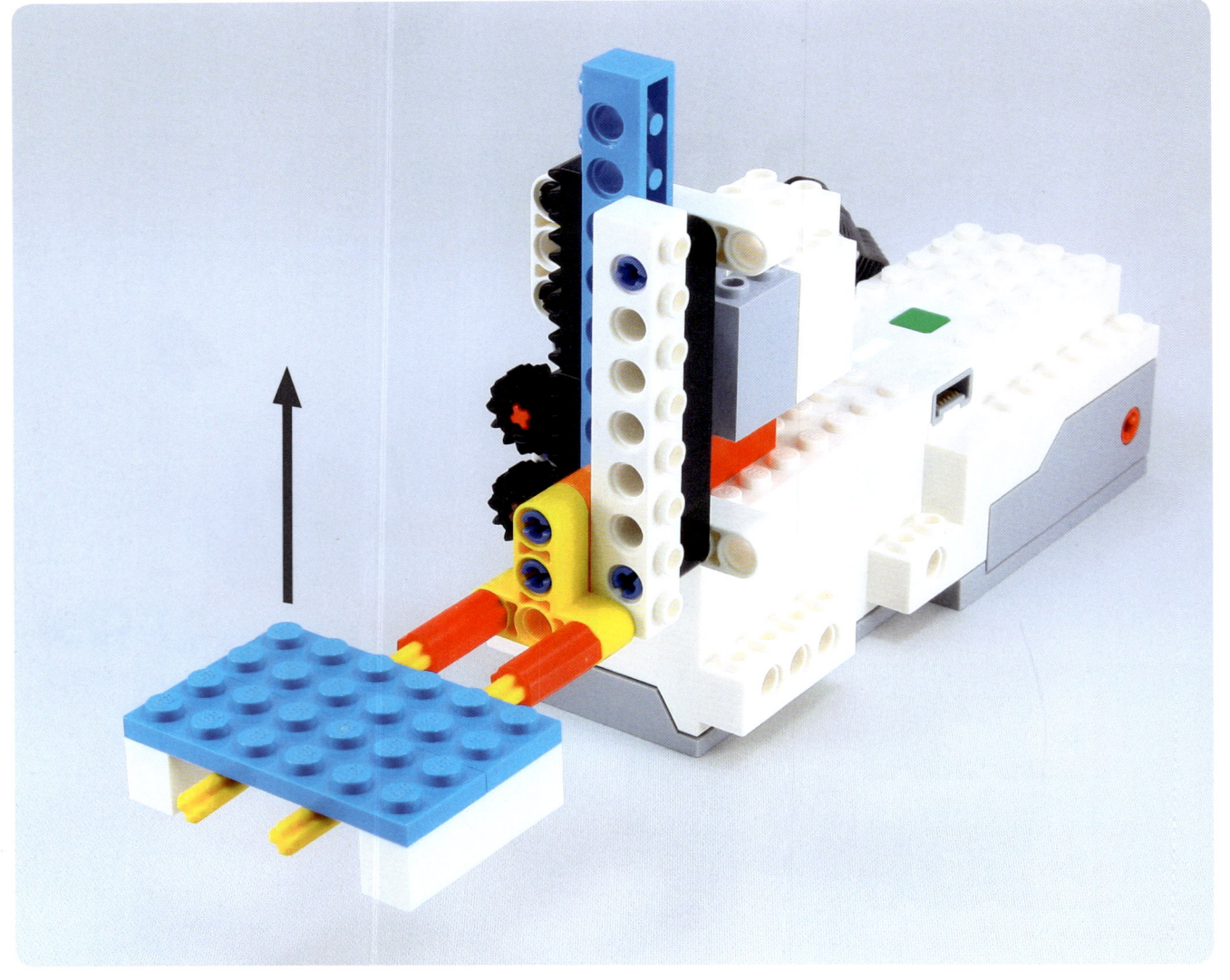

Dinge anheben **103**

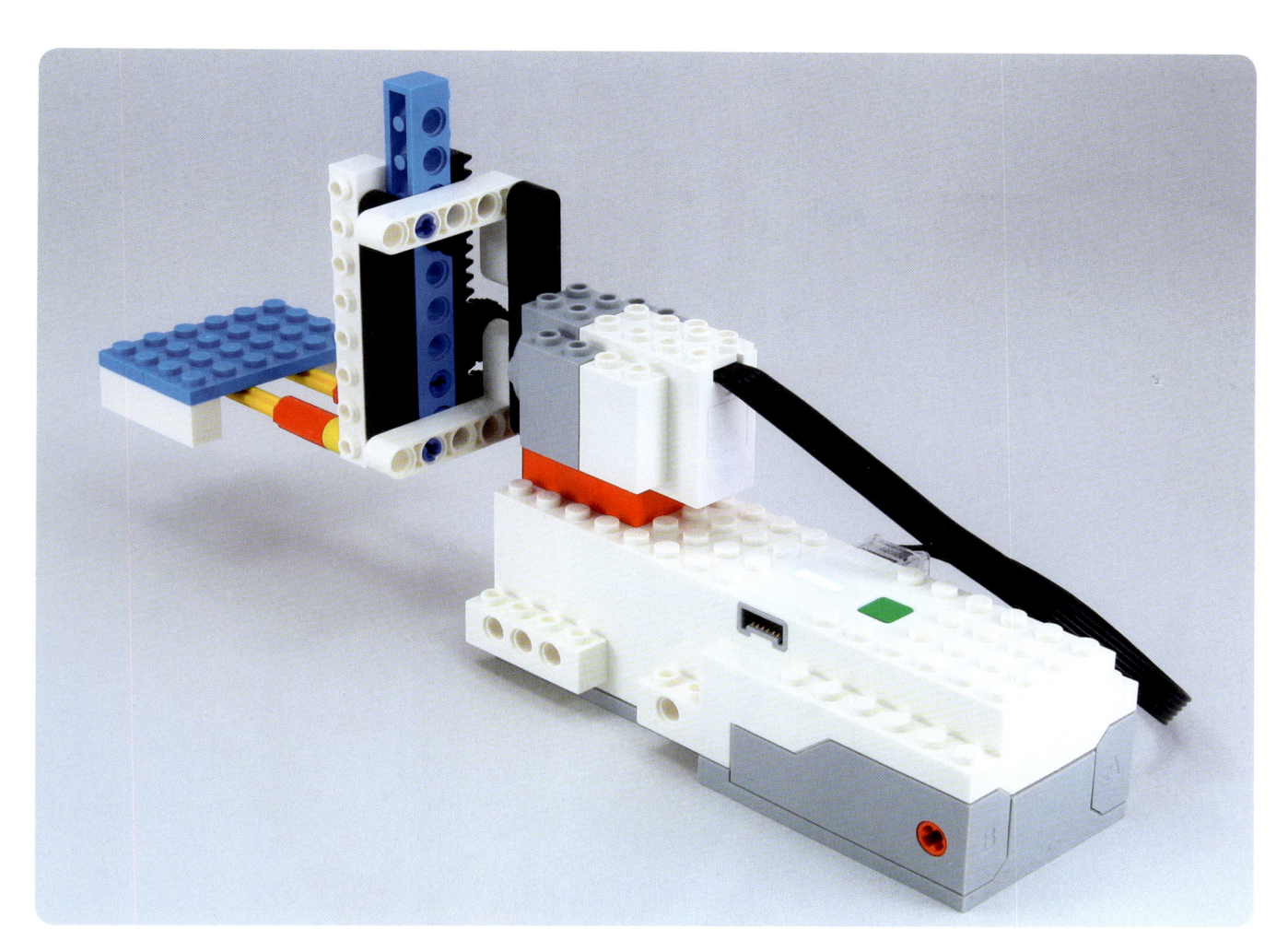

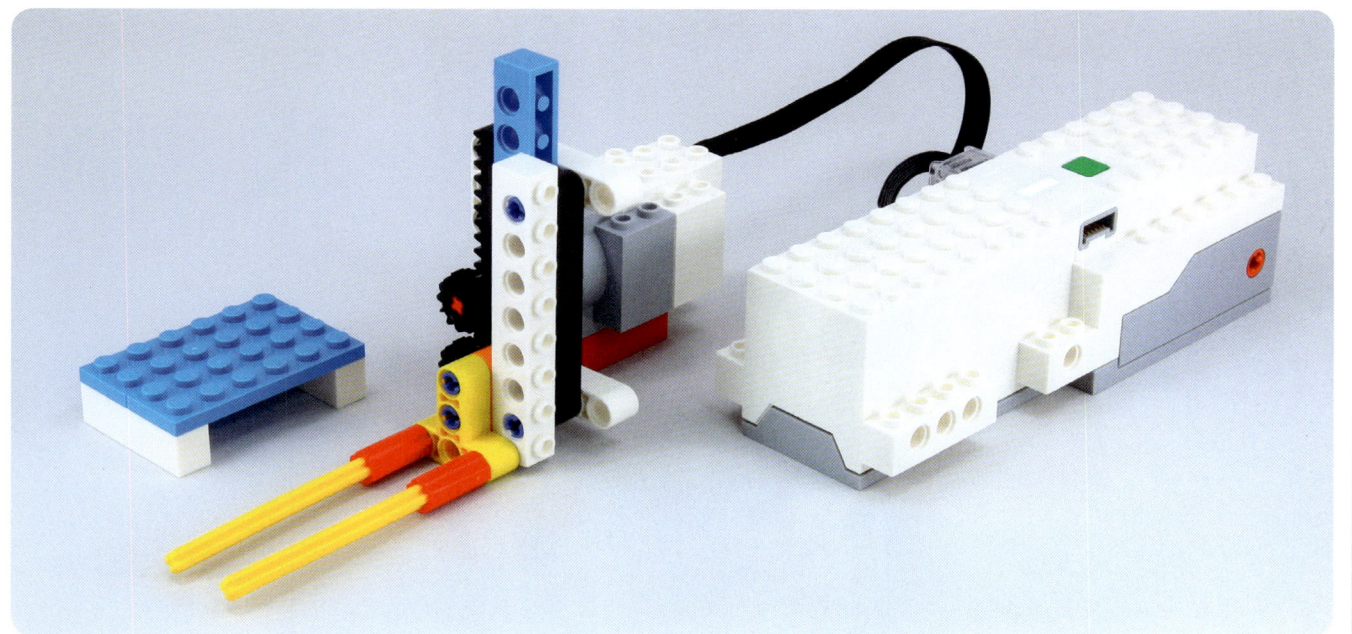

104　Dinge anheben

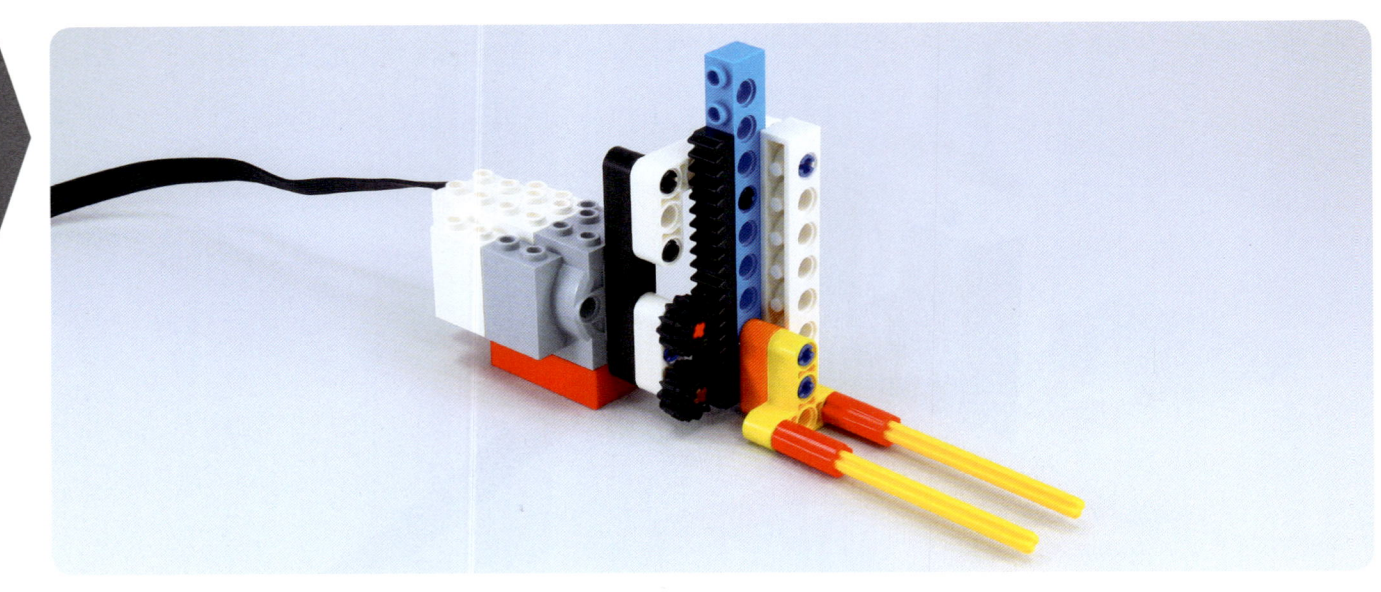

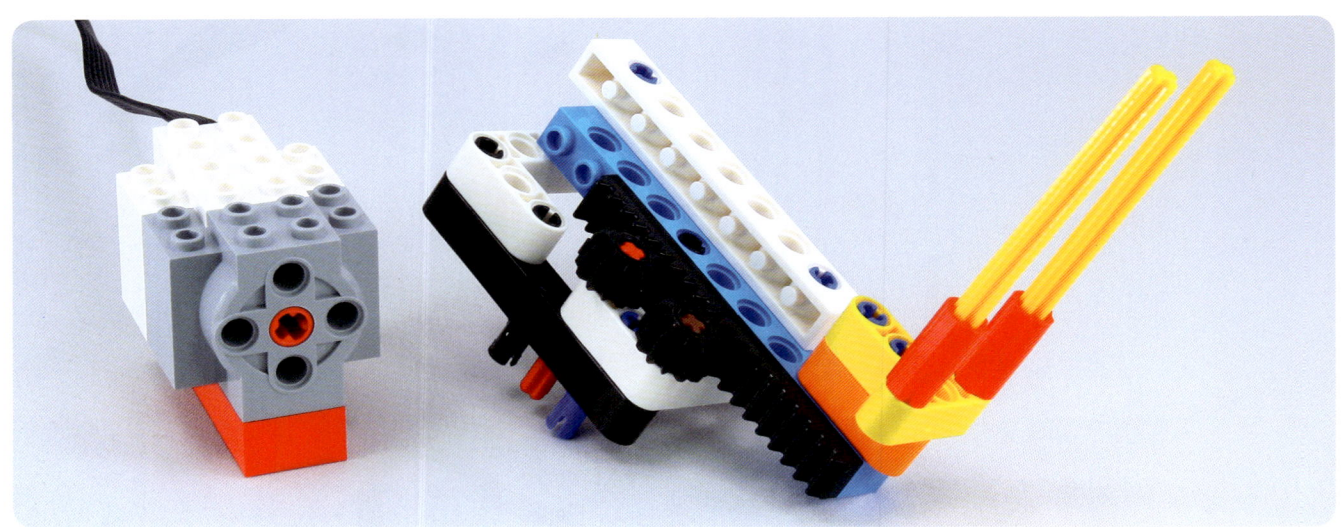

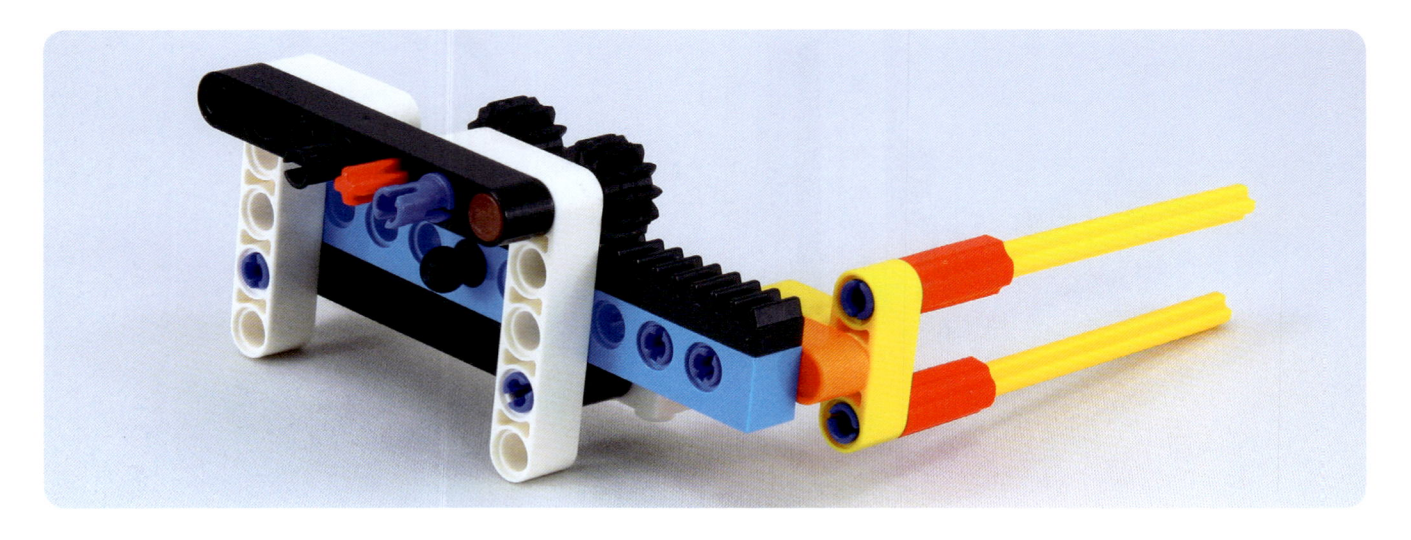

Dinge anheben **105**

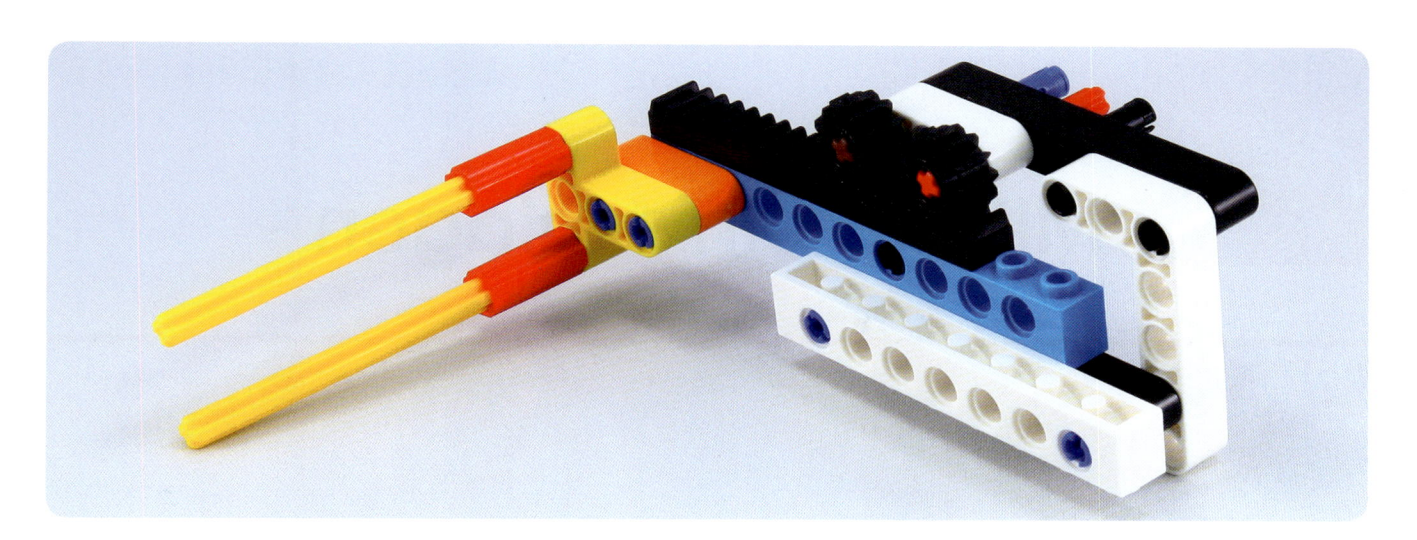

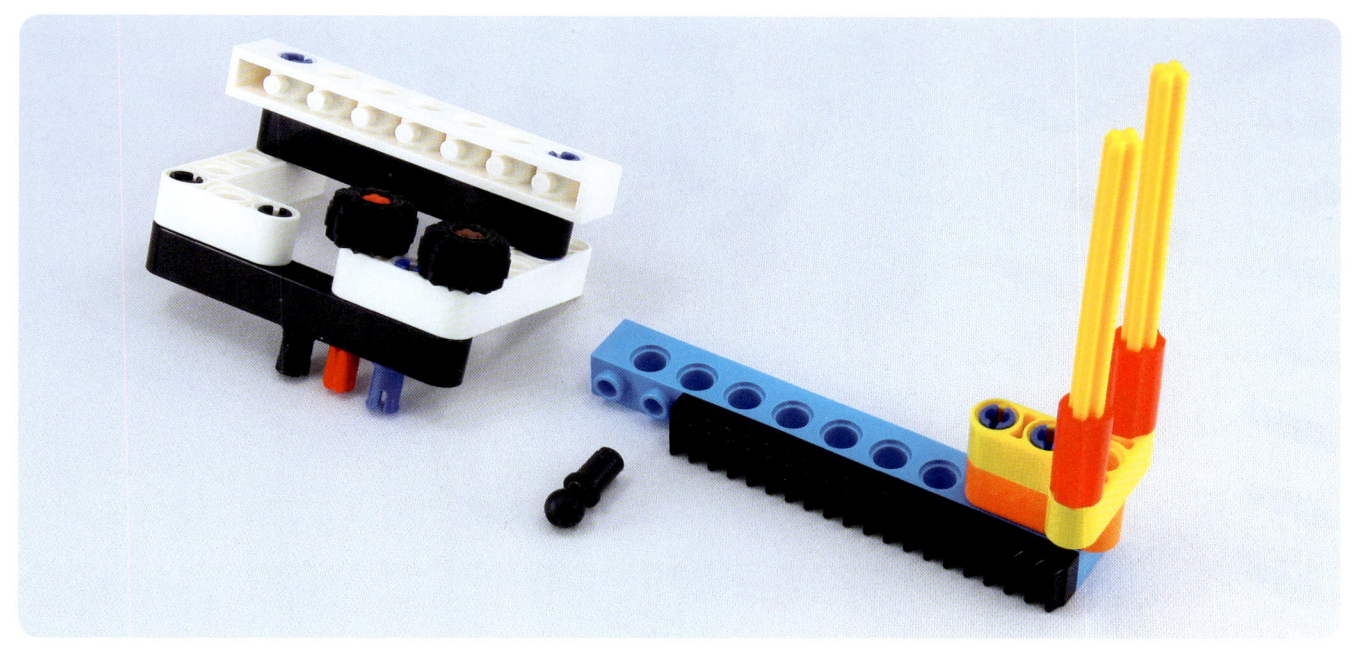

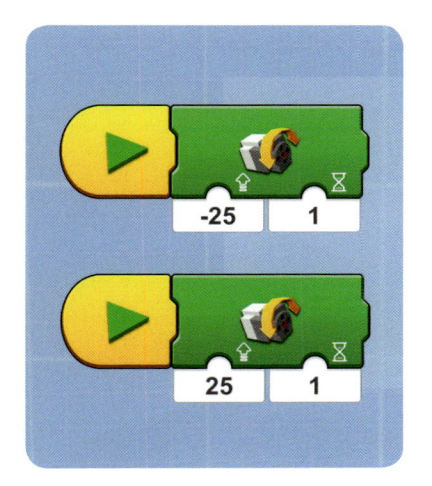

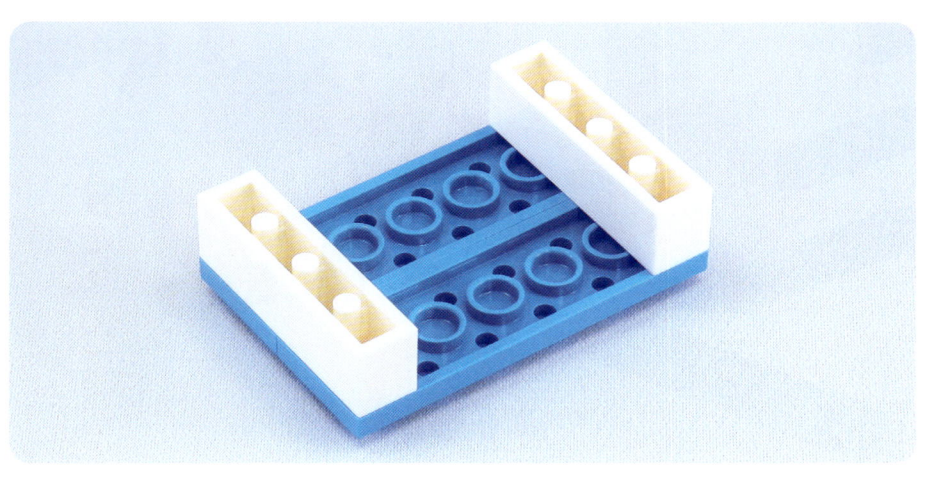

Mit Flügeln schlagen

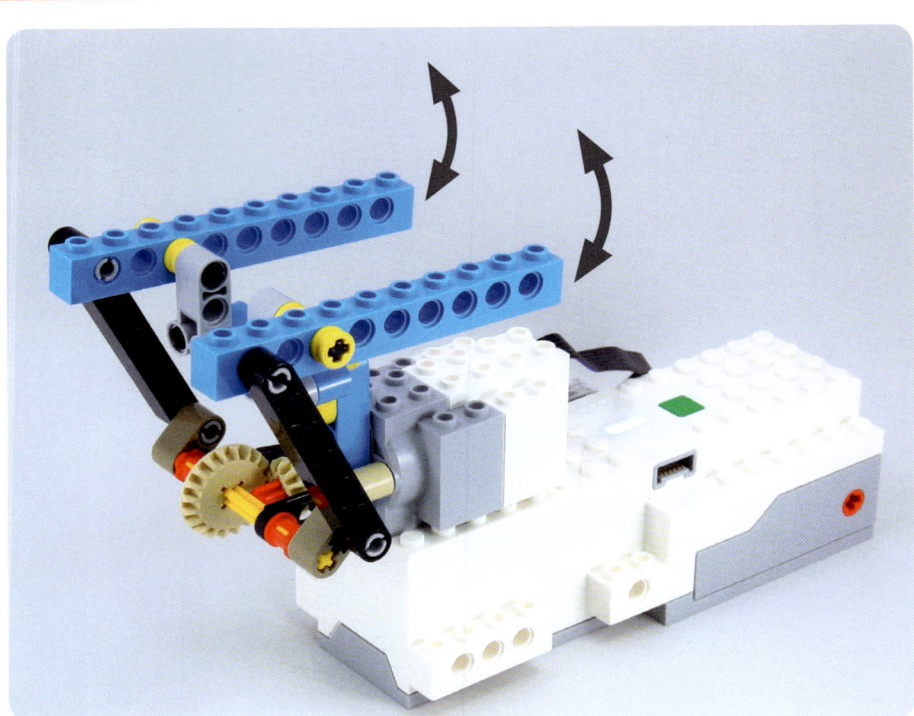

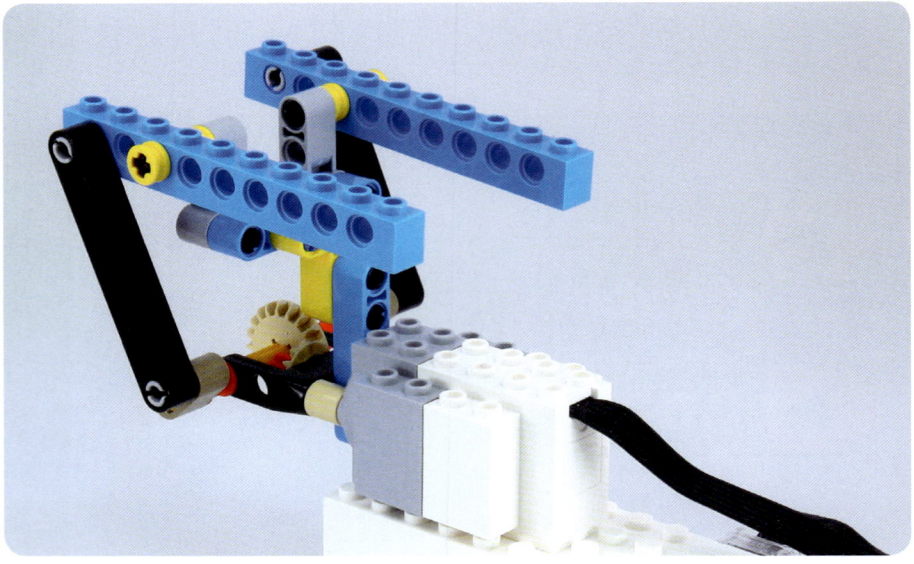

#51

Mit Flügeln schlagen **107**

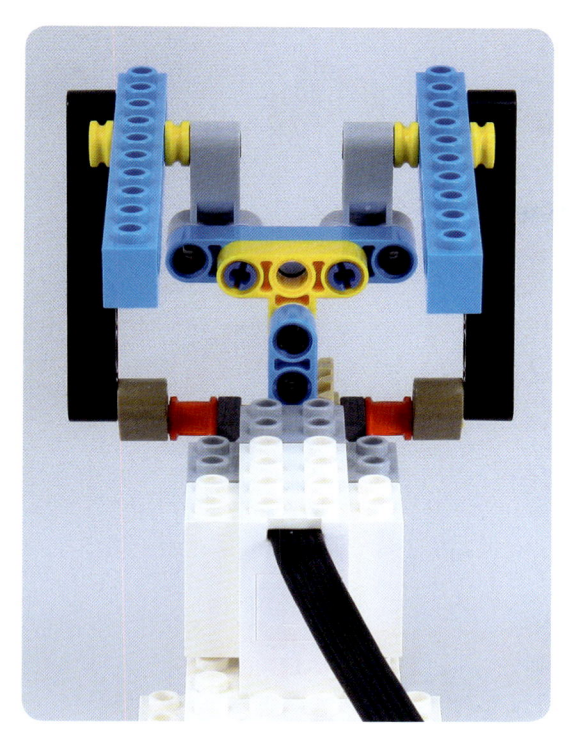

#52

108 Mit Flügeln schlagen

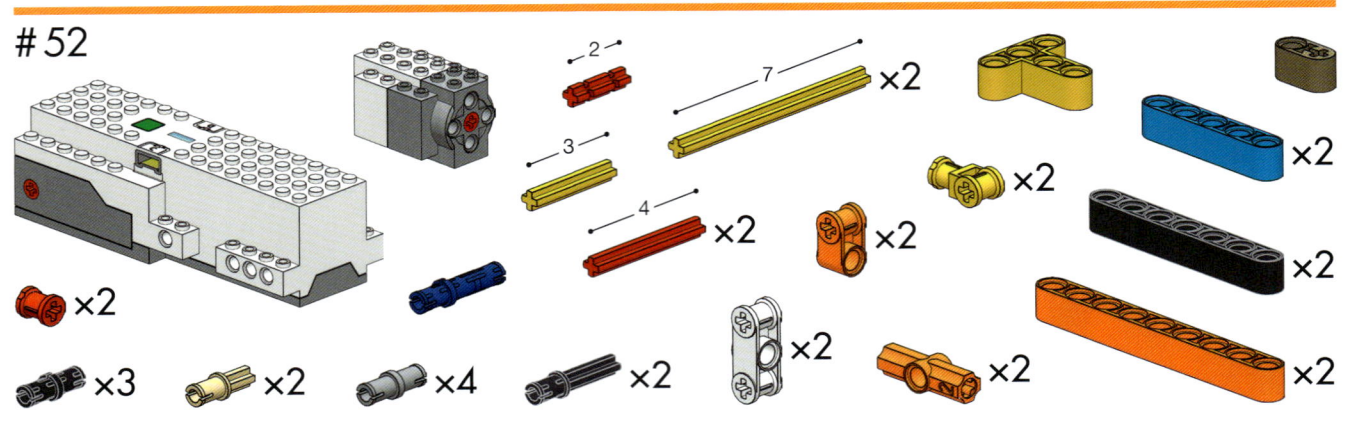

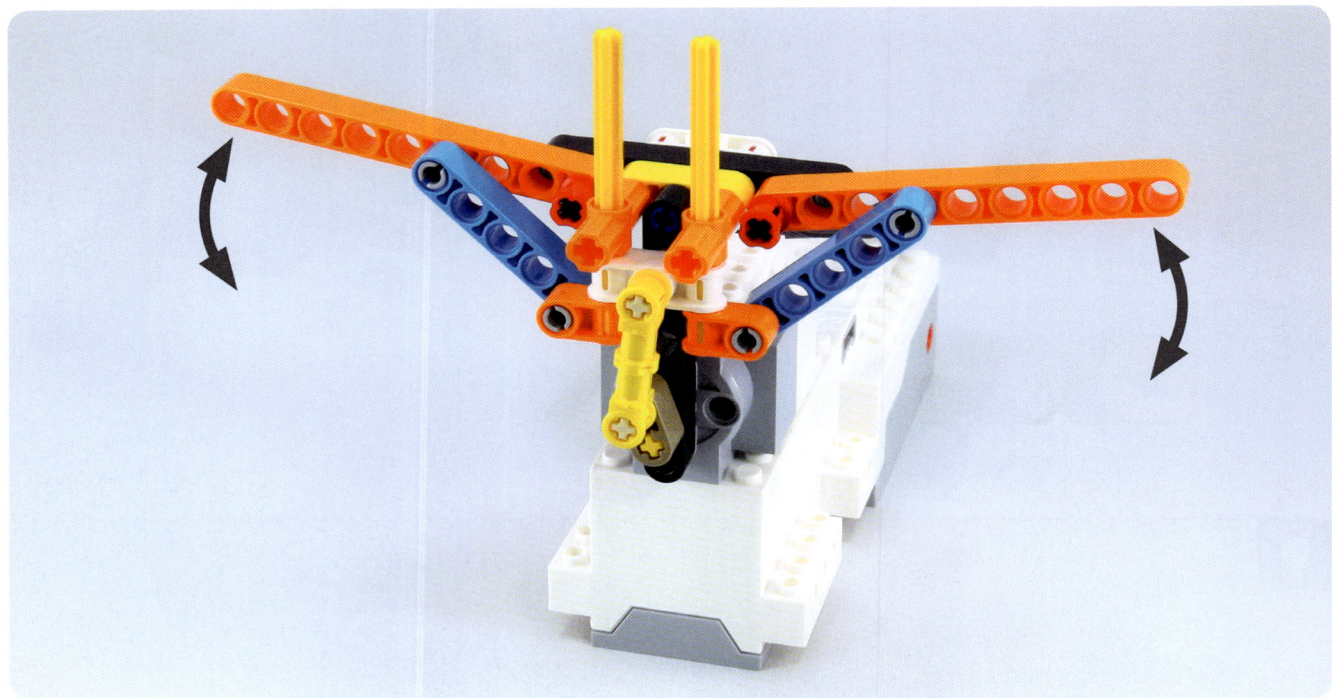

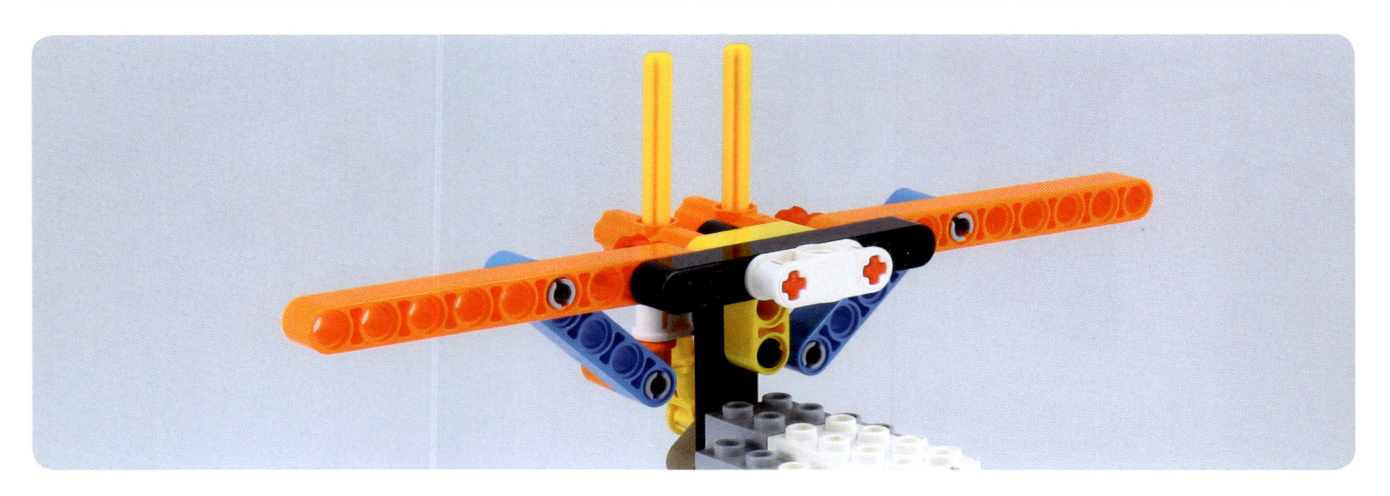

Mit Flügeln schlagen **109**

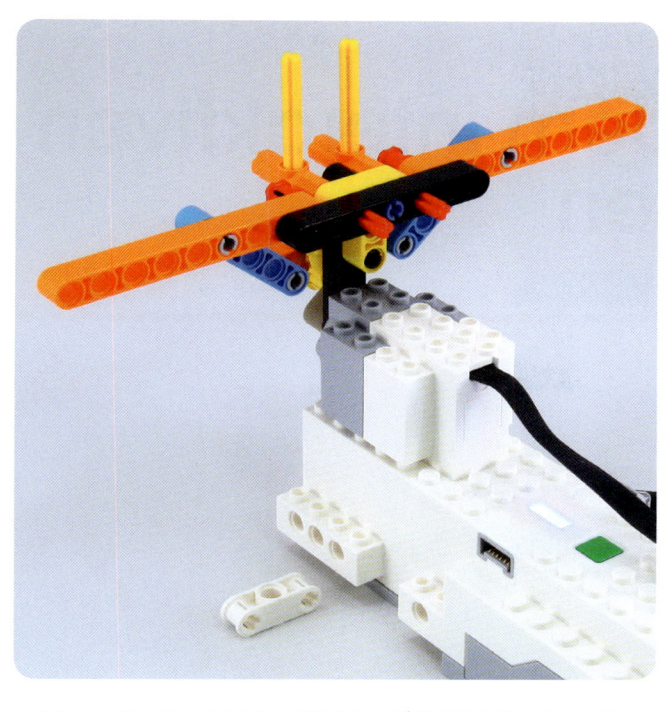

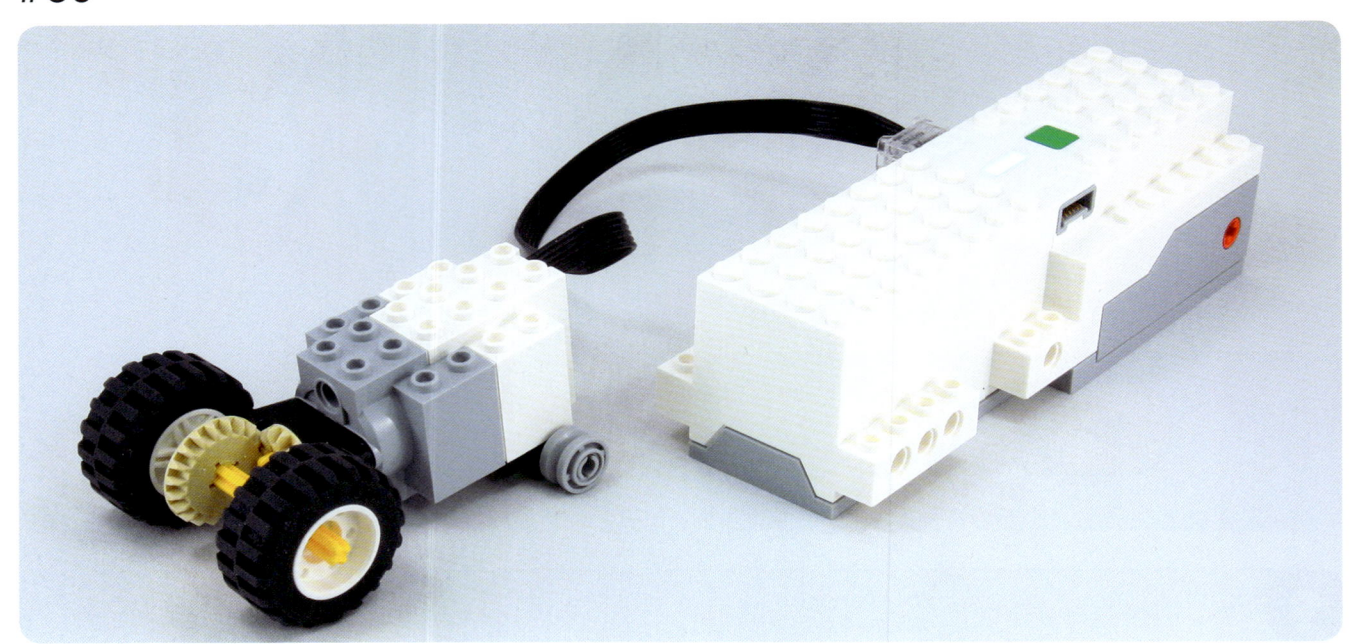

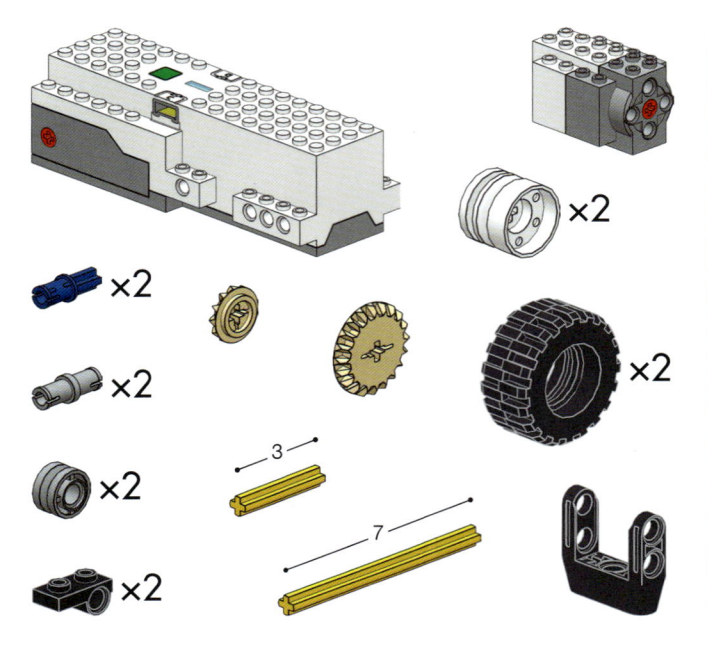

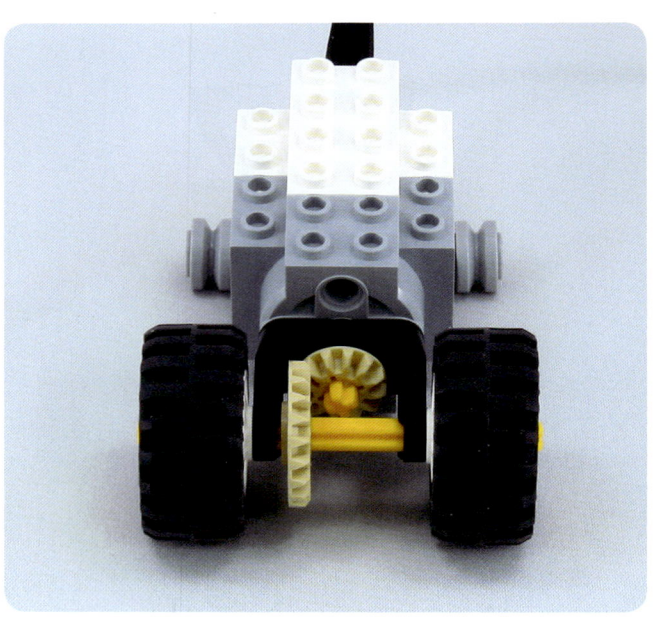

Räder mit dem interaktiven Motor drehen

#53

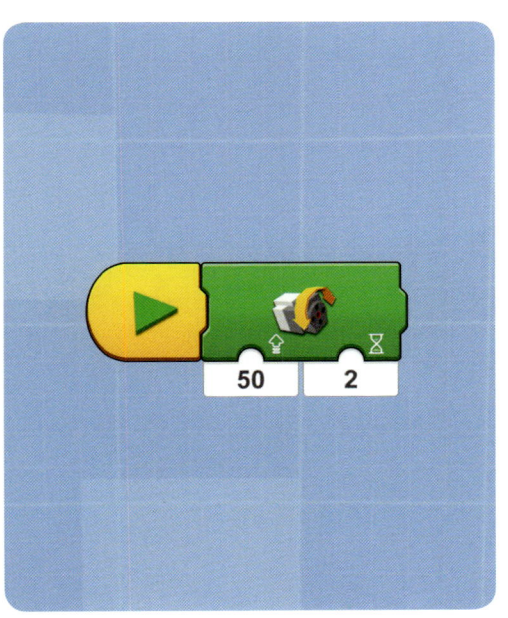

Räder mit dem interaktiven Motor drehen **111**

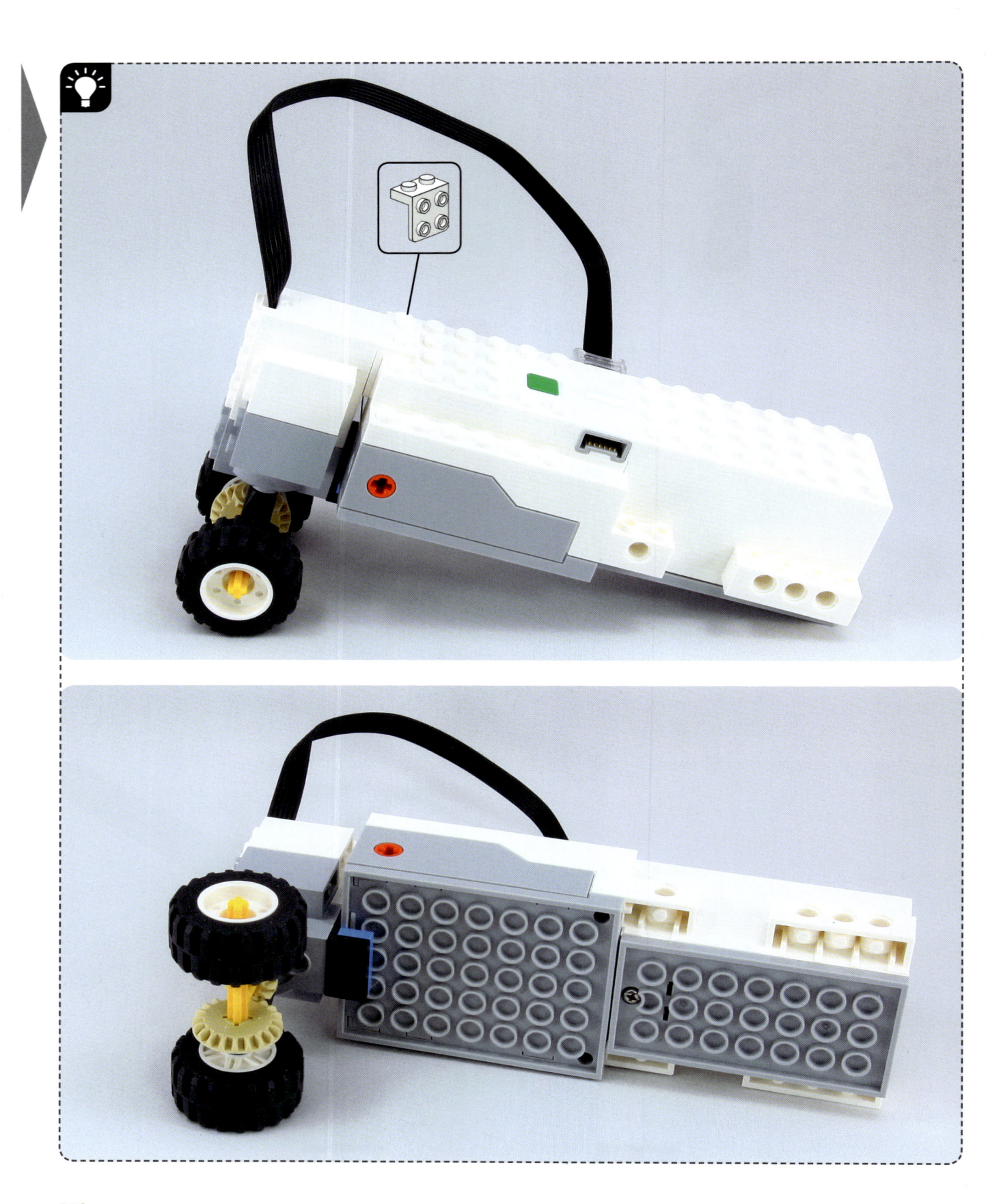

112 Räder mit dem interaktiven Motor drehen

Räder mit dem interaktiven Motor drehen 113

#54

114   Räder mit dem interaktiven Motor drehen

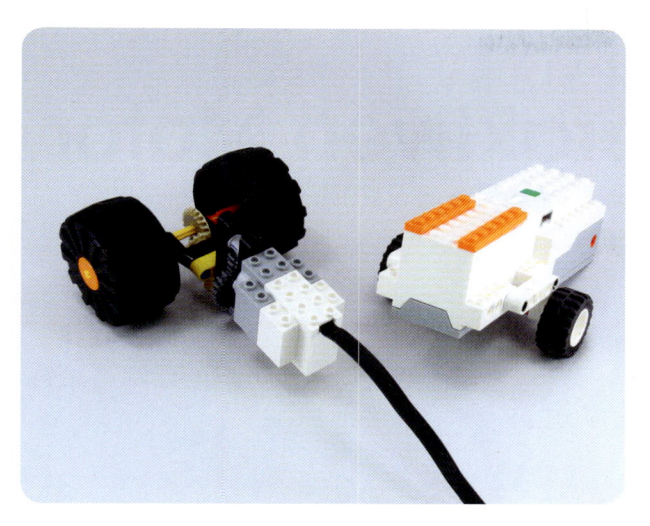

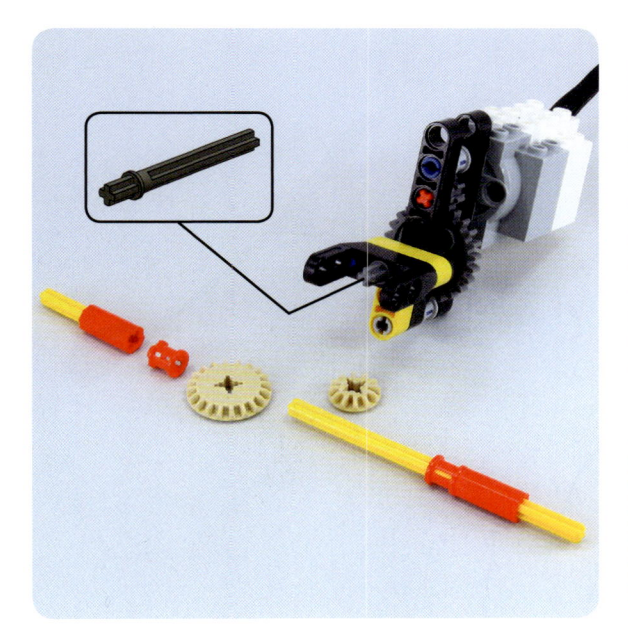

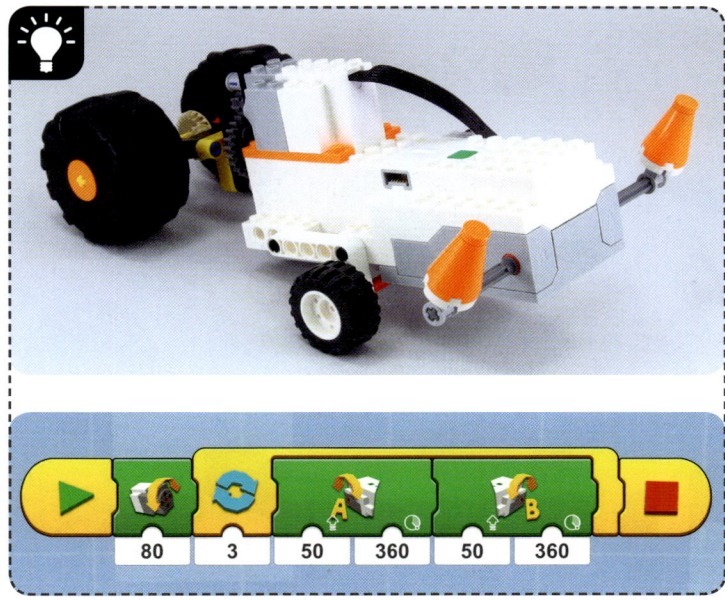

Räder mit dem interaktiven Motor drehen **115**

Mit dem interaktiven Motor gehen

#55

Mit dem interaktiven Motor gehen 117

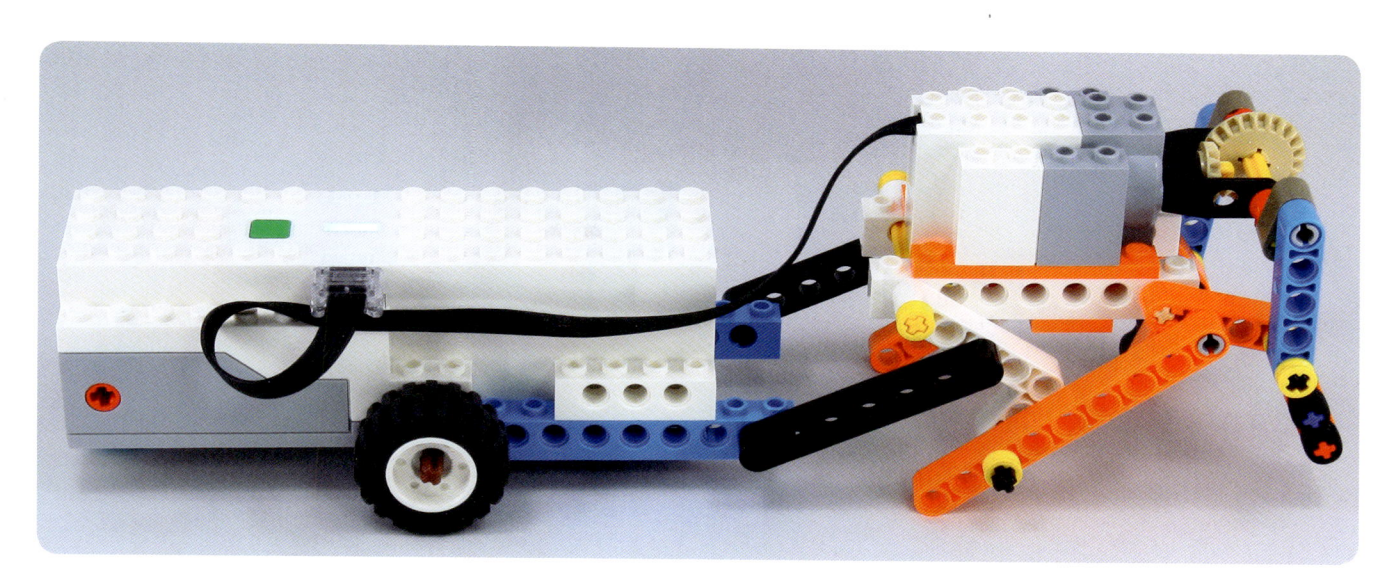

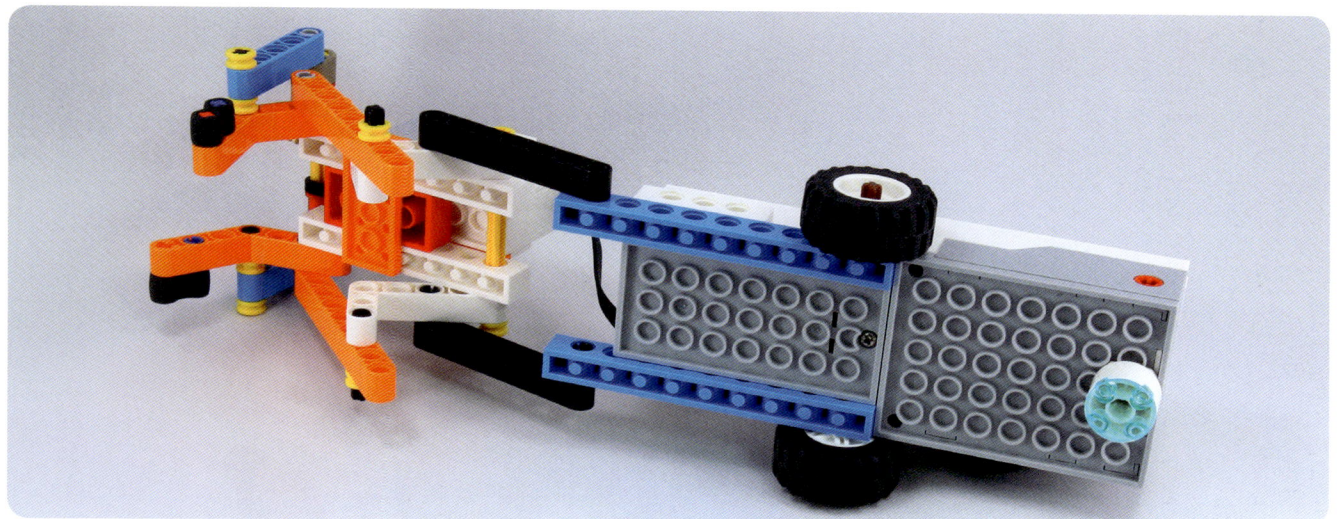

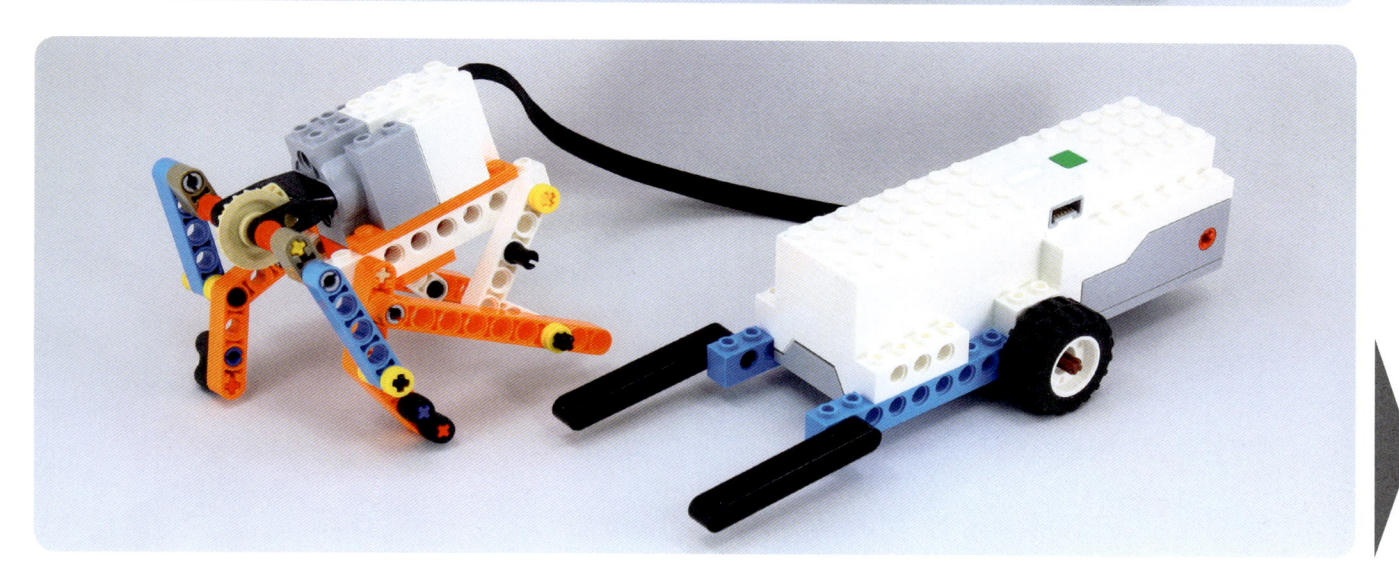

118 Mit dem interaktiven Motor gehen

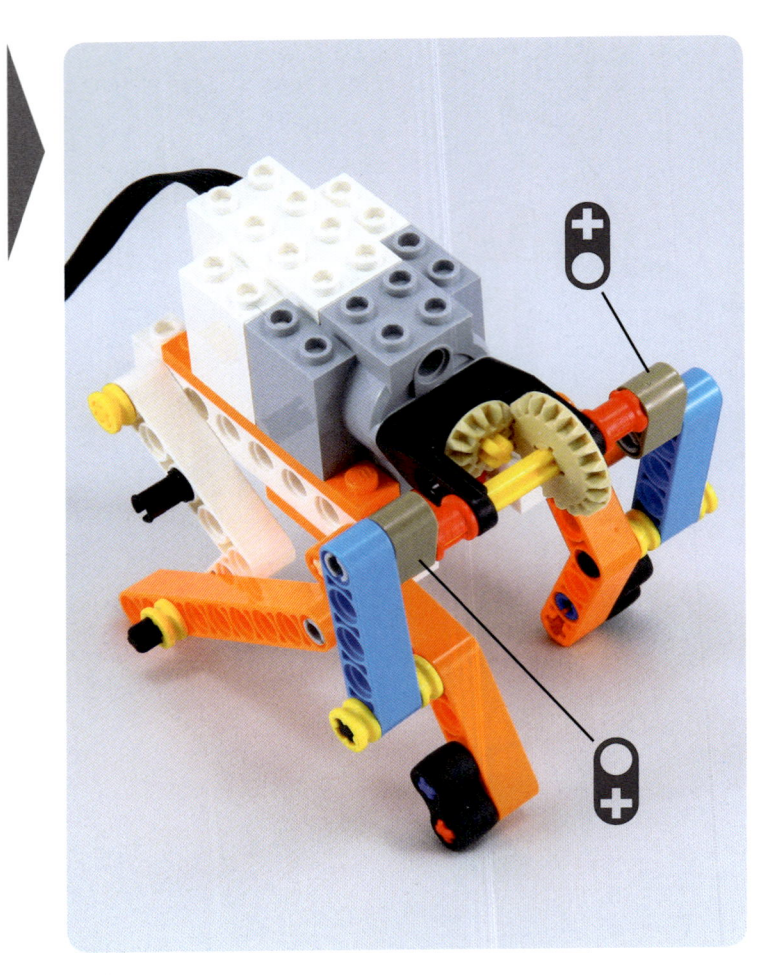

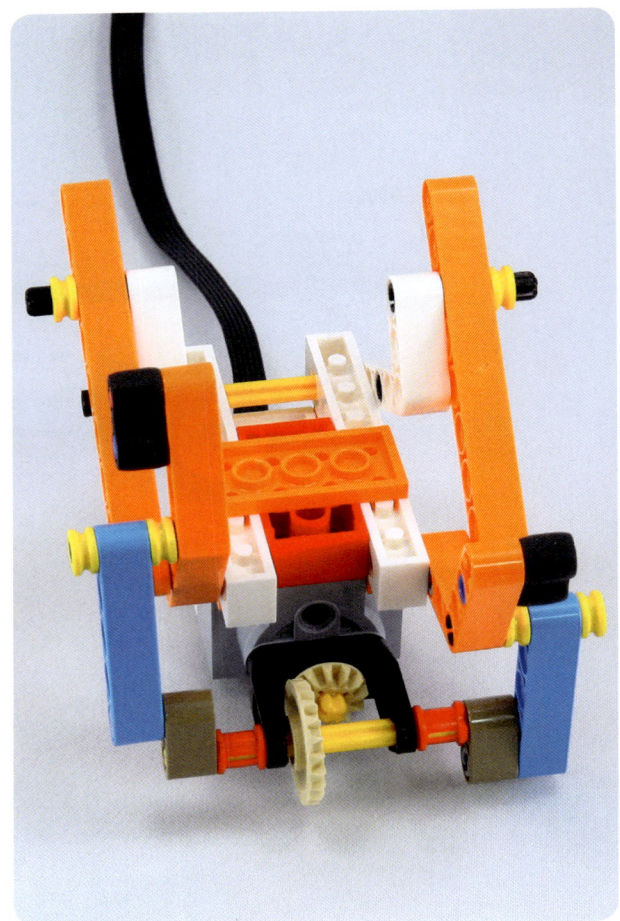

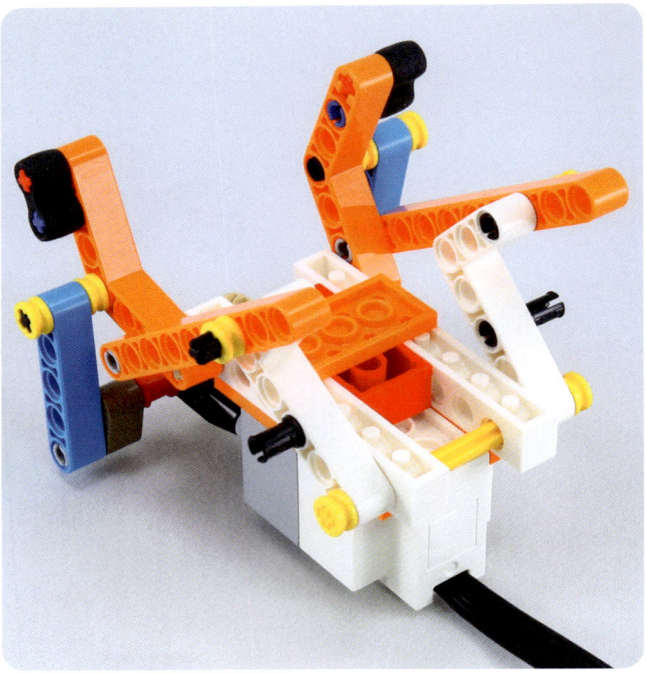

Mit dem interaktiven Motor gehen 119

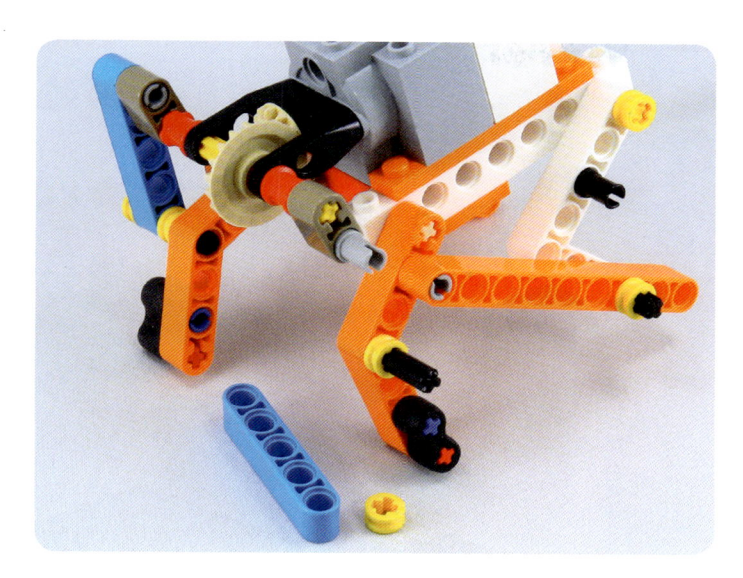

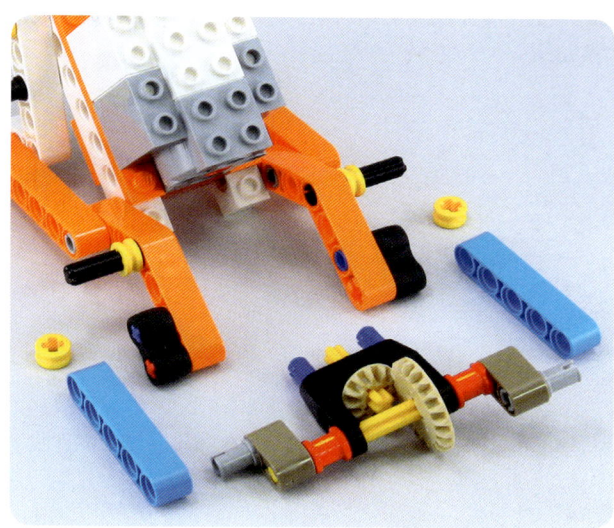

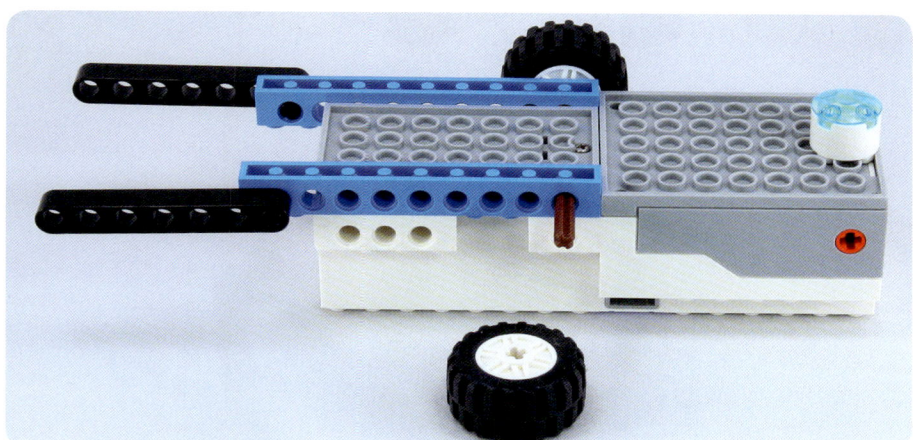

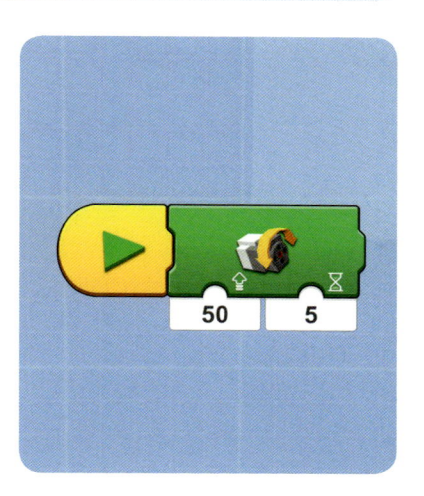

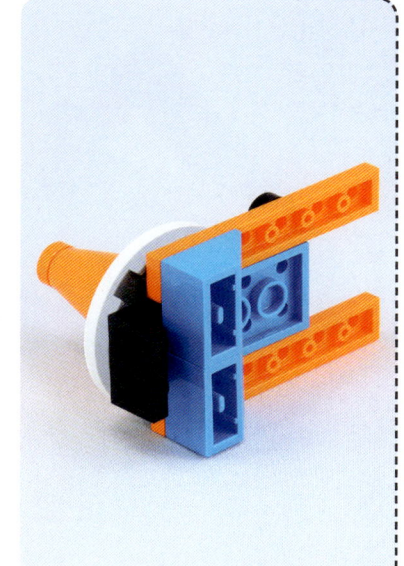

#56

120 Mit dem interaktiven Motor gehen

Mit dem interaktiven Motor gehen **121**

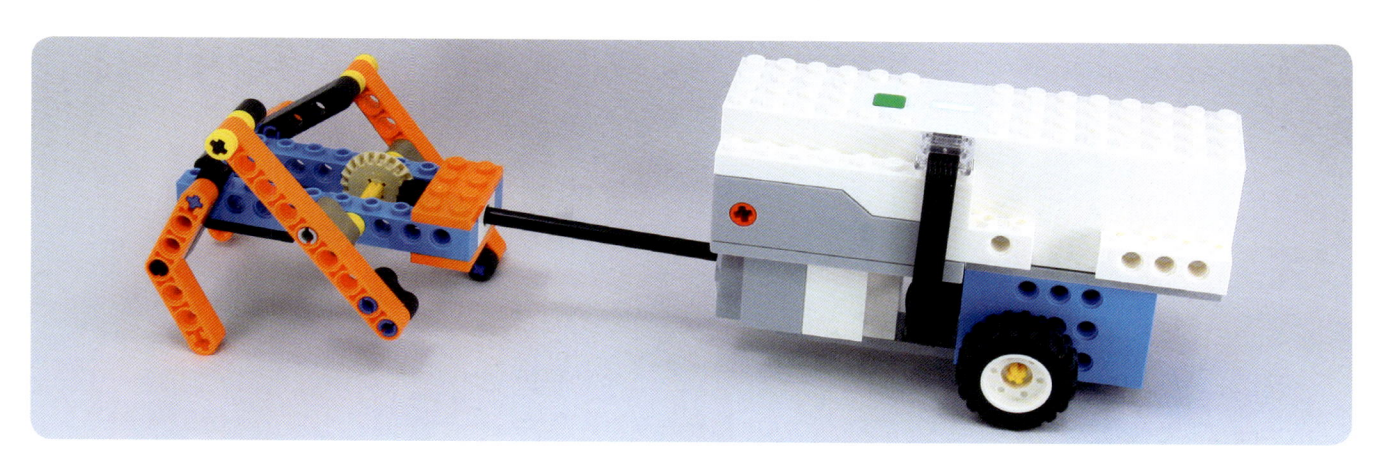

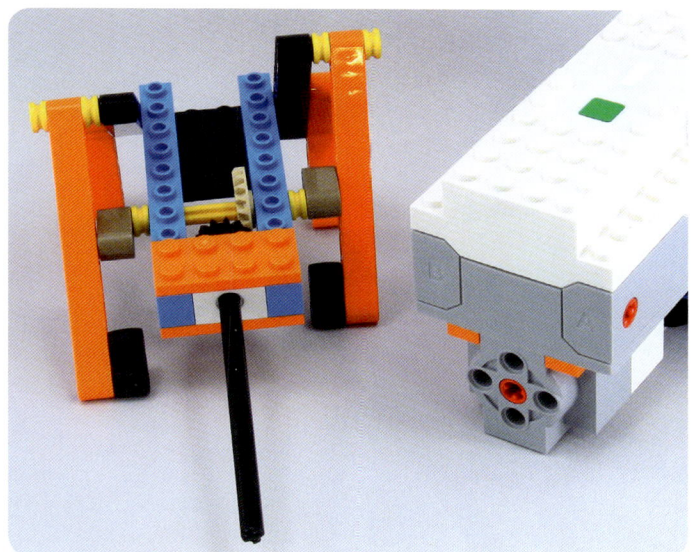

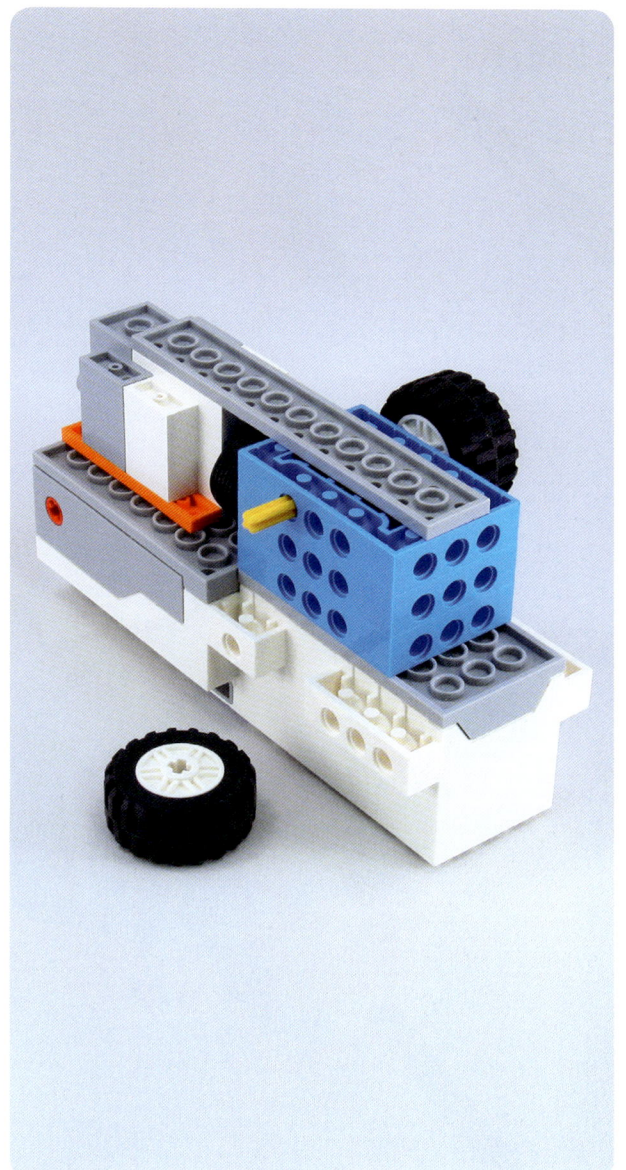

122　Mit dem interaktiven Motor gehen

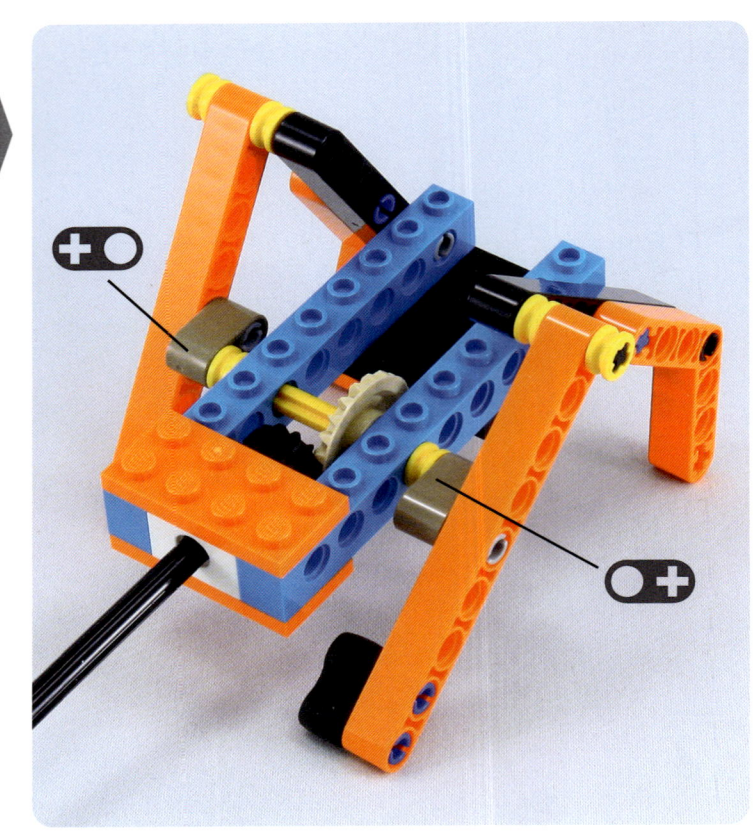

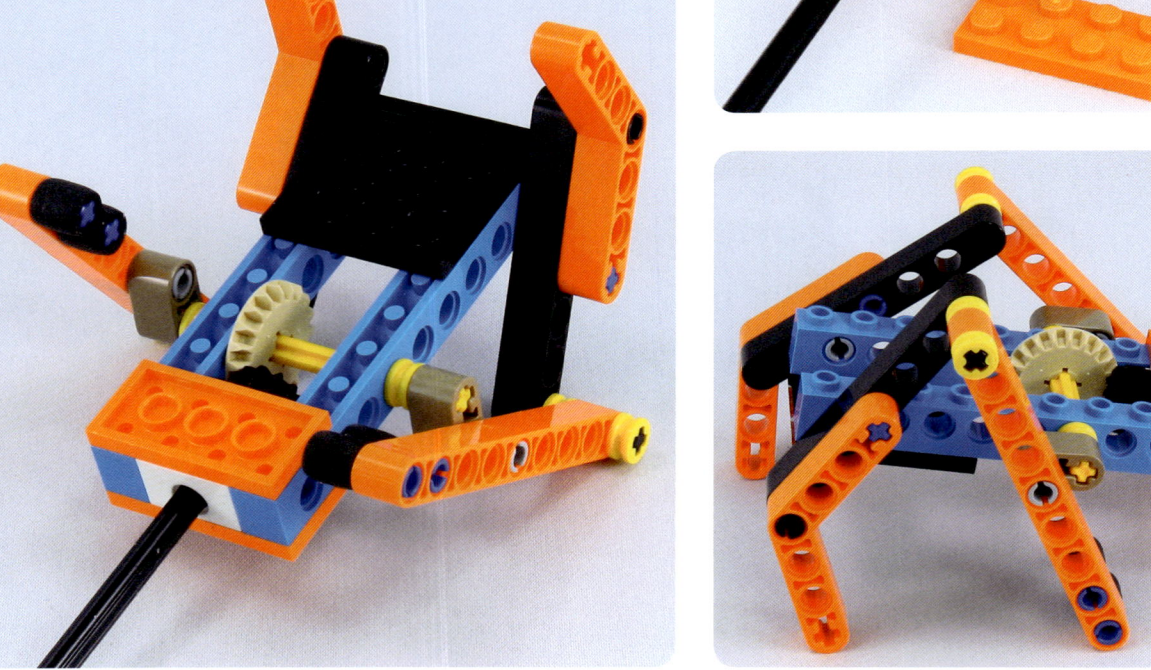

Mit dem interaktiven Motor gehen **123**

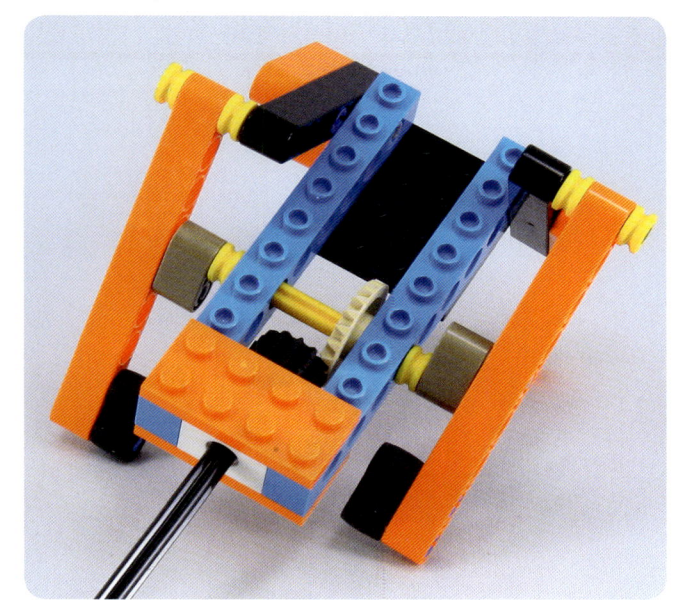

Teile verschießen

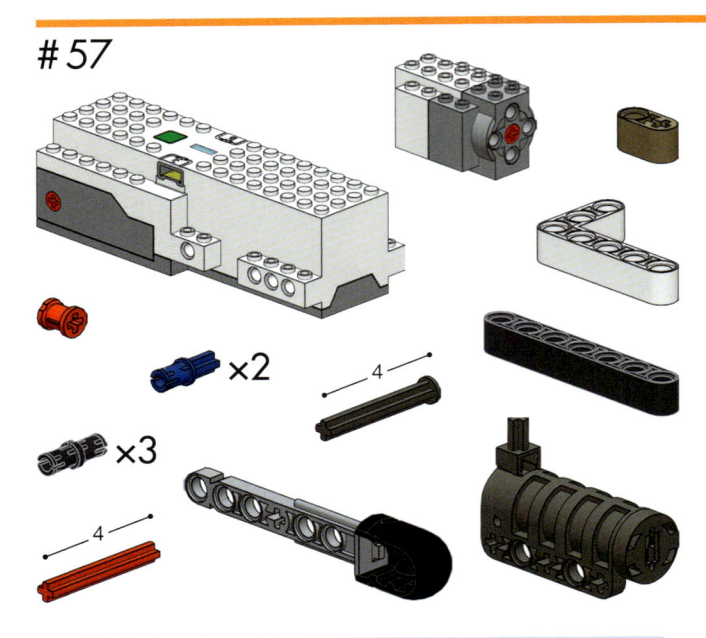

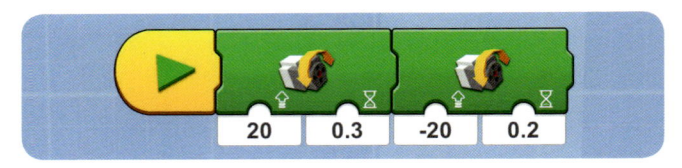

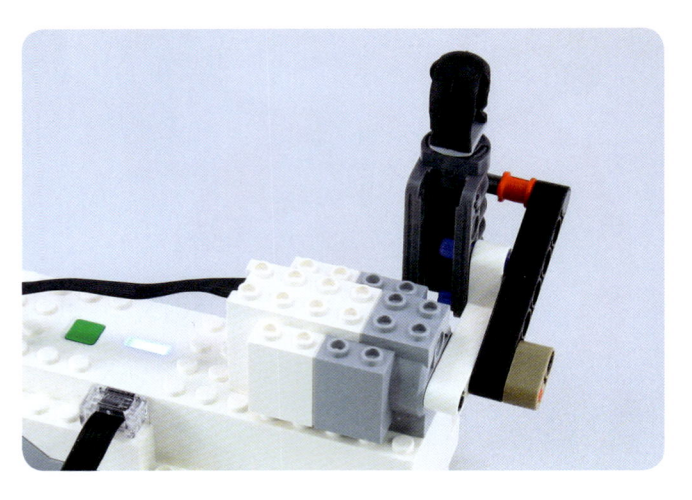

#57

124

#58

125 Teile verschießen

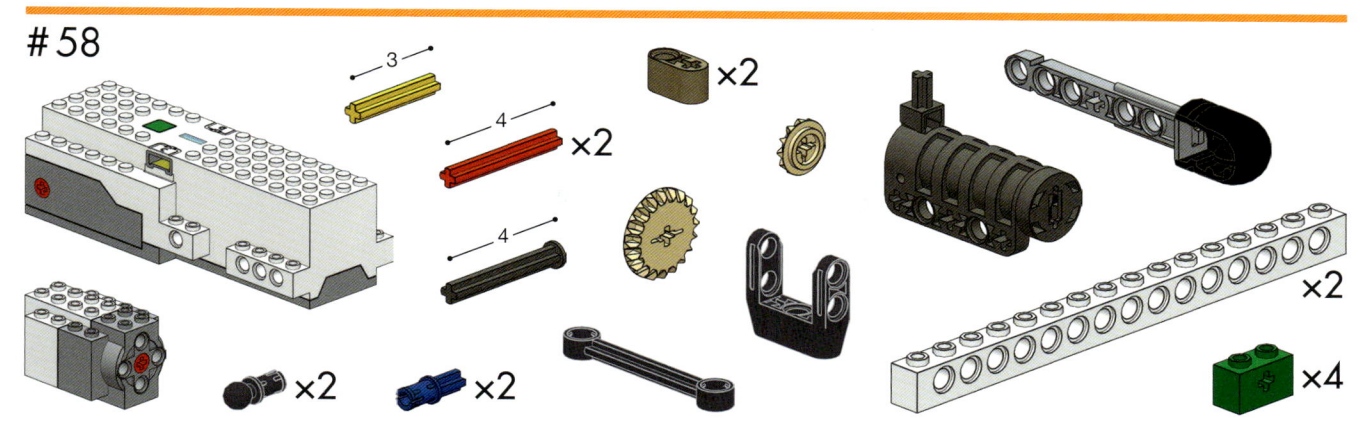

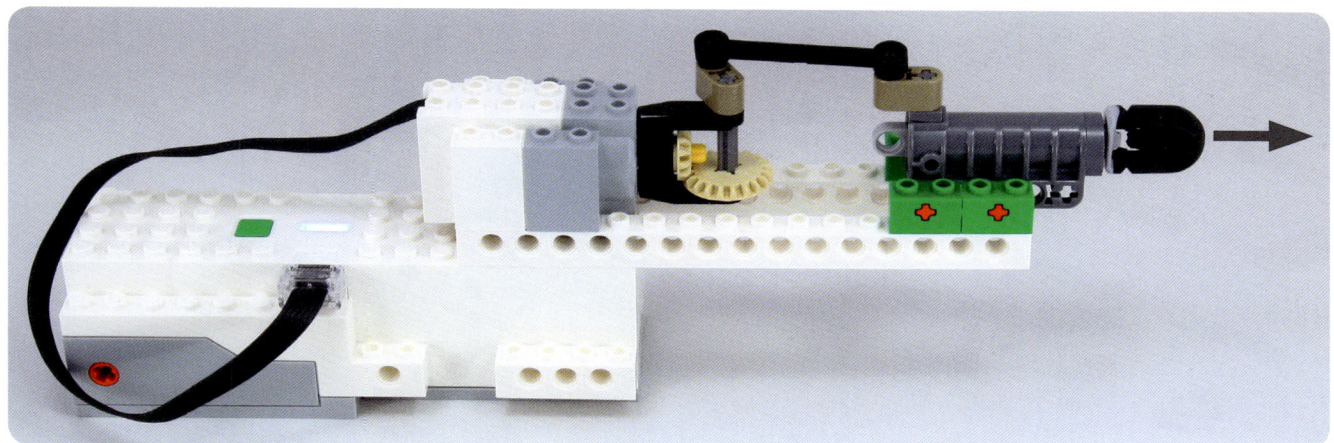

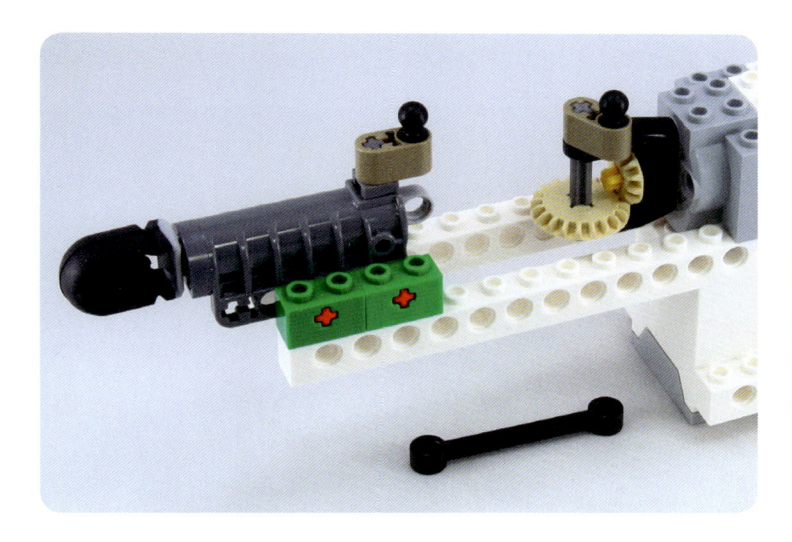

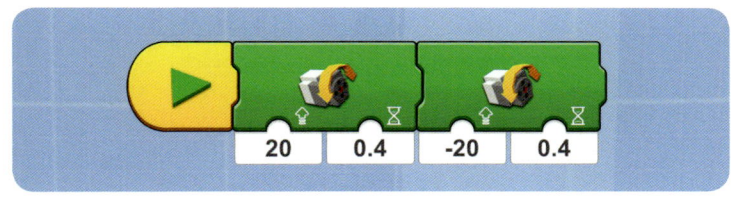

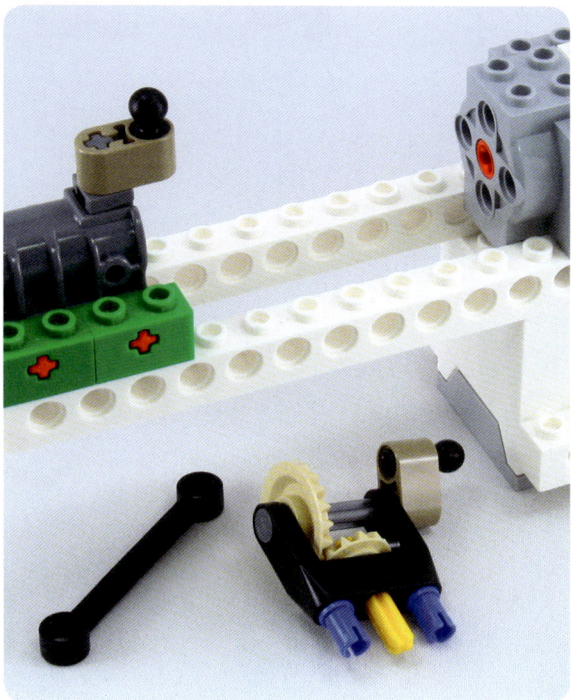

#59

×2
×2
×2
×2
×2
×2
×2
×5

×13
×2
×2
×3
×3
8
12
×2
×2

126 Teile verschießen

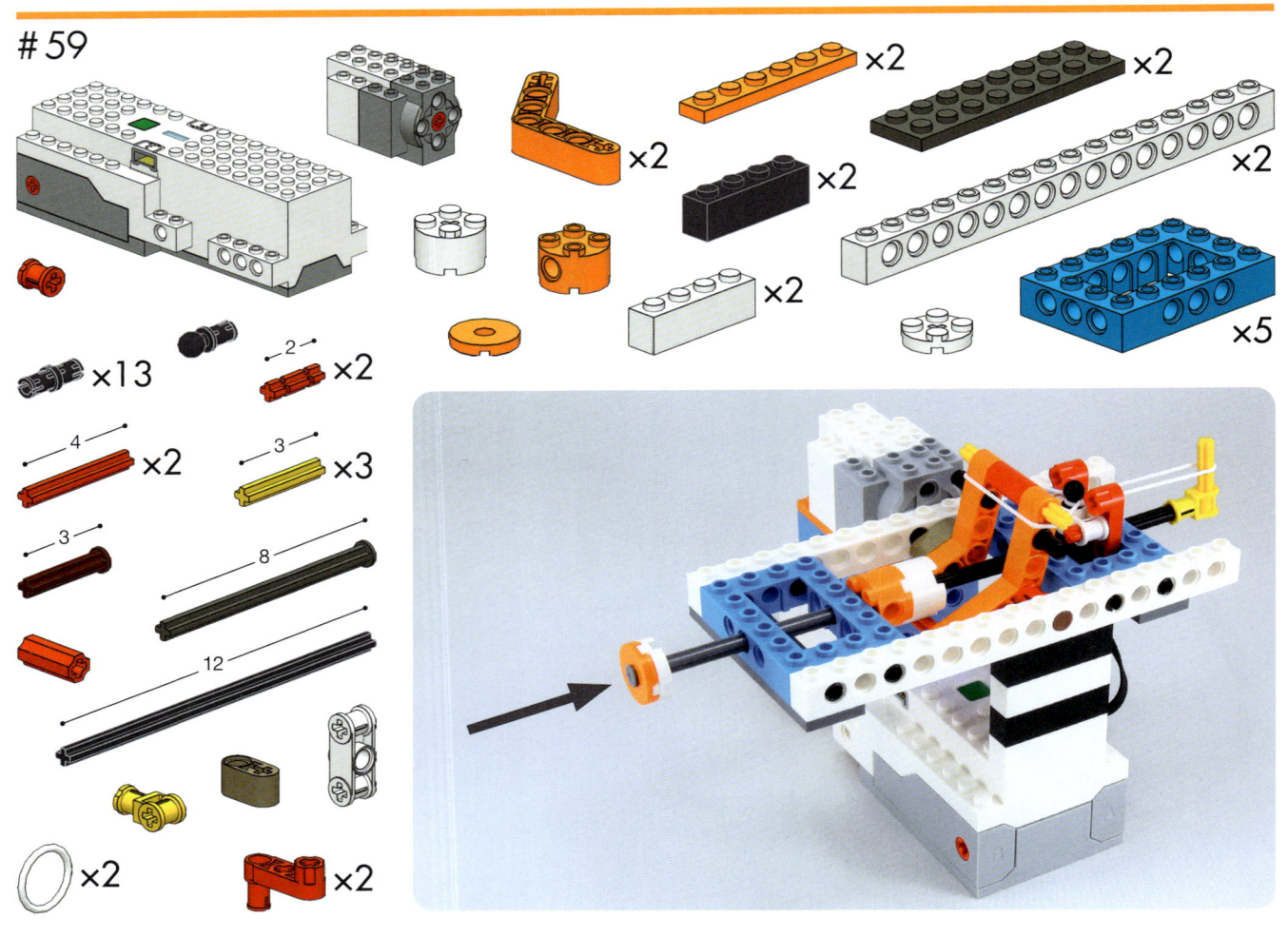

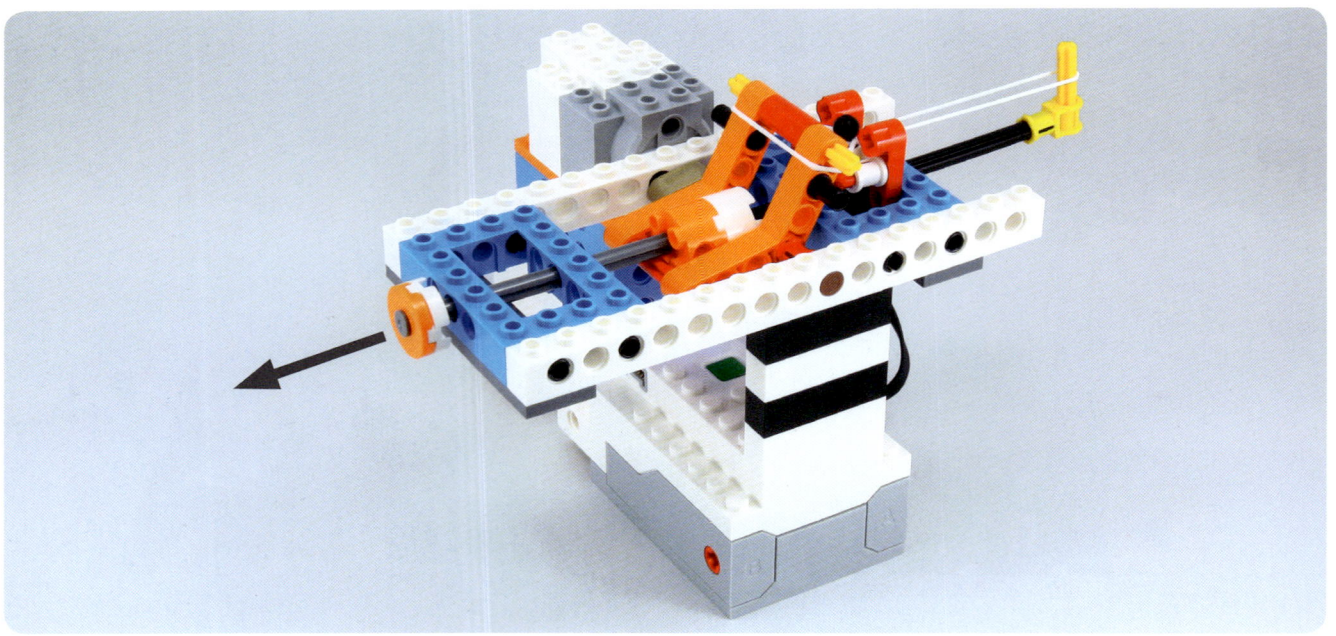

Teile verschießen **127**

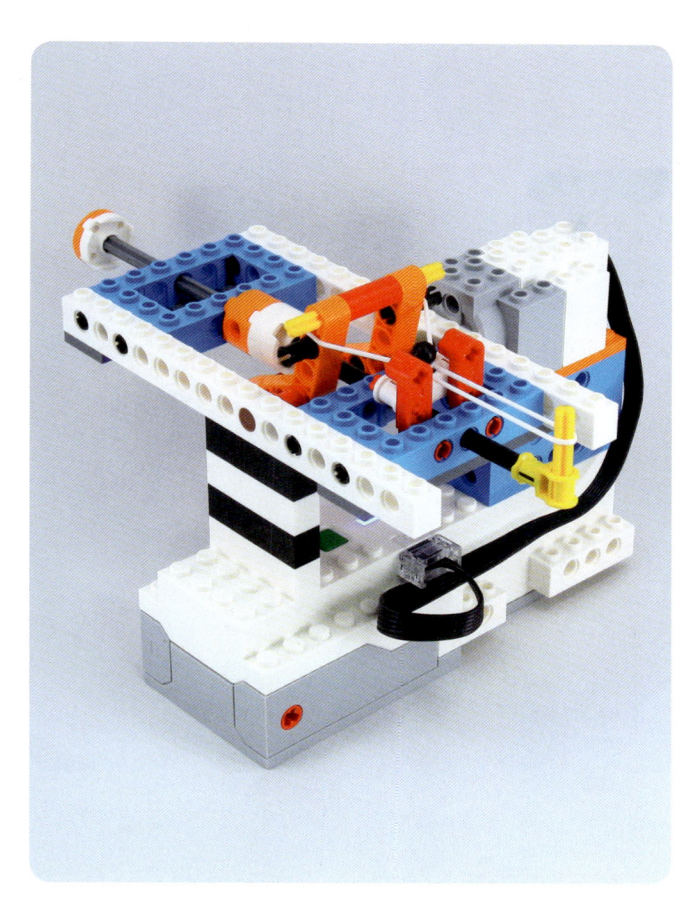

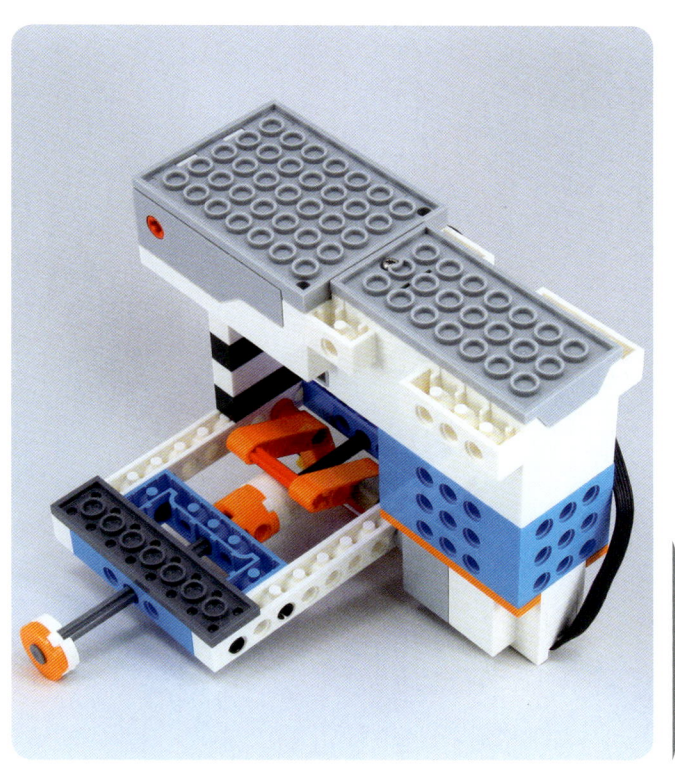

128 Teile verschießen

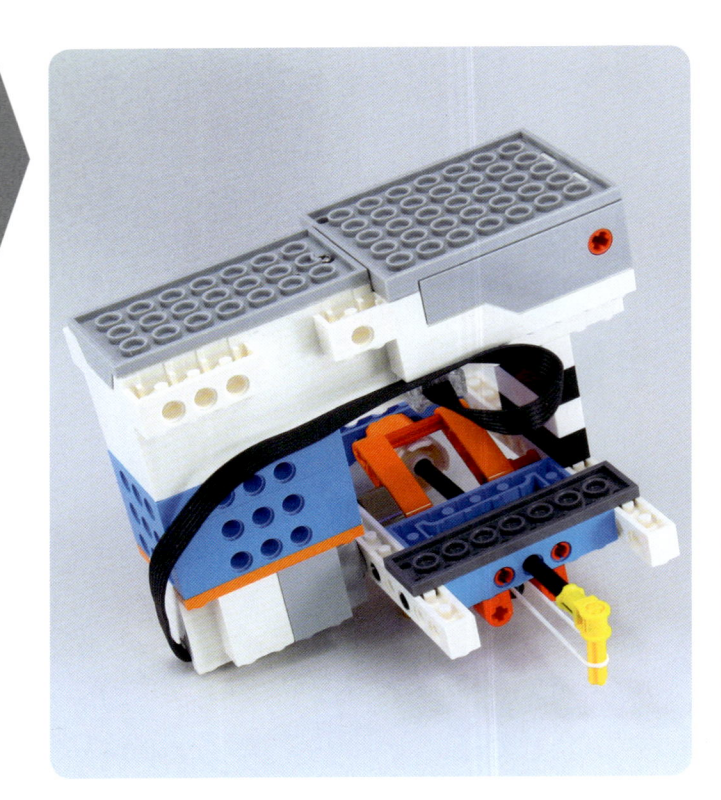

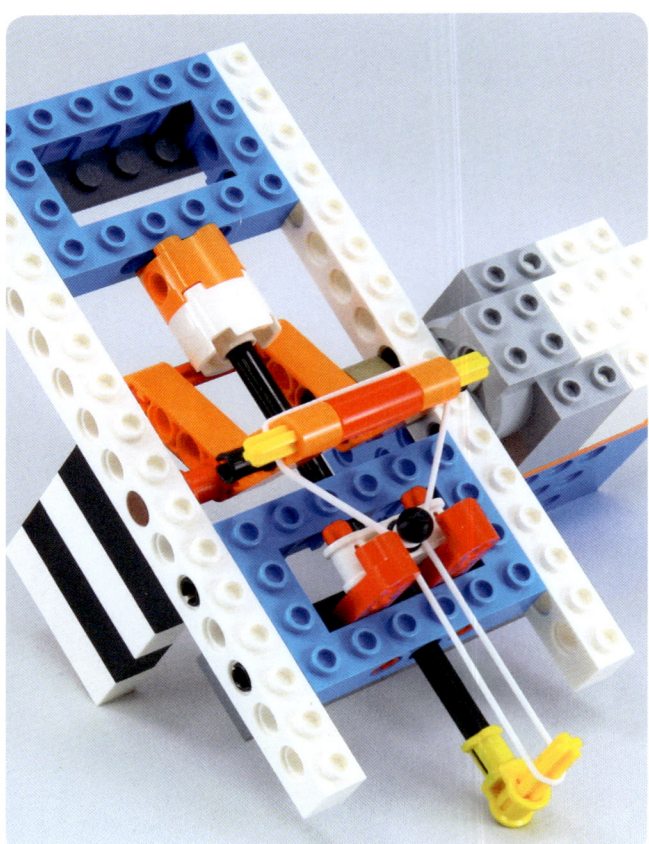

Teile verschießen 129

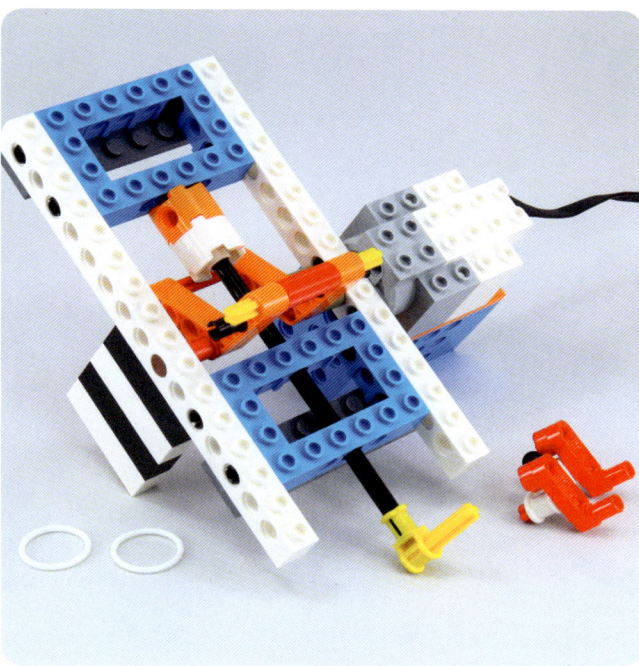

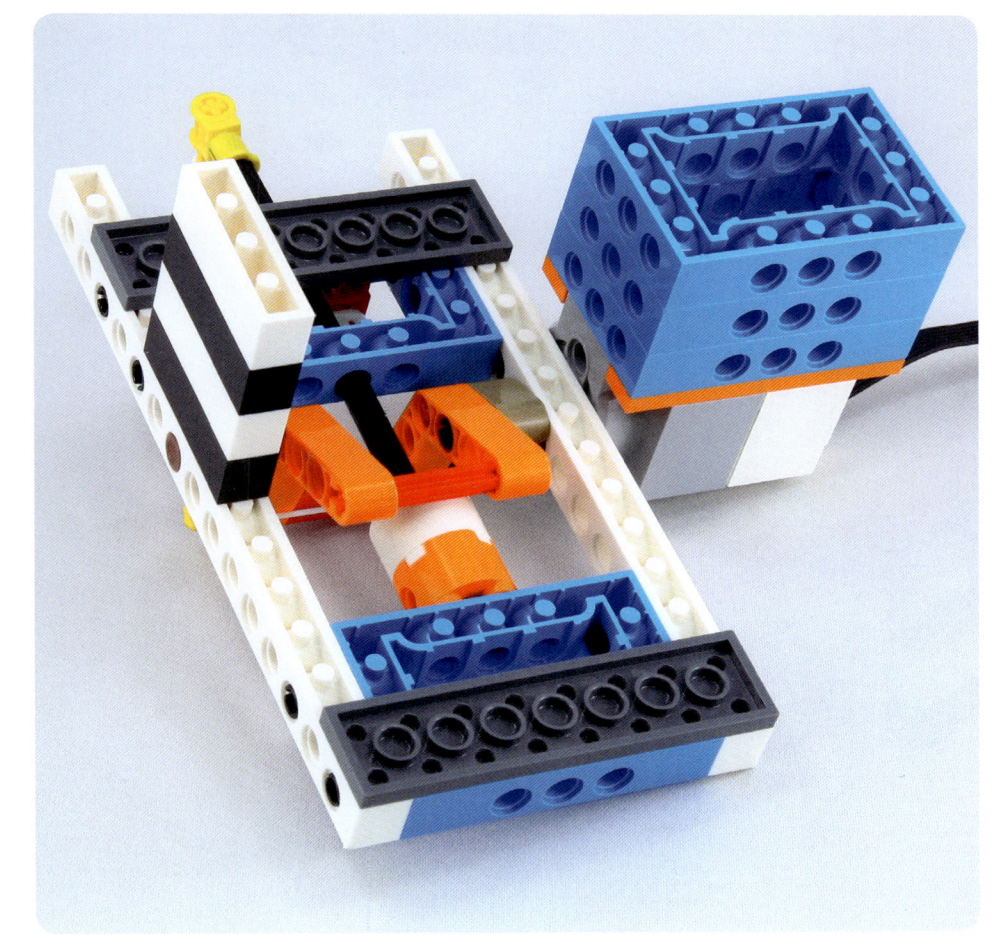

#60

130 Teile verschießen

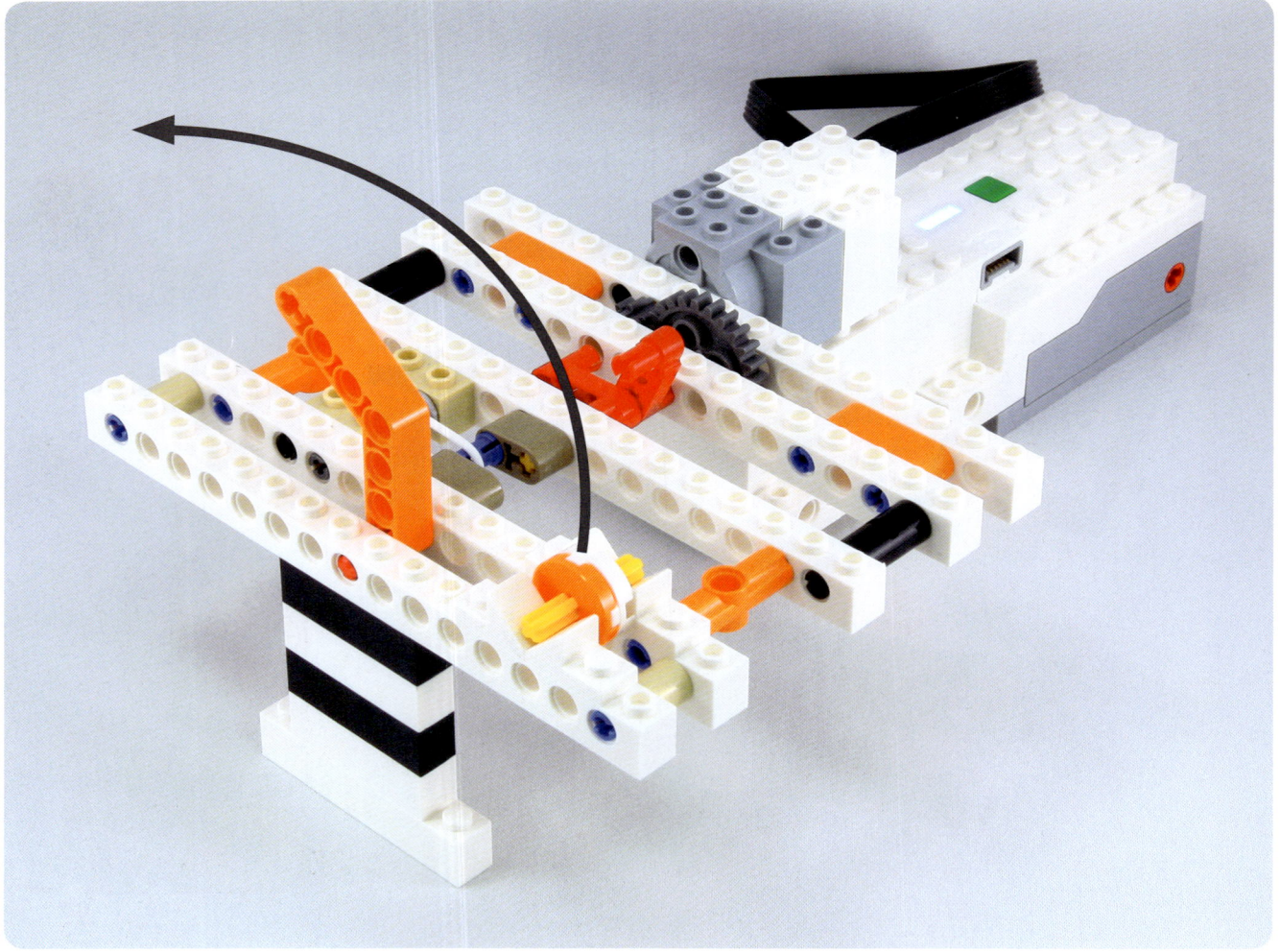

Teile verschießen **131**

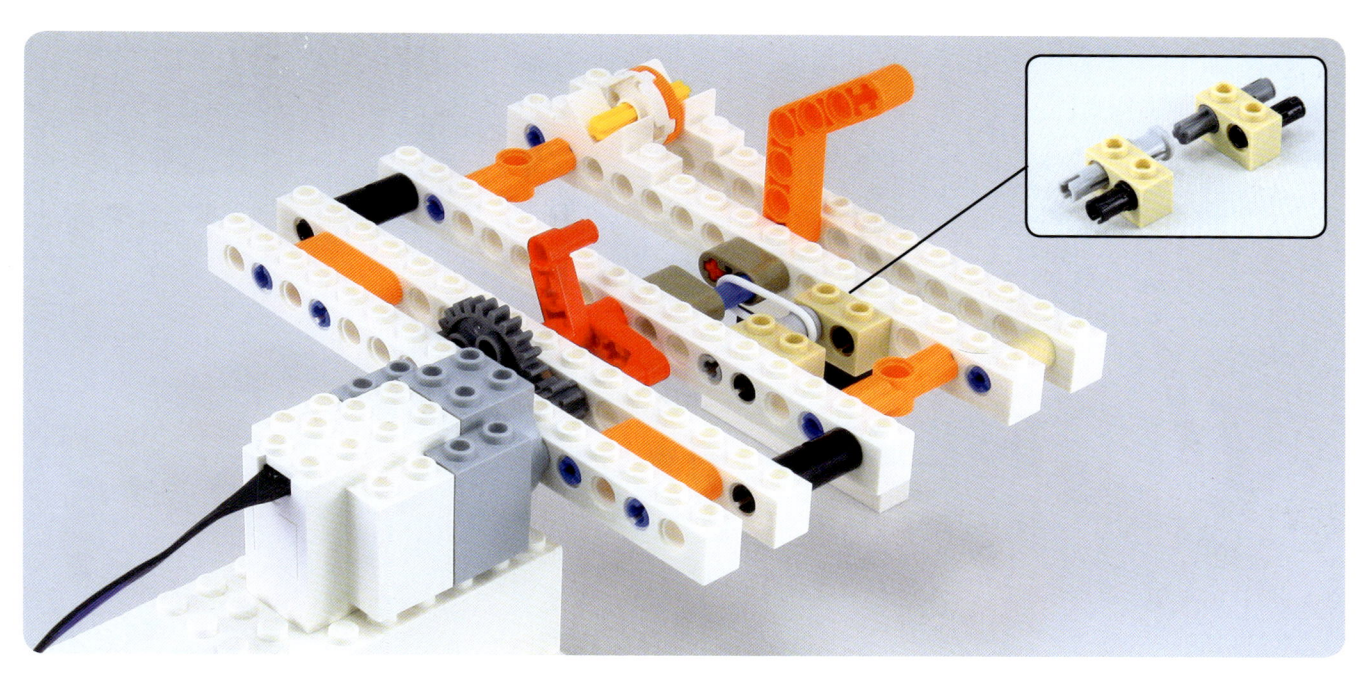

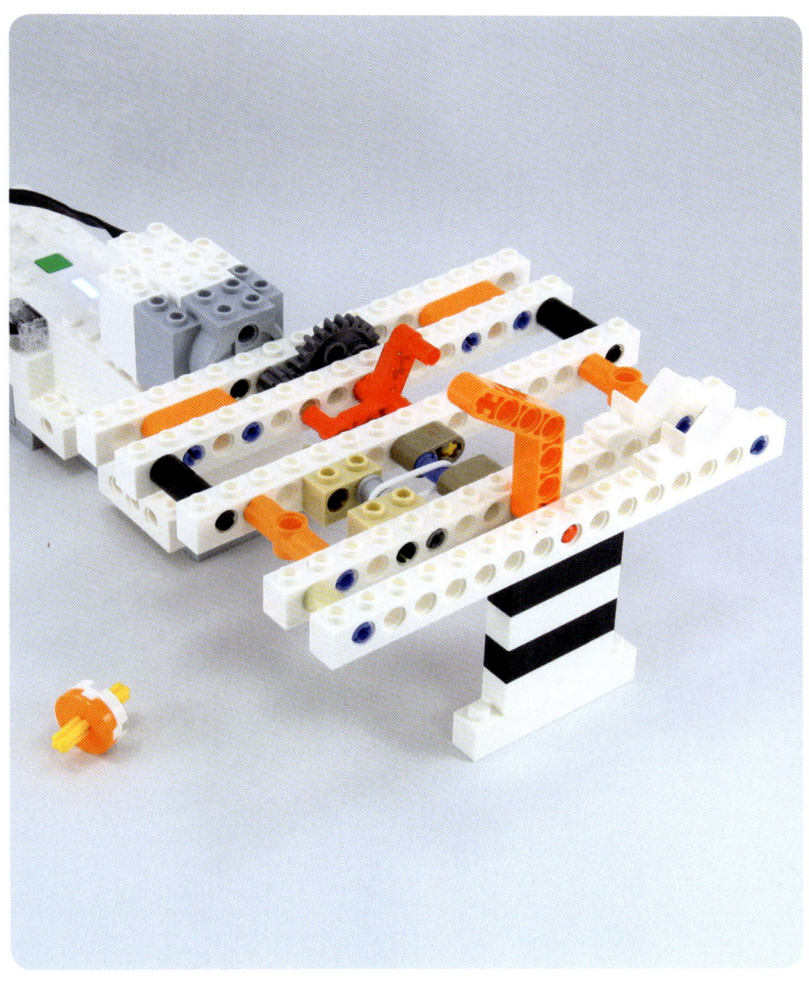

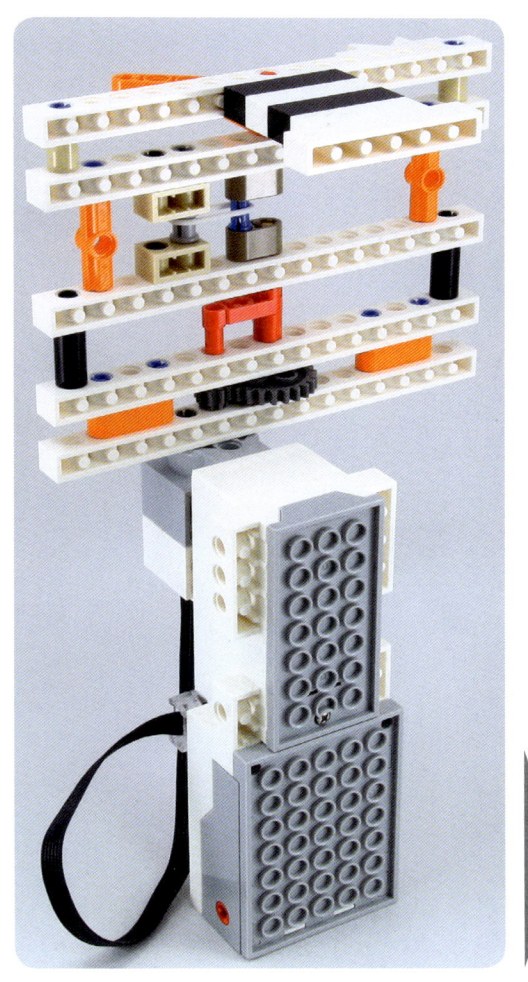

132 Teile verschießen

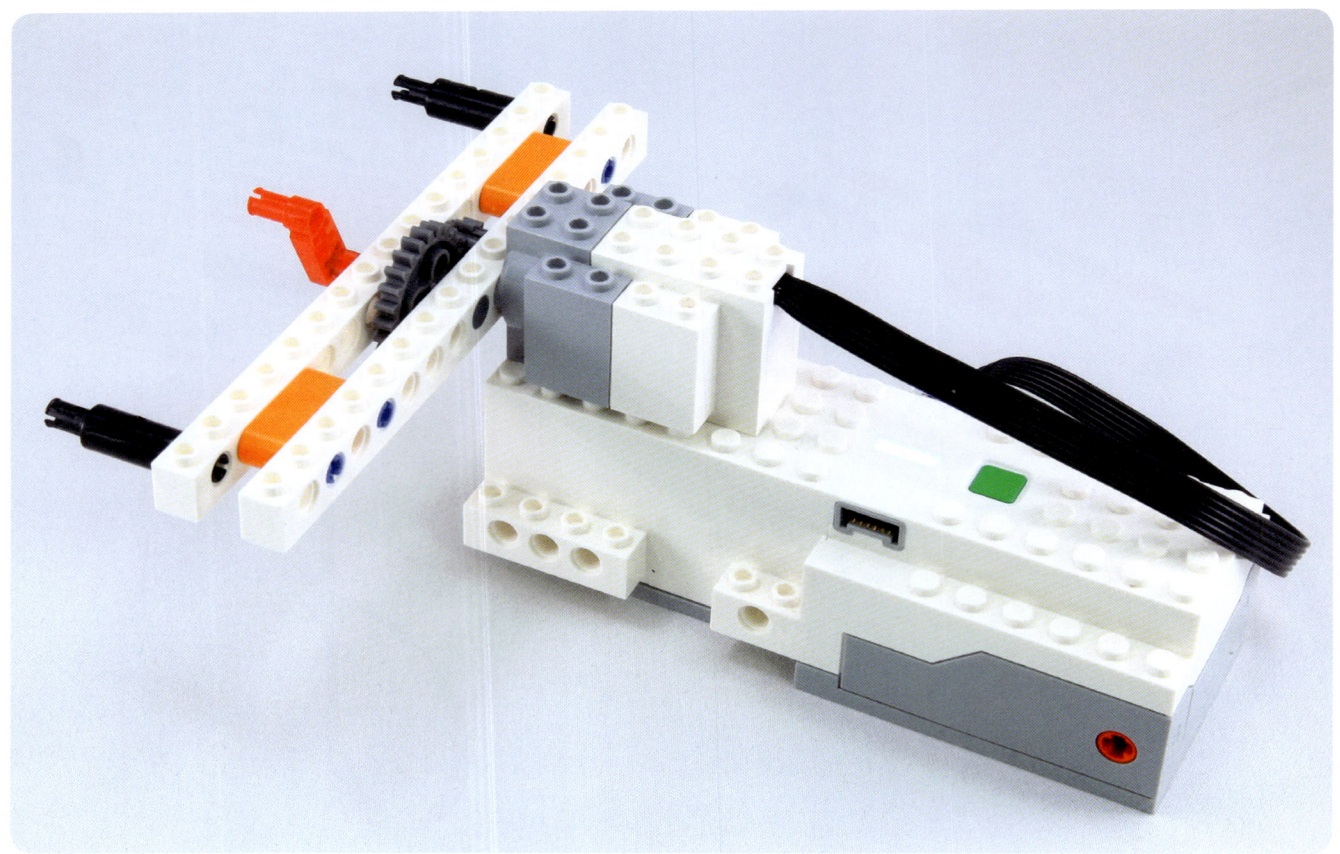

Teile verschießen **133**

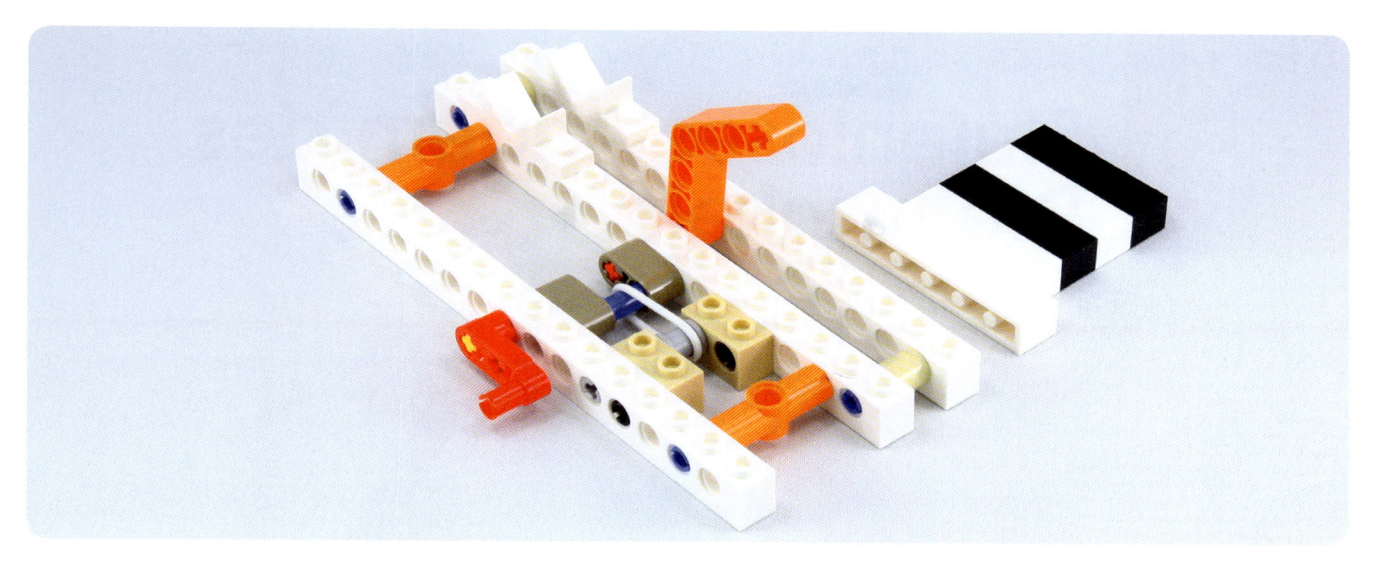

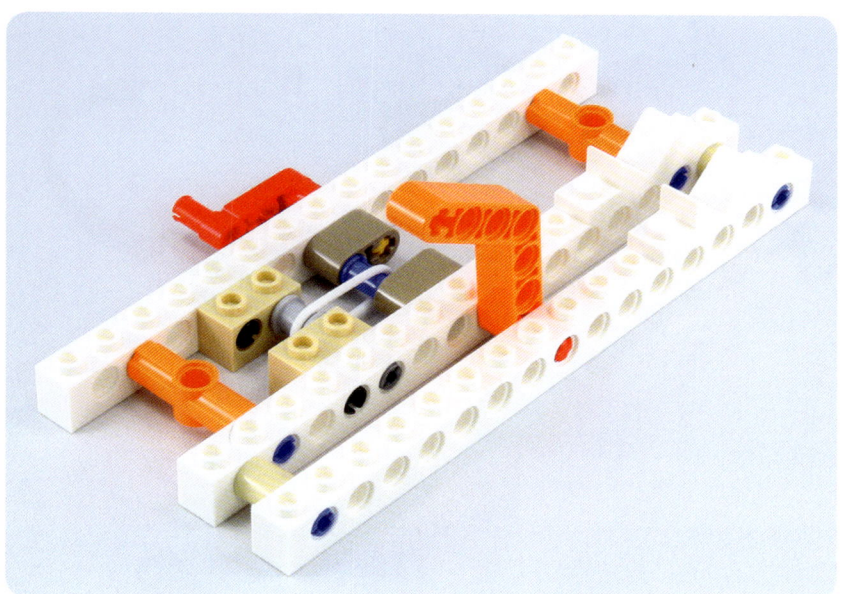

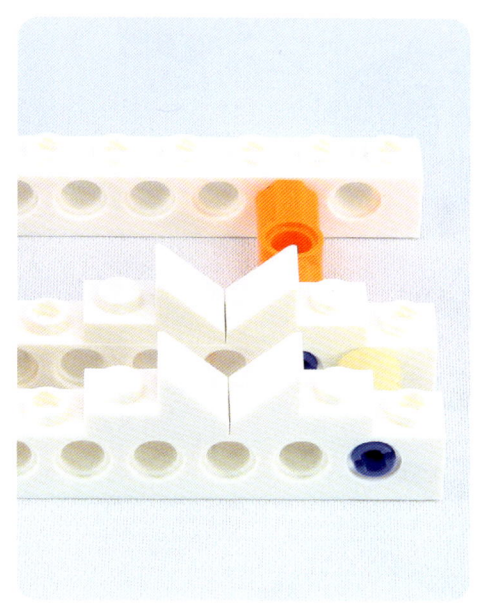

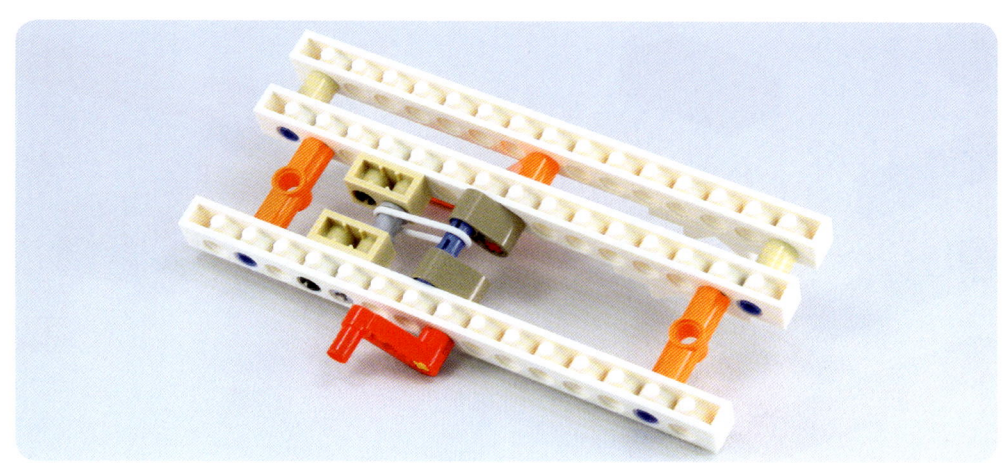

# Stufenloses Ändern des Drehwinkels

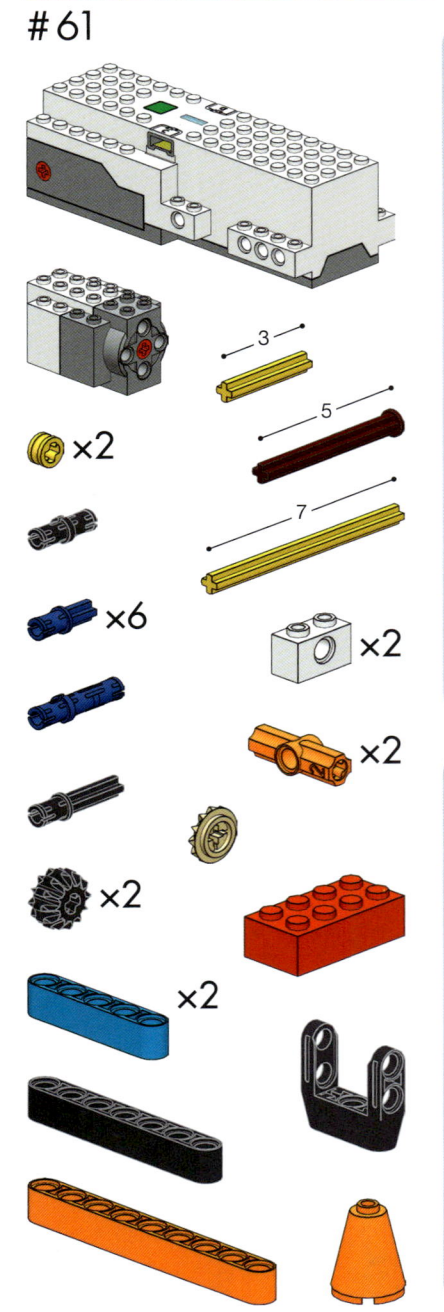

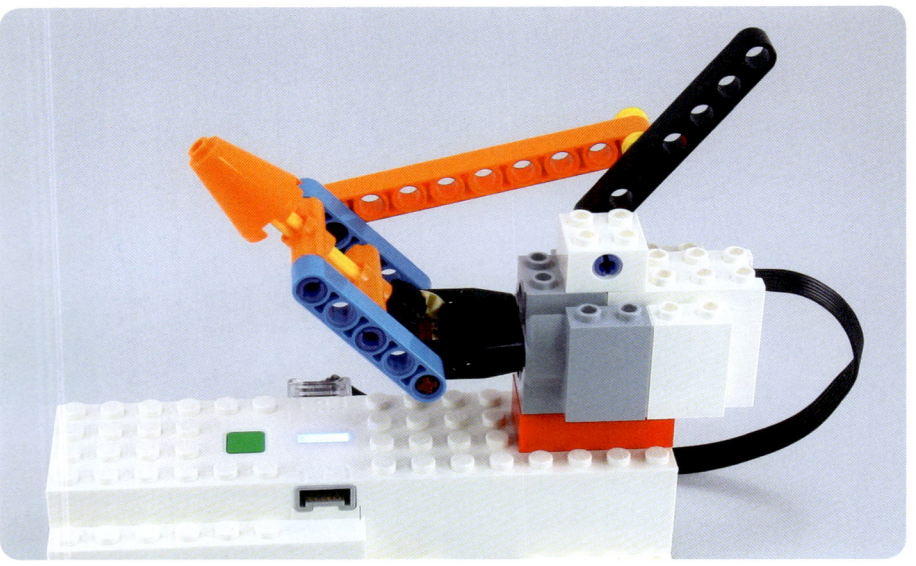

#61

Stufenloses Ändern des Drehwinkels **135**

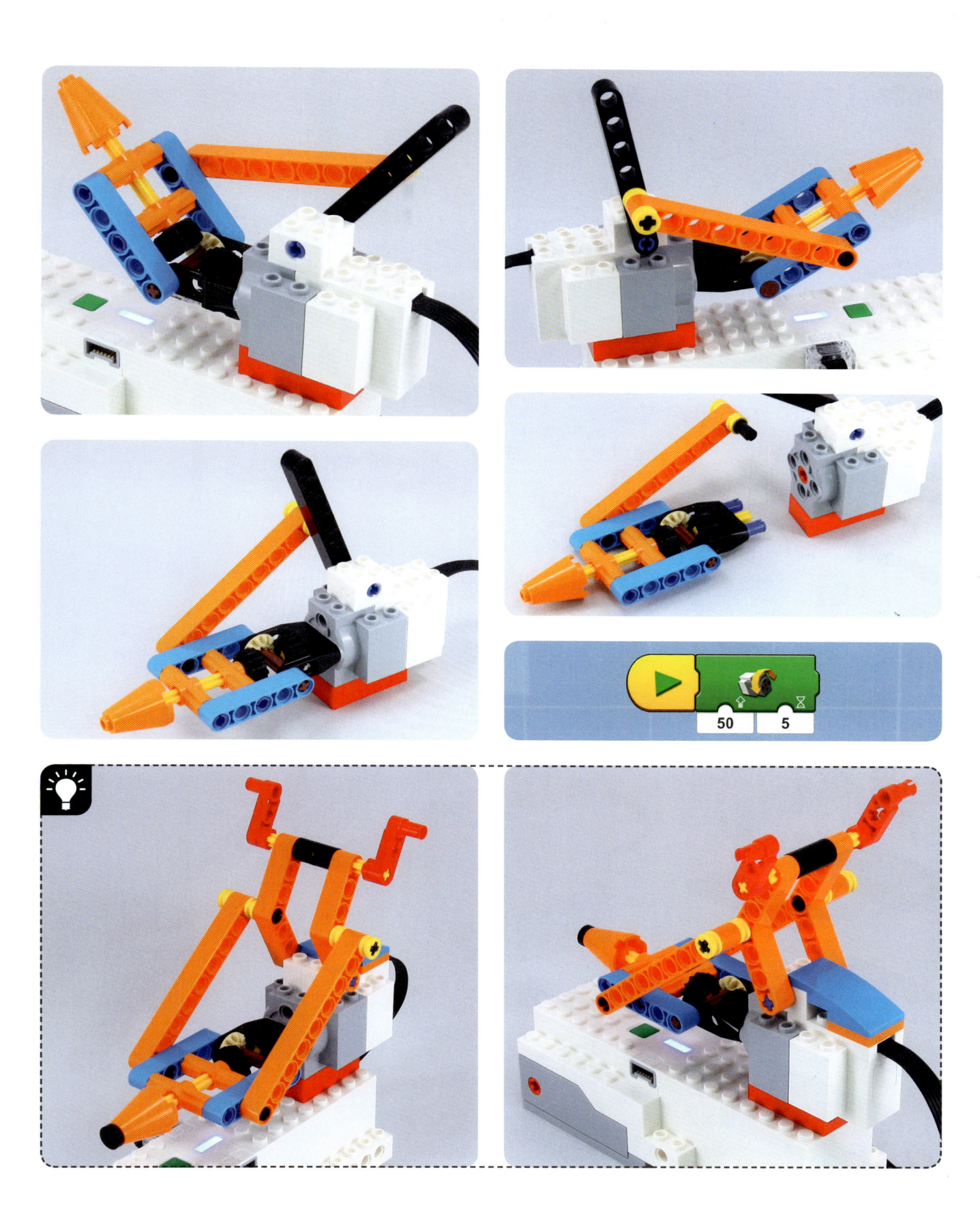

#62

136 Stufenloses Ändern des Drehwinkels

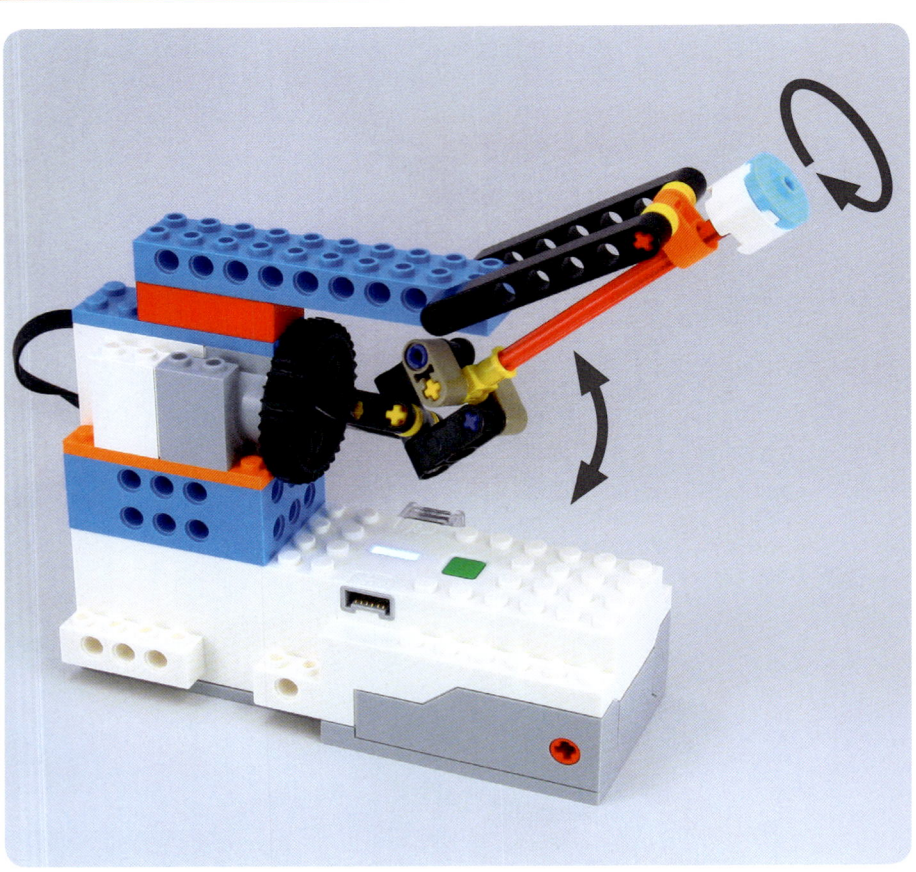

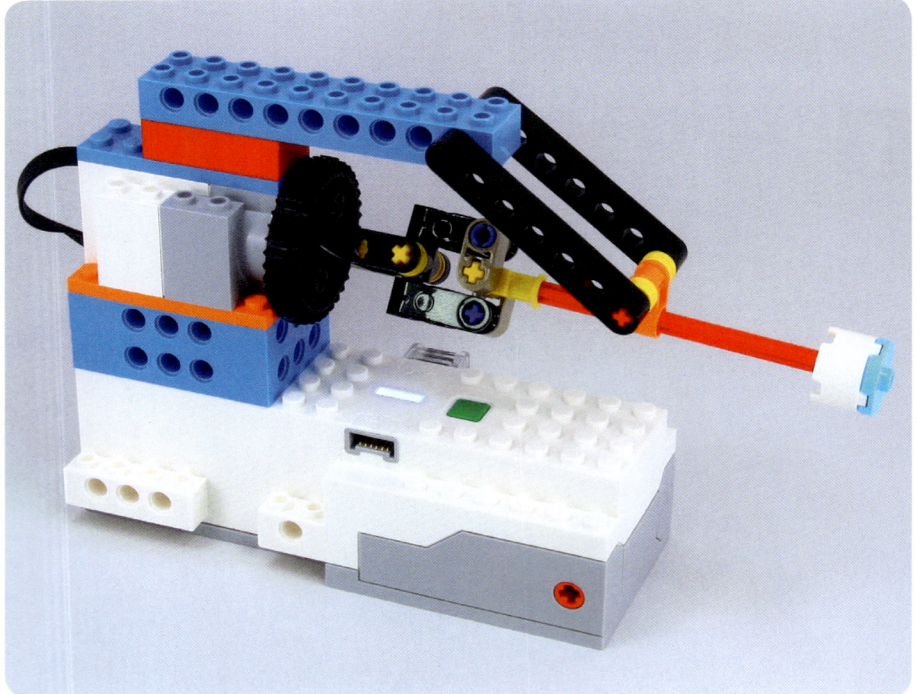

Stufenloses Ändern des Drehwinkels 137

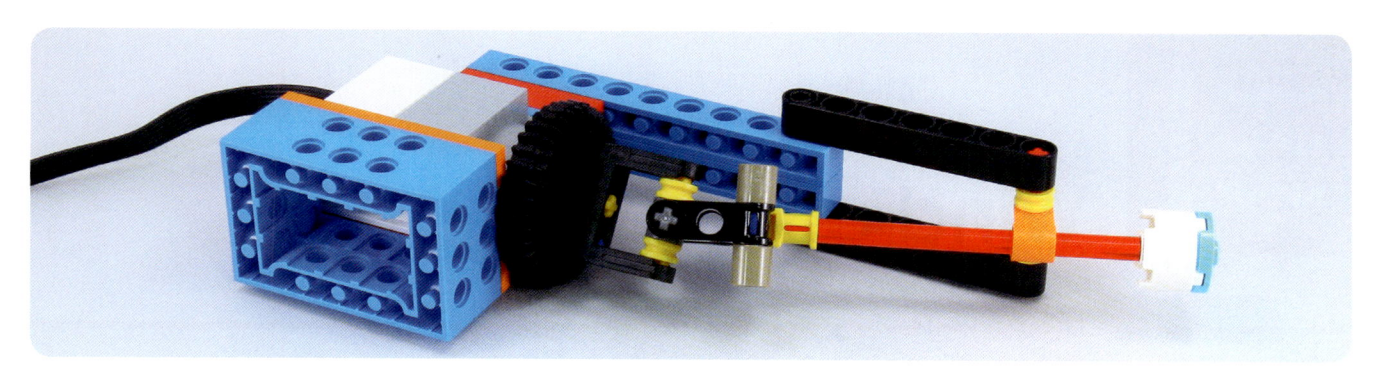

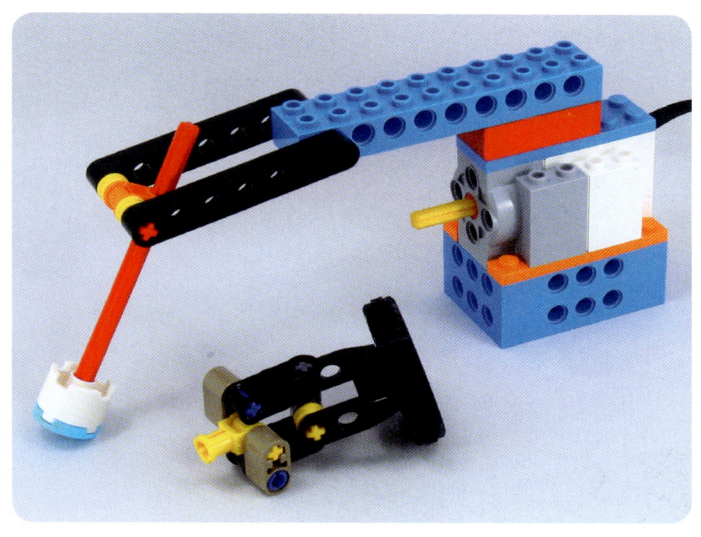

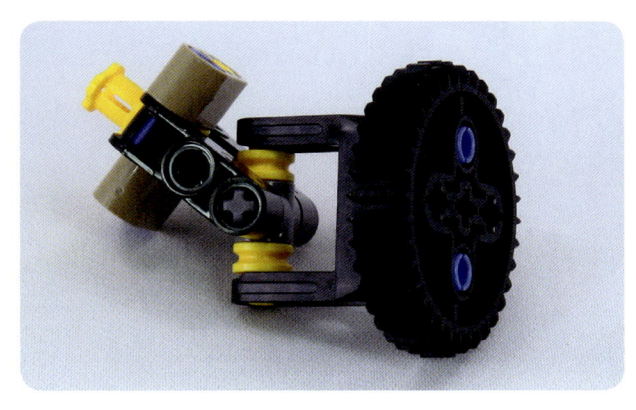

Wind erzeugen

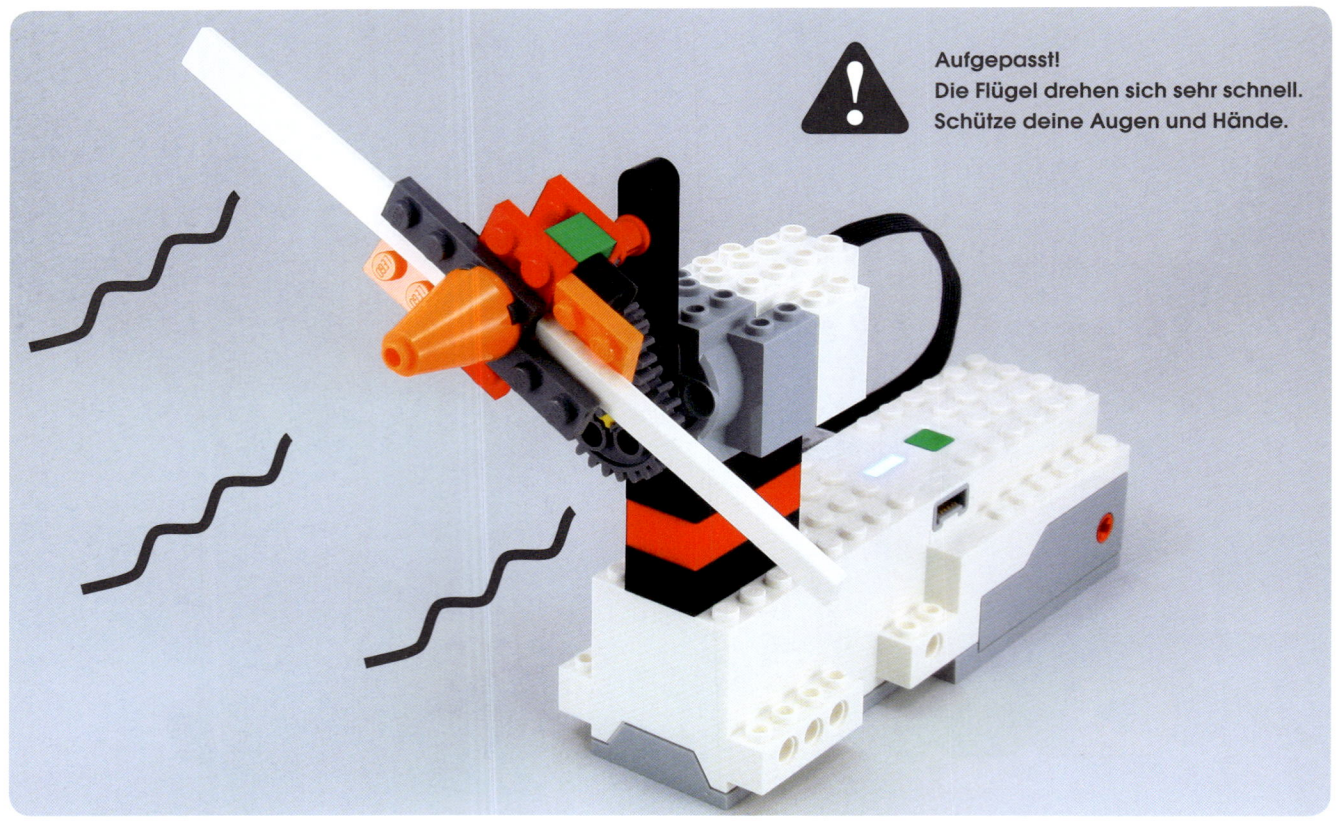

#63

Aufgepasst!
Die Flügel drehen sich sehr schnell.
Schütze deine Augen und Hände.

Wind erzeugen

140 Wind erzeugen

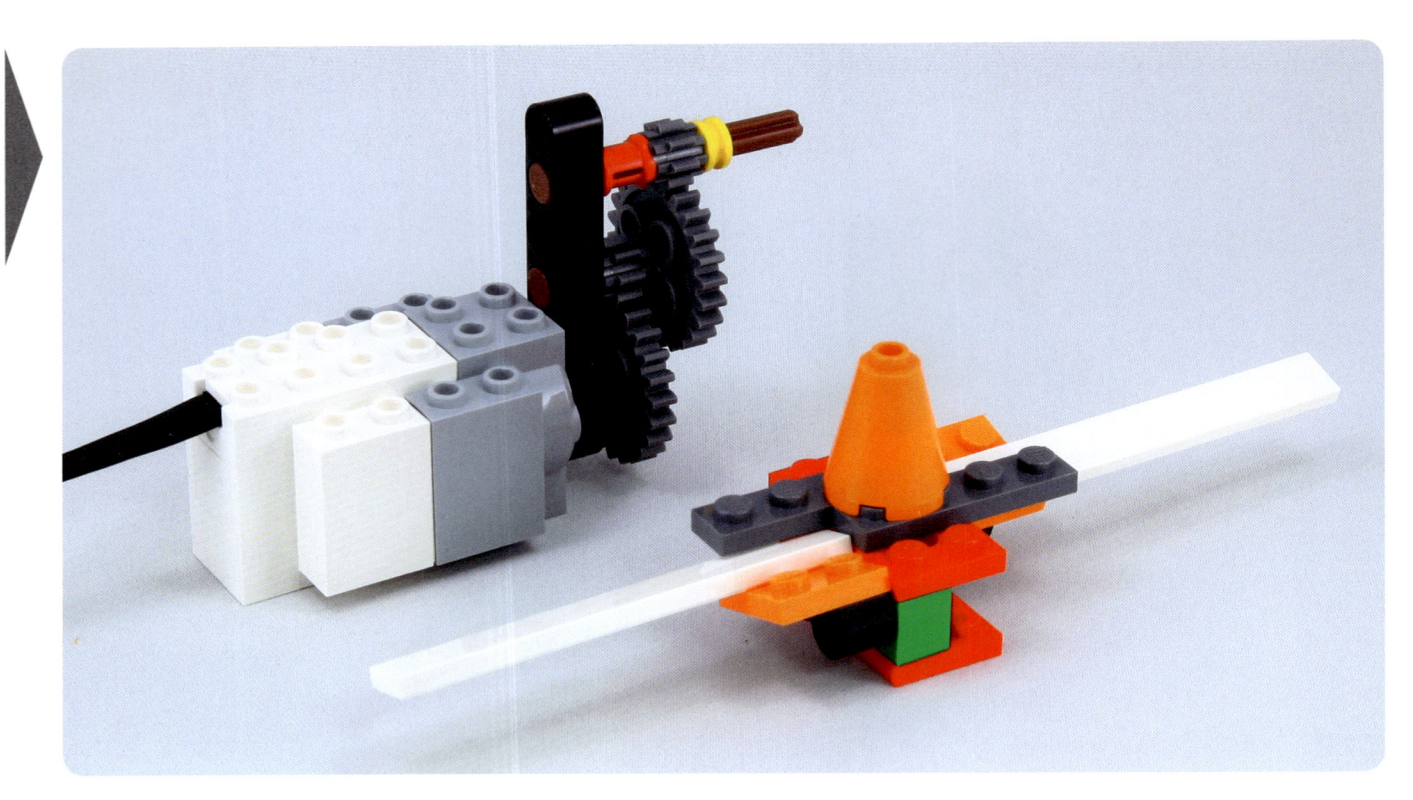

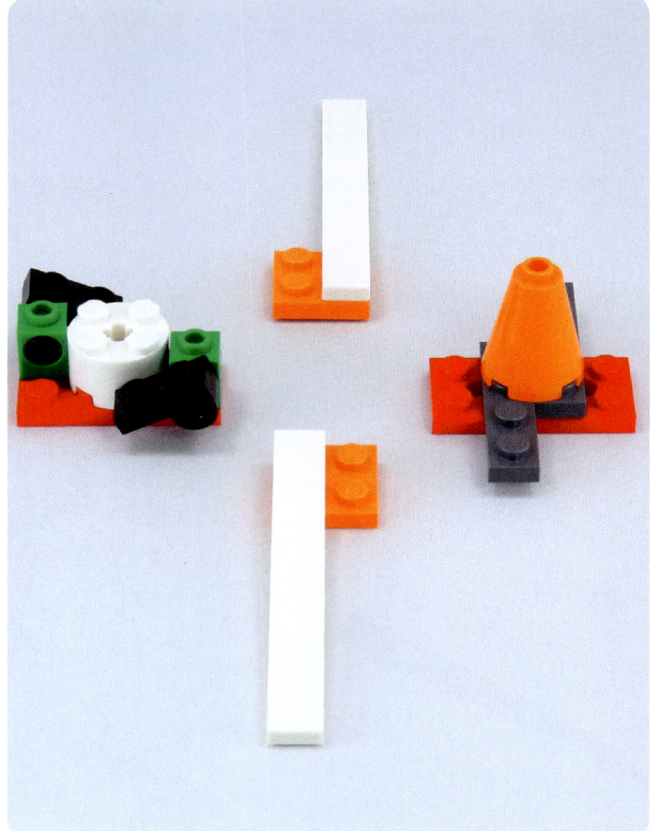

Wind erzeugen 141

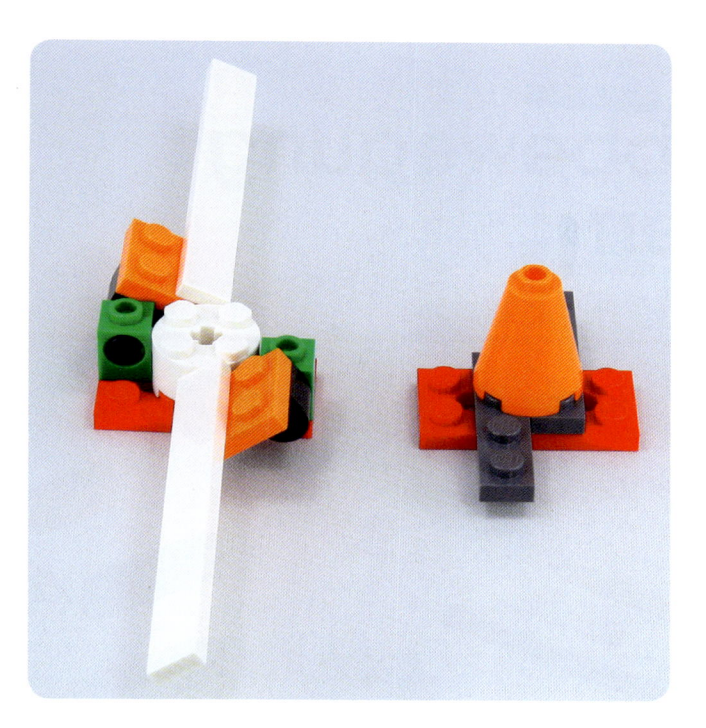

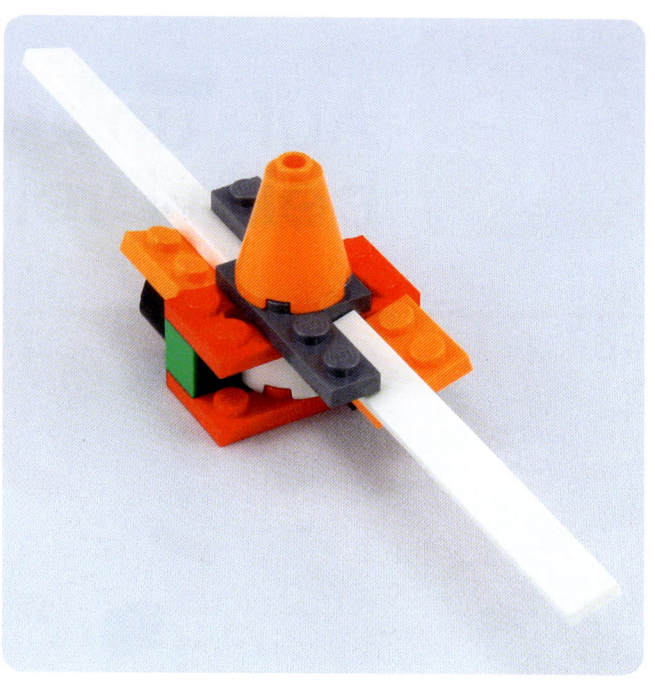

Auf- und Abbewegung beim Drehen

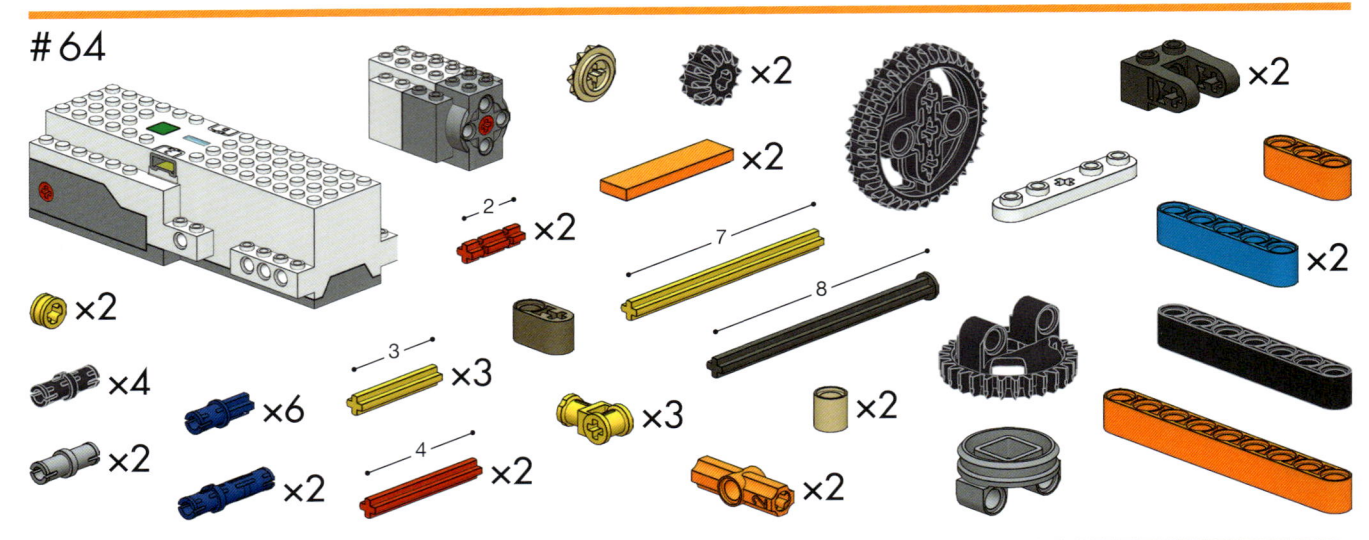

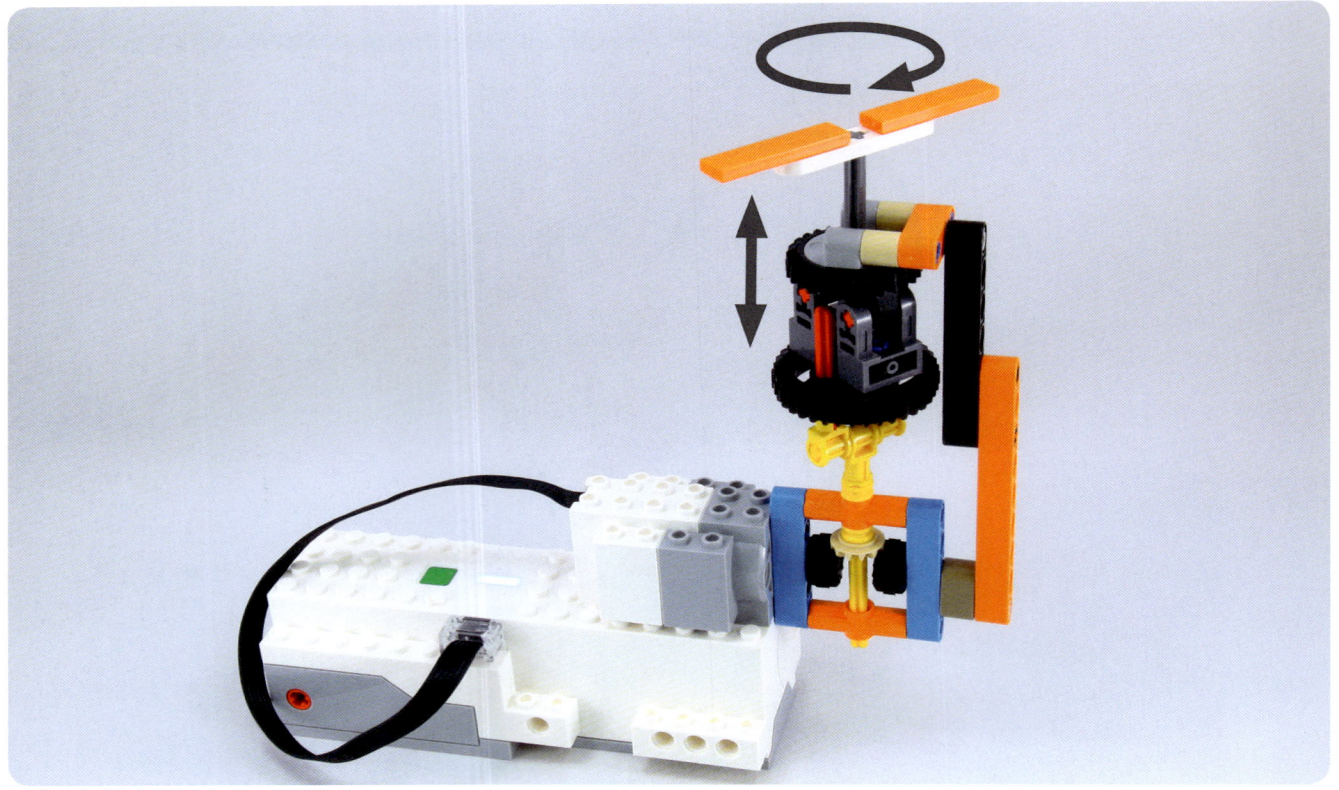

#64

Auf- und Abbewegung beim Drehen **143**

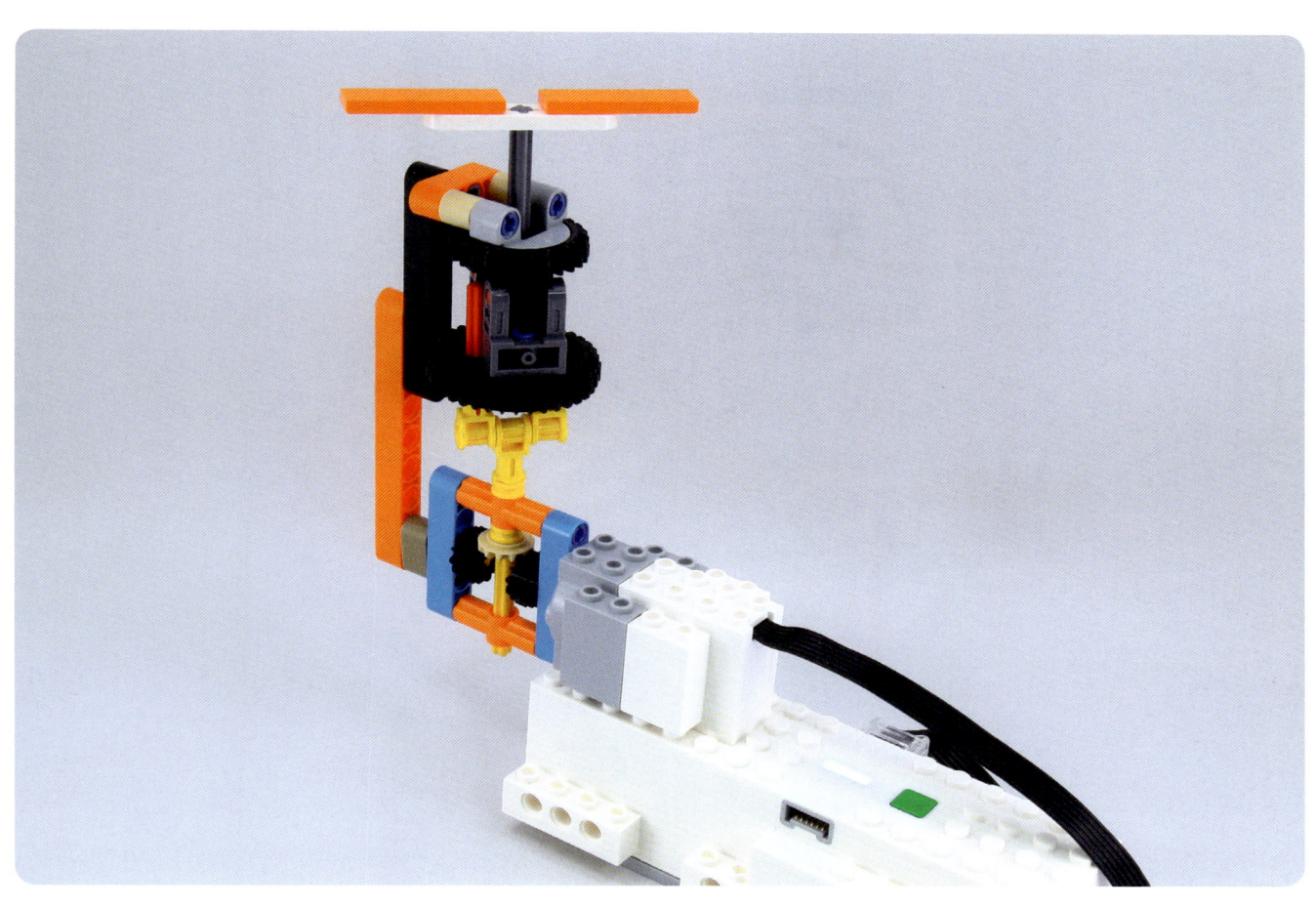

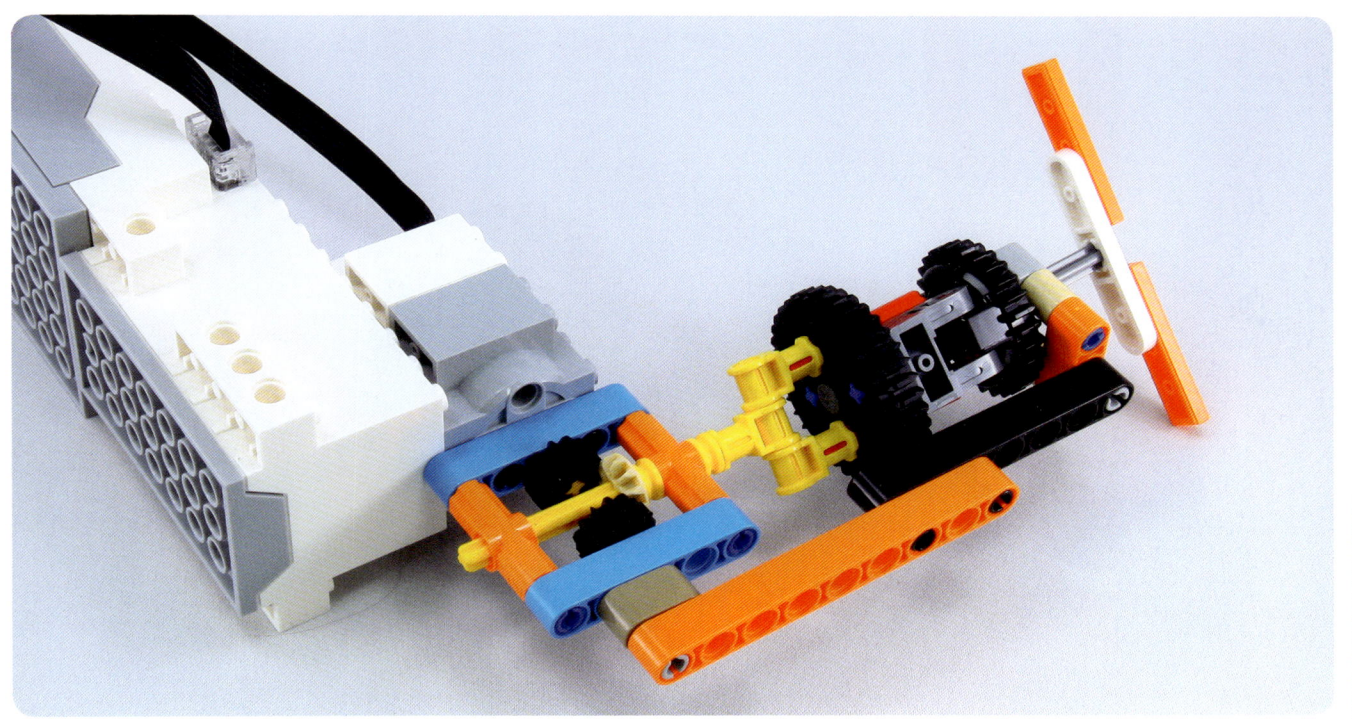

144 Auf- und Abbewegung beim Drehen

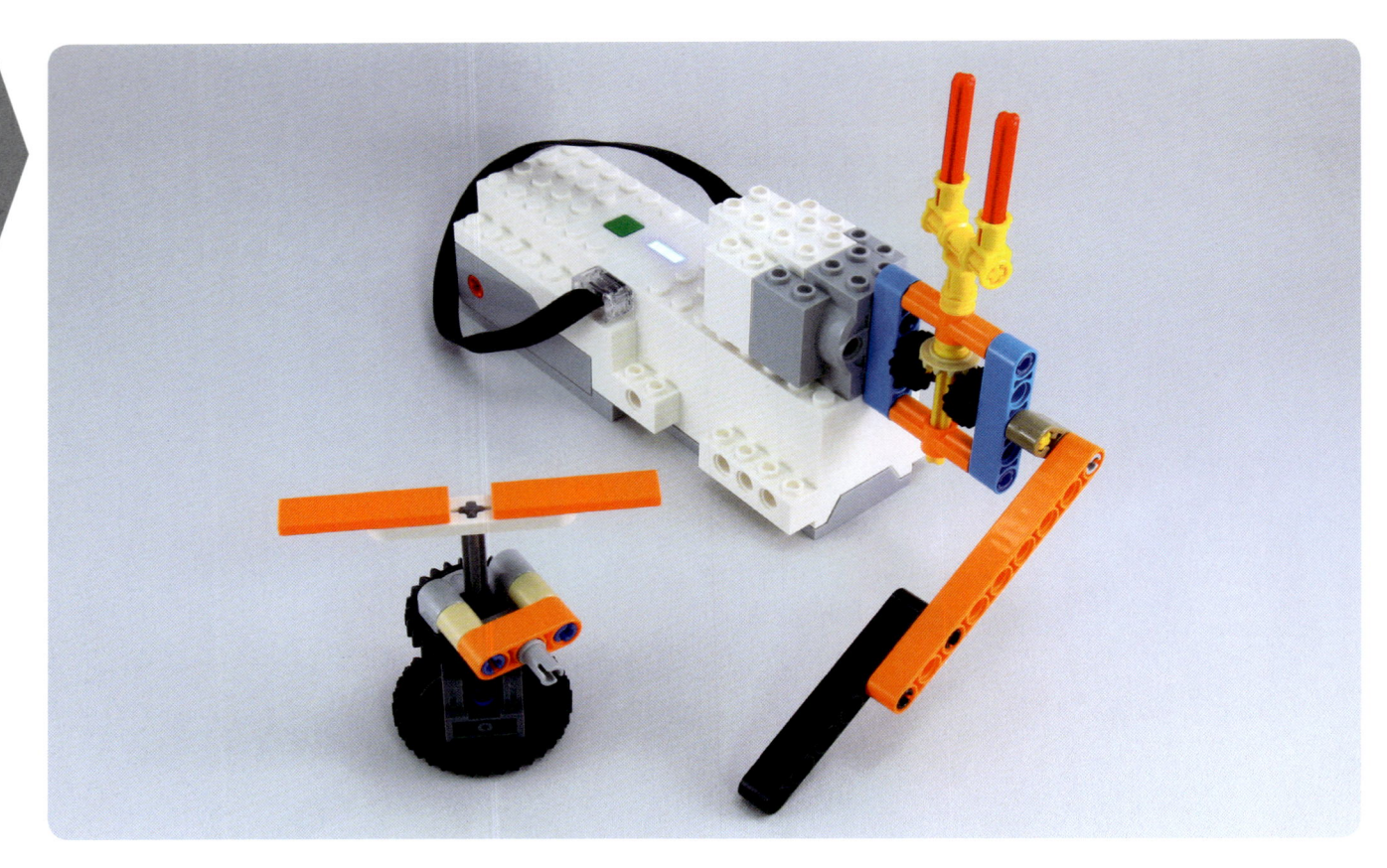

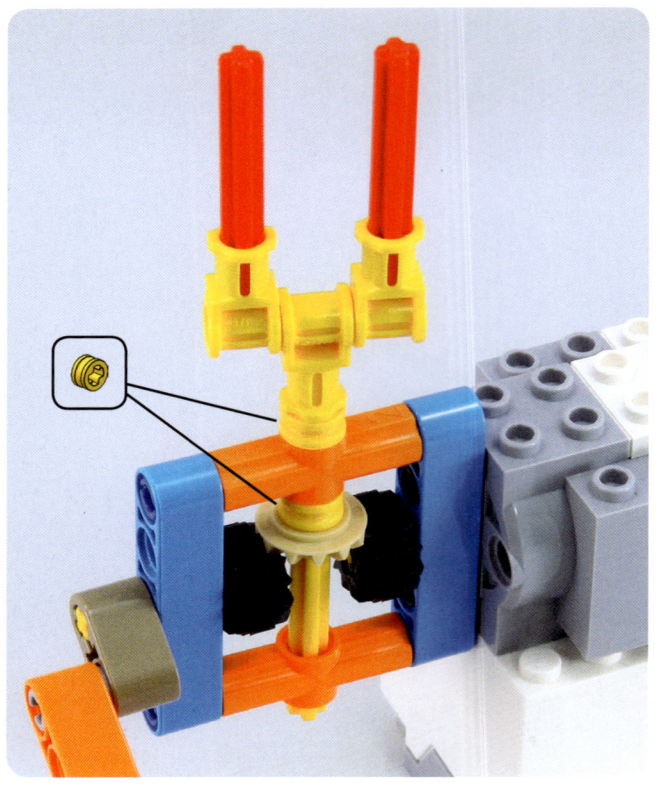

Auf- und Abbewegung beim Drehen **145**

Schrittmotoren

#65

Schrittmotoren **147**

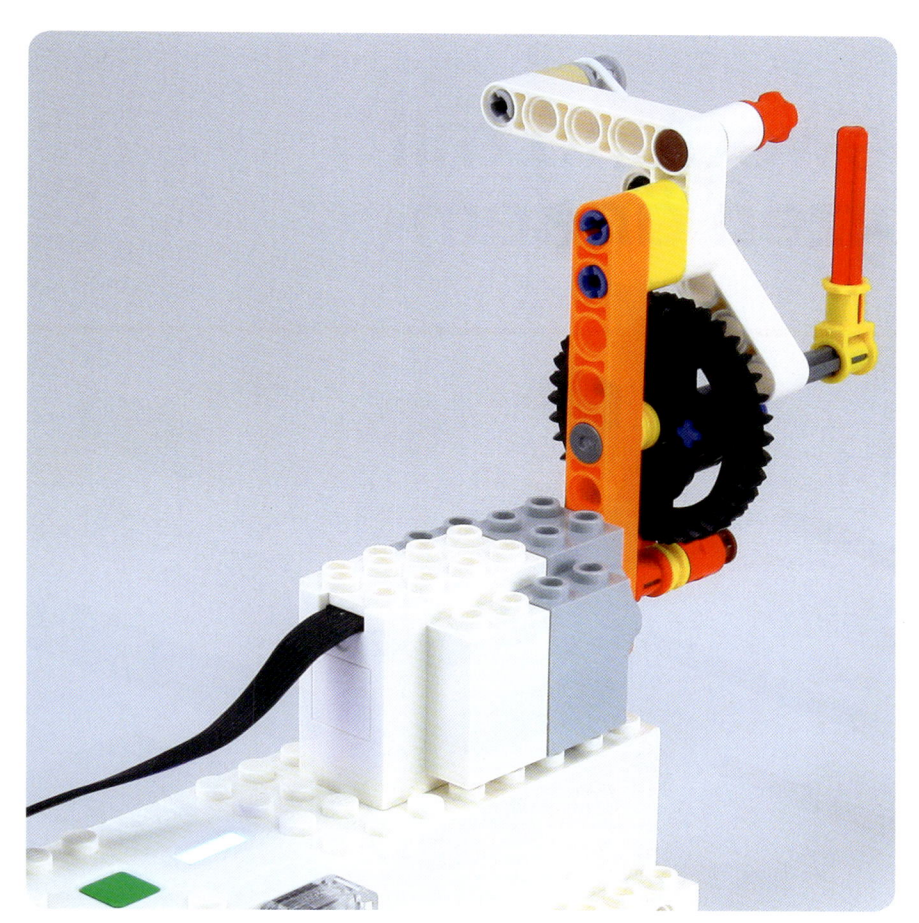

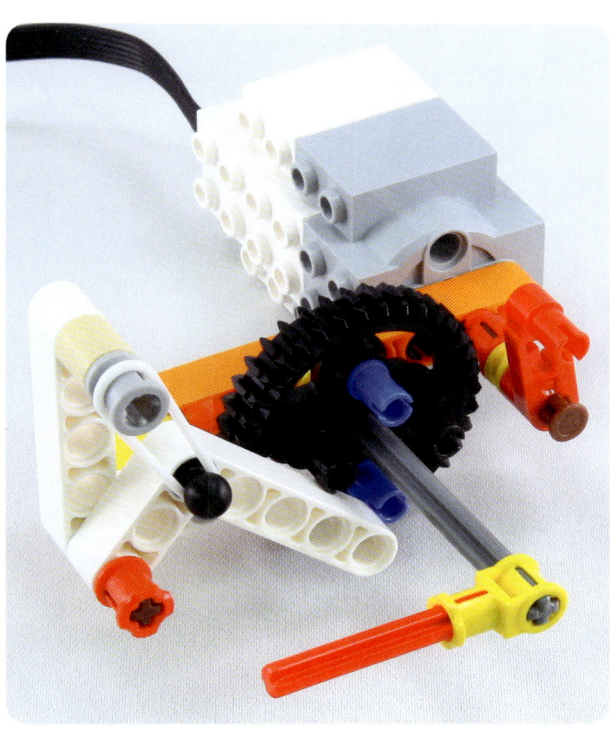

Die Bewegung mit Aufsätzen ändern

#66

149 Die Bewegung mit Aufsätzen ändern

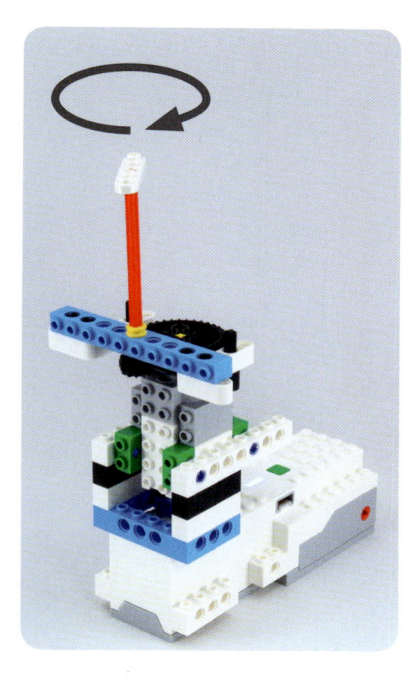

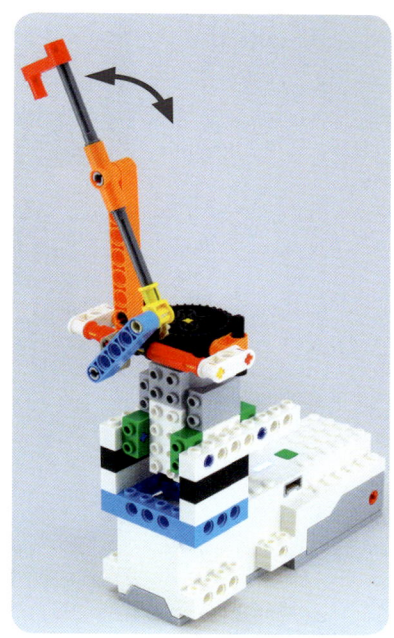

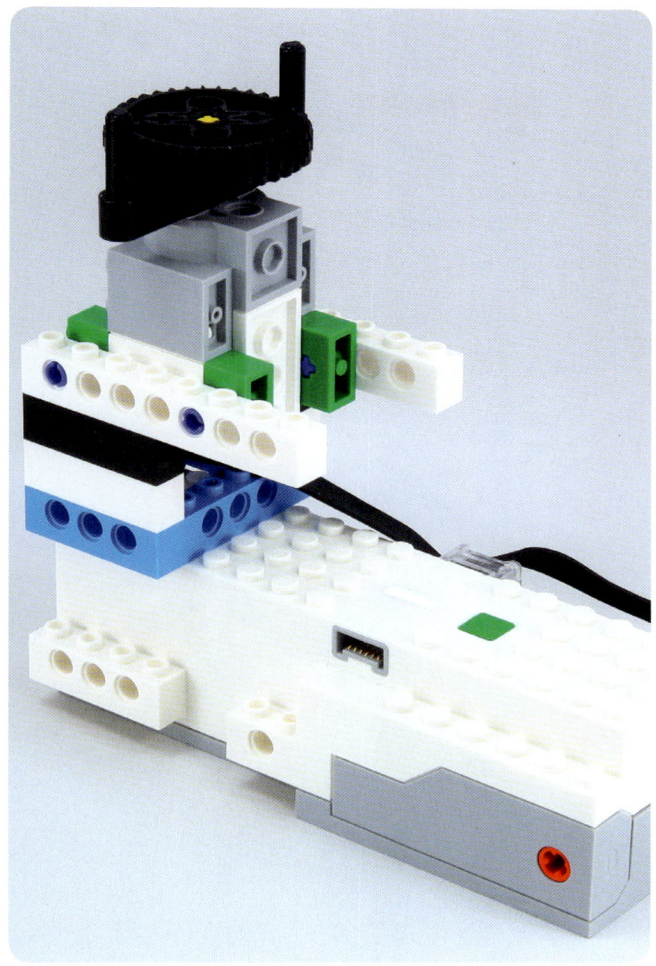

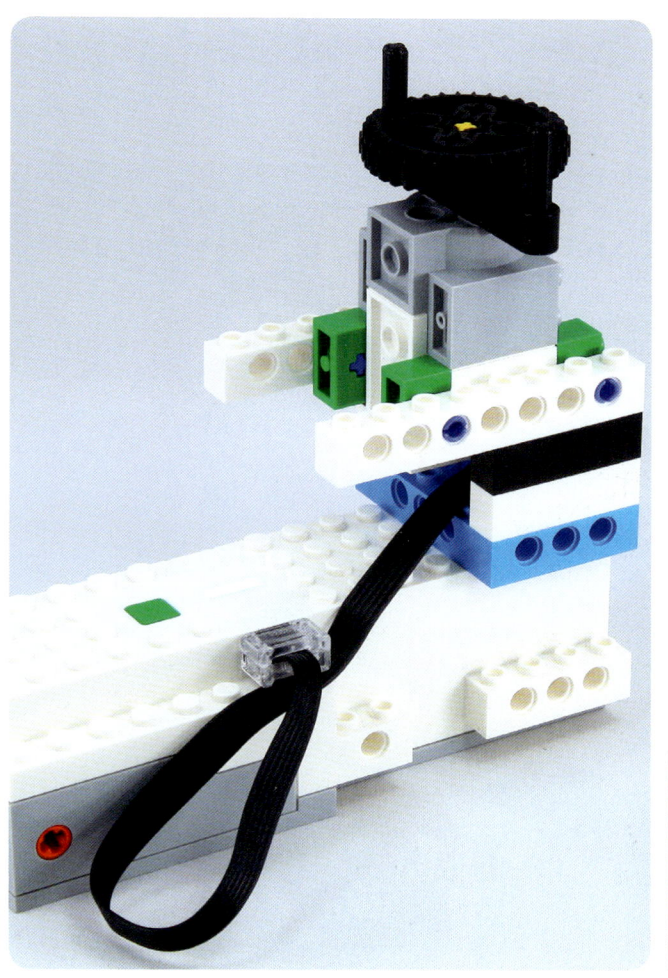

150   Die Bewegung mit Aufsätzen ändern

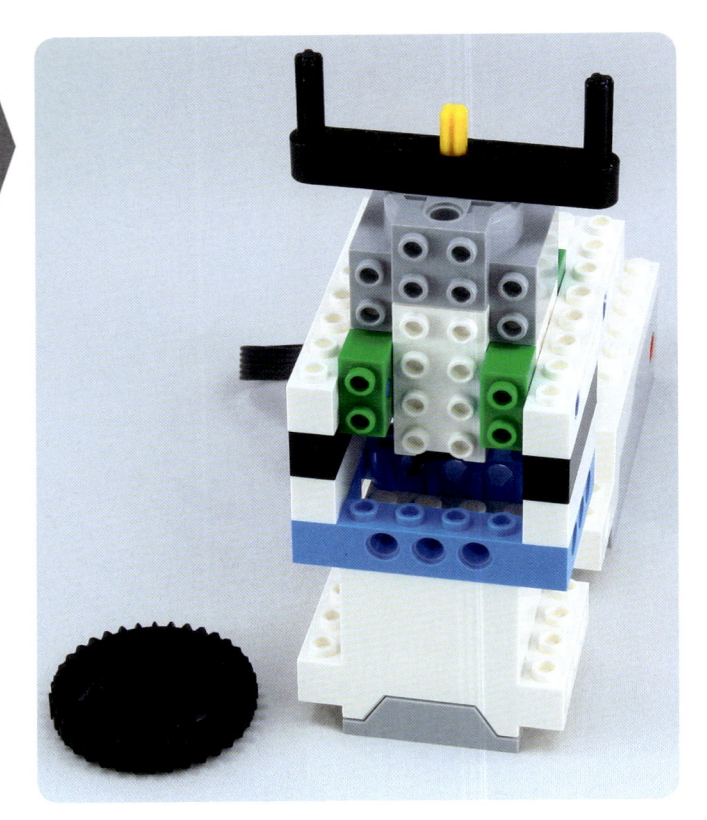

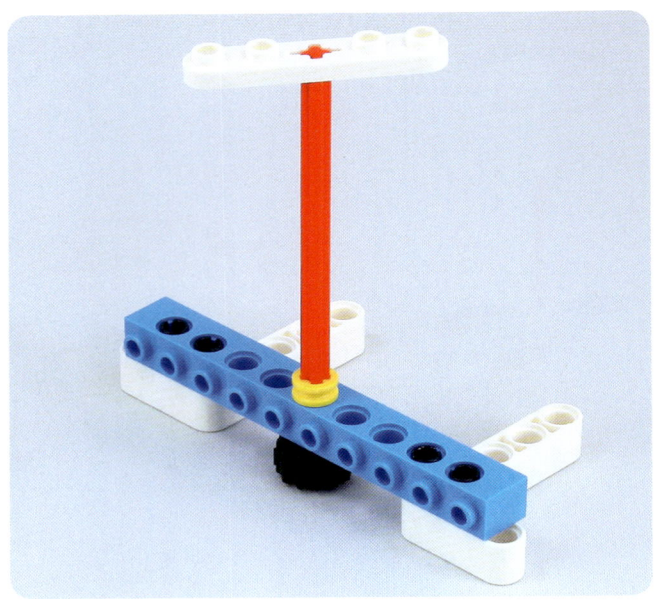

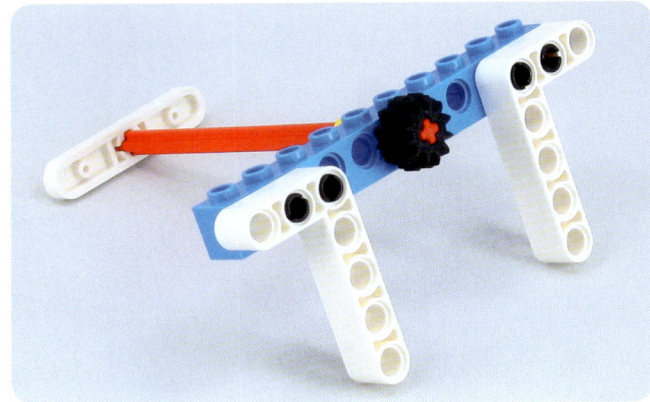

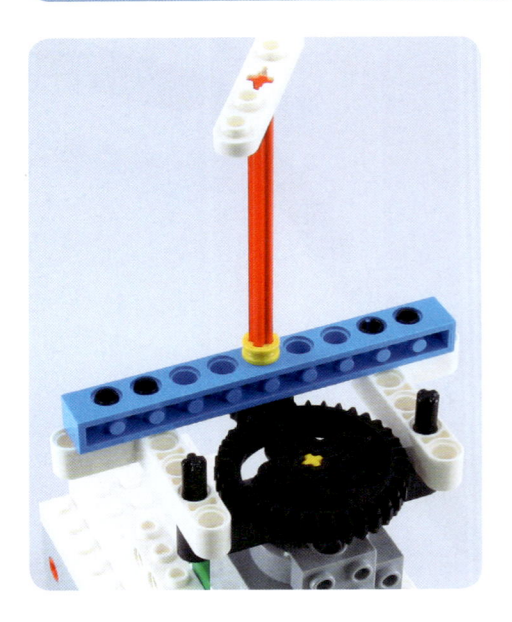

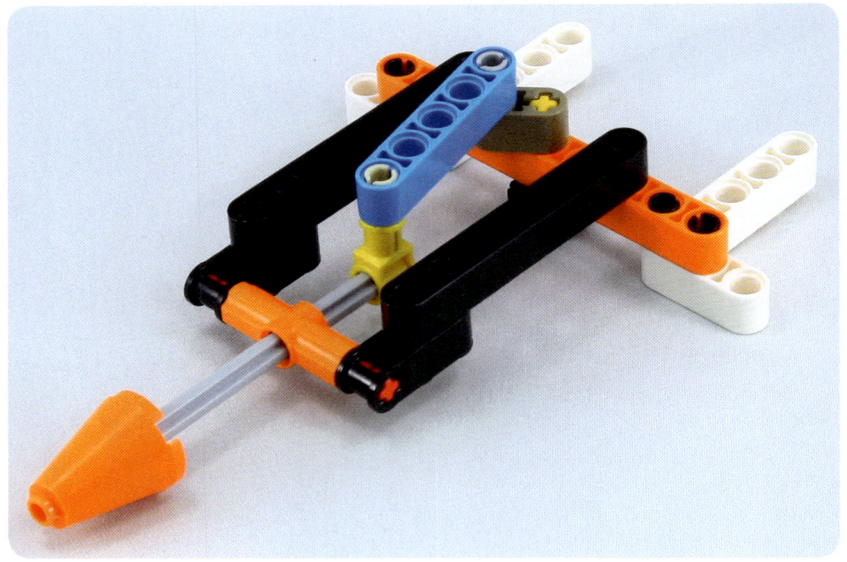

Die Bewegung mit Aufsätzen ändern **151**

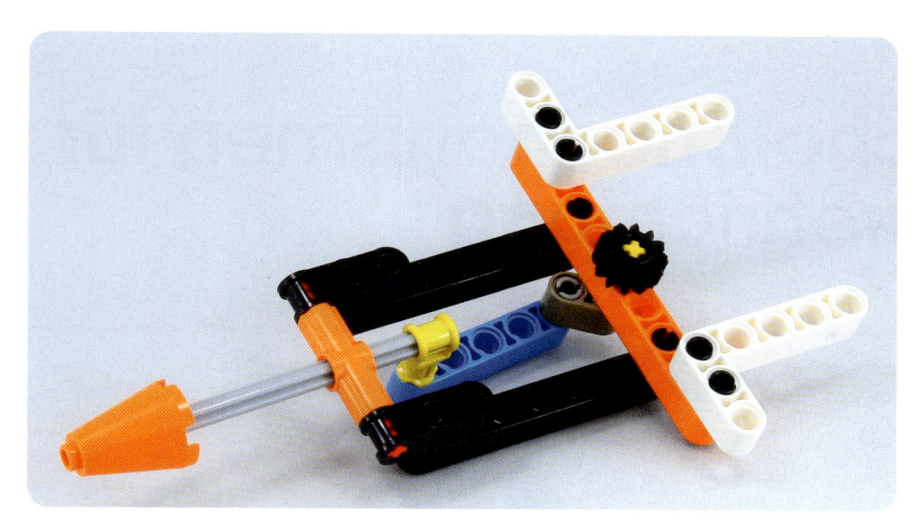

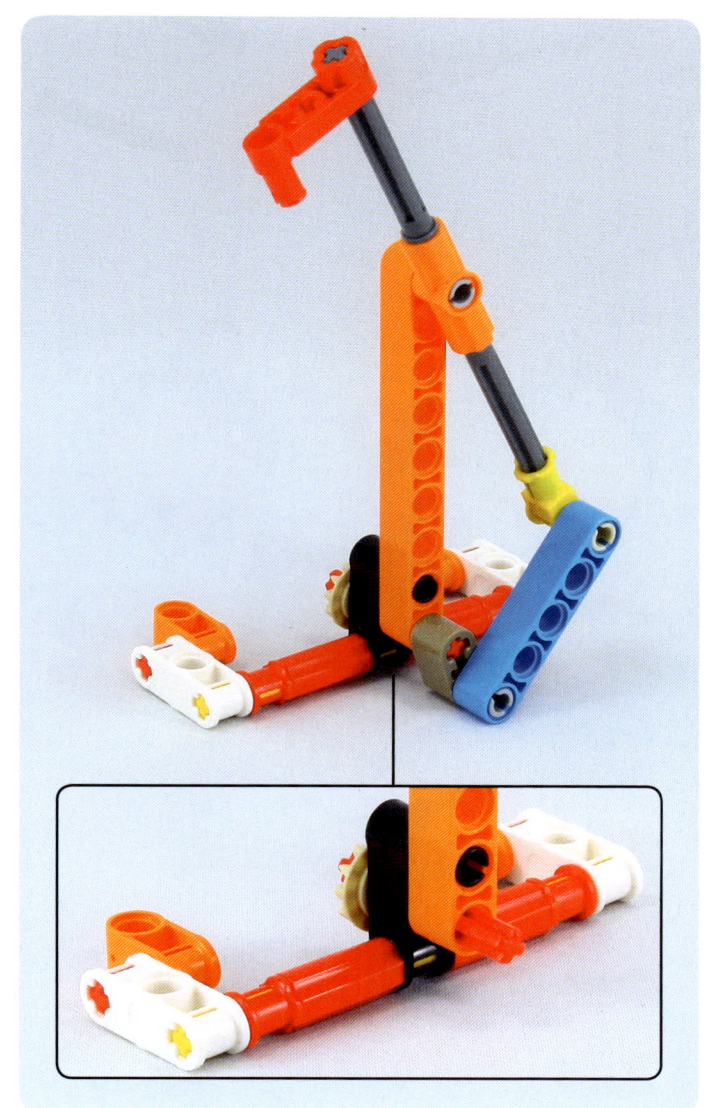

Umschaltmechanismen für die Drehrichtung

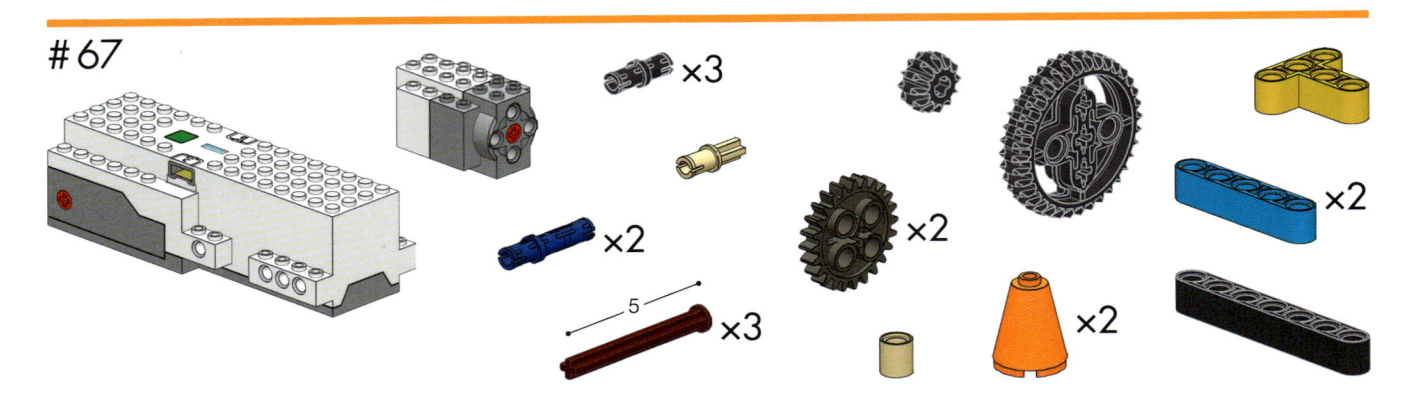

#67

Umschaltmechanismen für die Drehrichtung   **153**

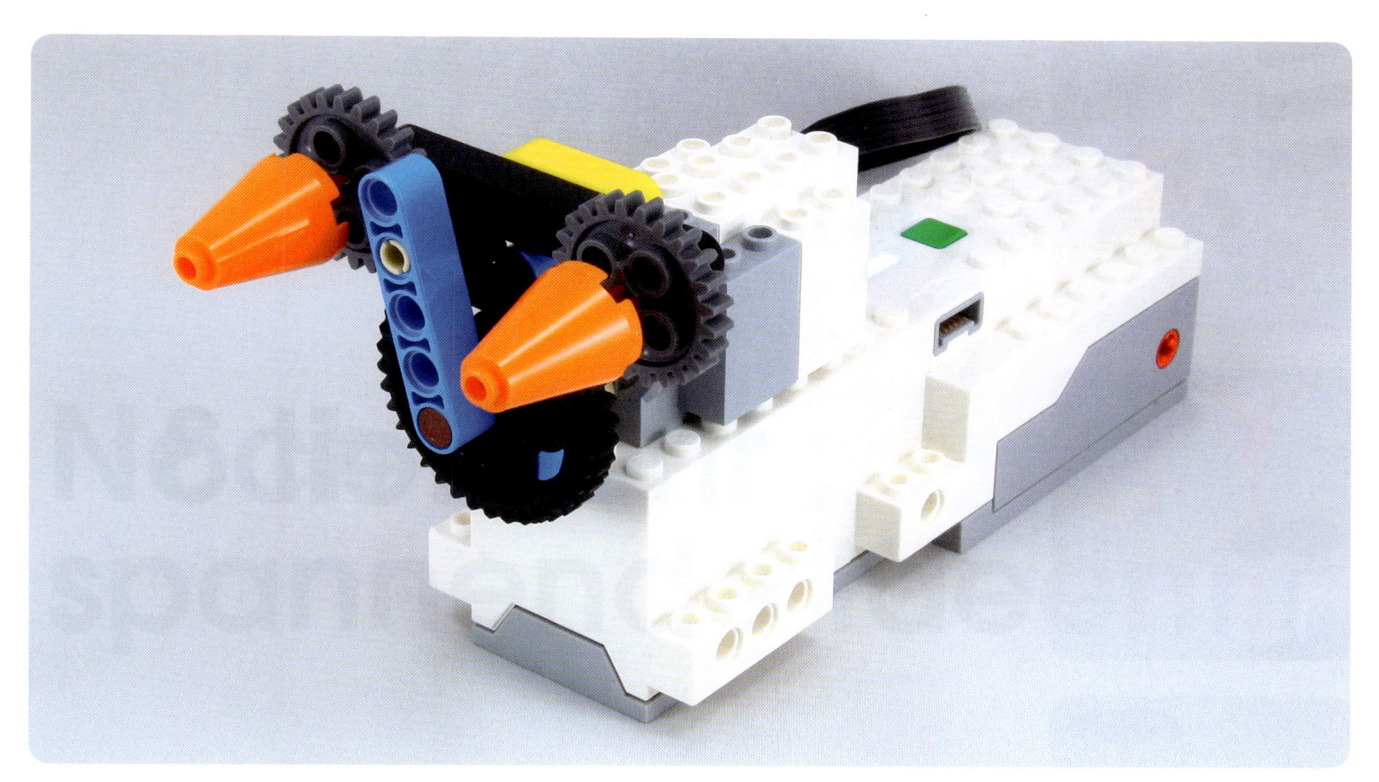

Den Farb- und Abstandssensor einsetzen

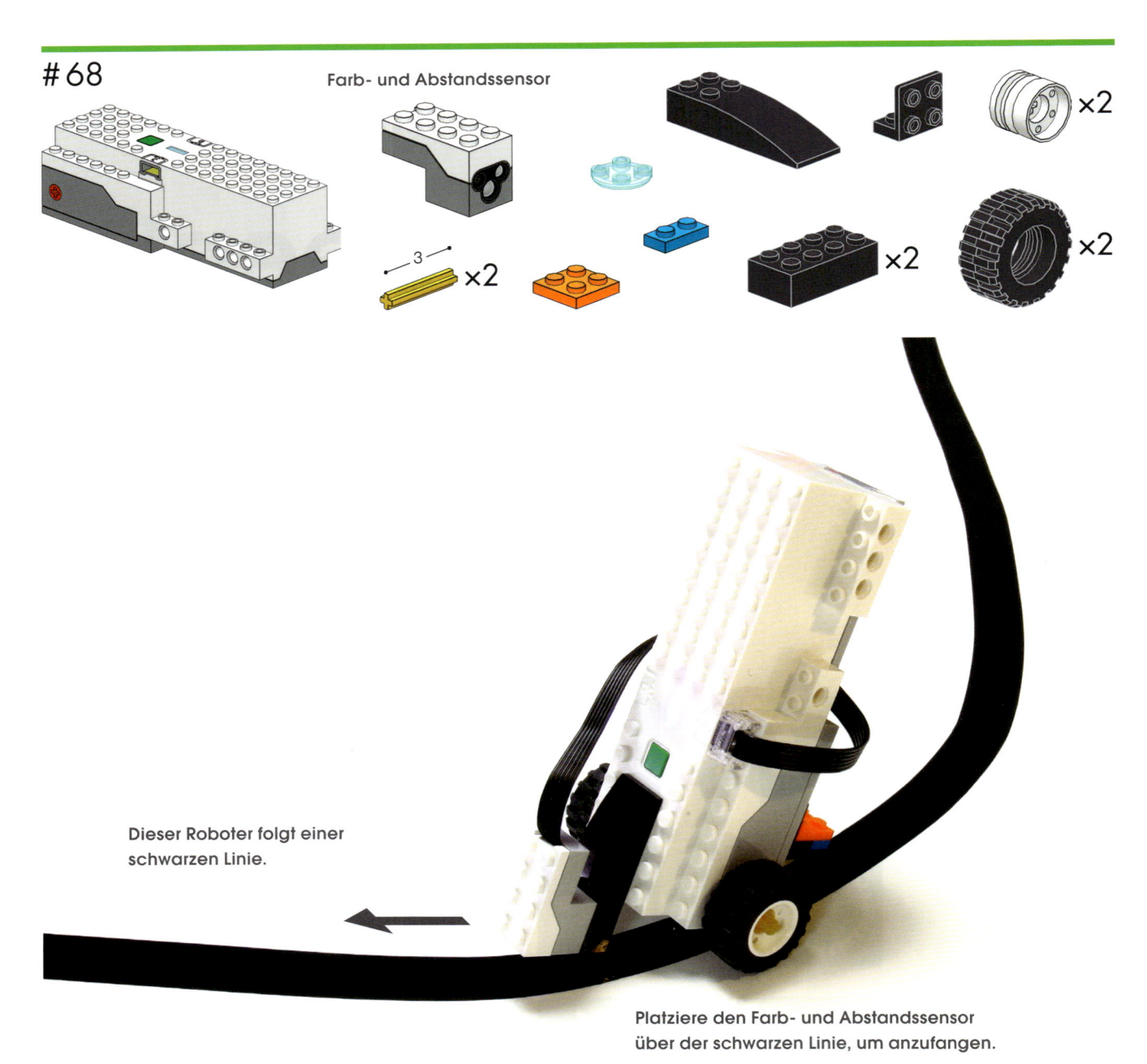

#68

Farb- und Abstandssensor

Dieser Roboter folgt einer schwarzen Linie.

Platziere den Farb- und Abstandssensor über der schwarzen Linie, um anzufangen.

Den Farb- und Abstandssensor einsetzen   157

#71

Halte deine Hand über den Sensor, damit das Fahrzeug vorwärts fährt, sich dreht oder anhält.

162 Den Farb- und Abstandssensor einsetzen

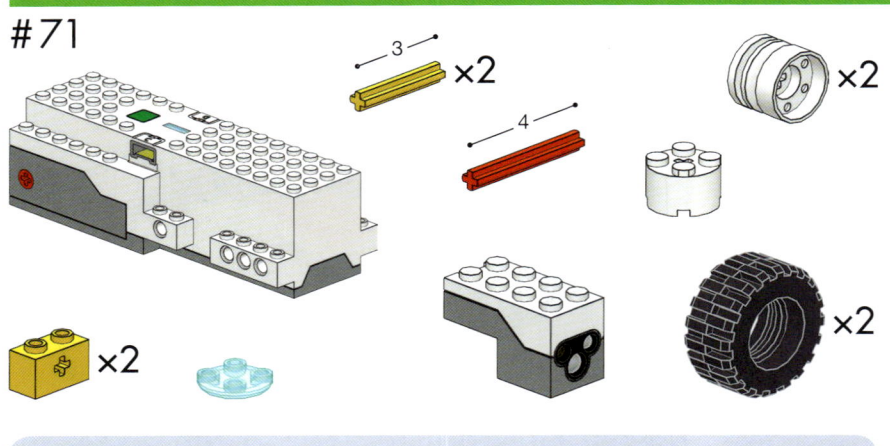

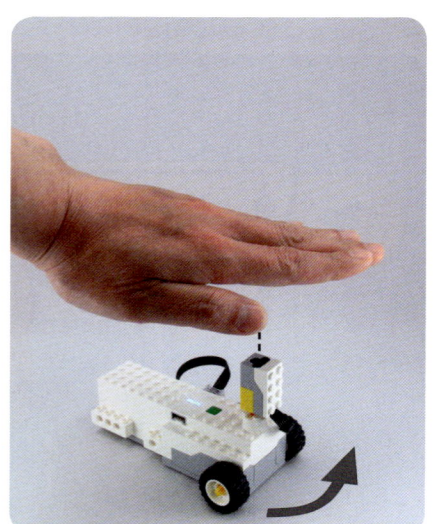

Den Farb- und Abstandssensor einsetzen

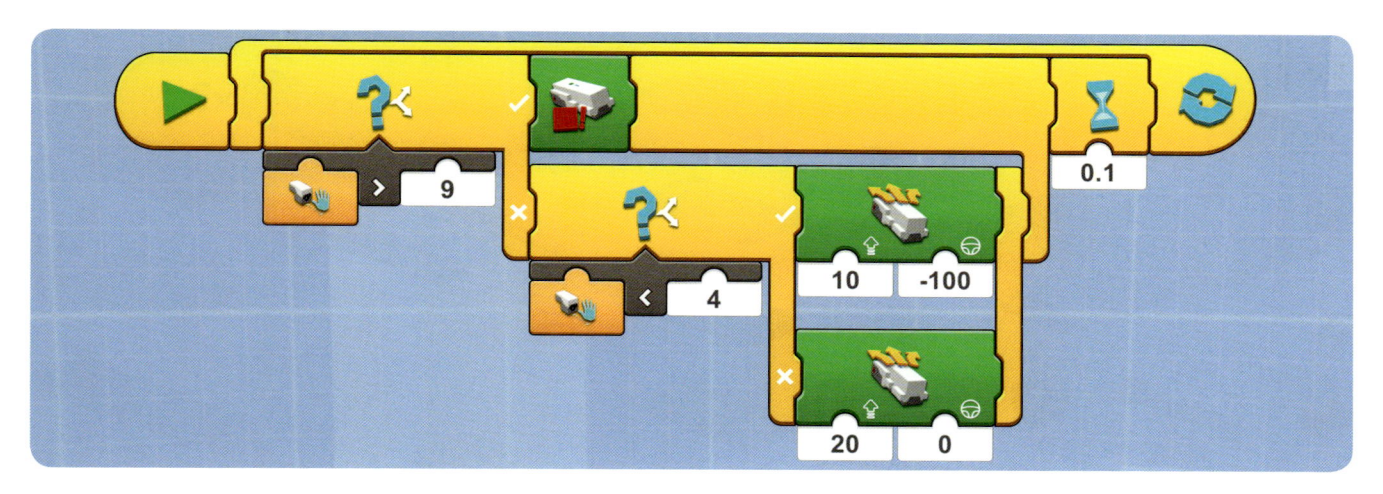

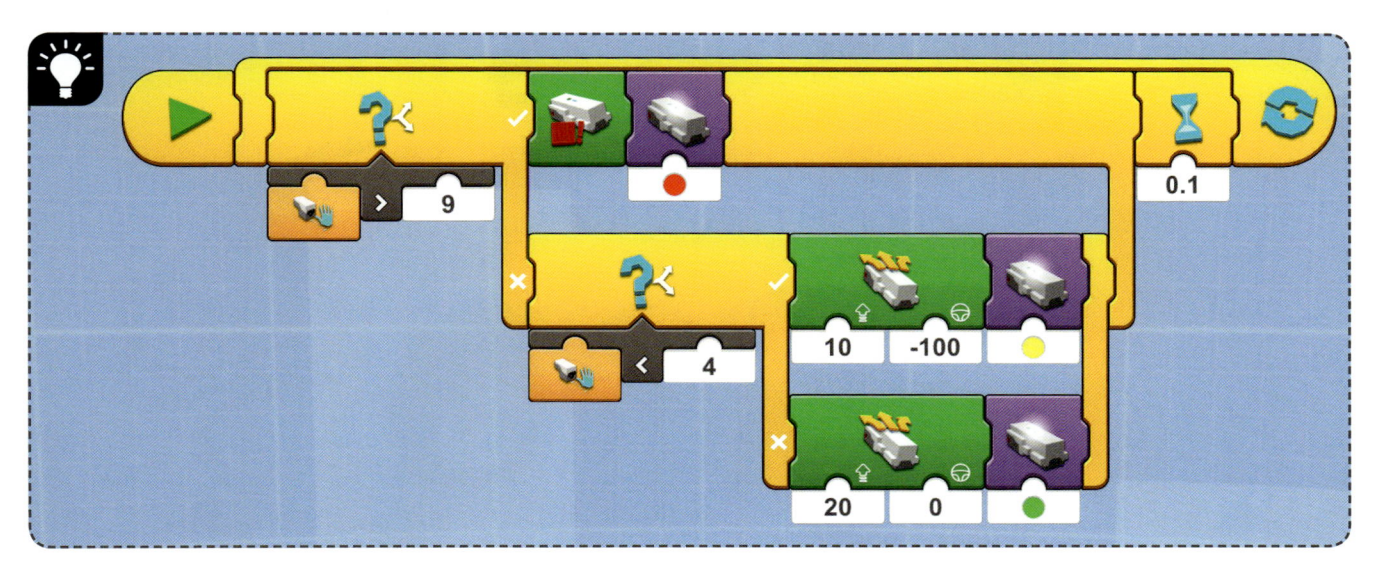

#72

164 Den Farb- und Abstandssensor einsetzen

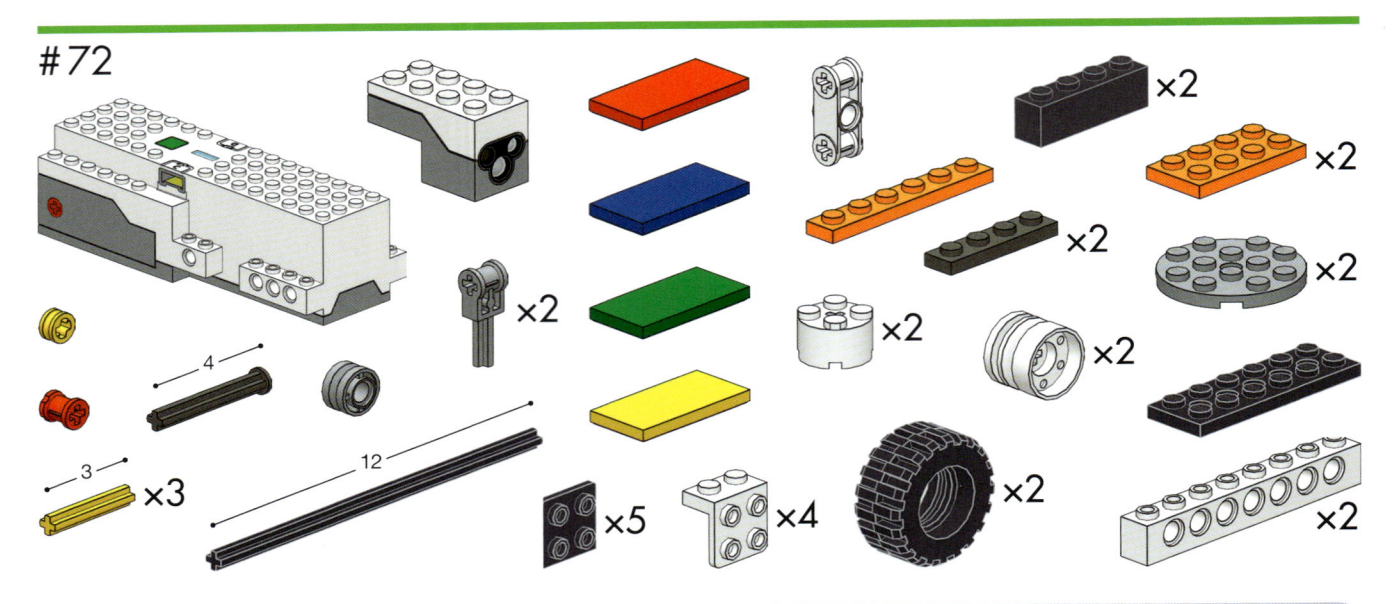

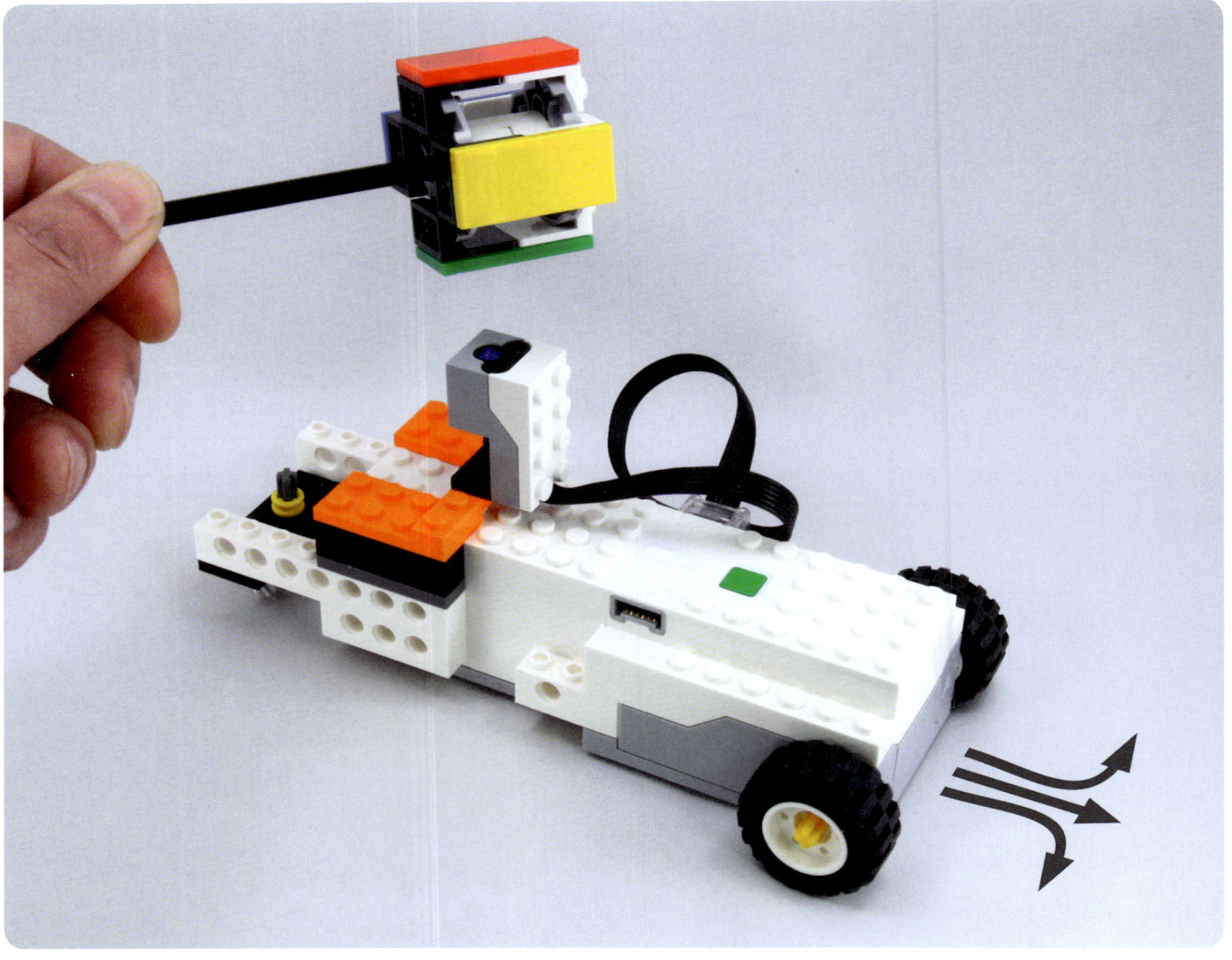

Stopp

Links drehen

Rechts drehen

Vorwärts

Den Farb- und Abstandssensor einsetzen

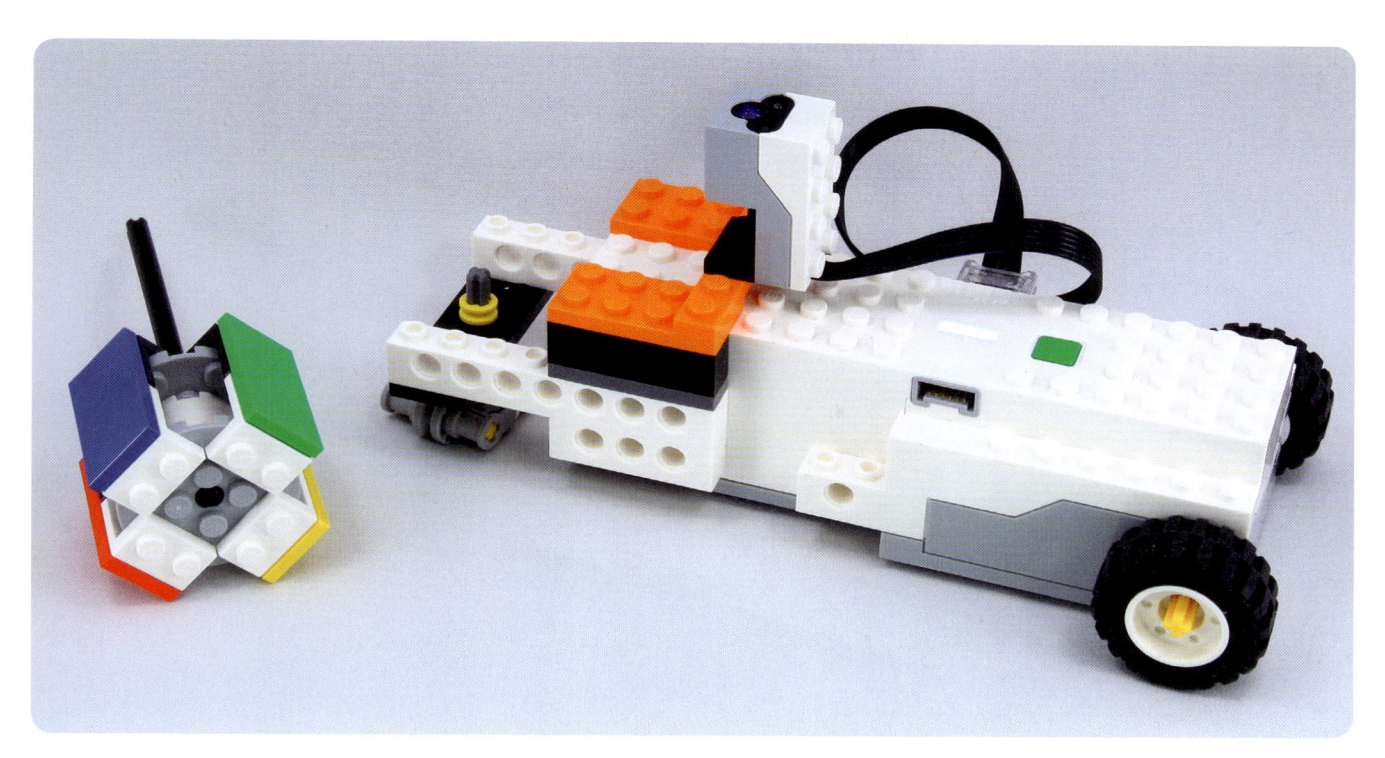

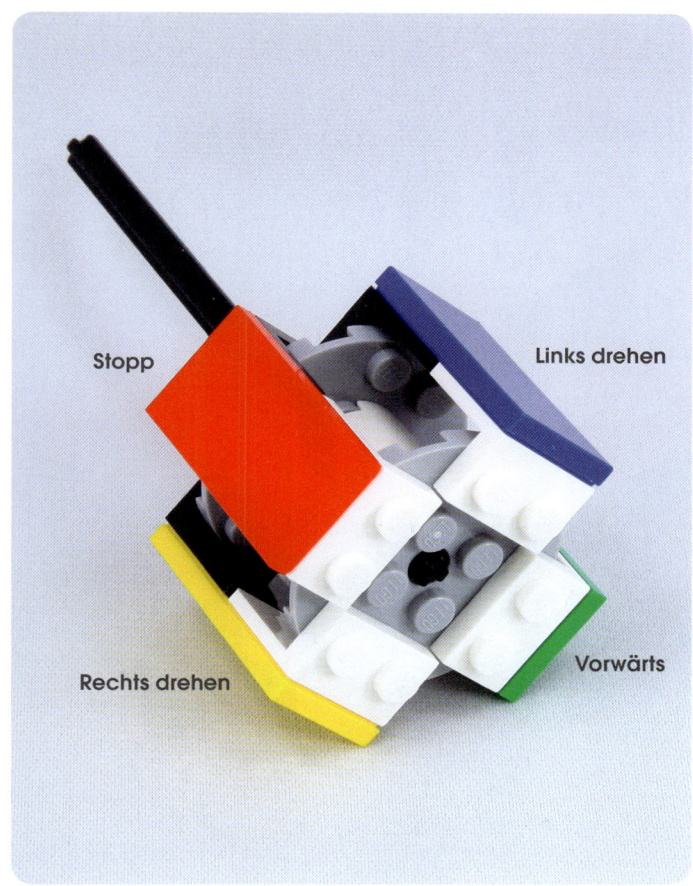

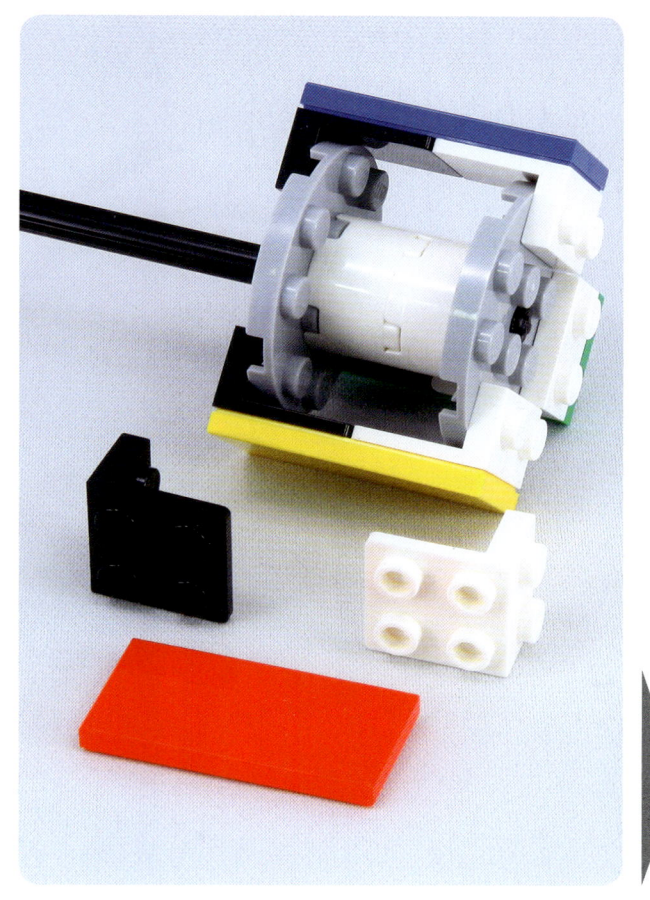

166 Den Farb- und Abstandssensor einsetzen

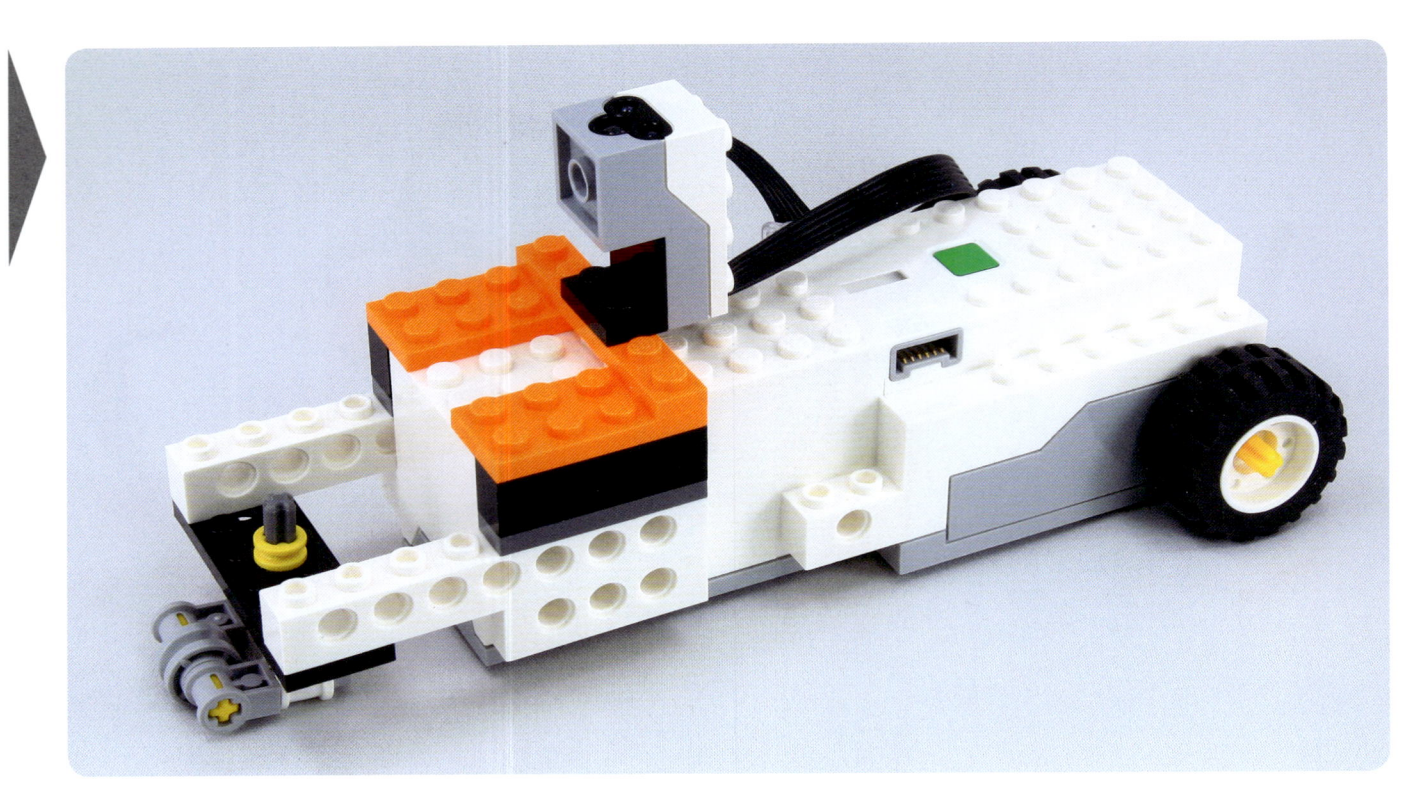

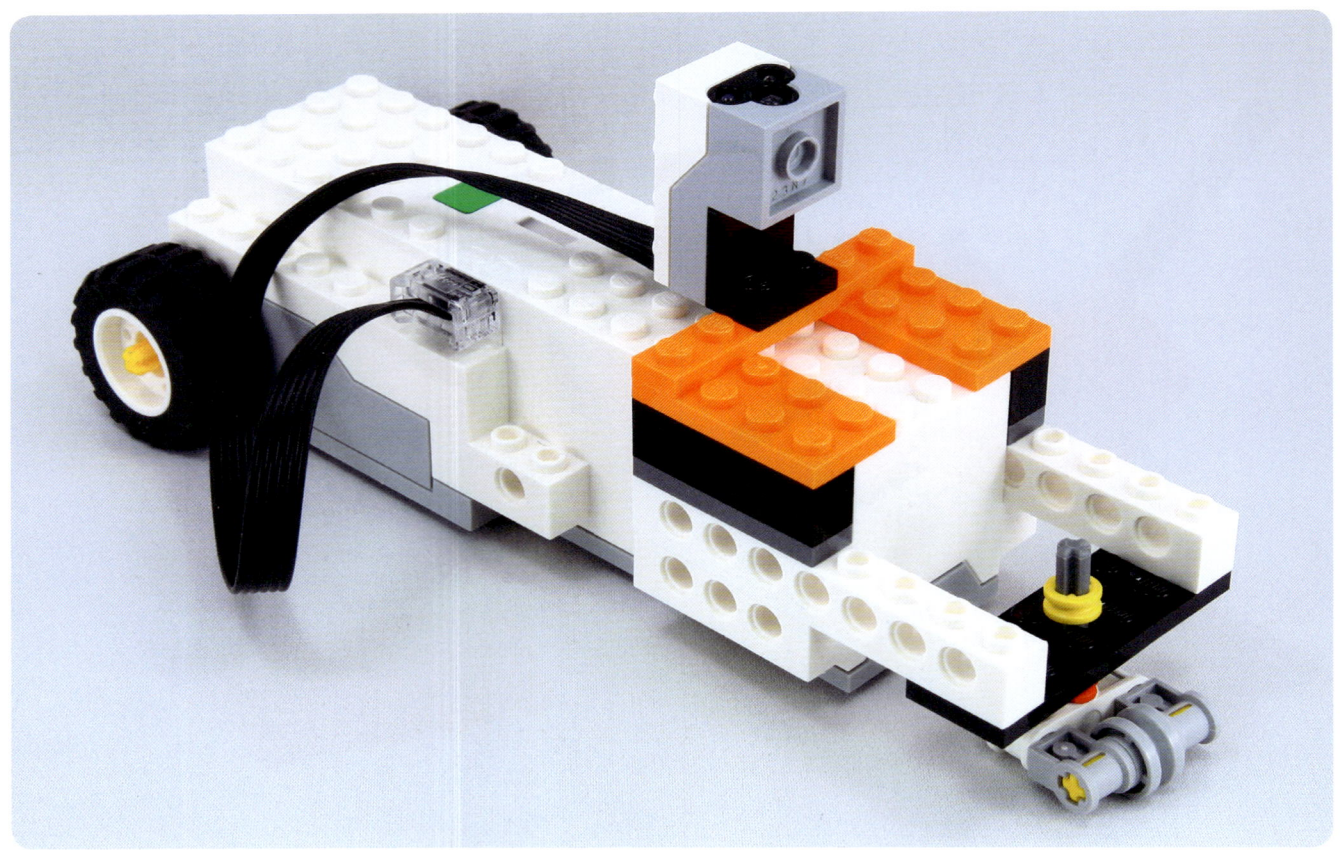

Tippe auf diese Schaltfläche, um das Programm zu starten.

Den Farb- und Abstandssensor einsetzen

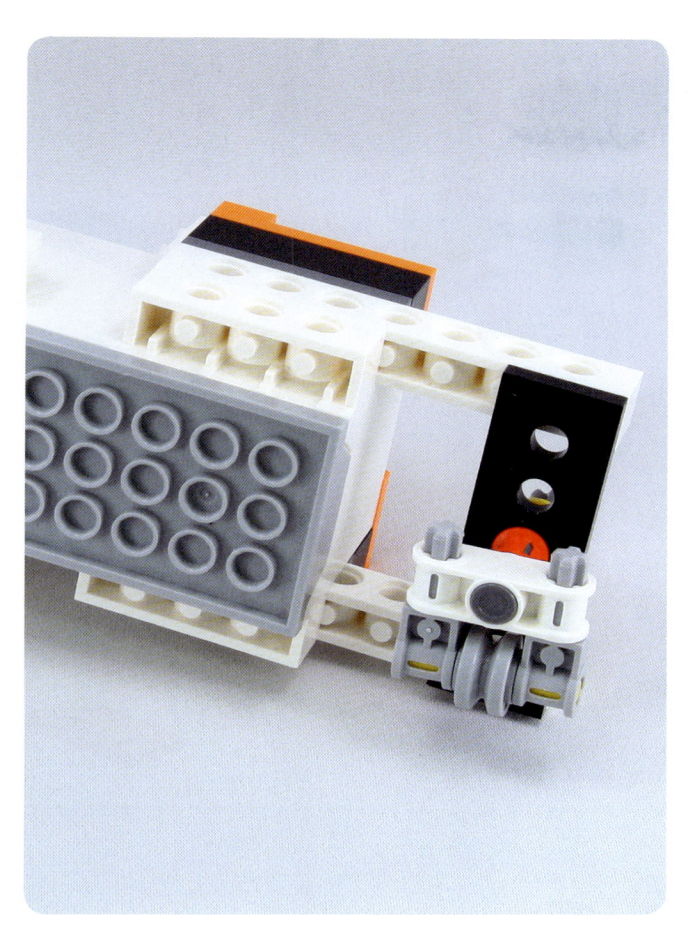

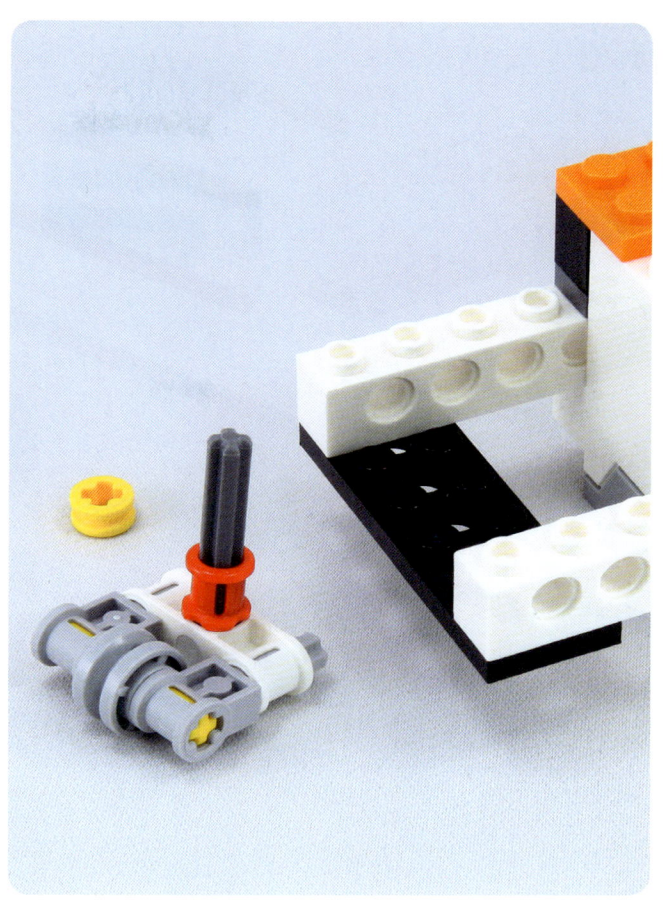

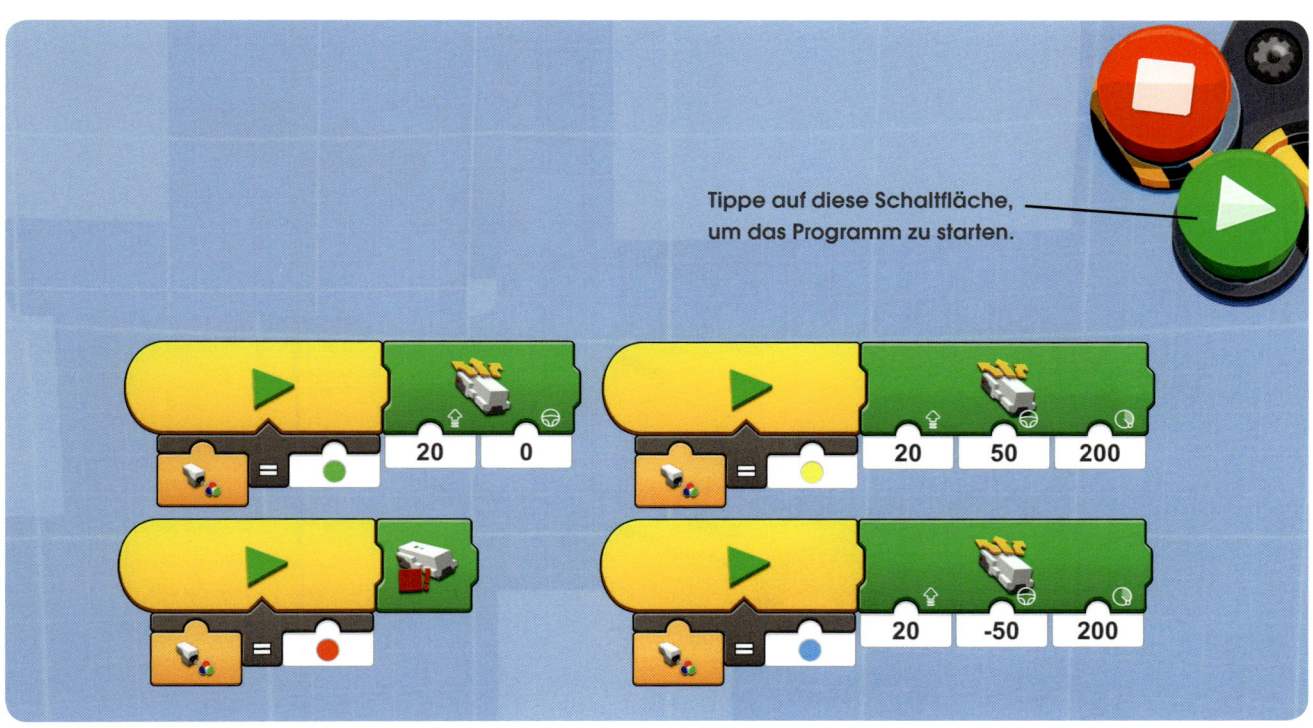

#73

Erkennen von Hindernissen vorn und hinten.

Den Farb- und Abstandssensor einsetzen

Den Farb- und Abstandssensor einsetzen **169**

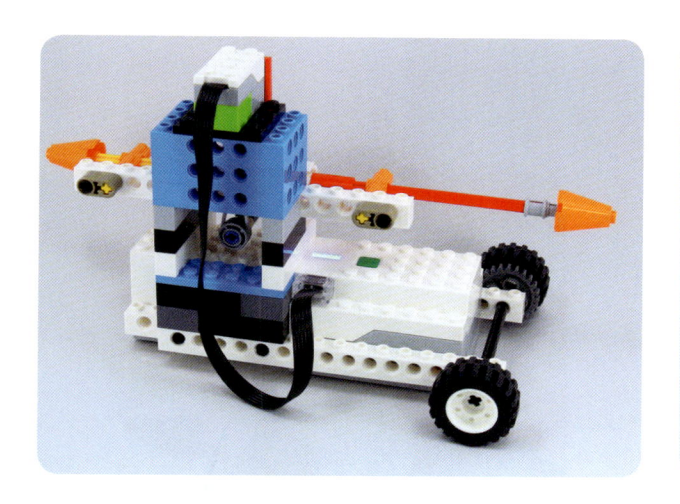

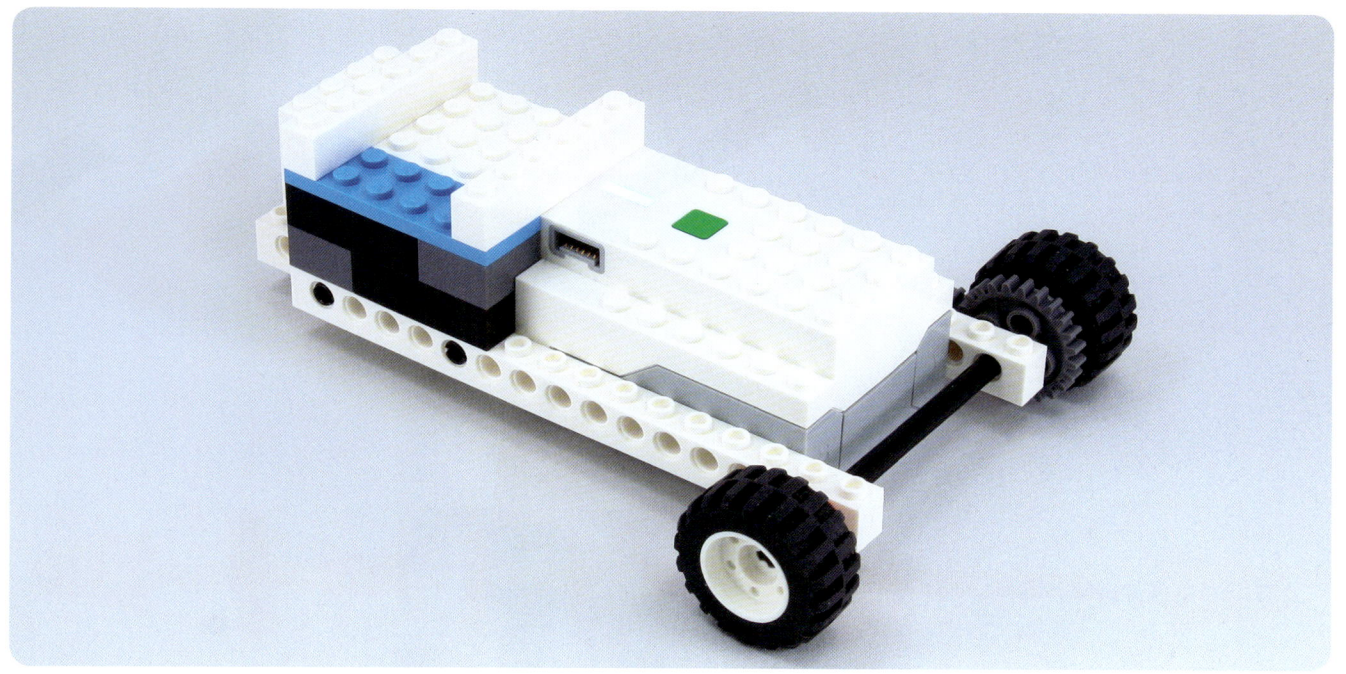

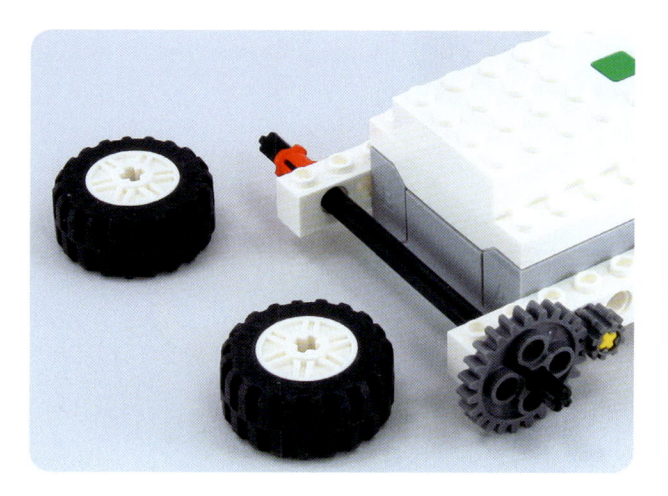

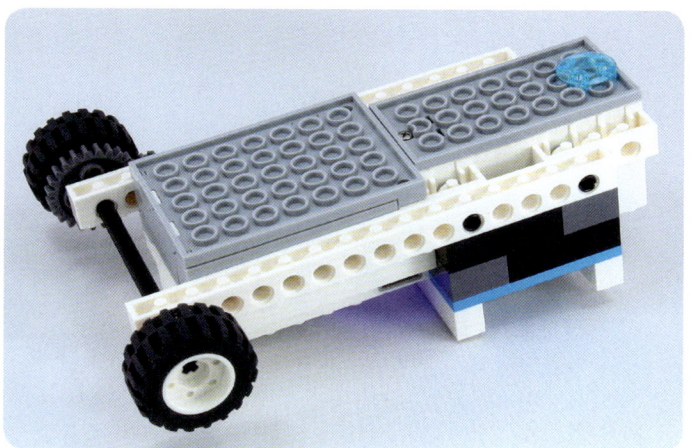

170 Den Farb- und Abstandssensor einsetzen

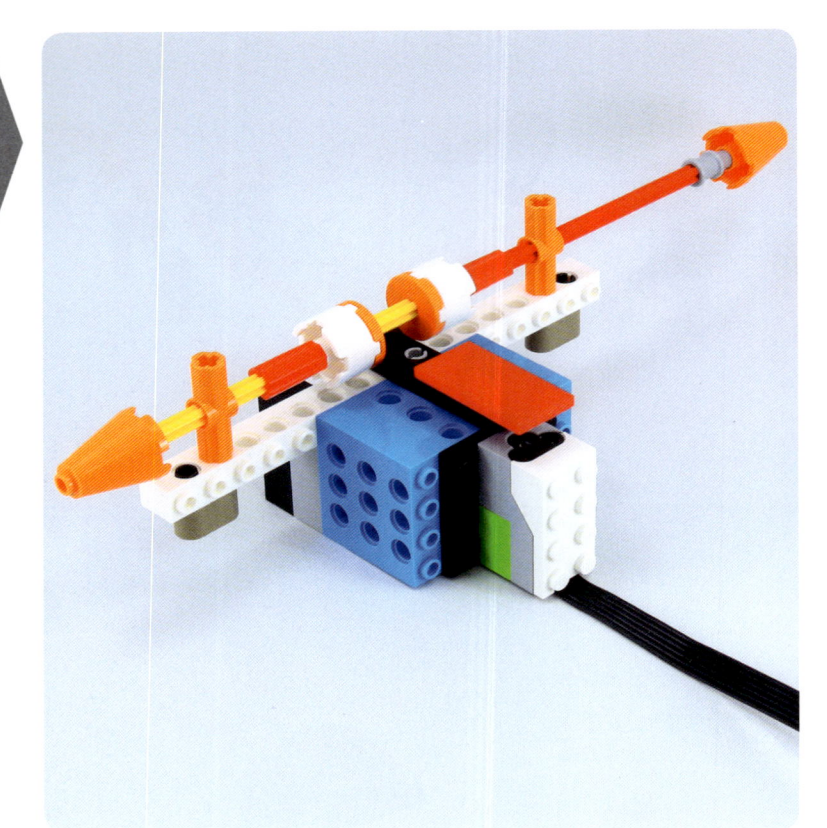

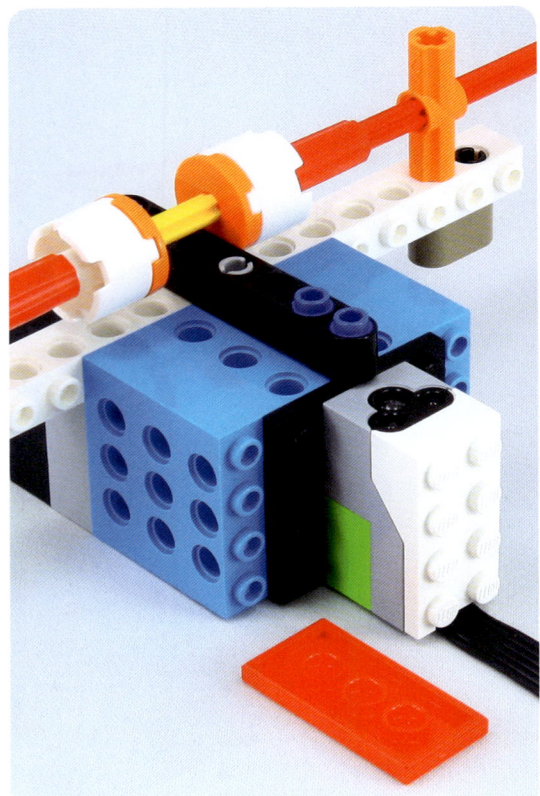

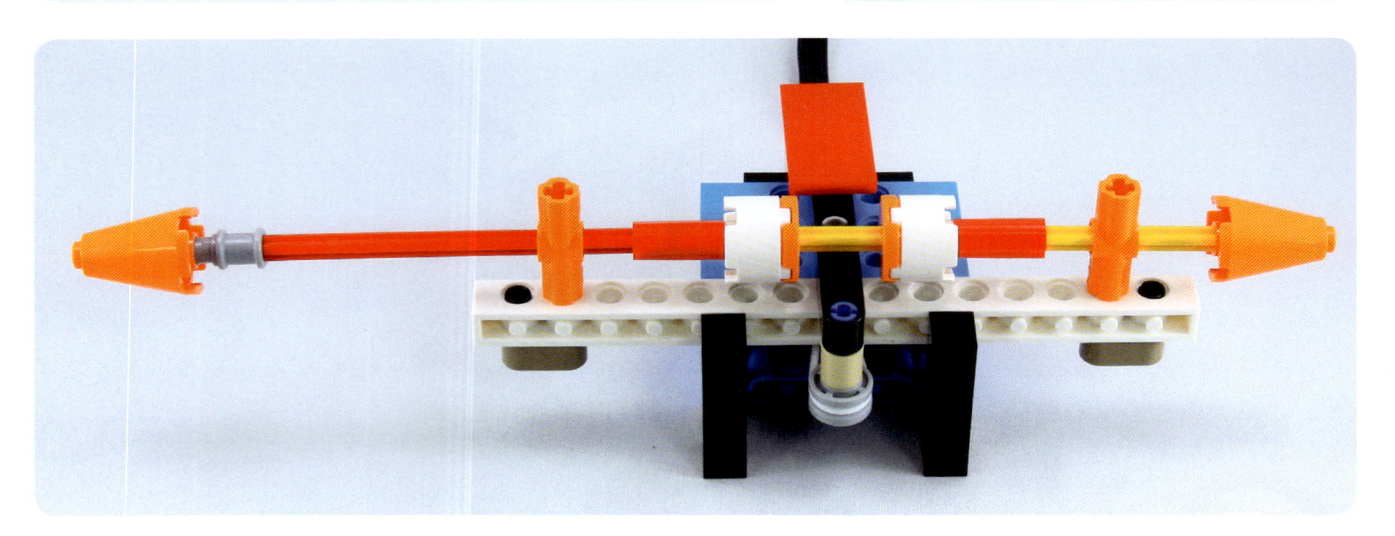

Den Farb- und Abstandssensor einsetzen   171

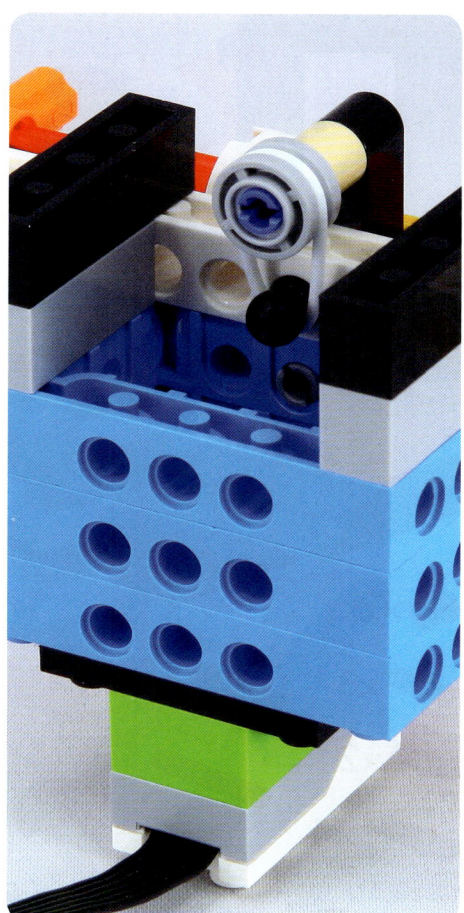

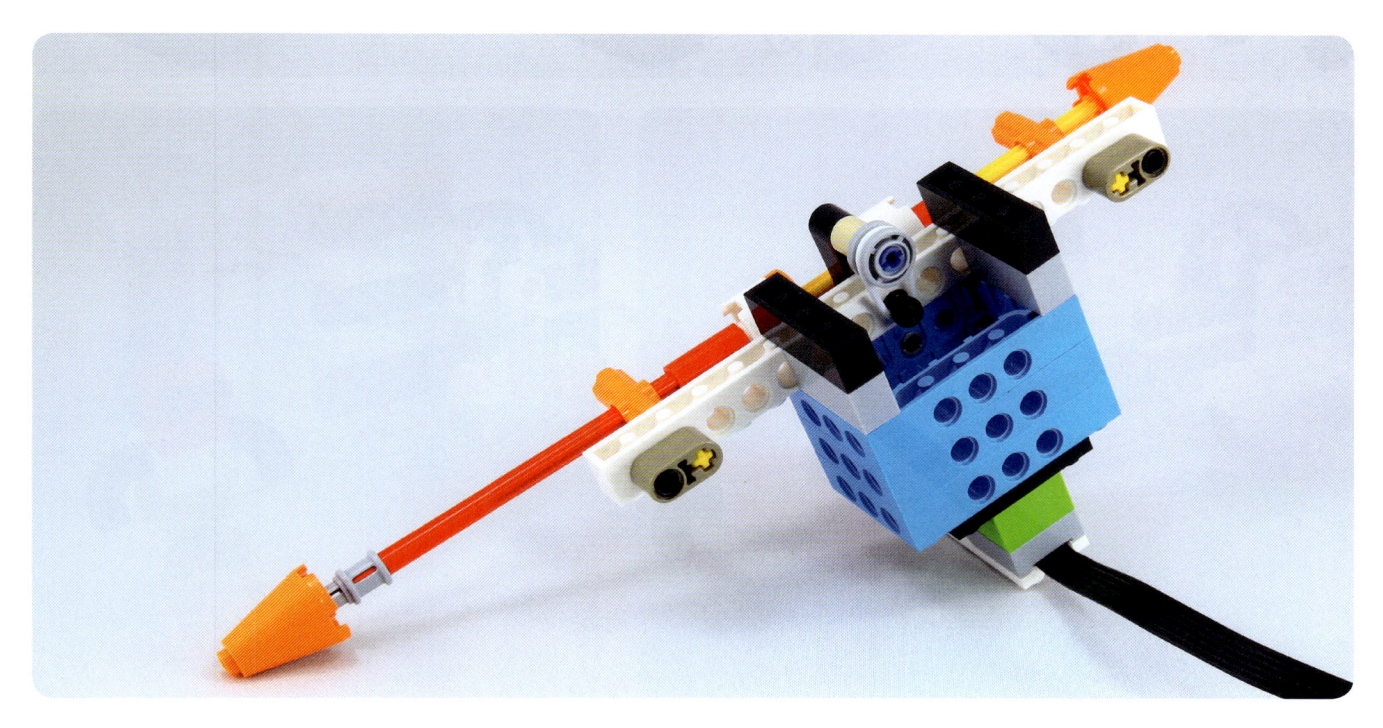

174 Automatiktüren

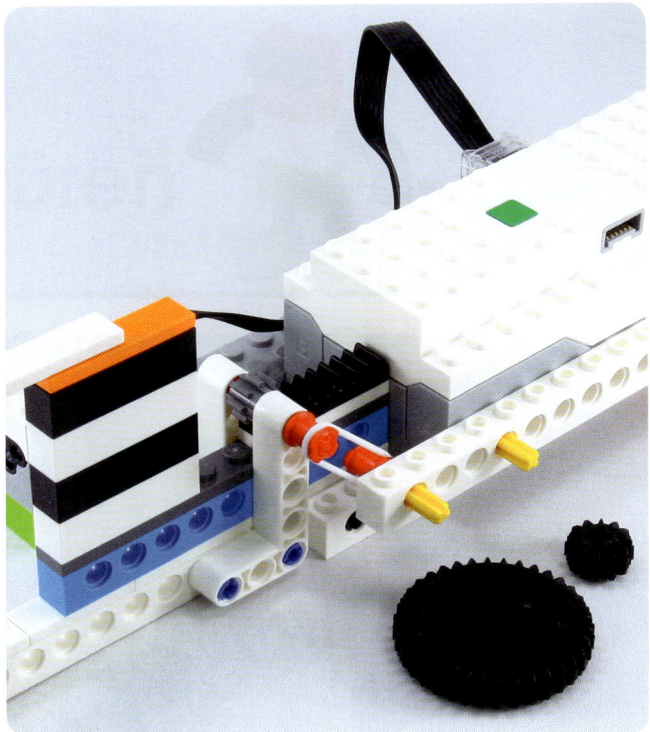

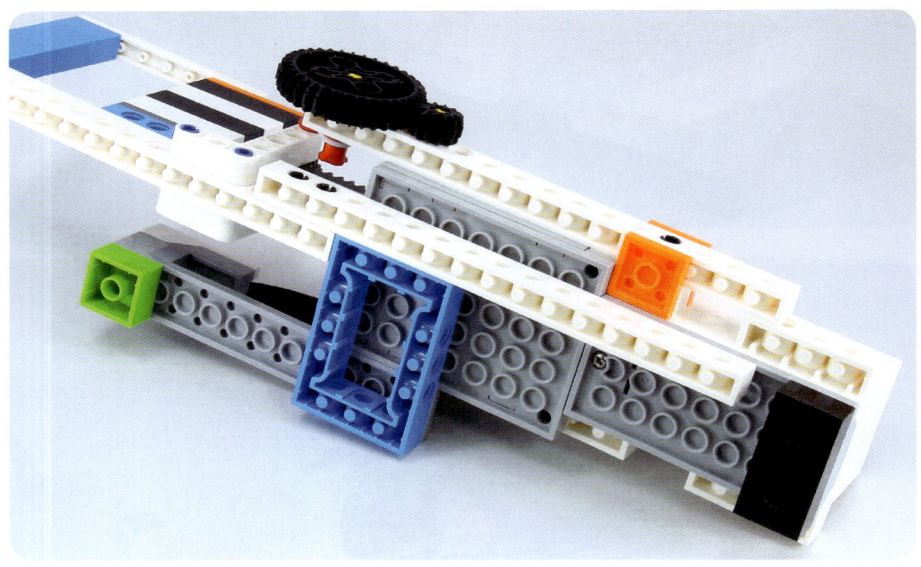

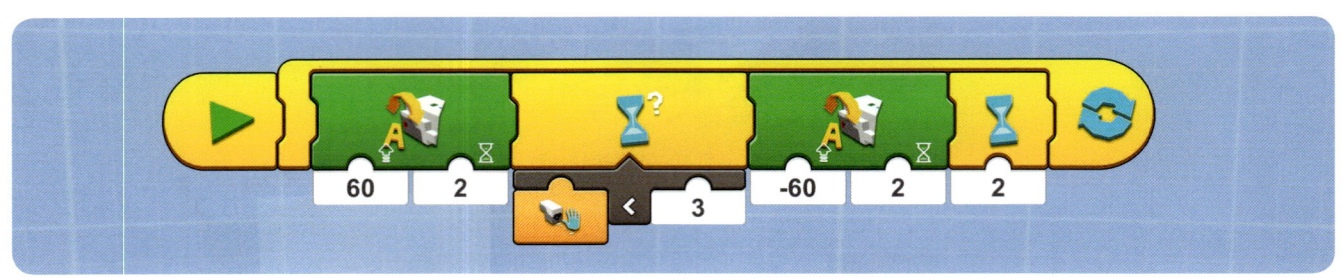

Den Farb- und Abstandssensor einsetzen **171**

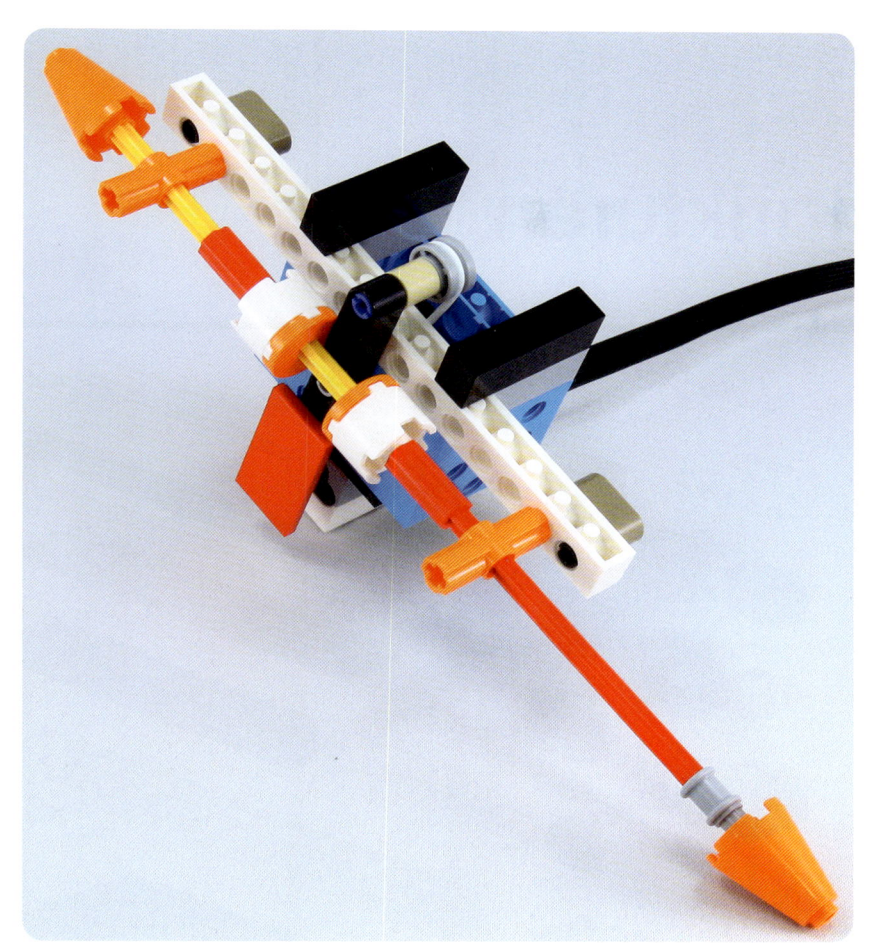

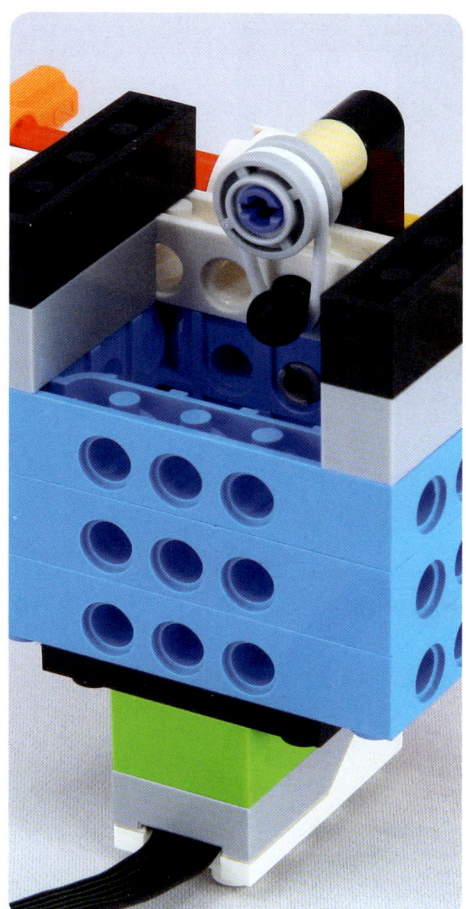

Automatiktüren

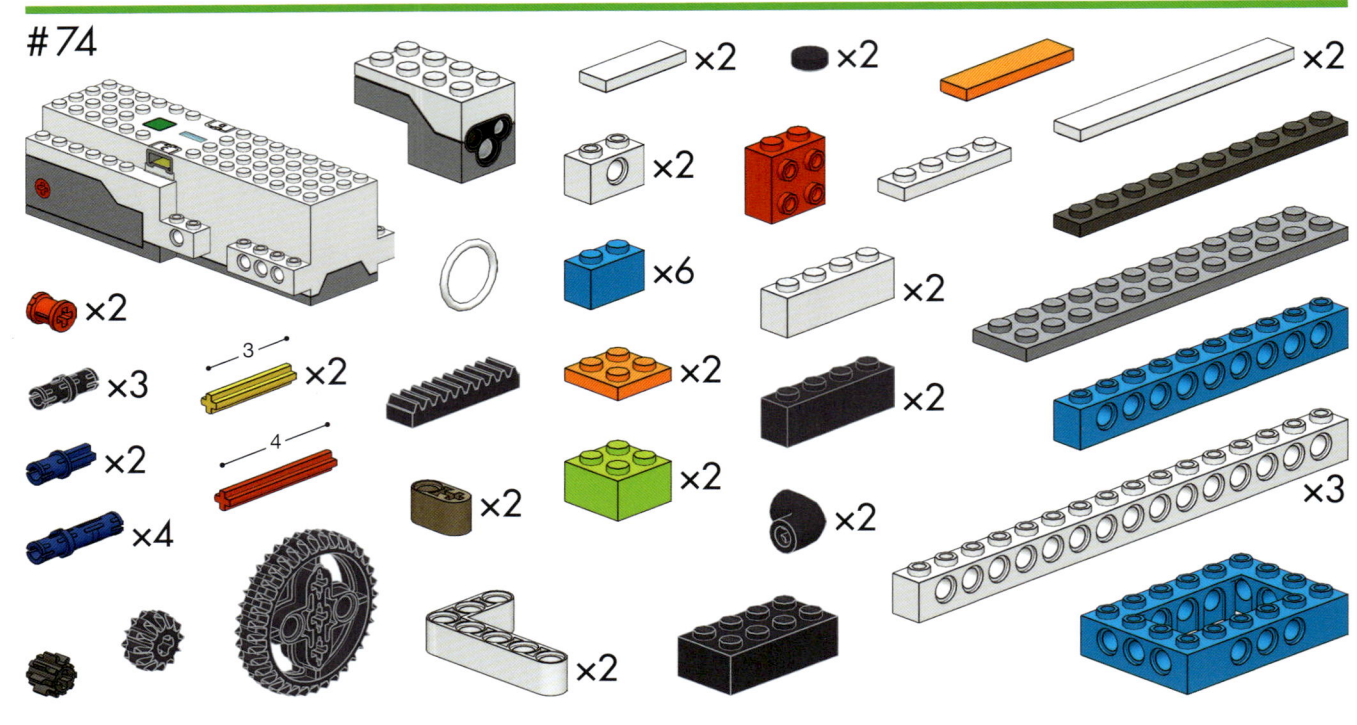

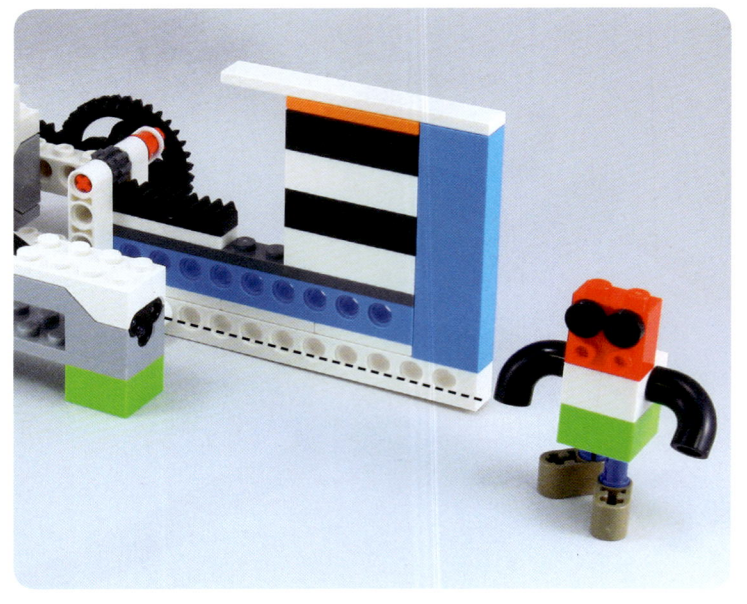

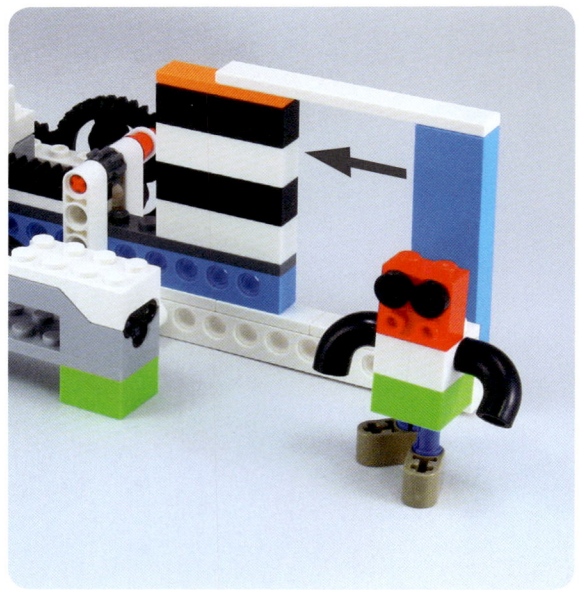

#74

Automatiktüren **173**

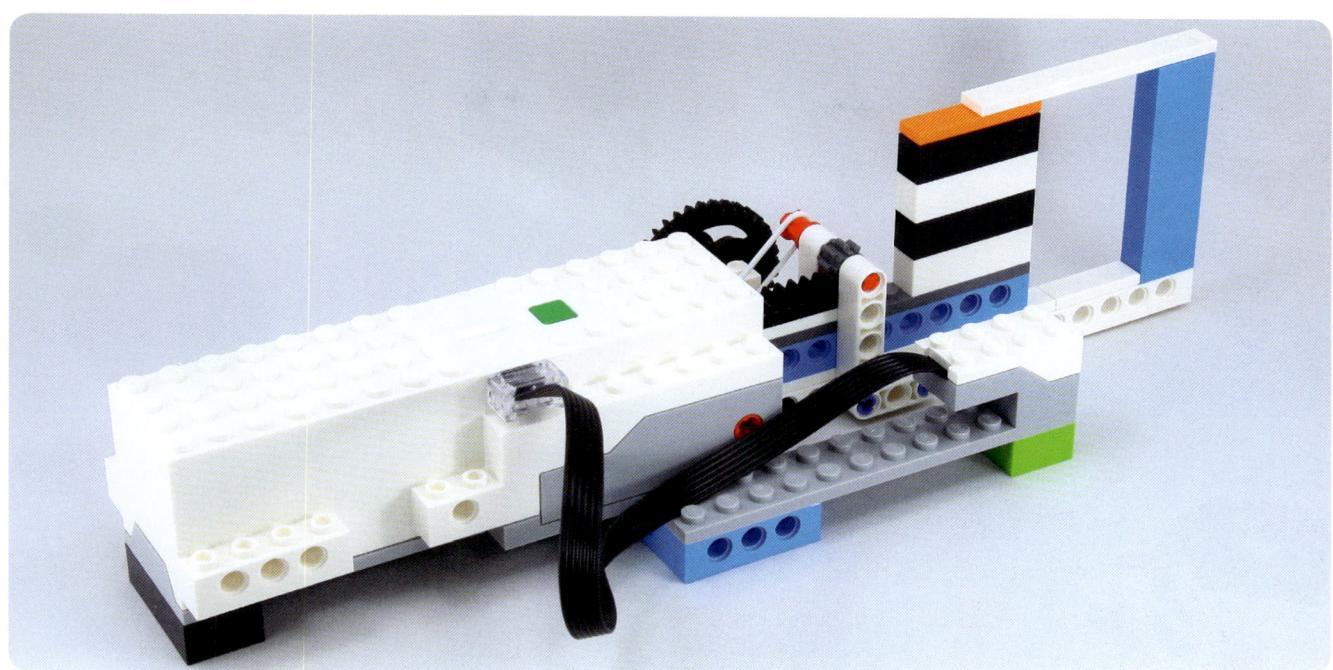

174 Automatiktüren

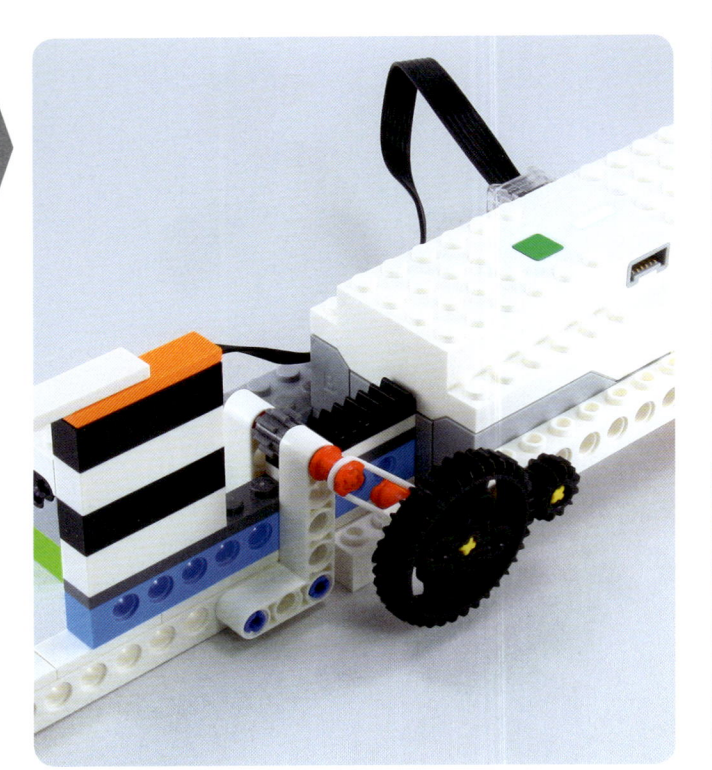

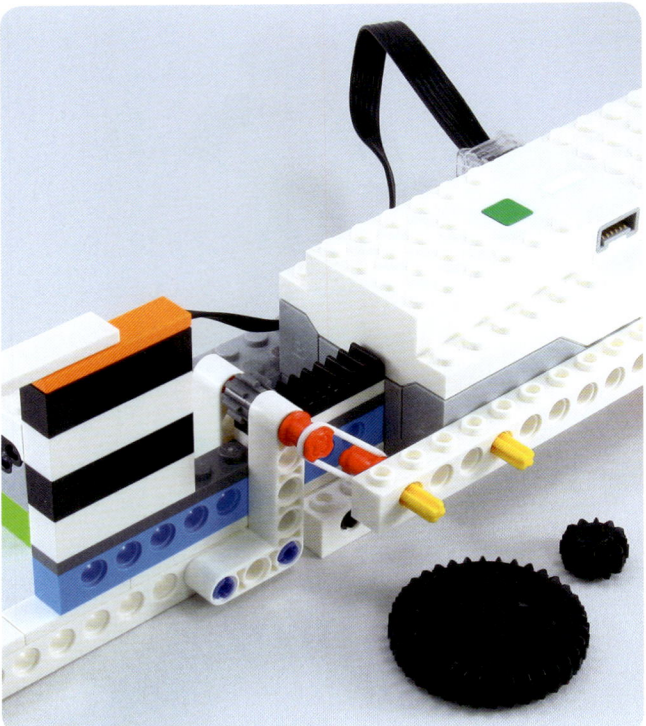

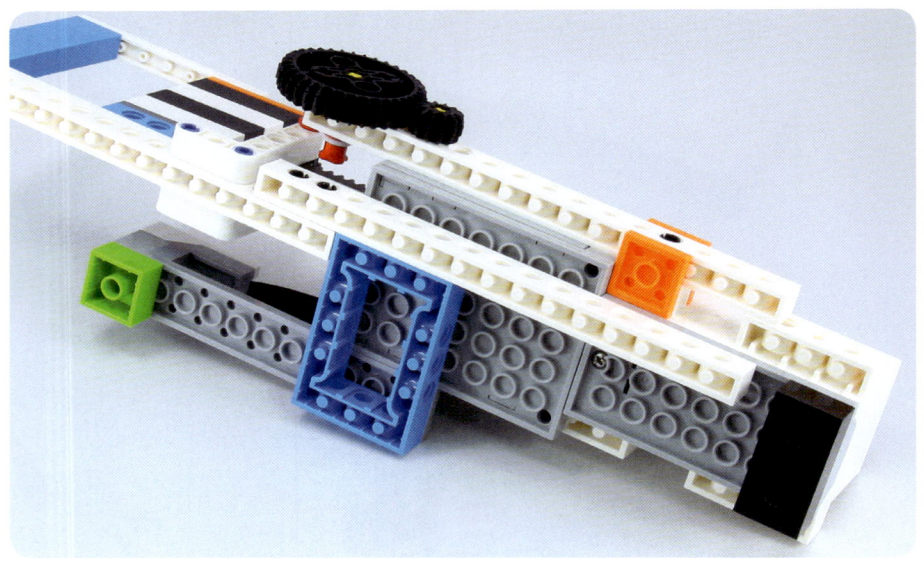

Automatiktüren **175**

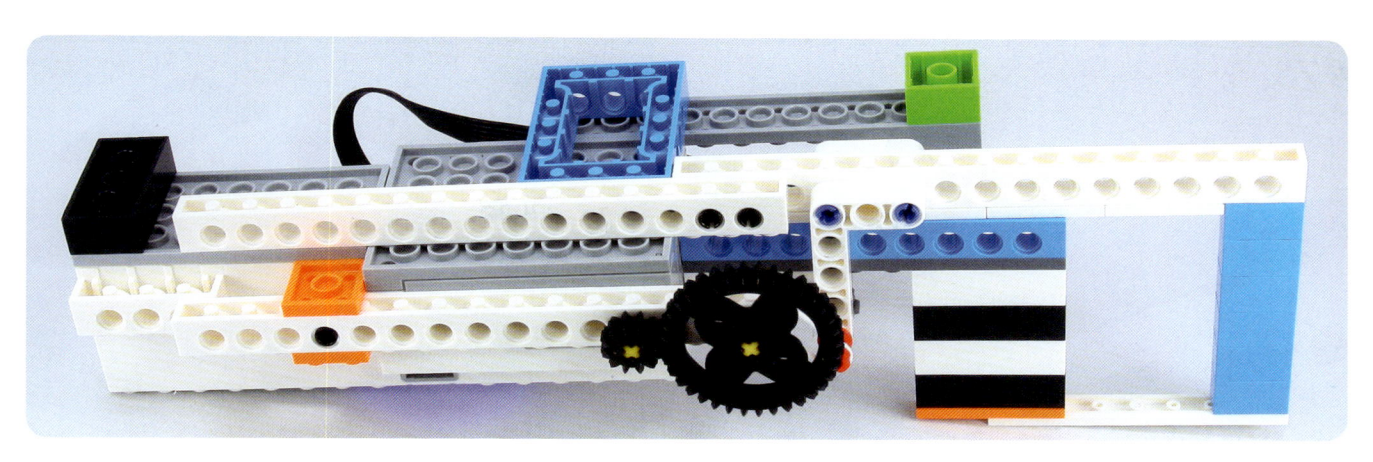

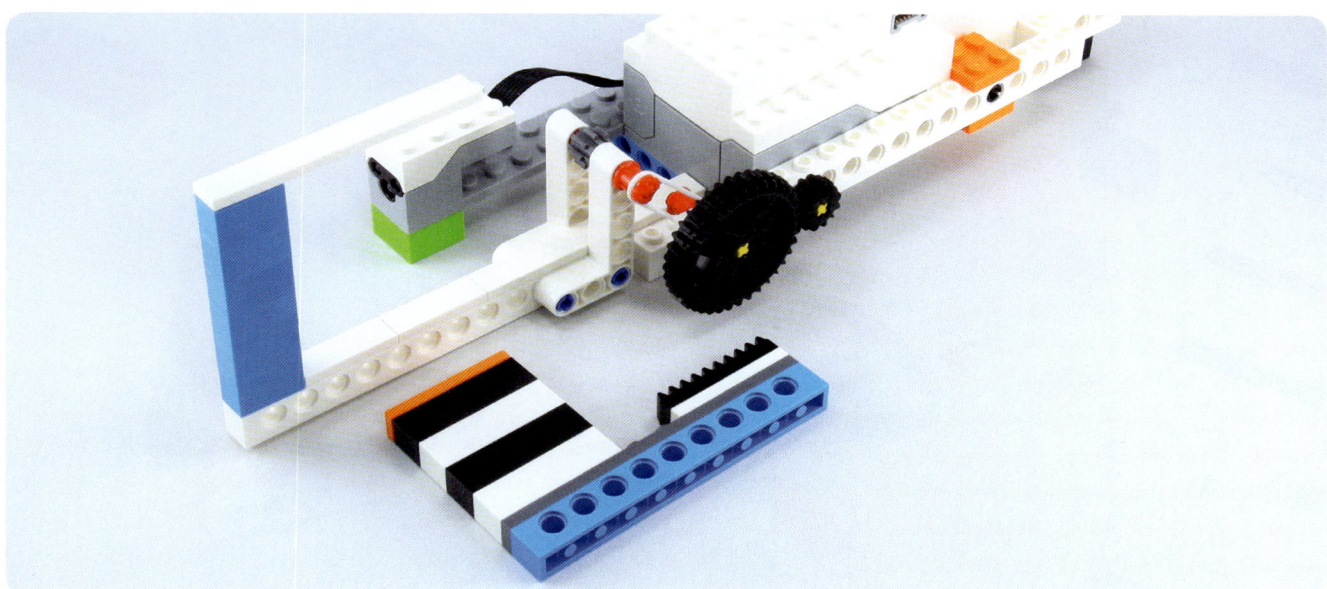

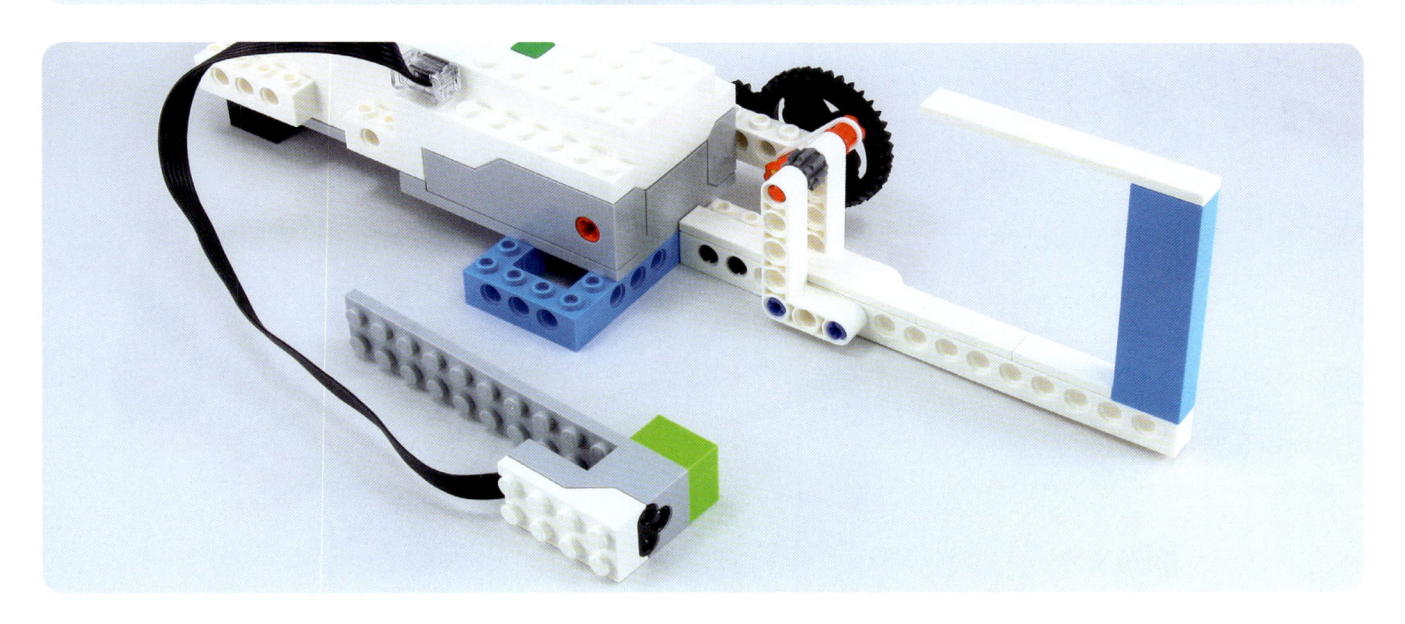

#75

176 Automatiktüren

Automatiktüren **177**

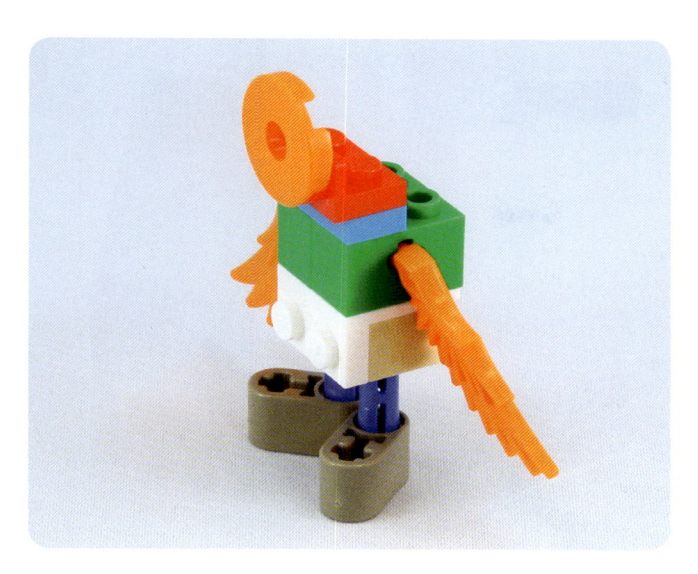

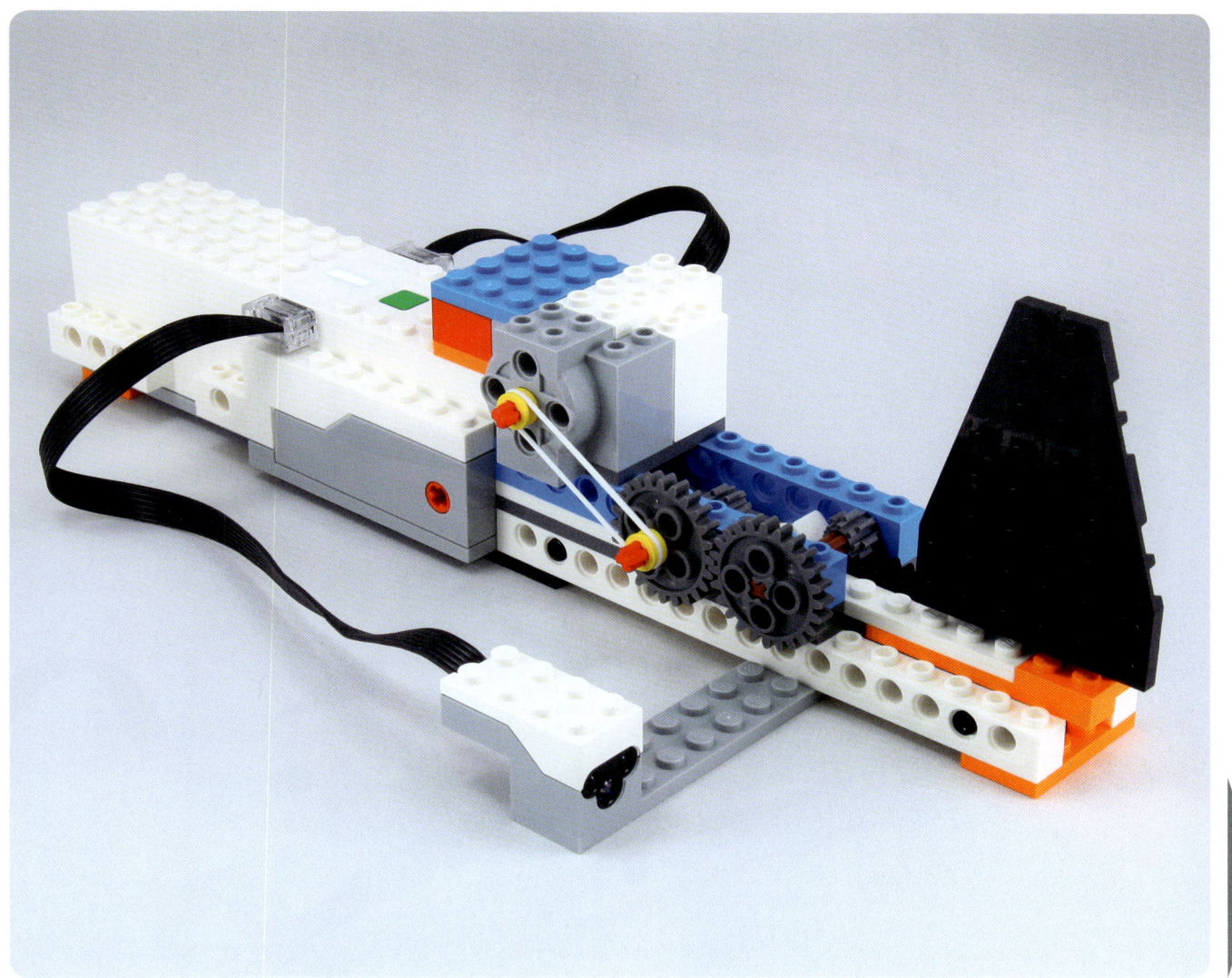

178　Automatiktüren

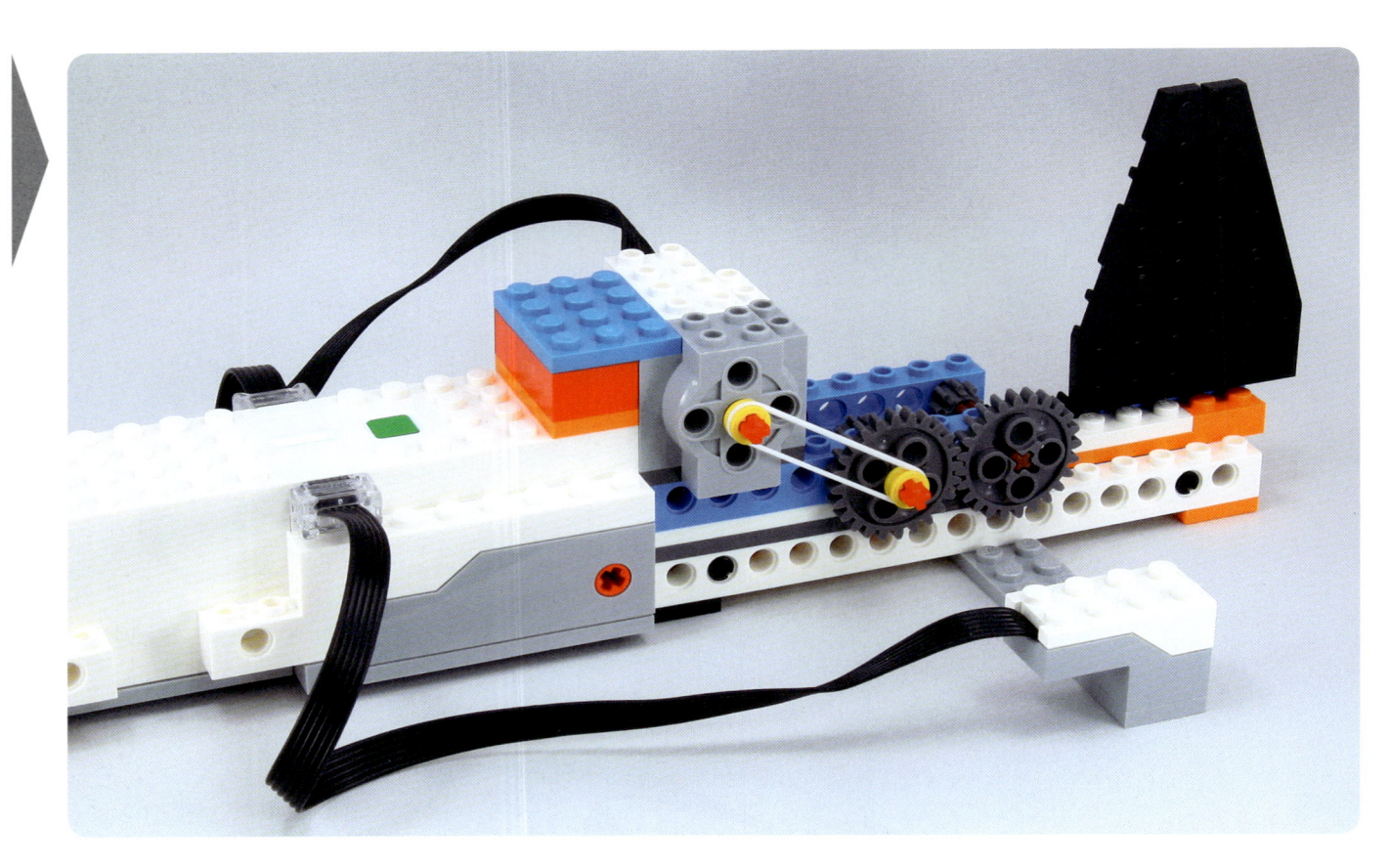

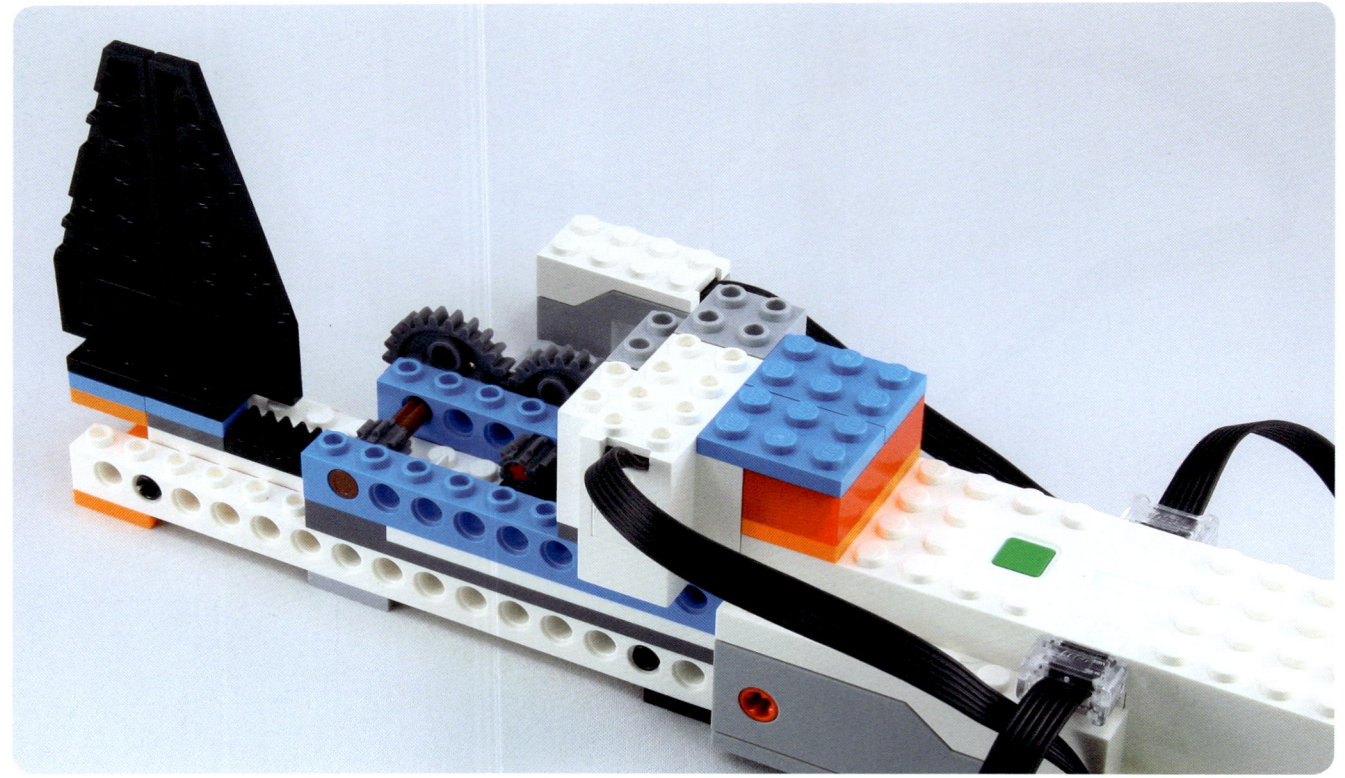

Automatiktüren 179

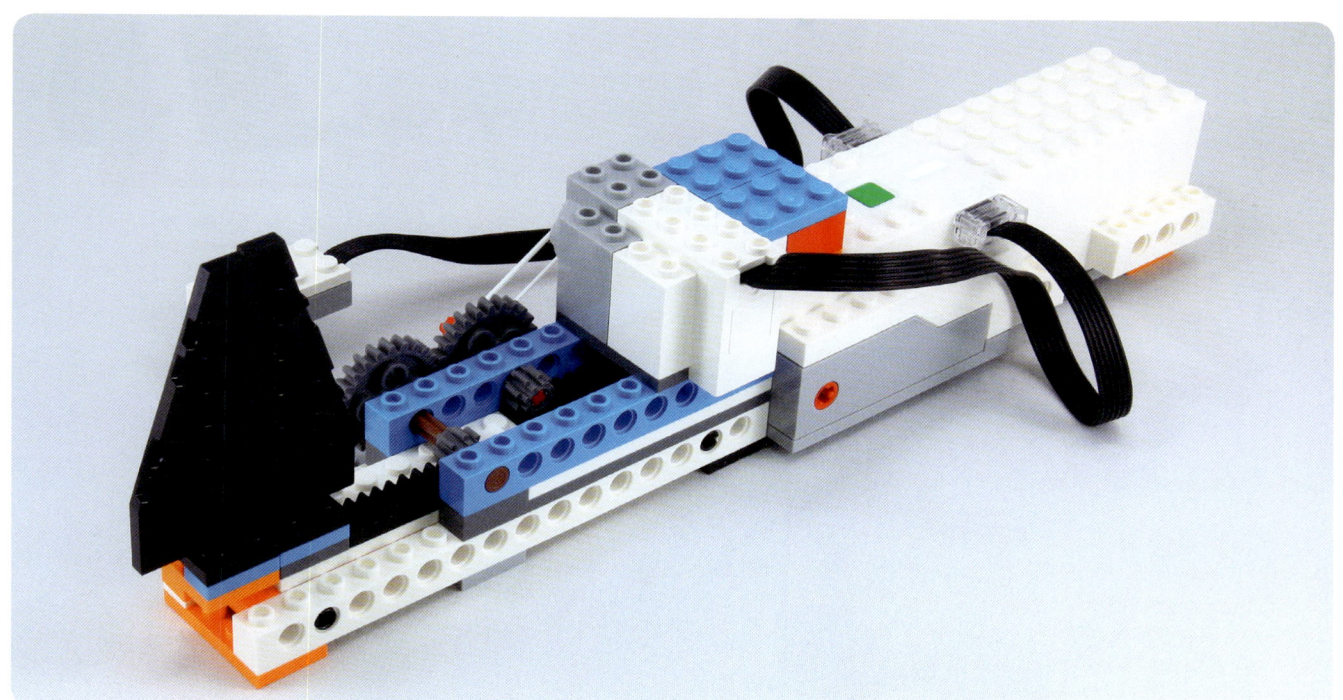

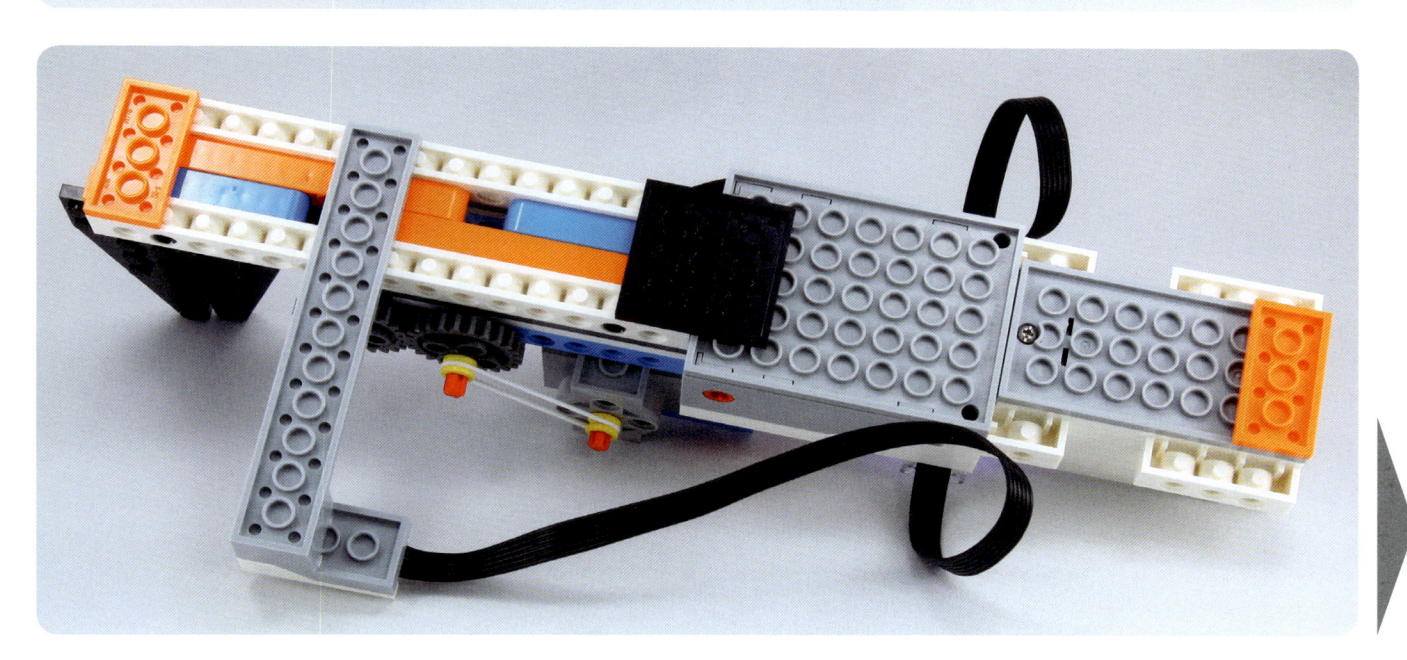

180 Automatiktüren

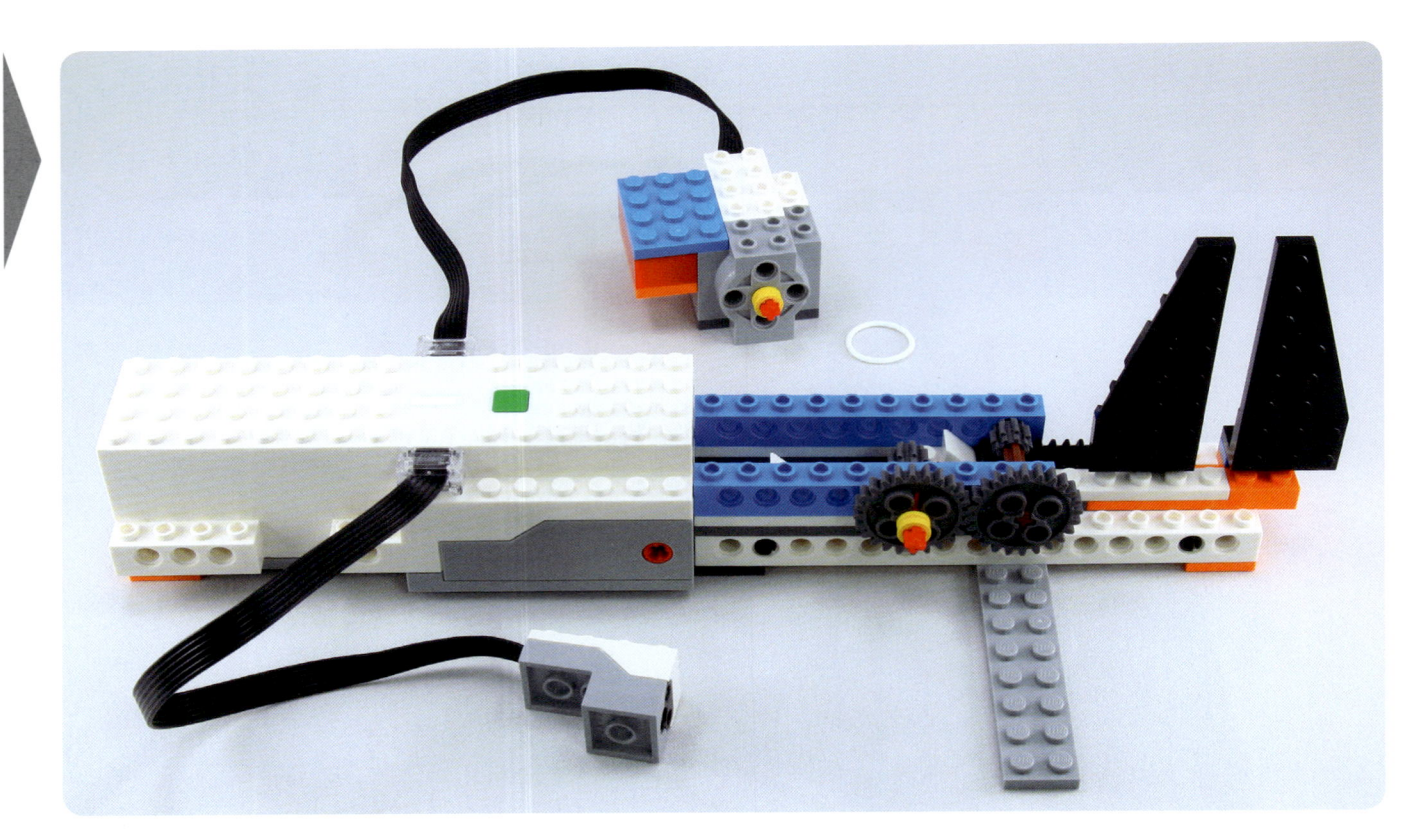

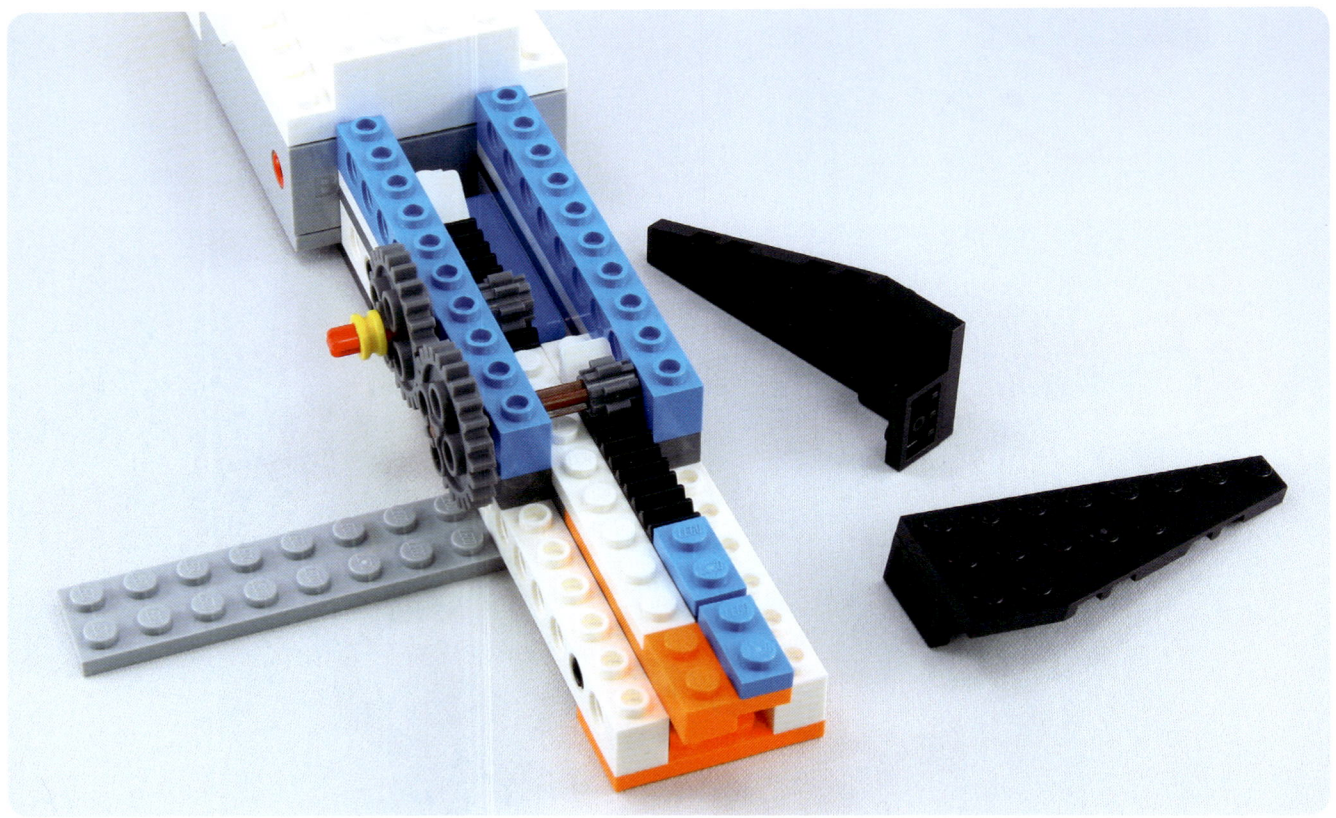

Automatiktüren **181**

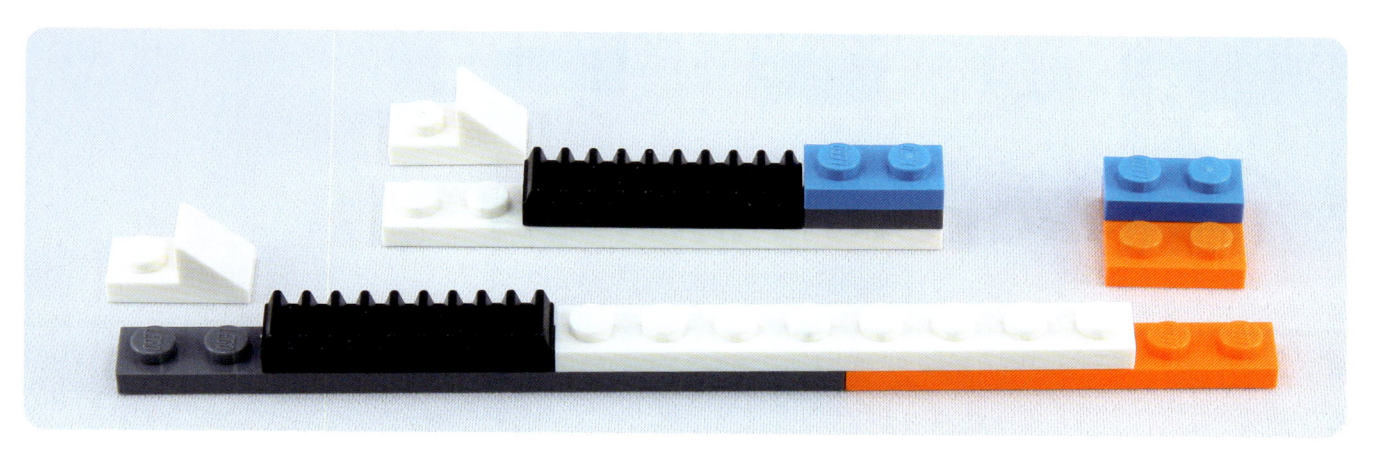

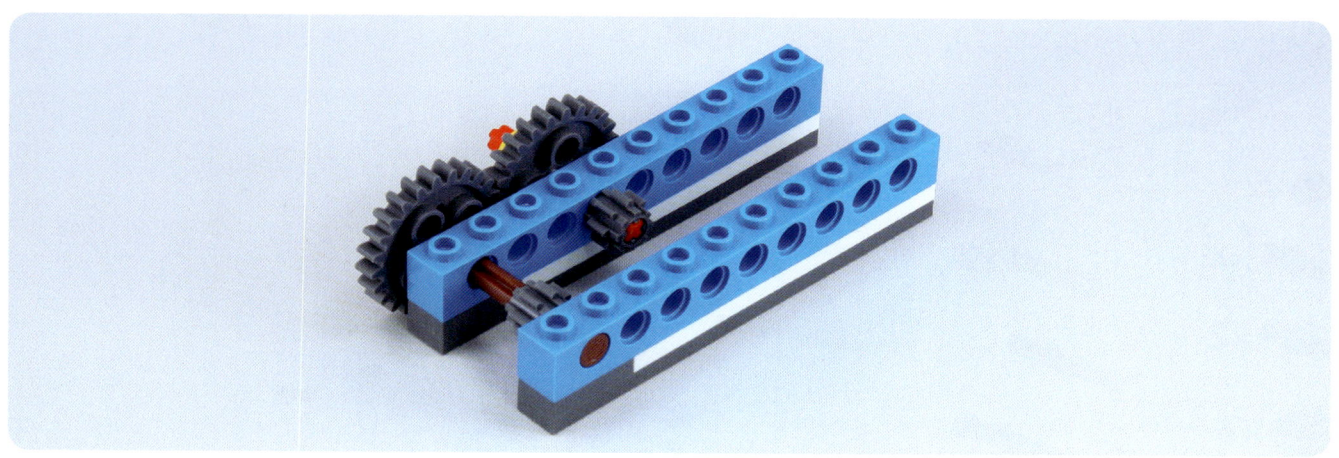

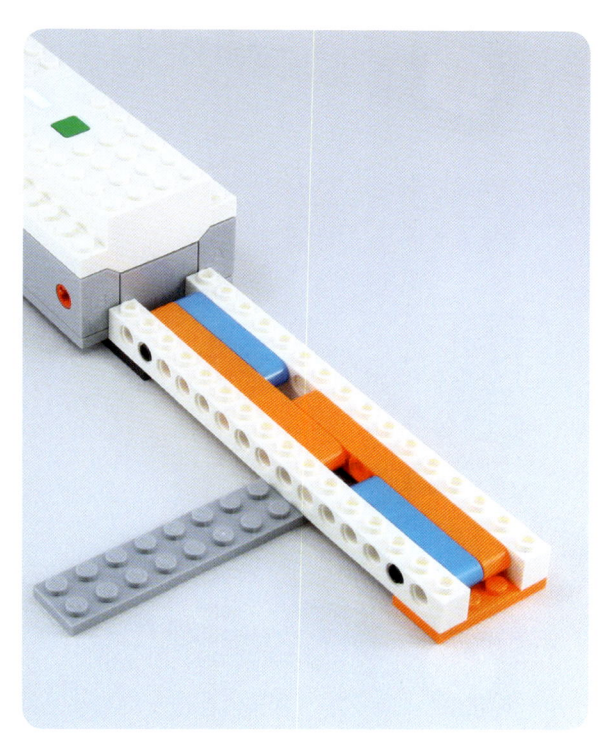

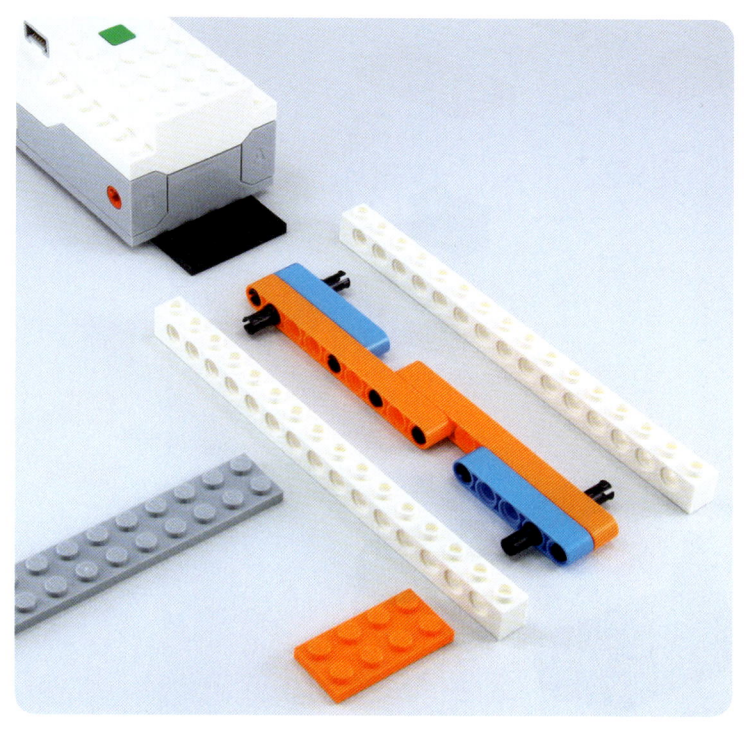

Raketen starten

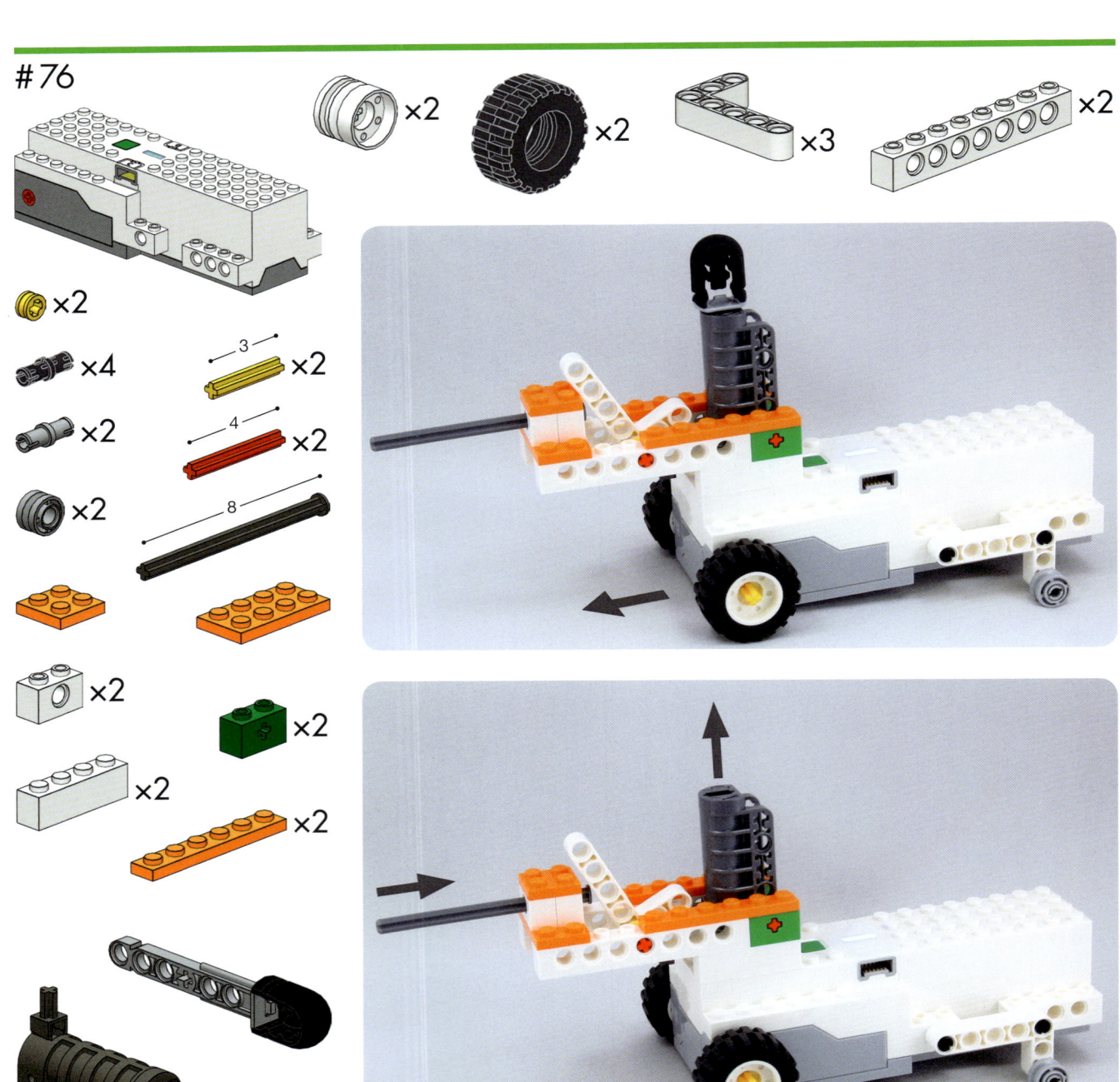

#76

Raketen starten

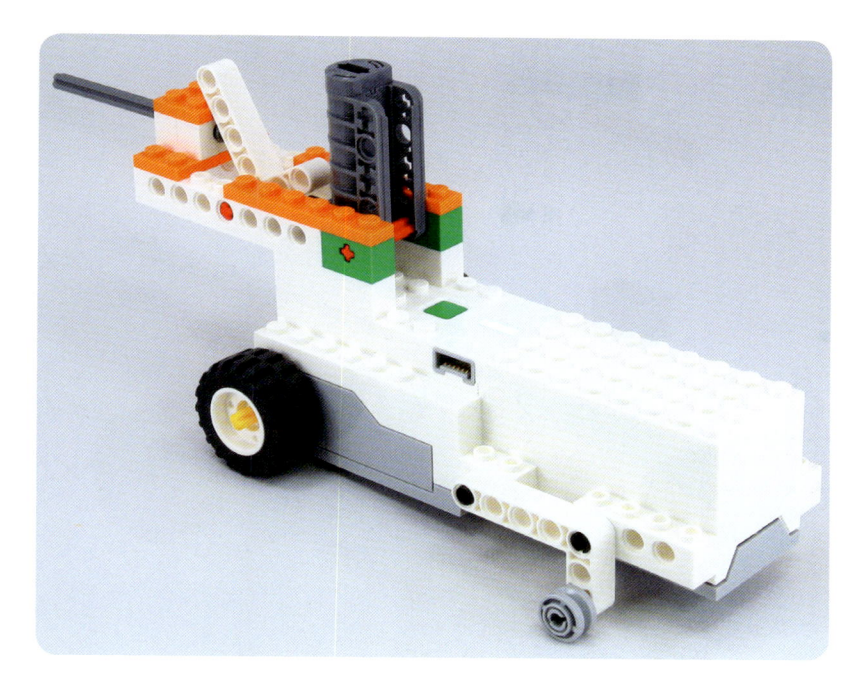

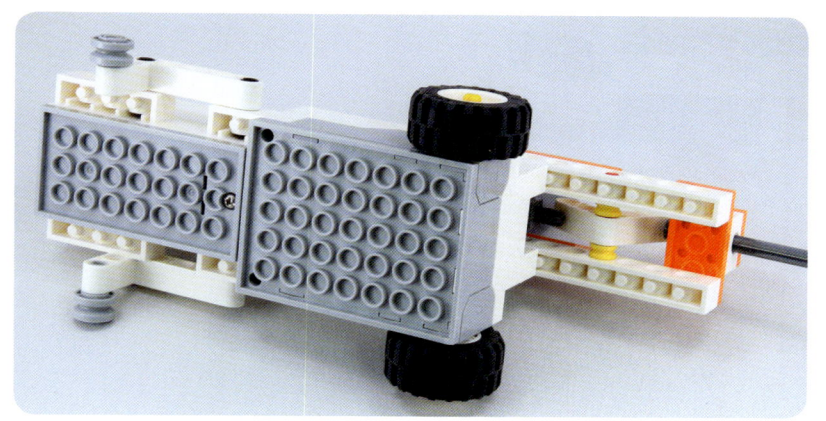

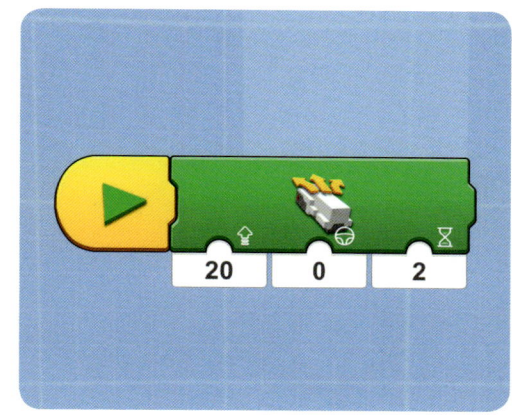

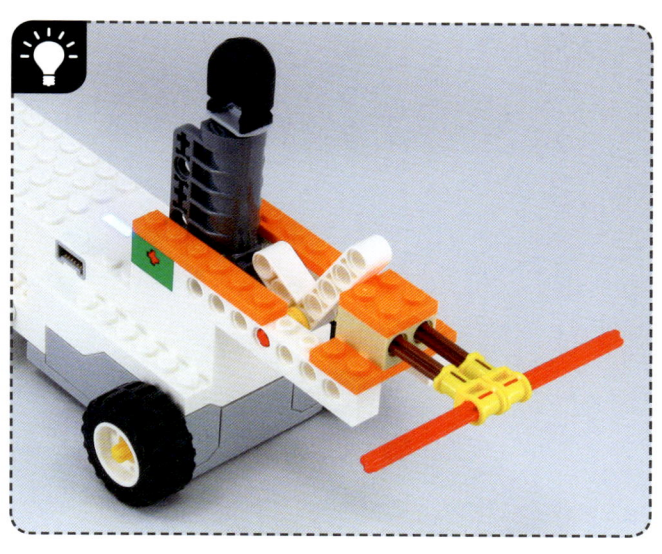

#77

184 Raketen starten

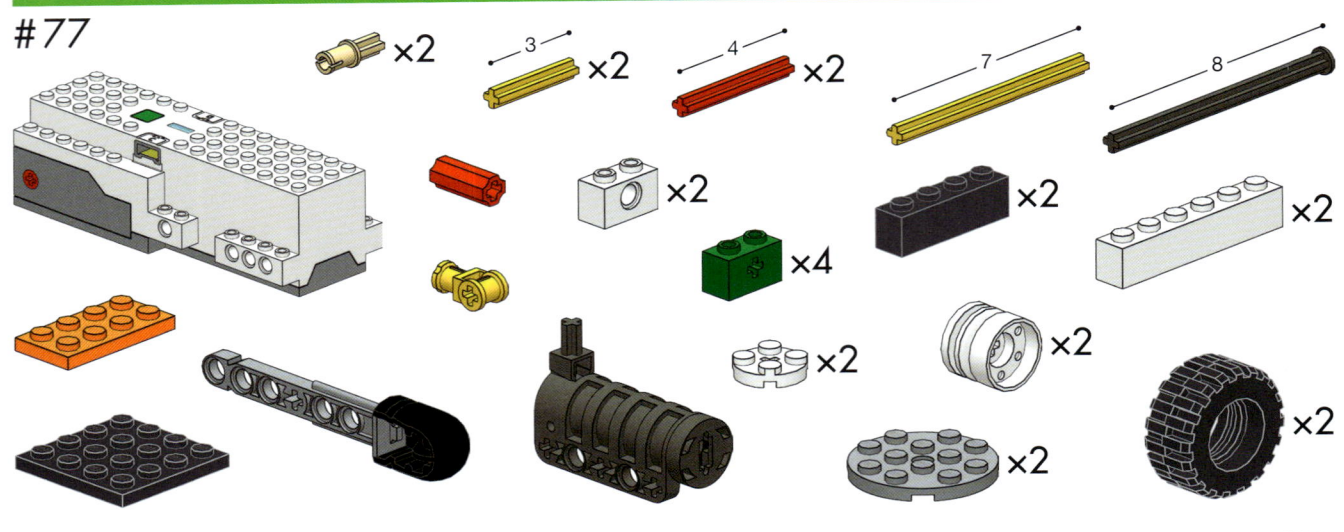

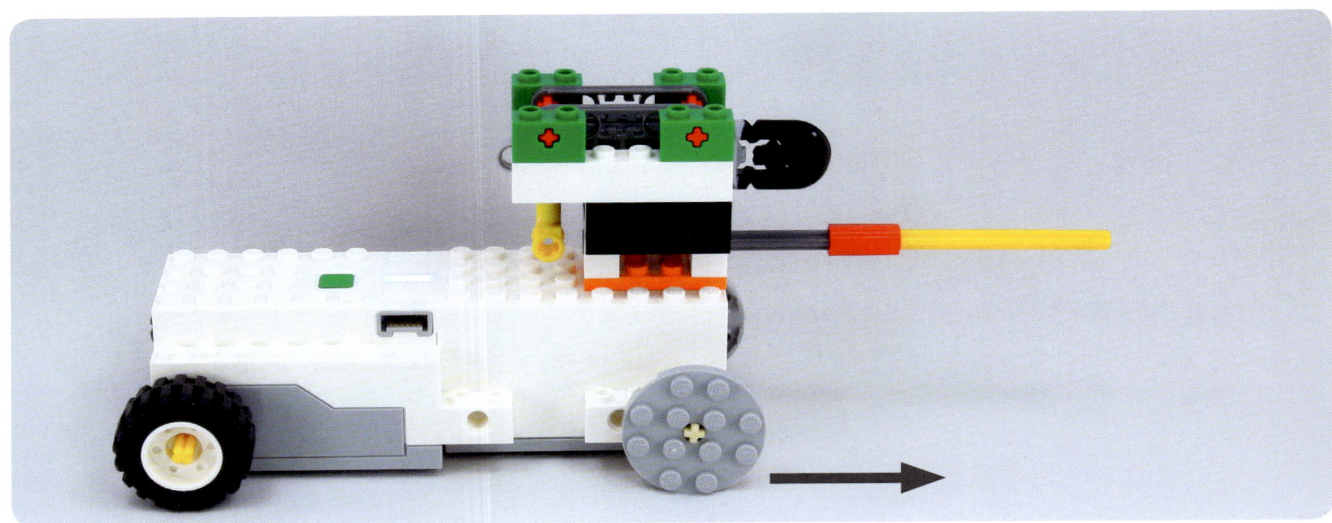

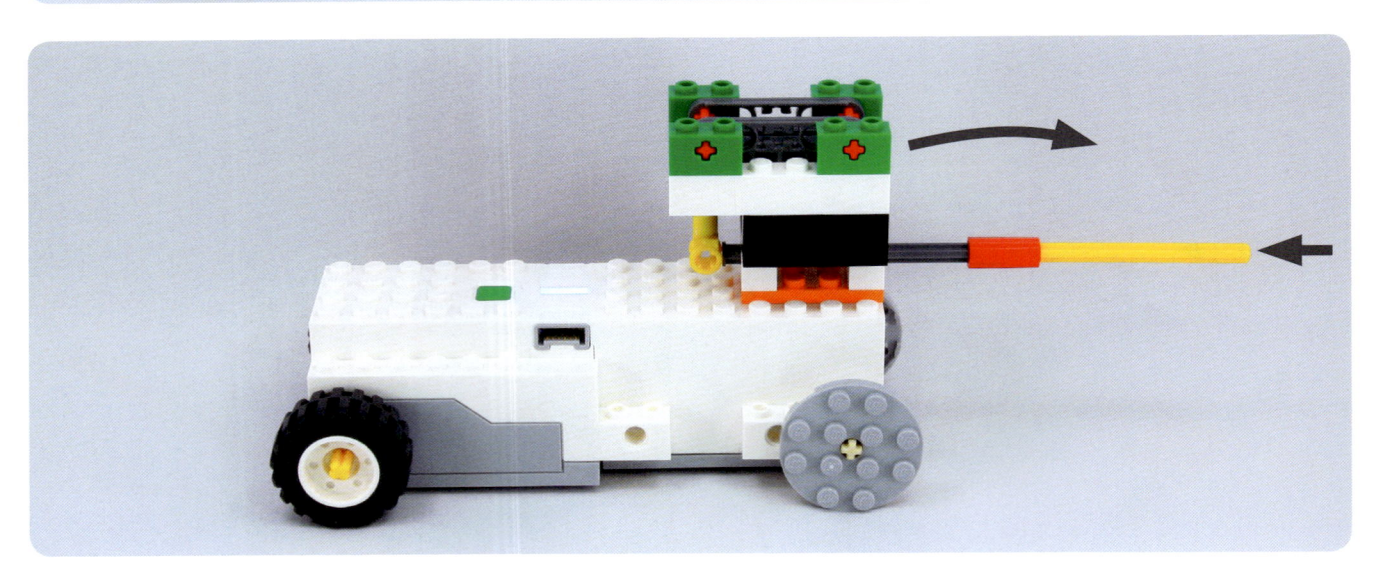

Raketen starten **185**

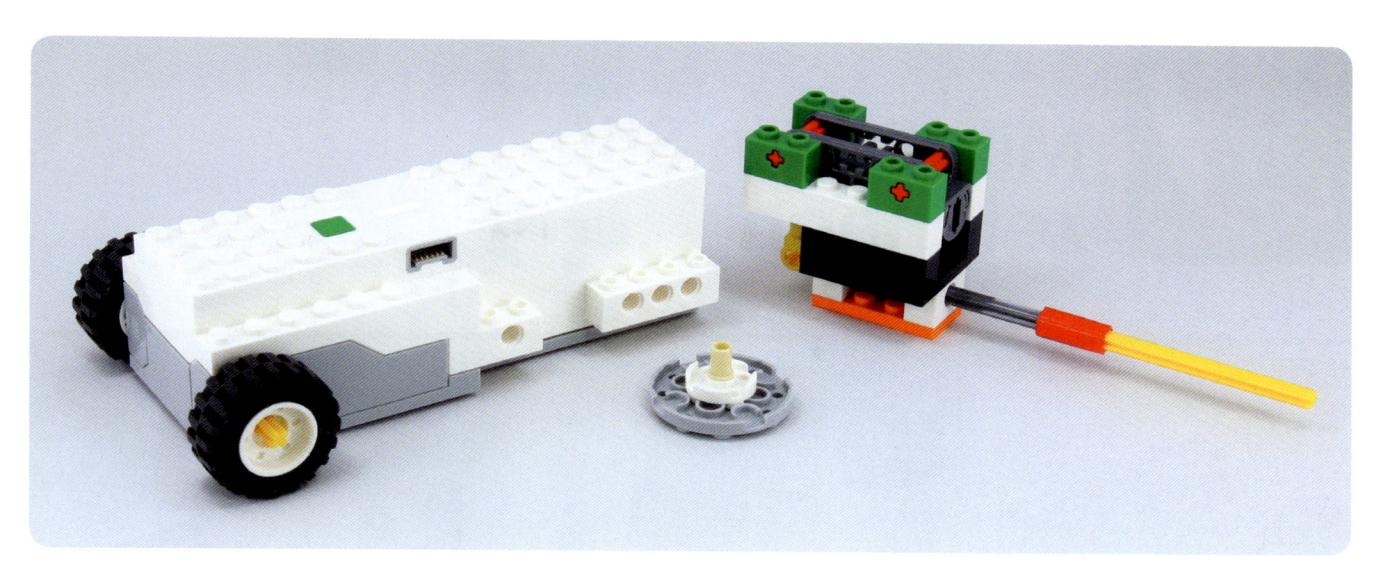

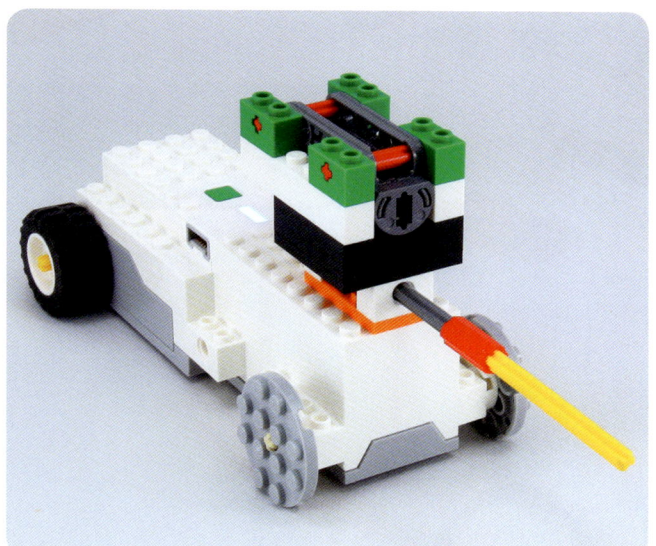

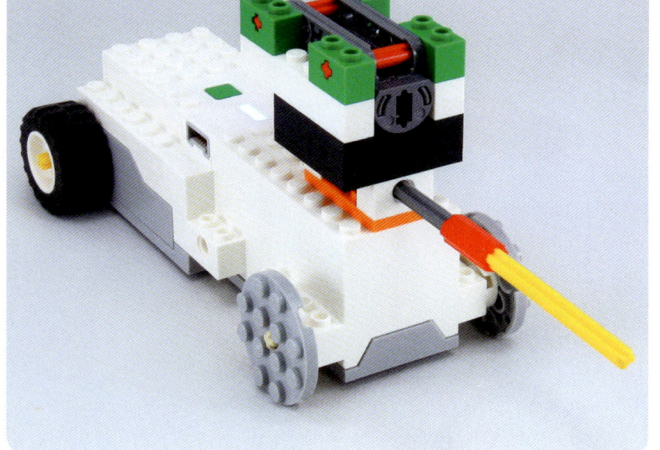

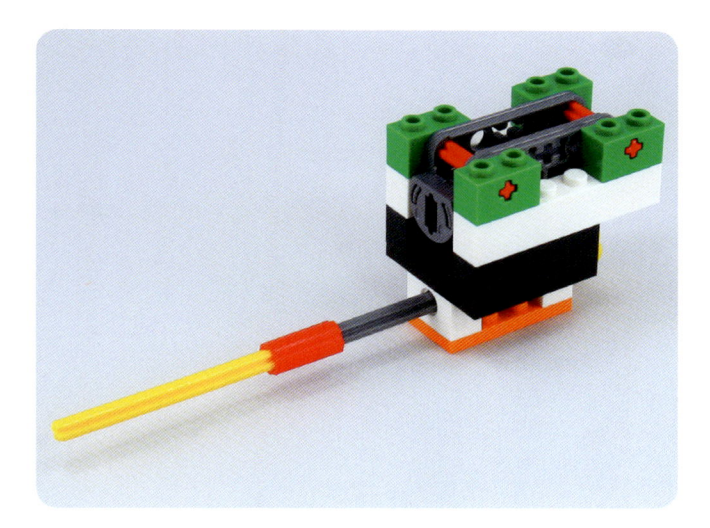

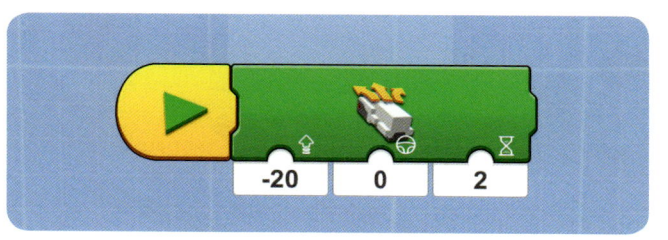

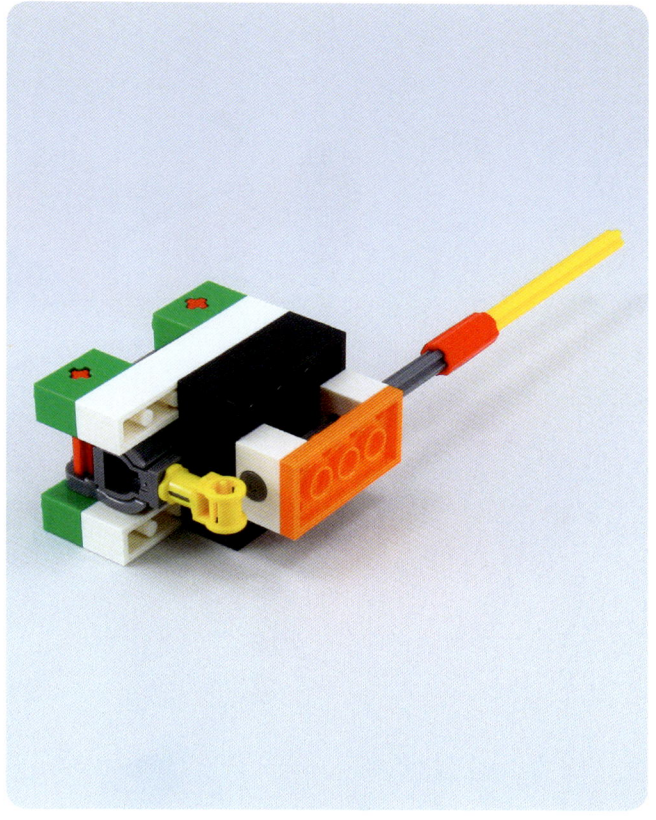

Mit einem Stift zeichnen

Nimm einen beliebigen Stift

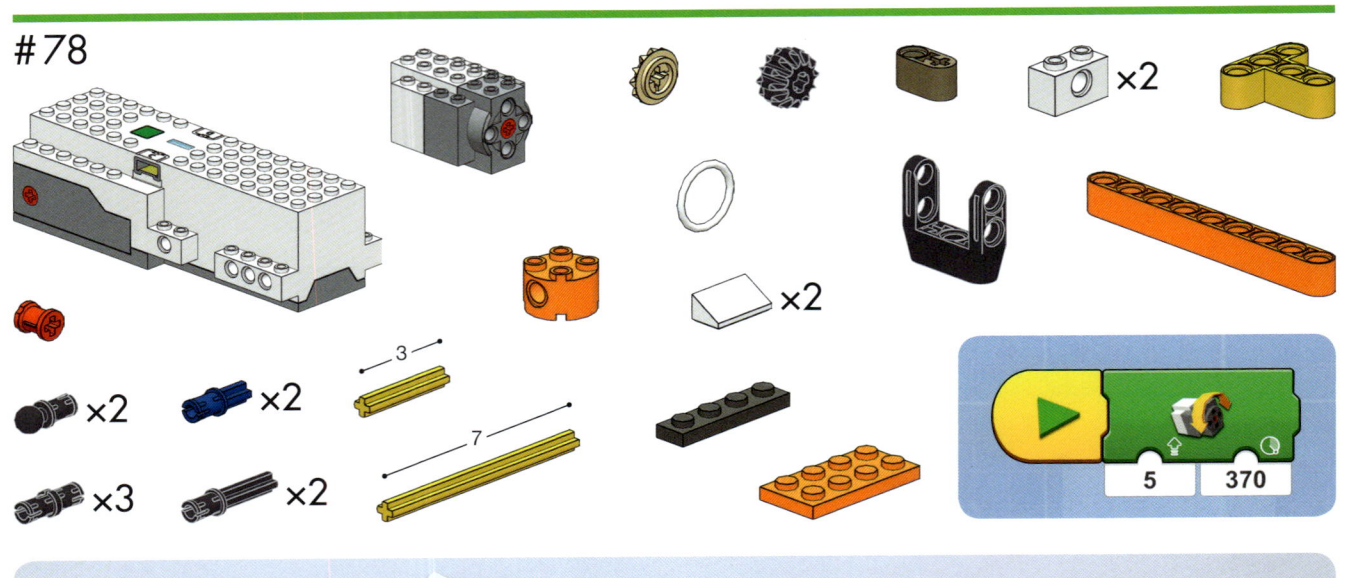

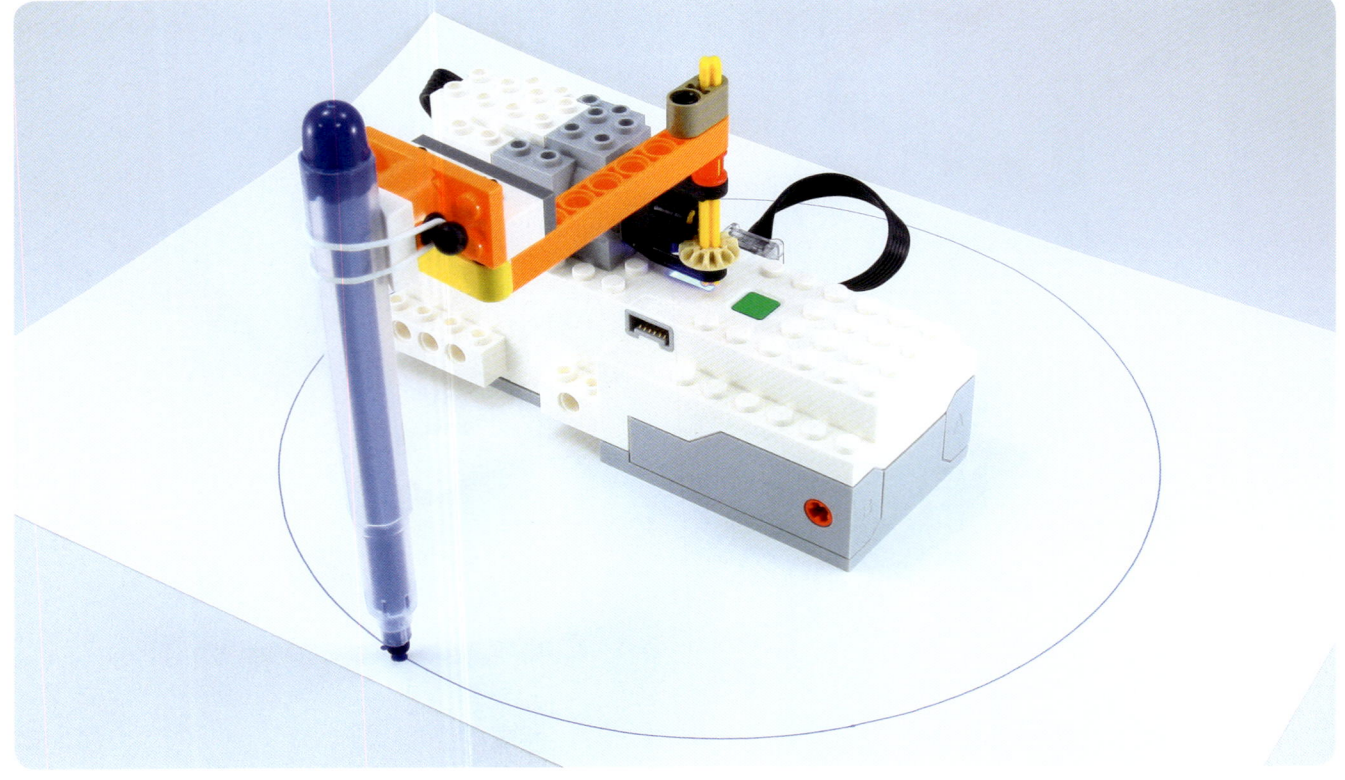

#78

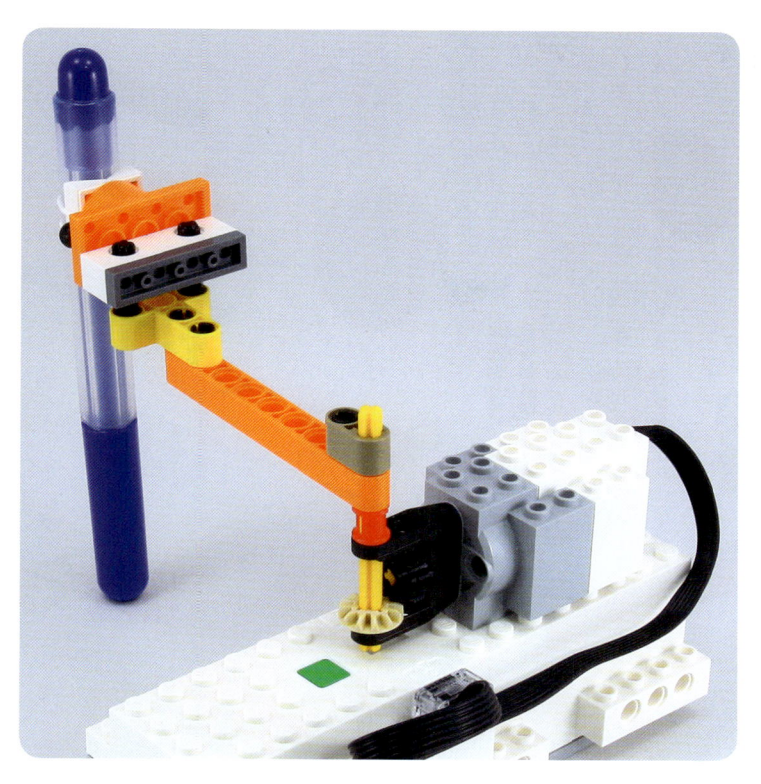

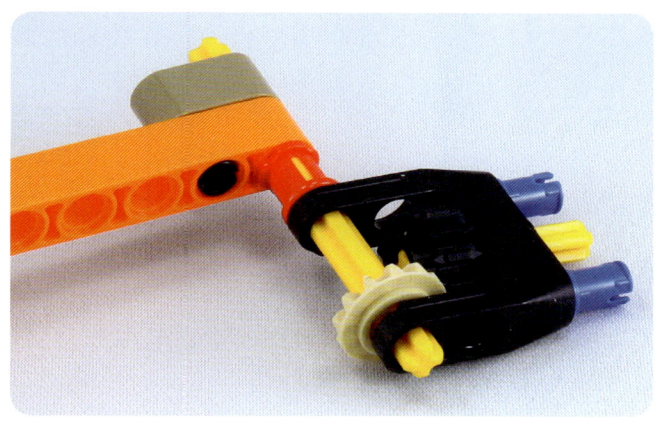

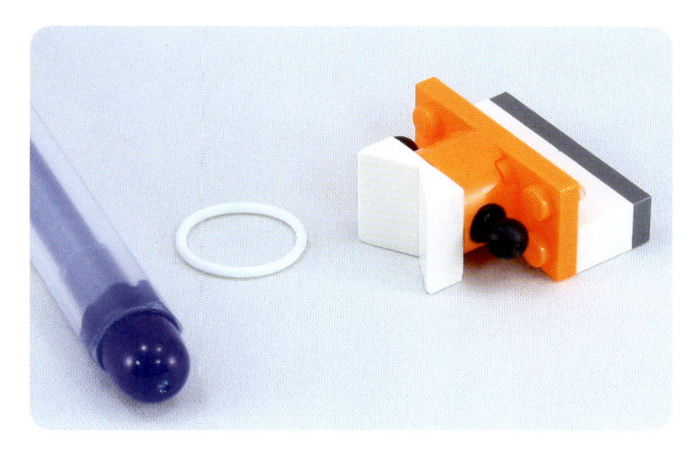

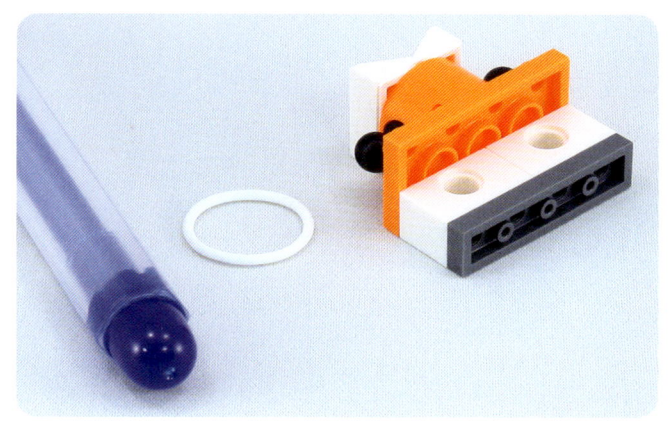

Mit einem Stift zeichnen **187**

#79

188 Mit einem Stift zeichnen

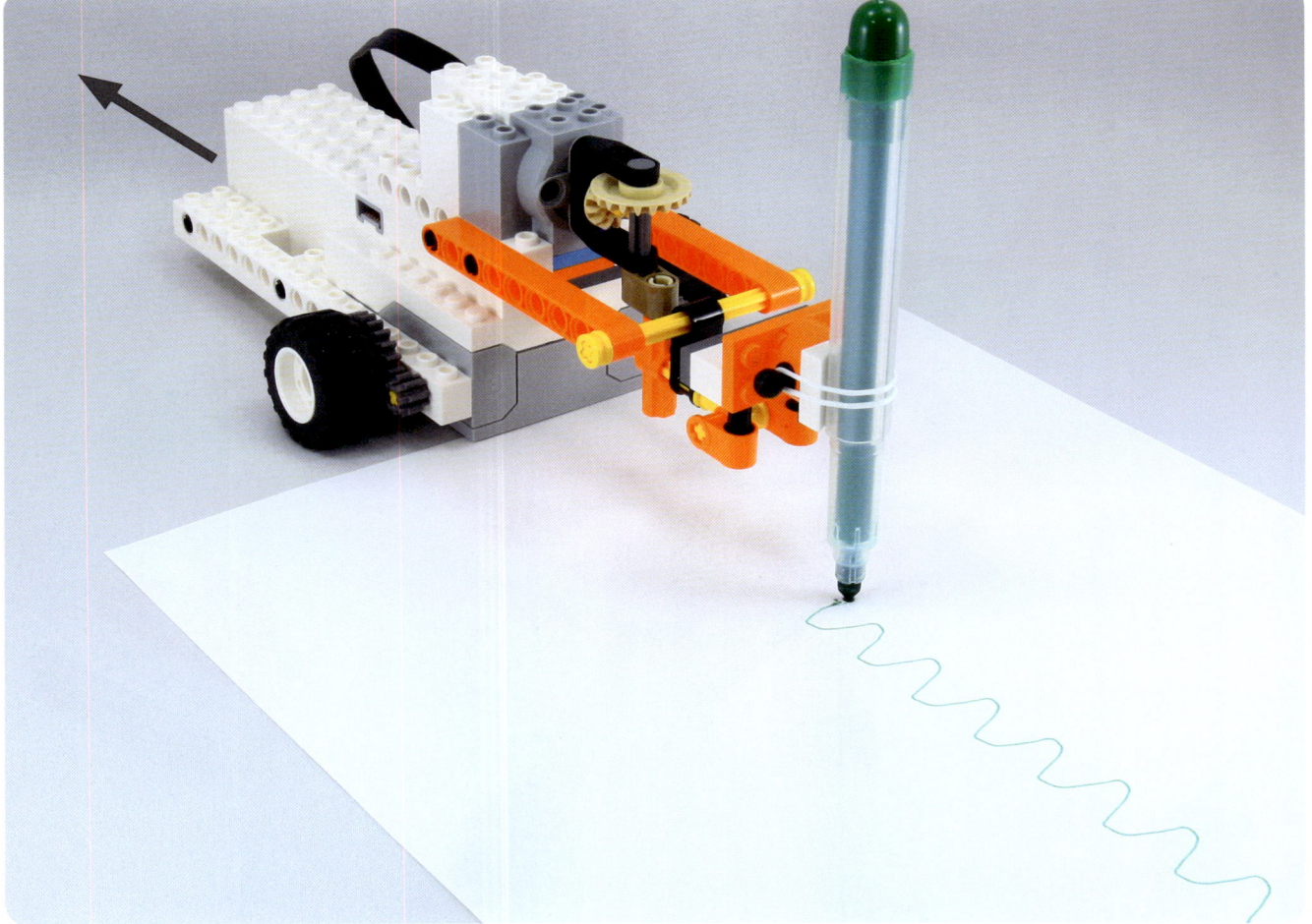

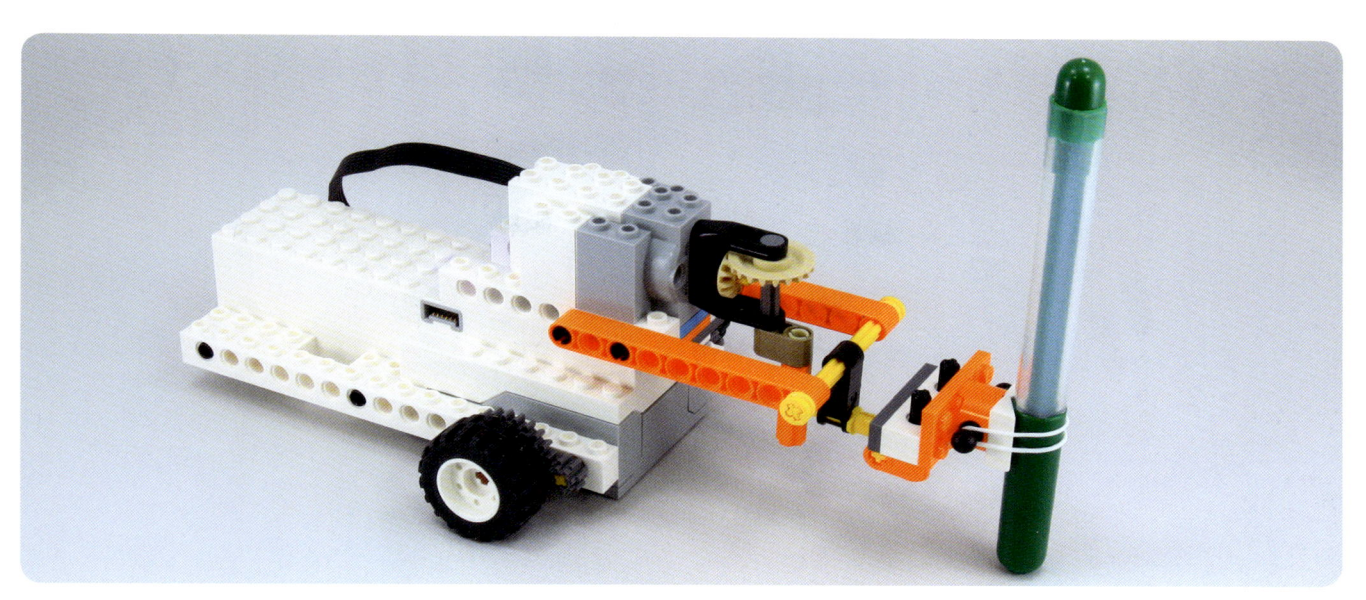

Mit einem Stift zeichnen **189**

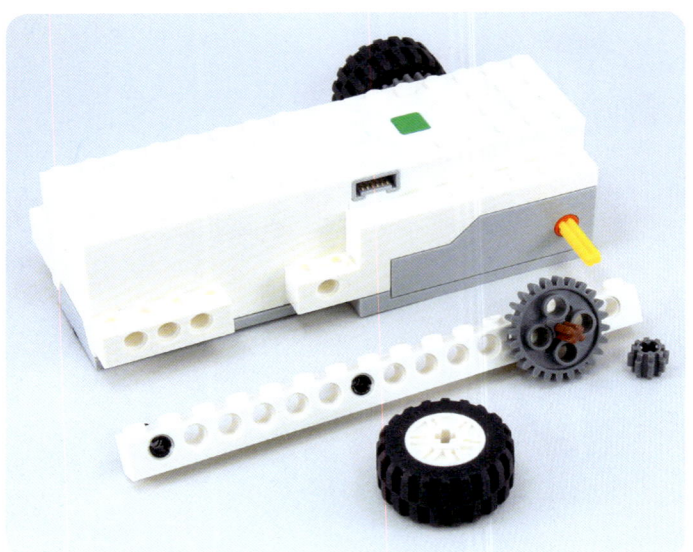

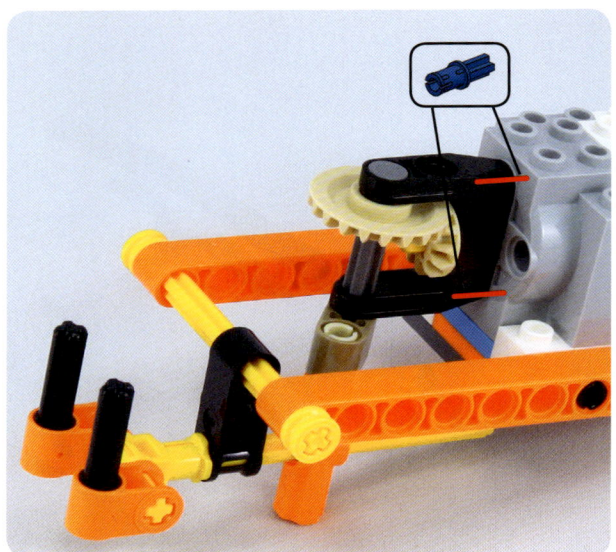

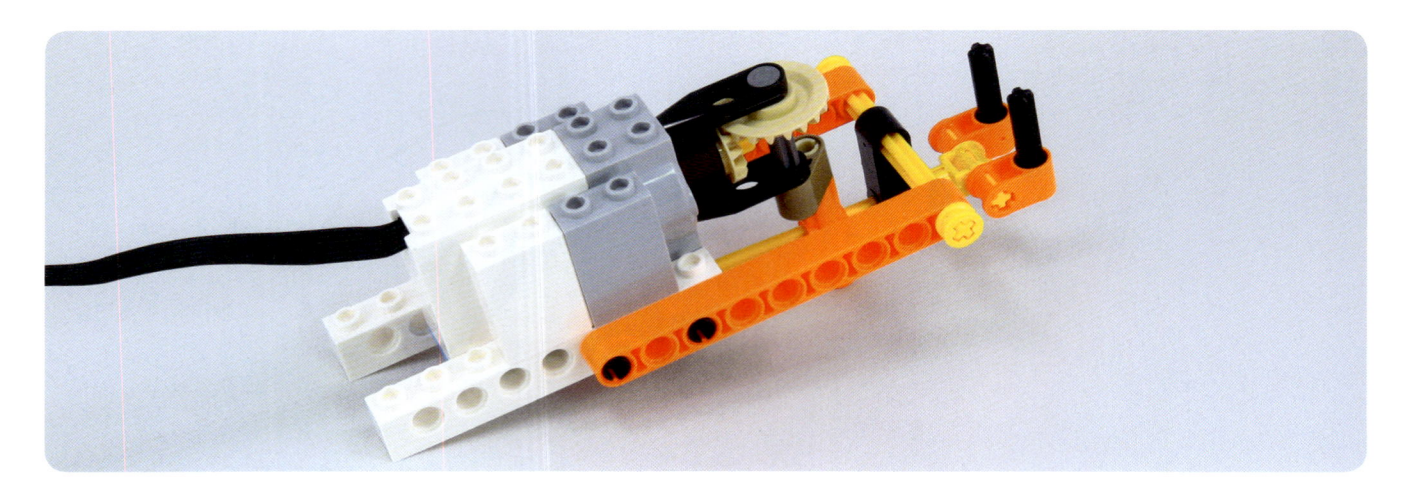

190   Mit einem Stift zeichnen

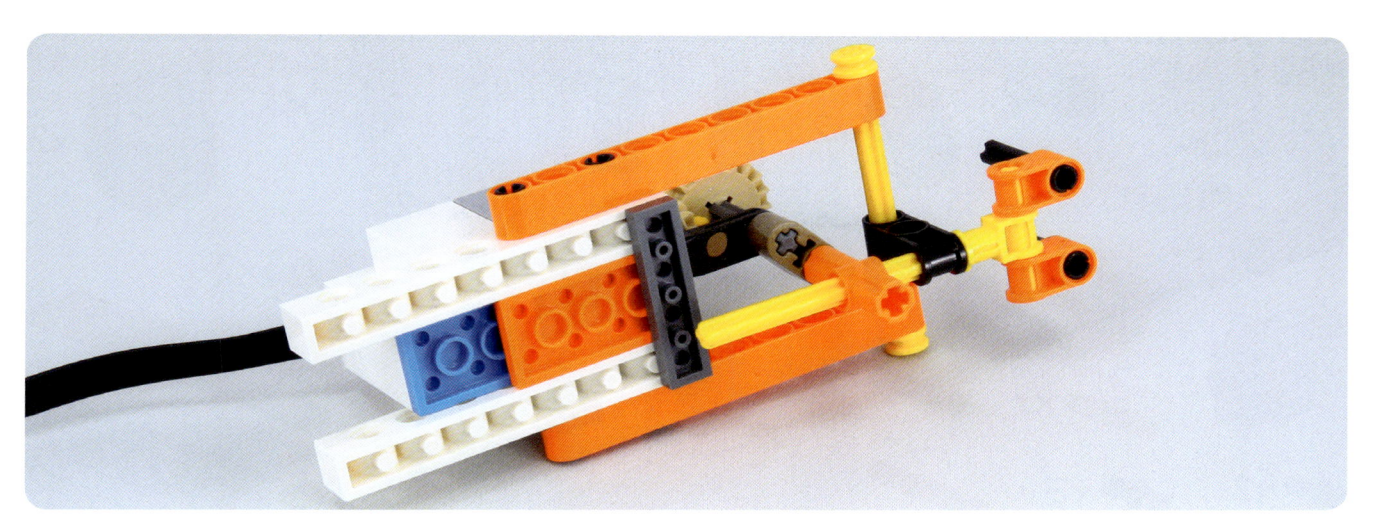

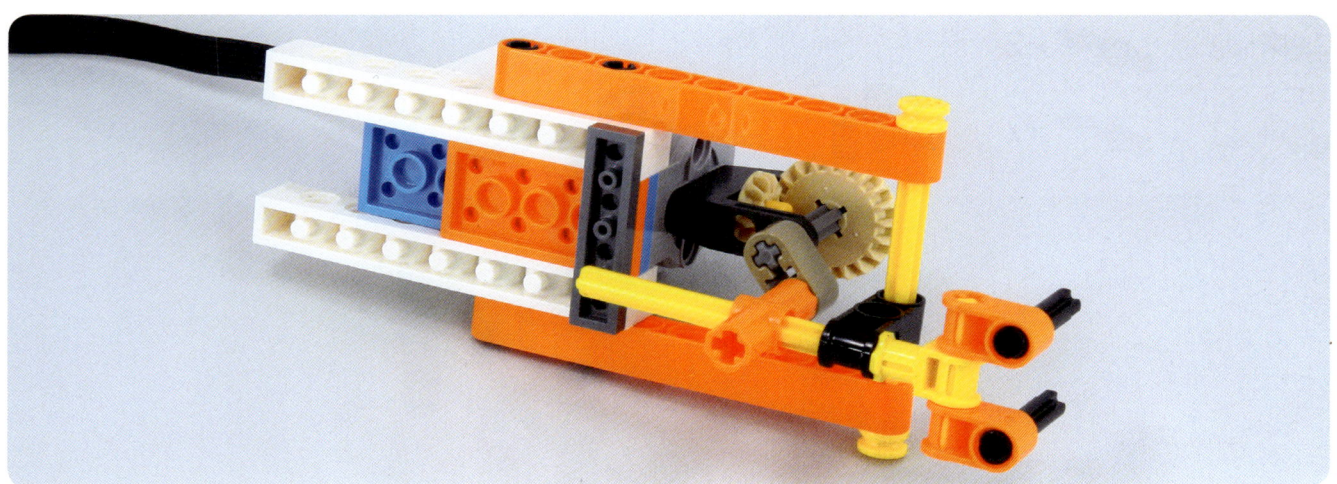

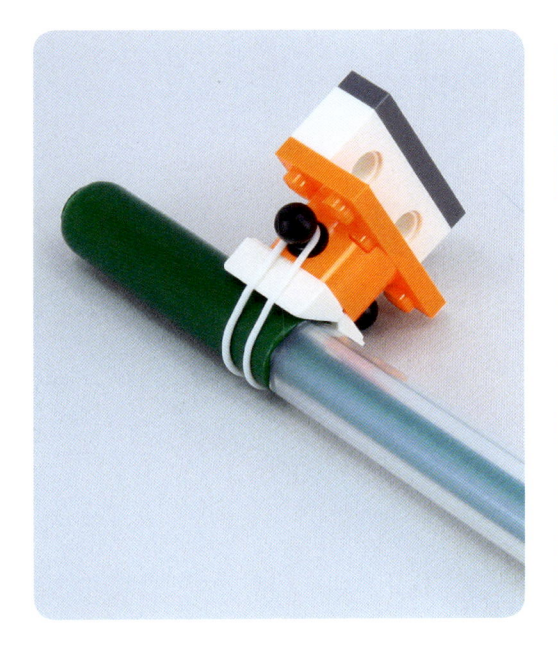

Mit einem Stift zeichnen **191**

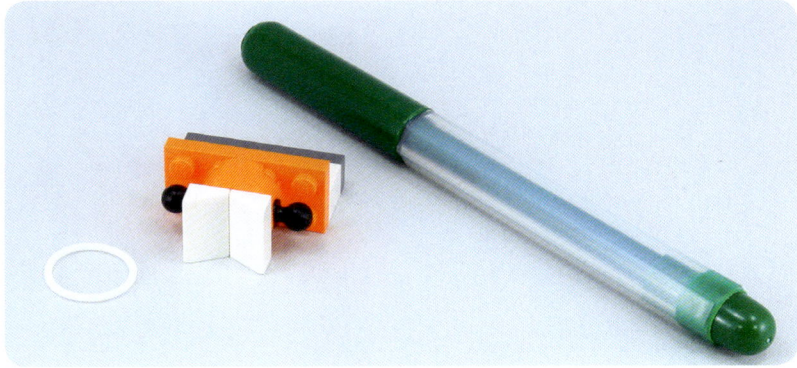

#80

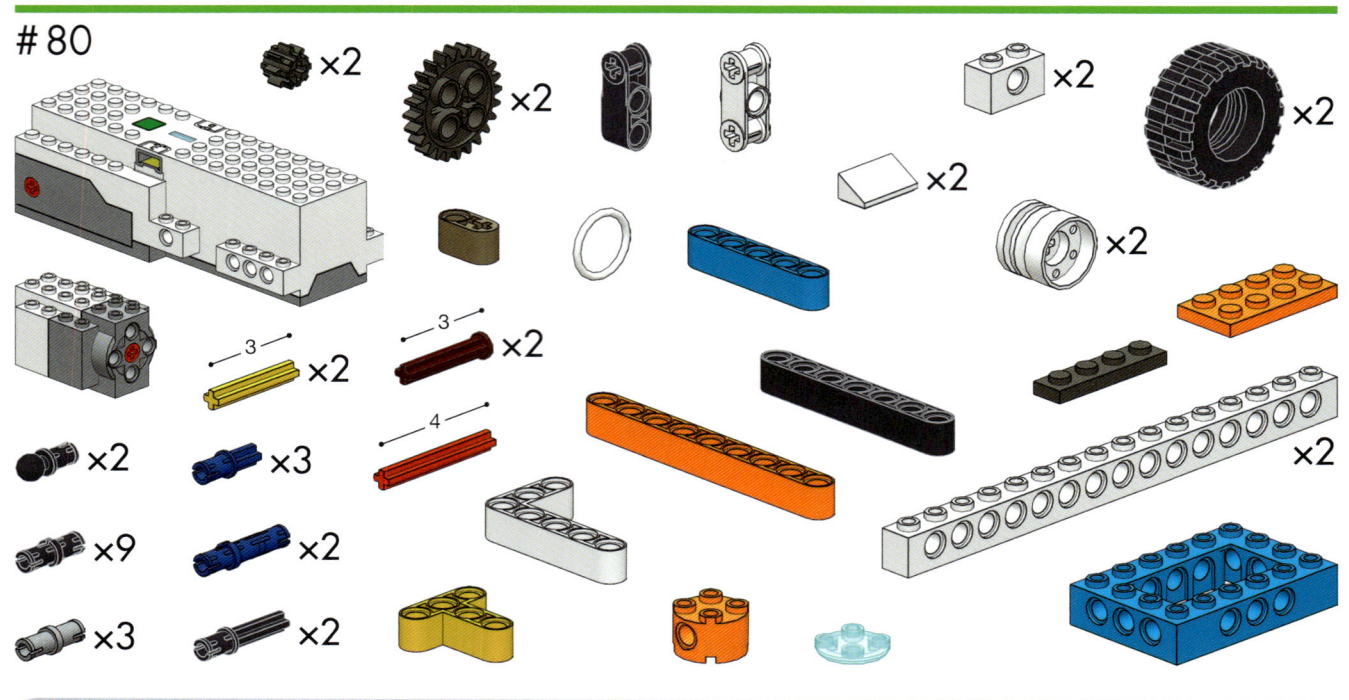

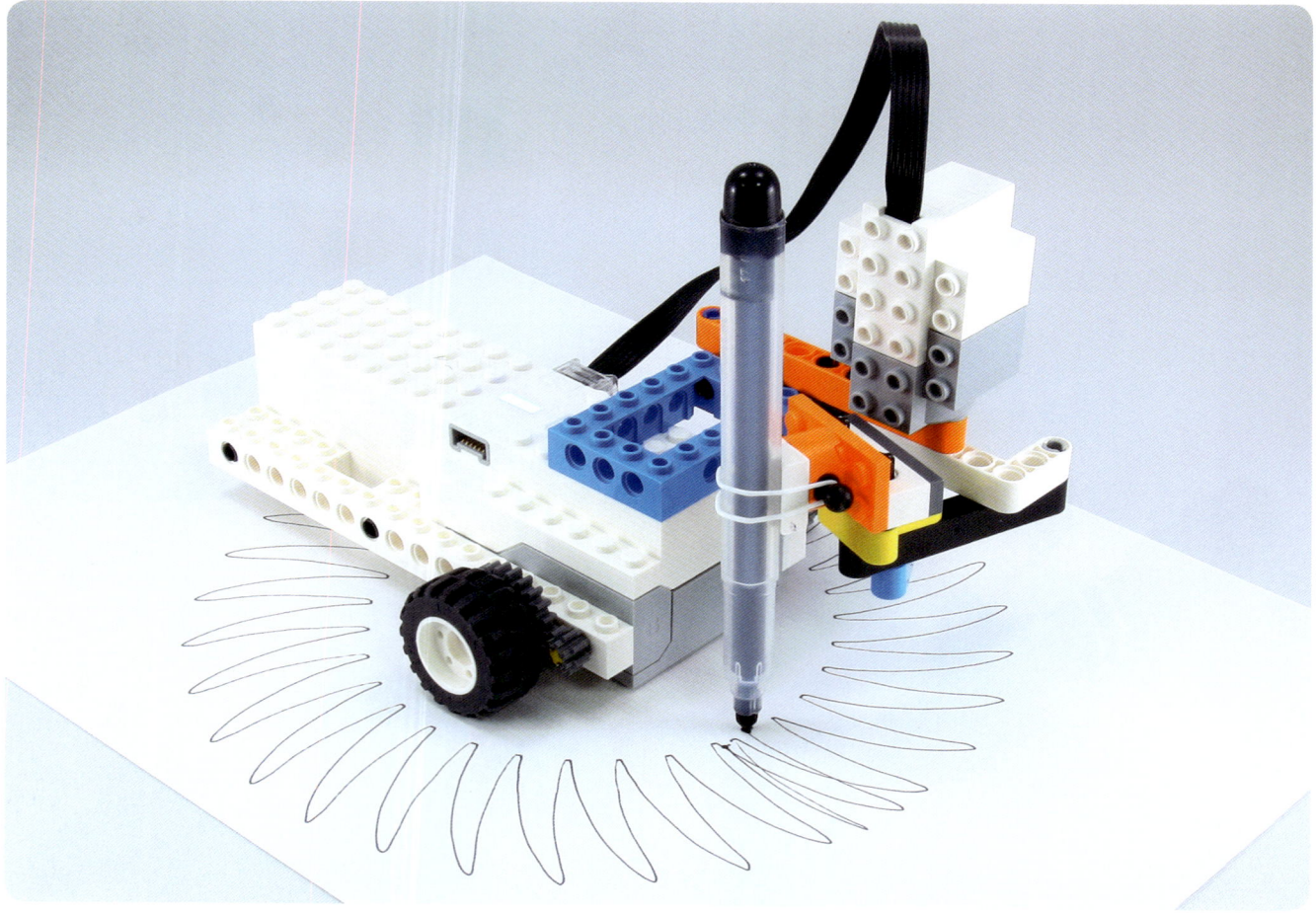

192 Mit einem Stift zeichnen

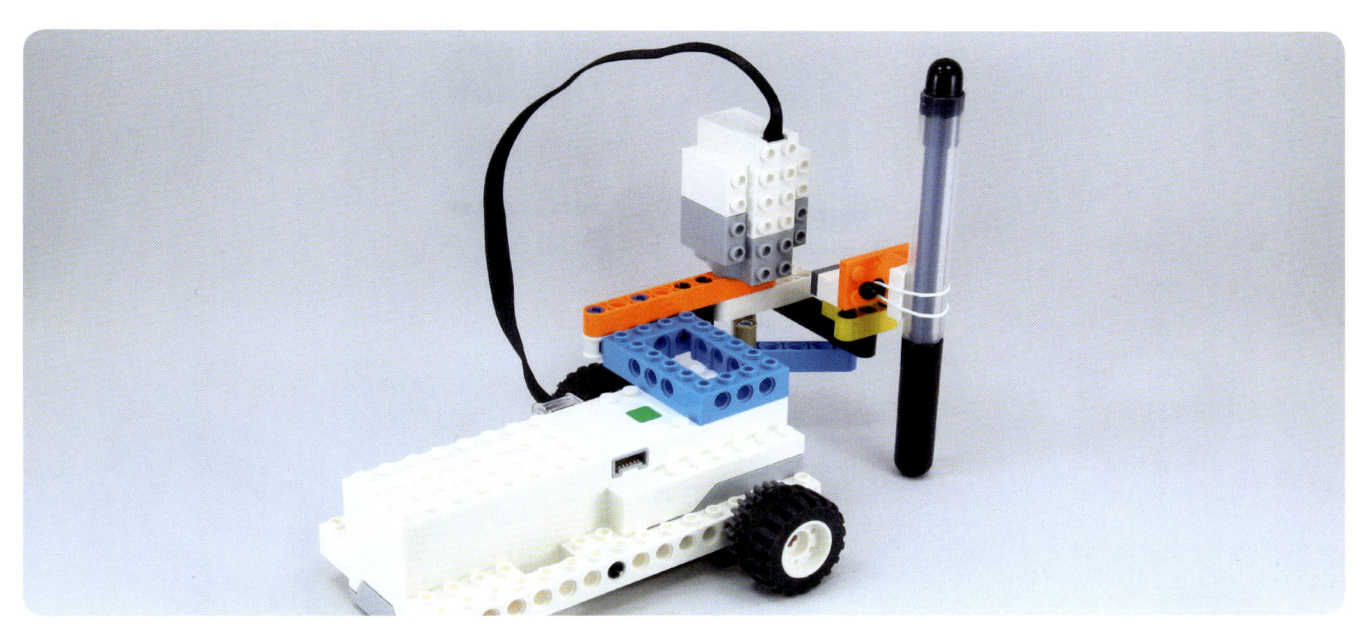

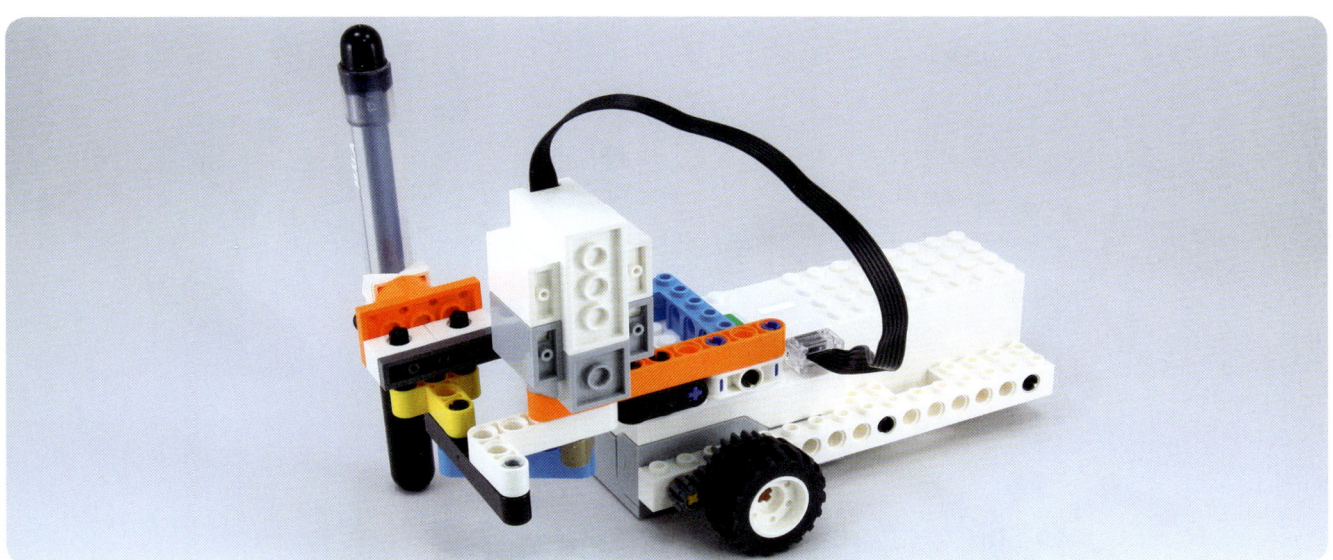

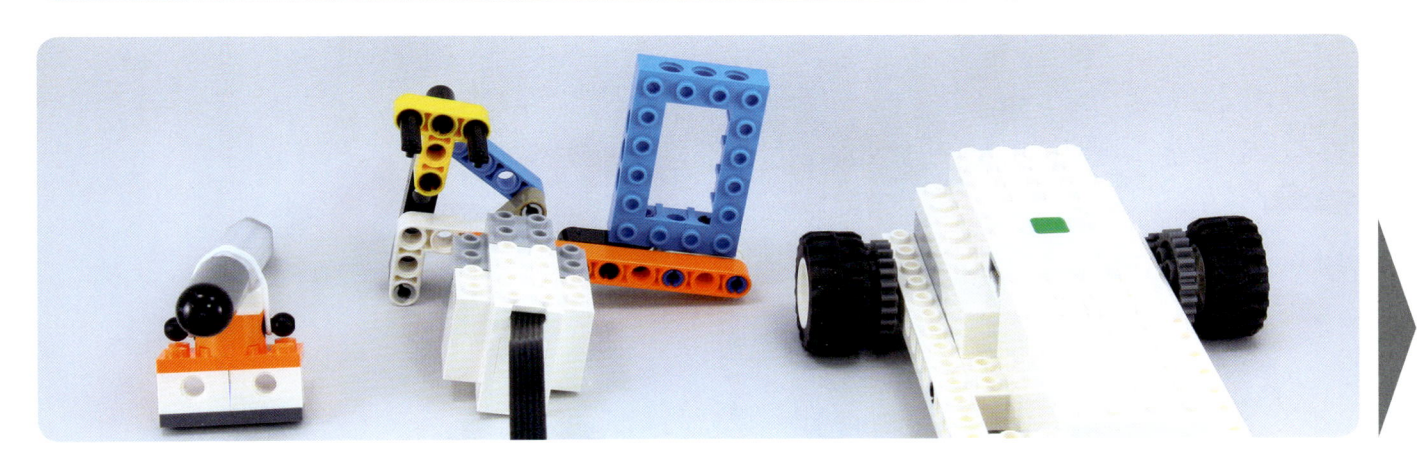

Mit einem Stift zeichnen **193**

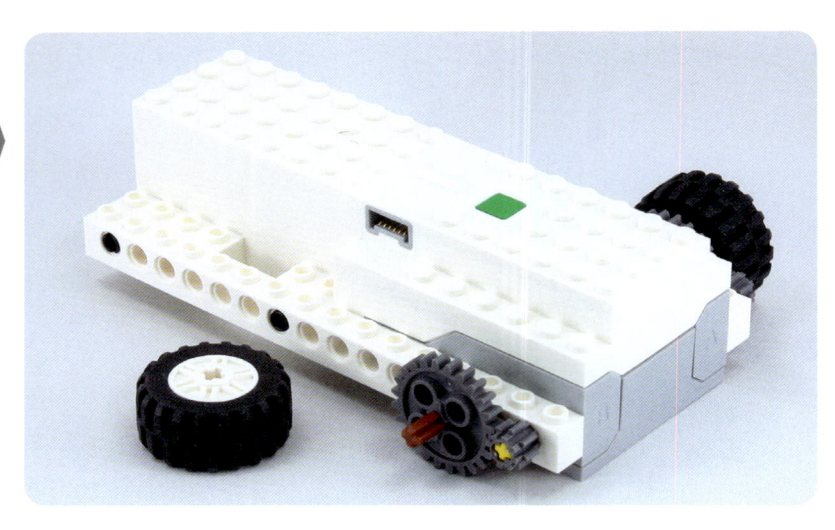

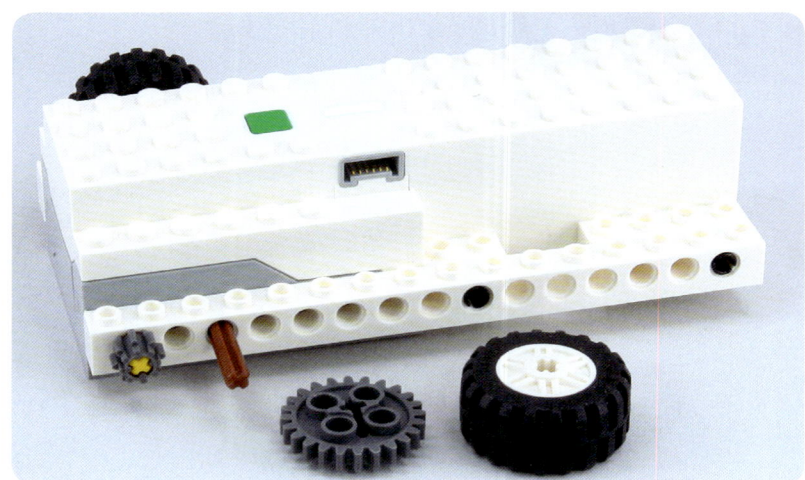

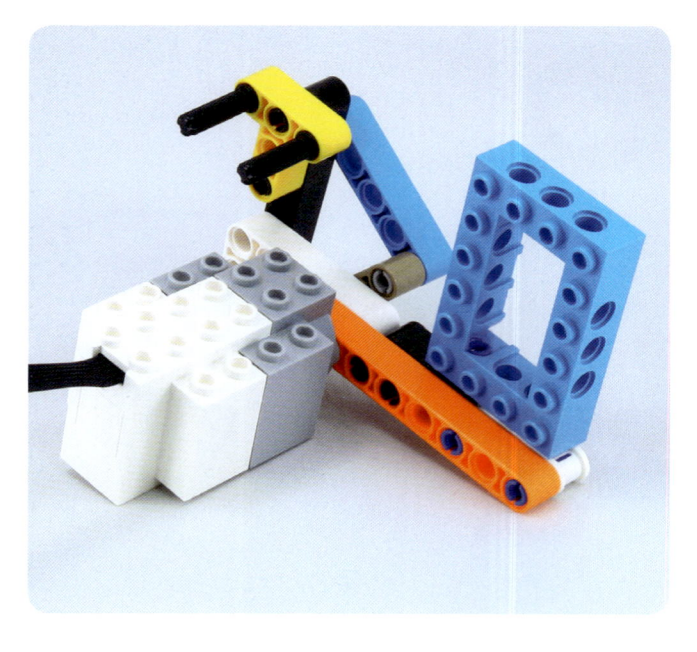

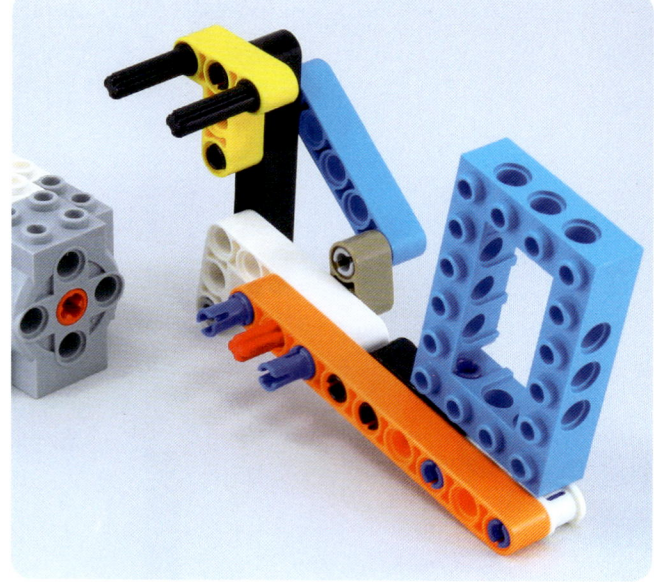

194 Mit einem Stift zeichnen

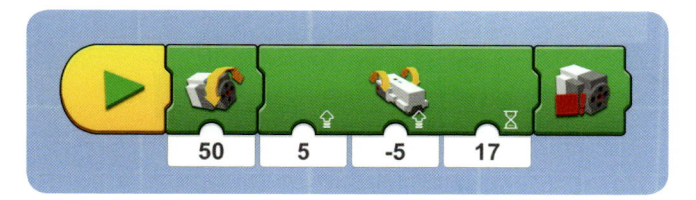

Mit einem Stift zeichnen **195**

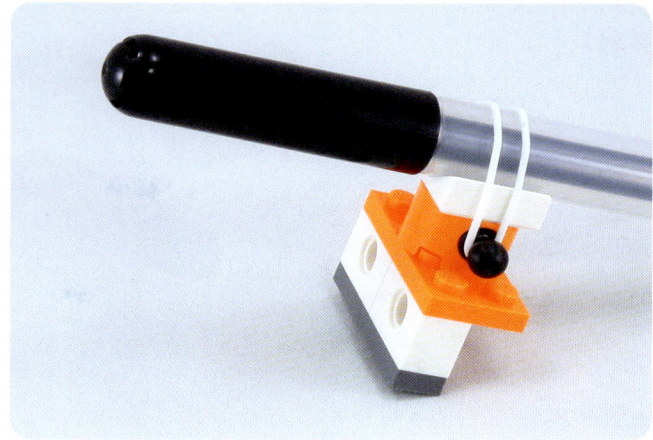

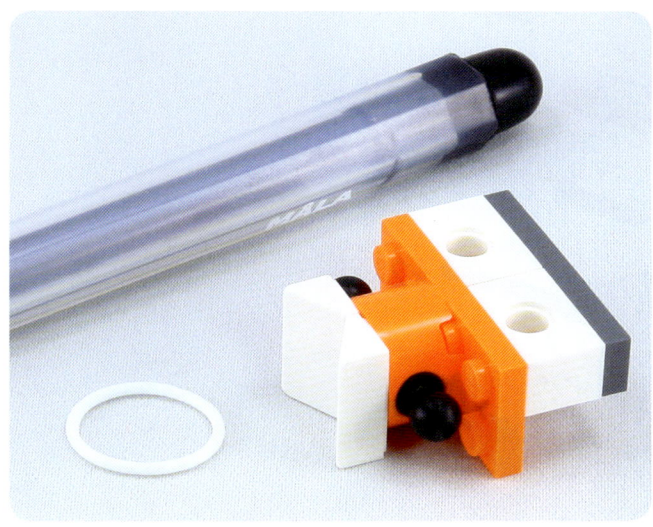

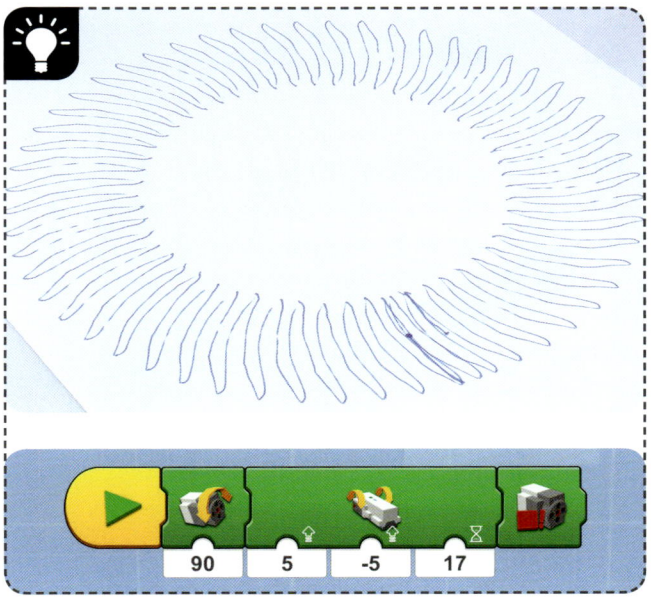

#81

196 Mit einem Stift zeichnen

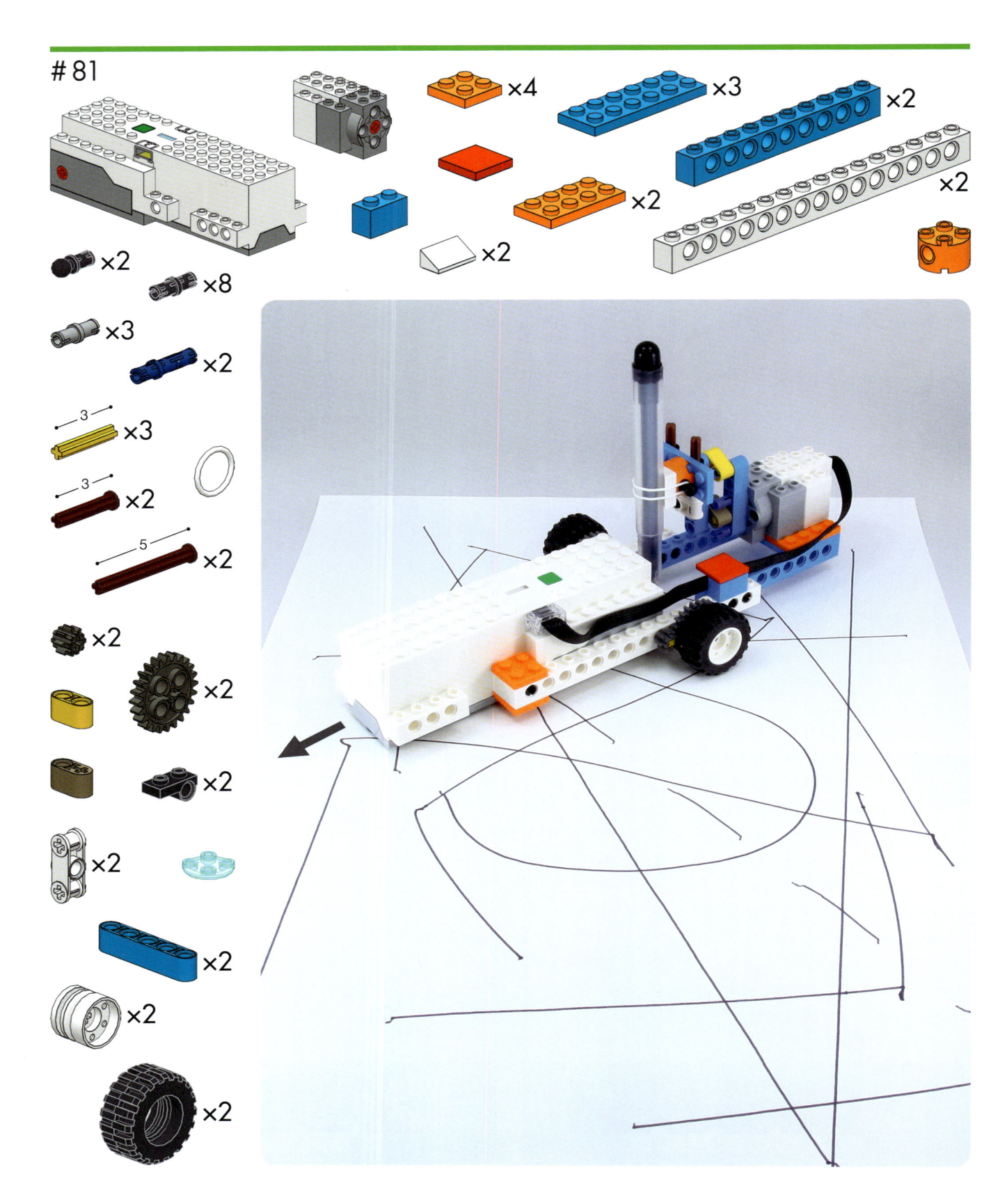

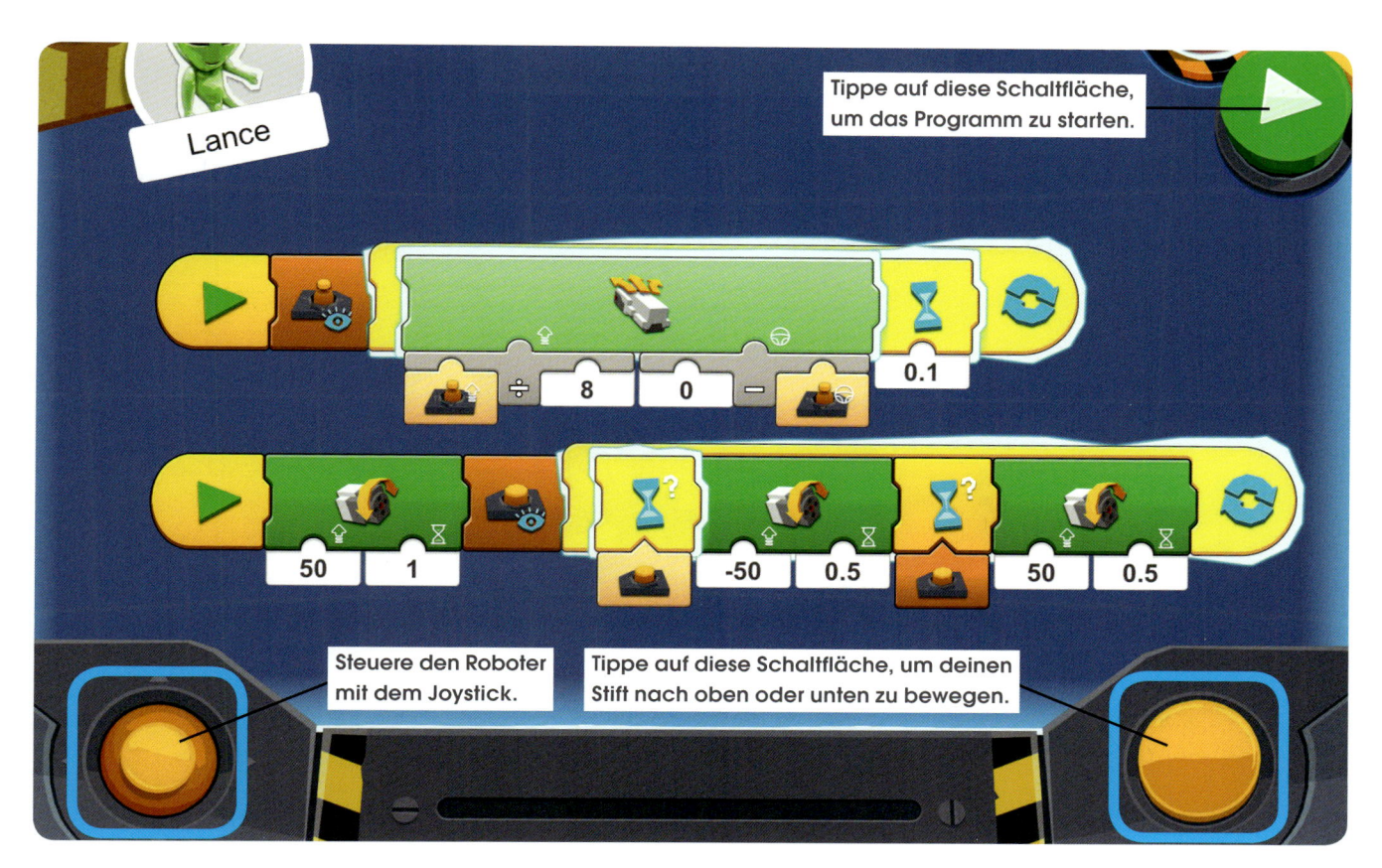

Tippe auf diese Schaltfläche, um das Programm zu starten.

Lance

Steuere den Roboter mit dem Joystick.

Tippe auf diese Schaltfläche, um deinen Stift nach oben oder unten zu bewegen.

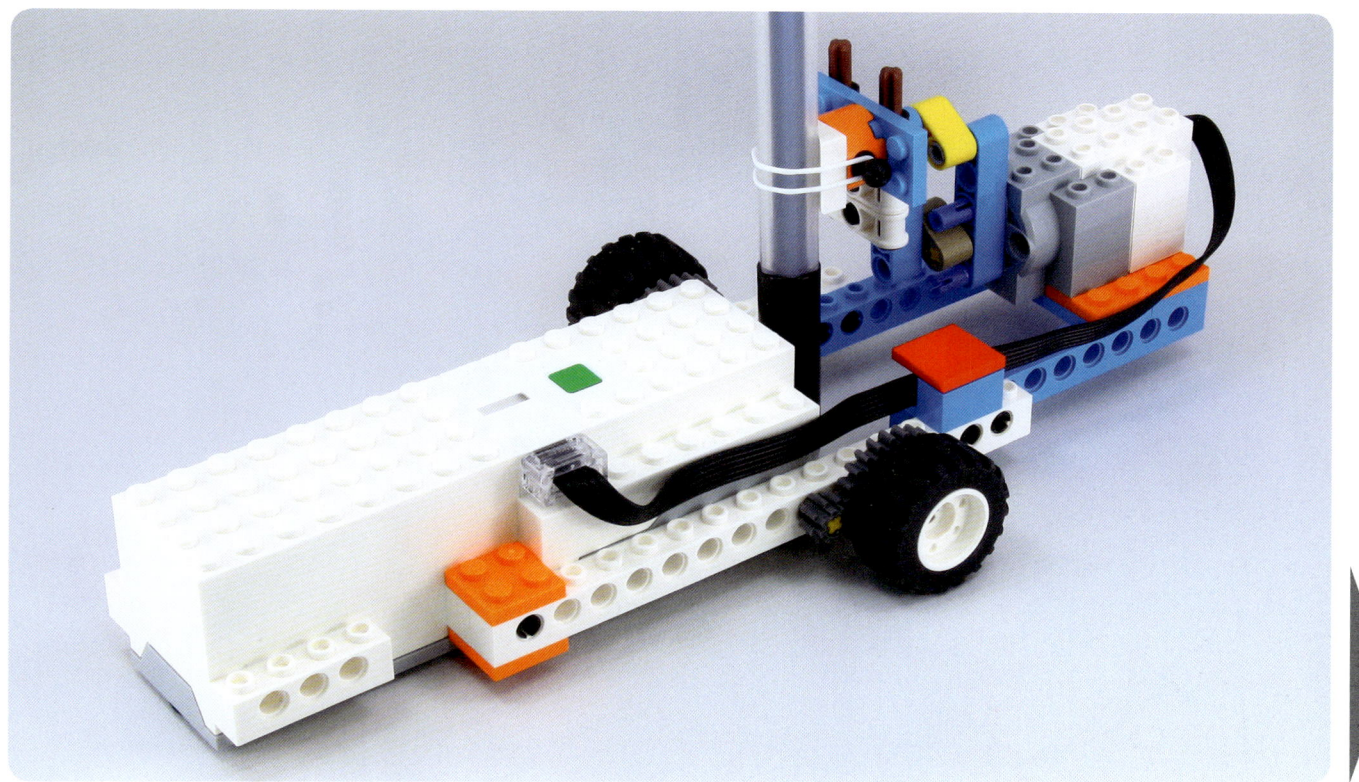

Mit einem Stift zeichnen 197

198 Mit einem Stift zeichnen

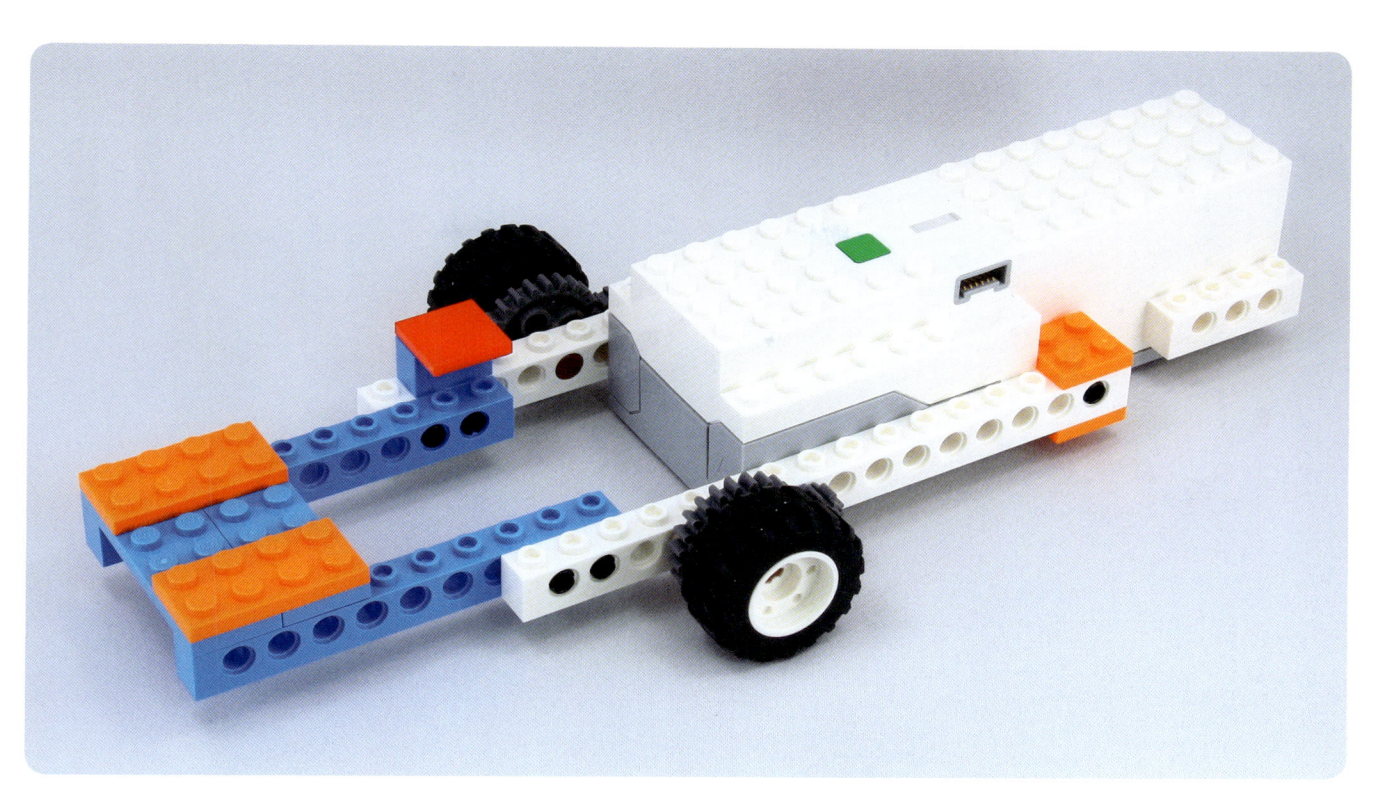

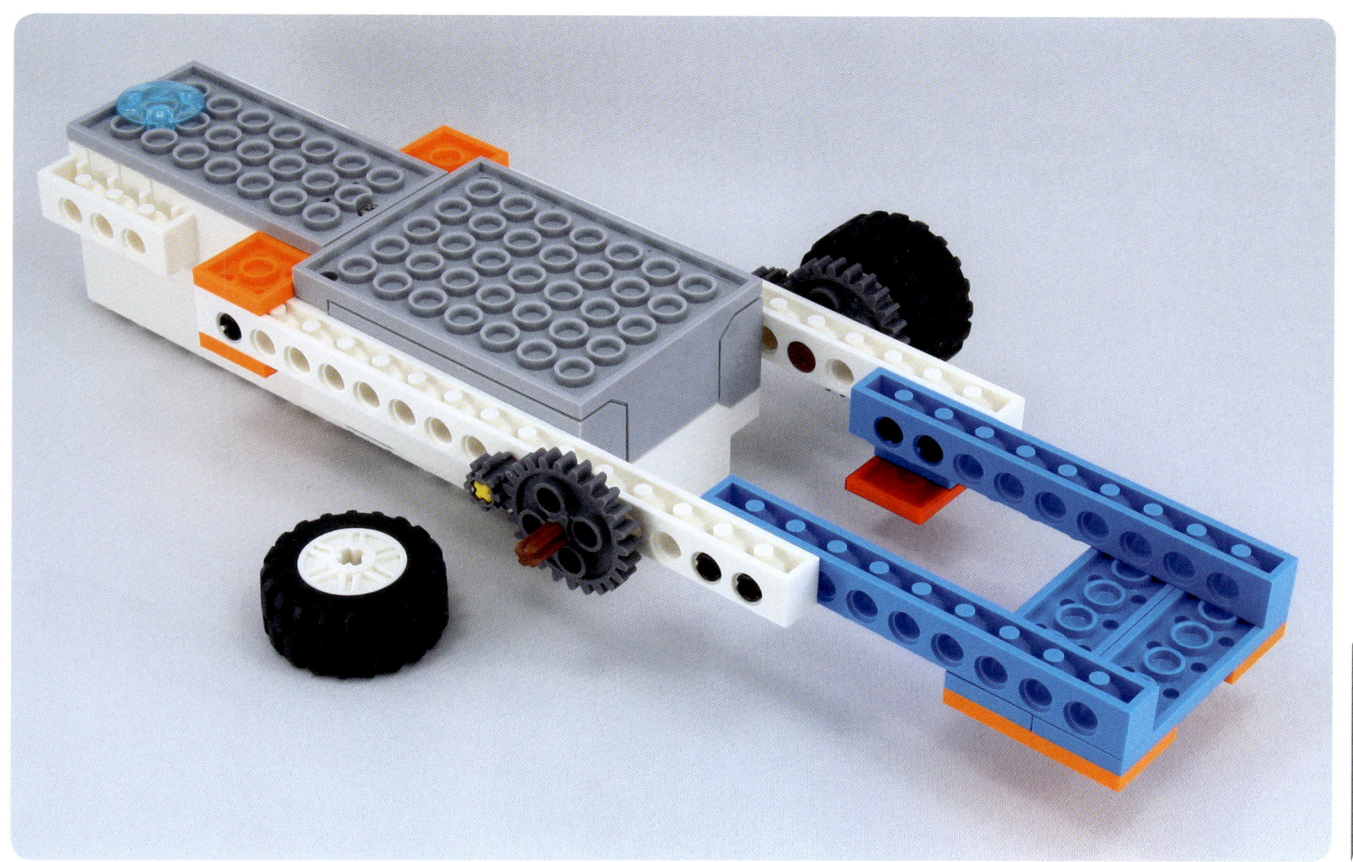

Mit einem Stift zeichnen **199**

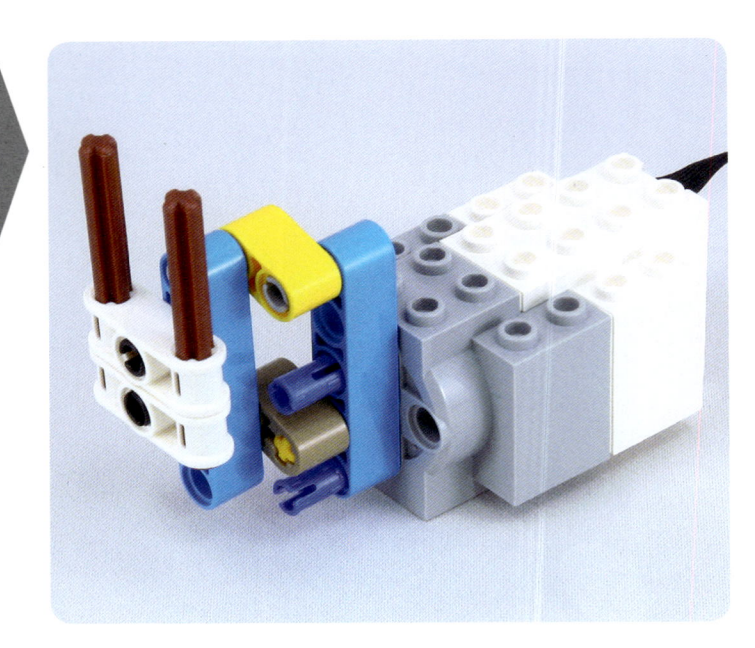

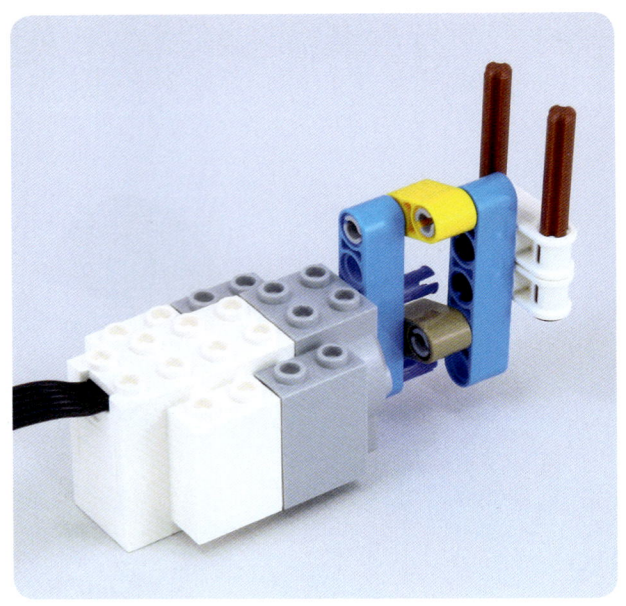

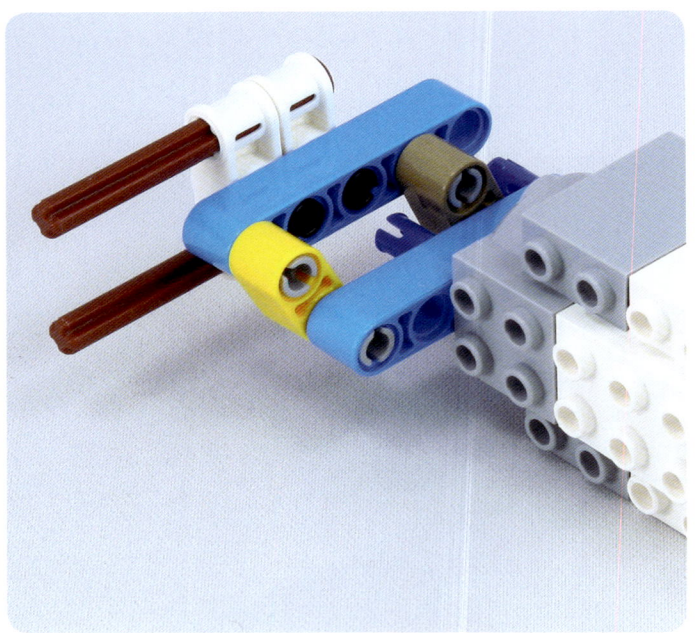

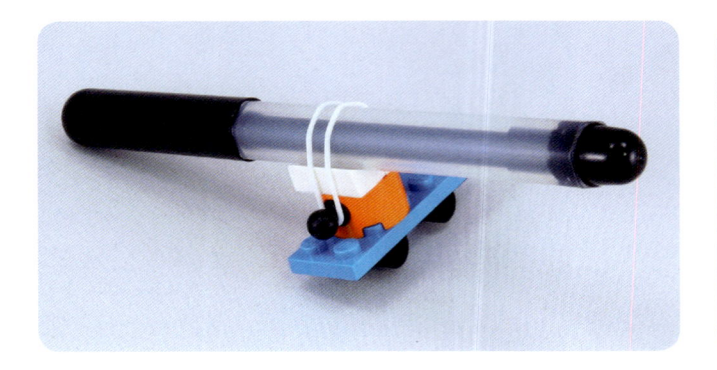

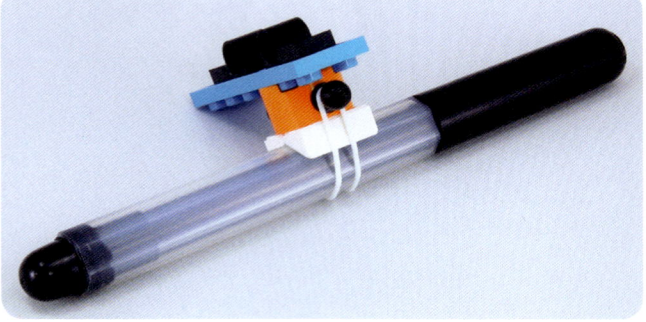

Mit einem Stift zeichnen

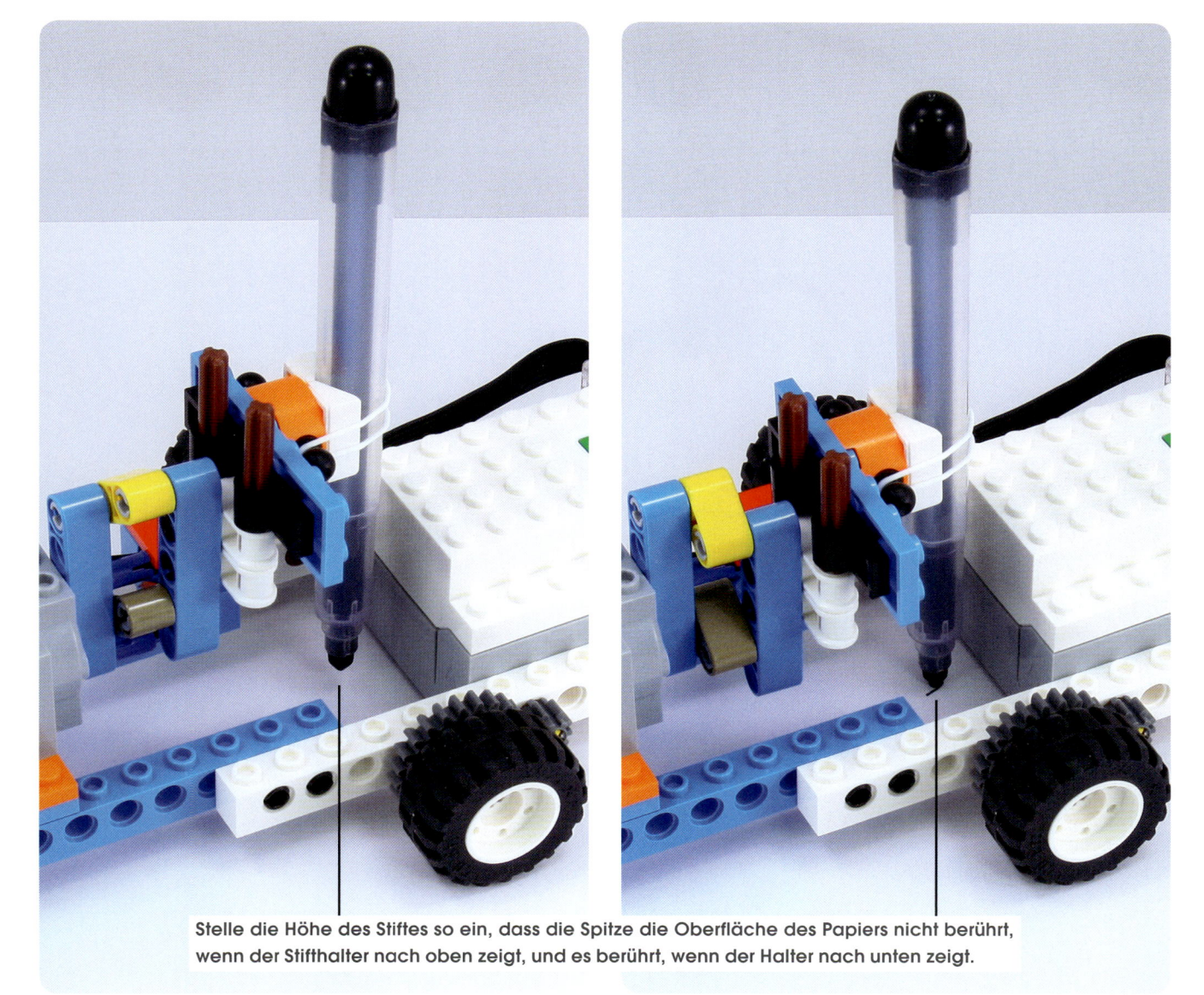

Stelle die Höhe des Stiftes so ein, dass die Spitze die Oberfläche des Papiers nicht berührt, wenn der Stifthalter nach oben zeigt, und es berührt, wenn der Halter nach unten zeigt.

Mit einem Stift zeichnen

#82

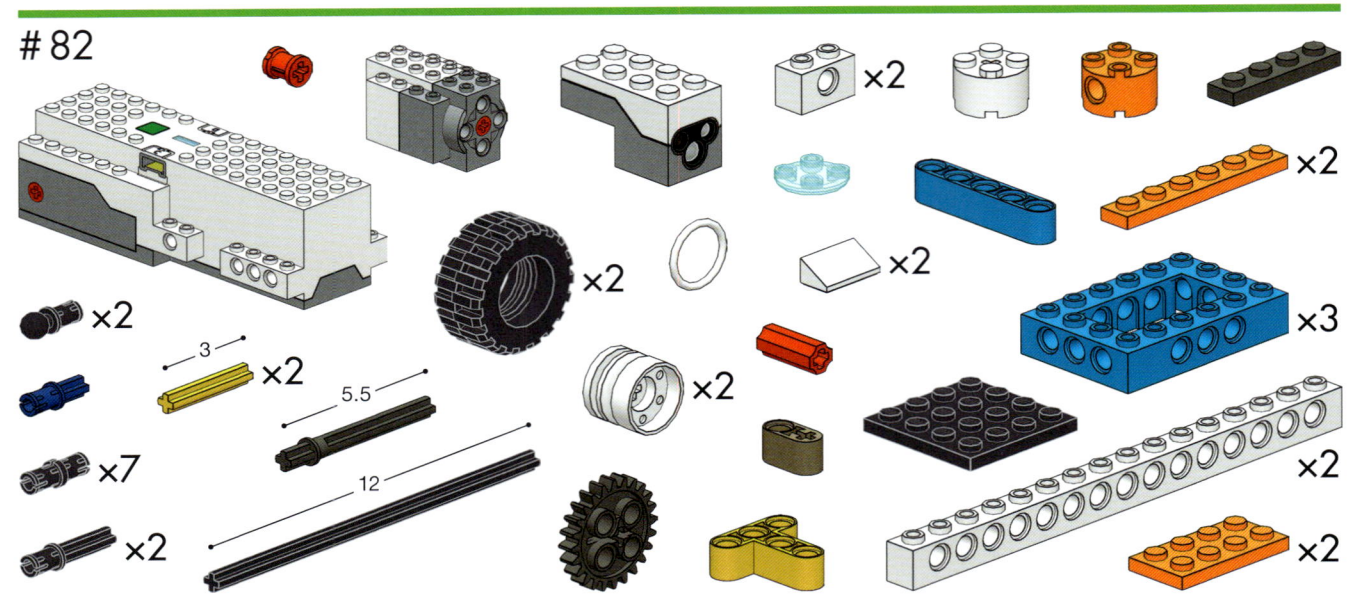

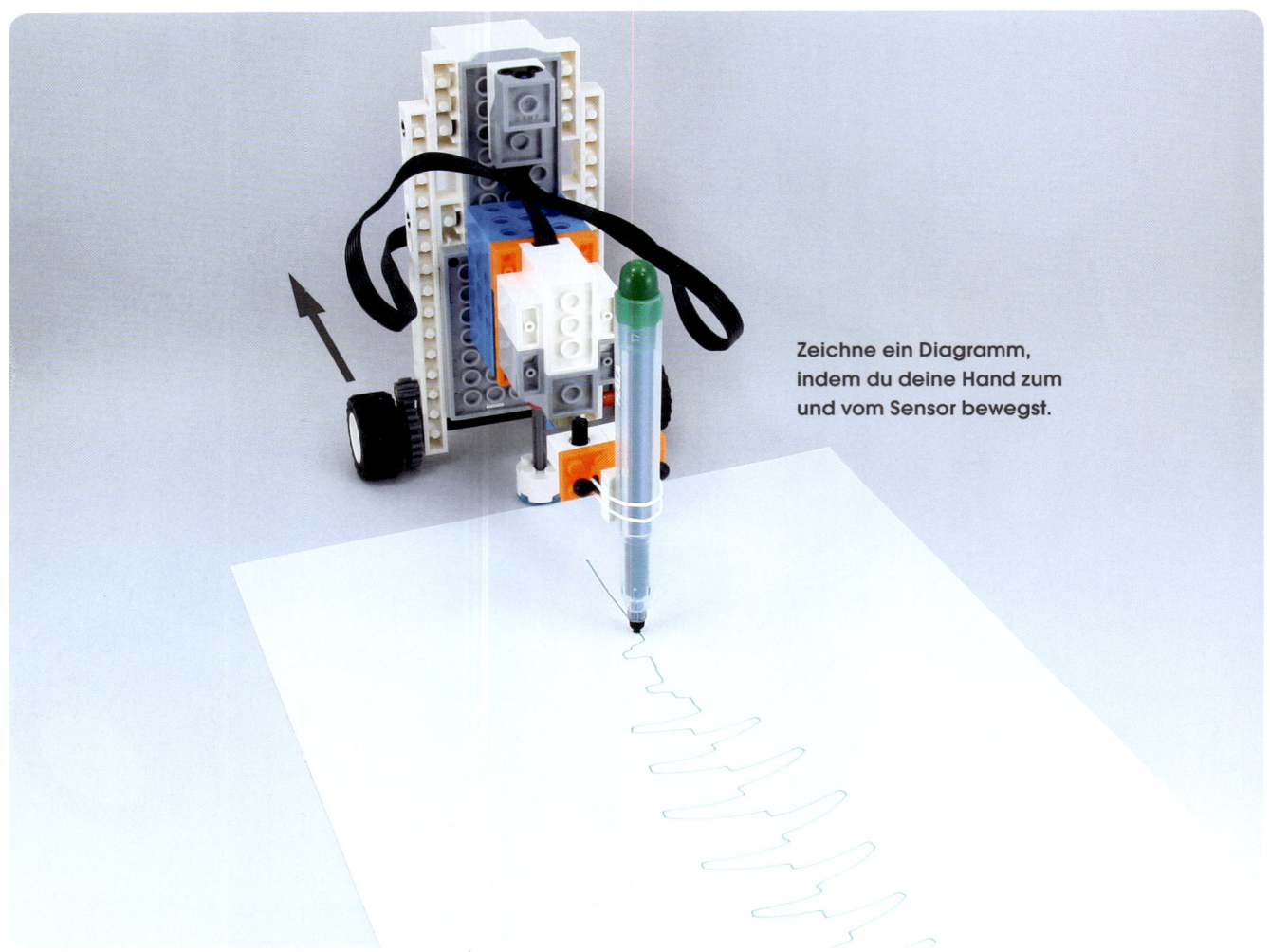

Zeichne ein Diagramm, indem du deine Hand zum und vom Sensor bewegst.

202 Mit einem Stift zeichnen

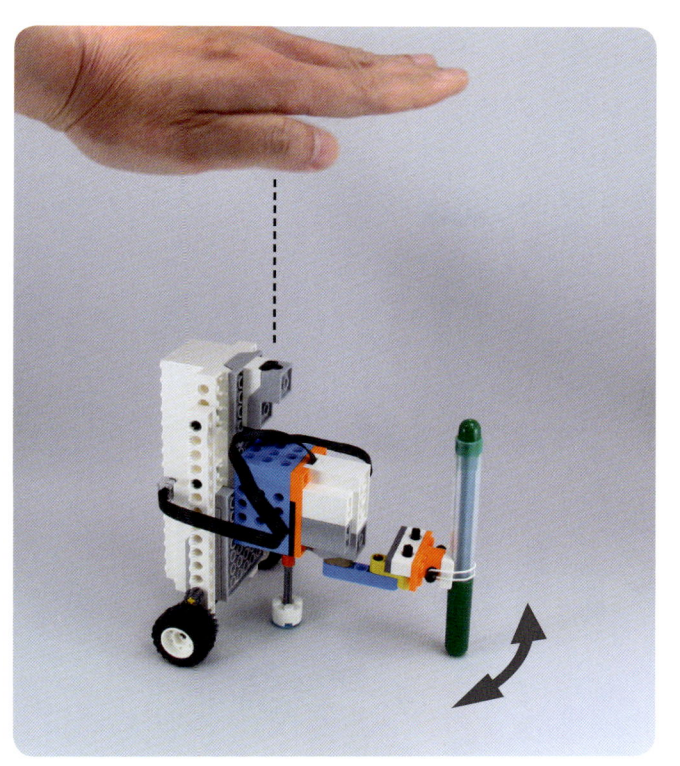

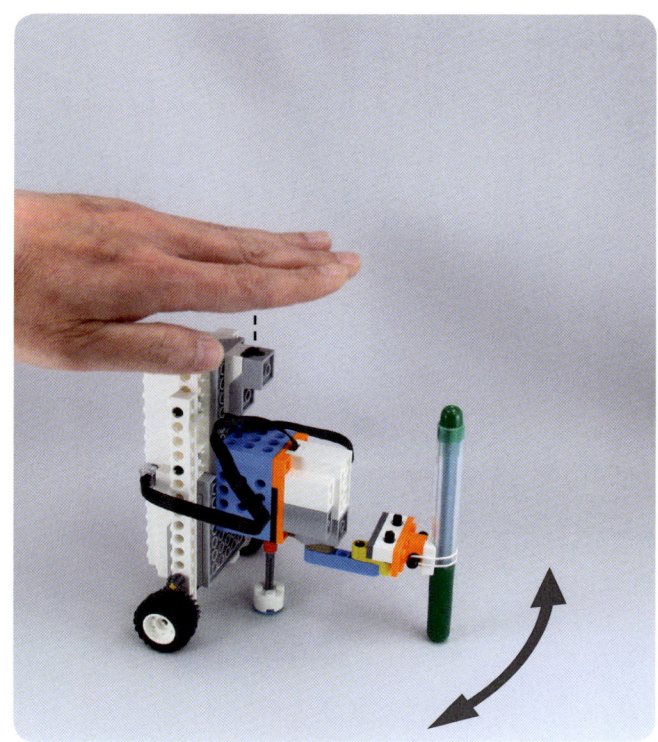

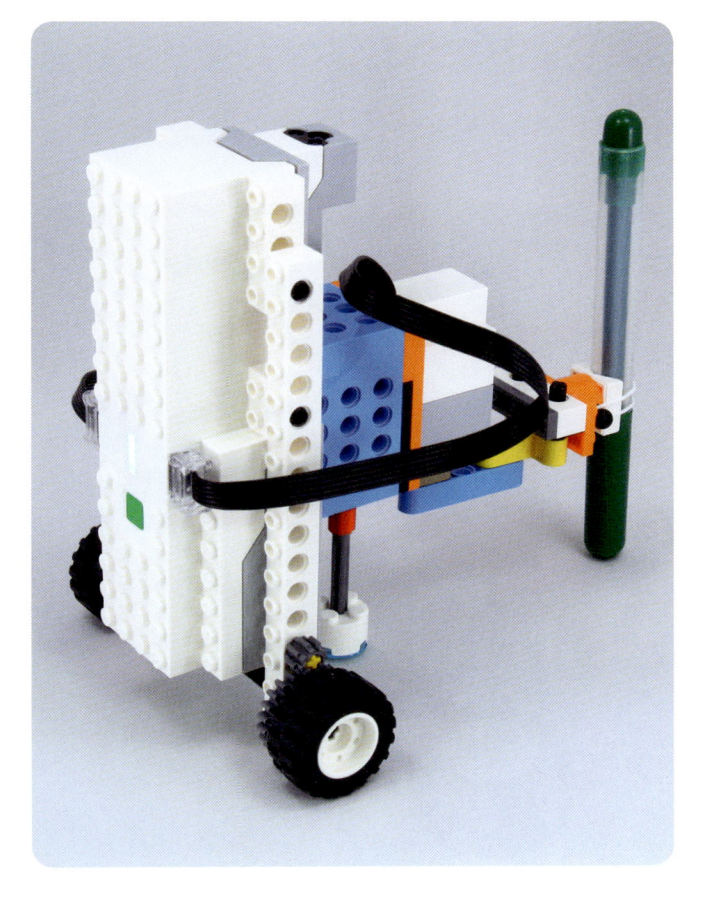

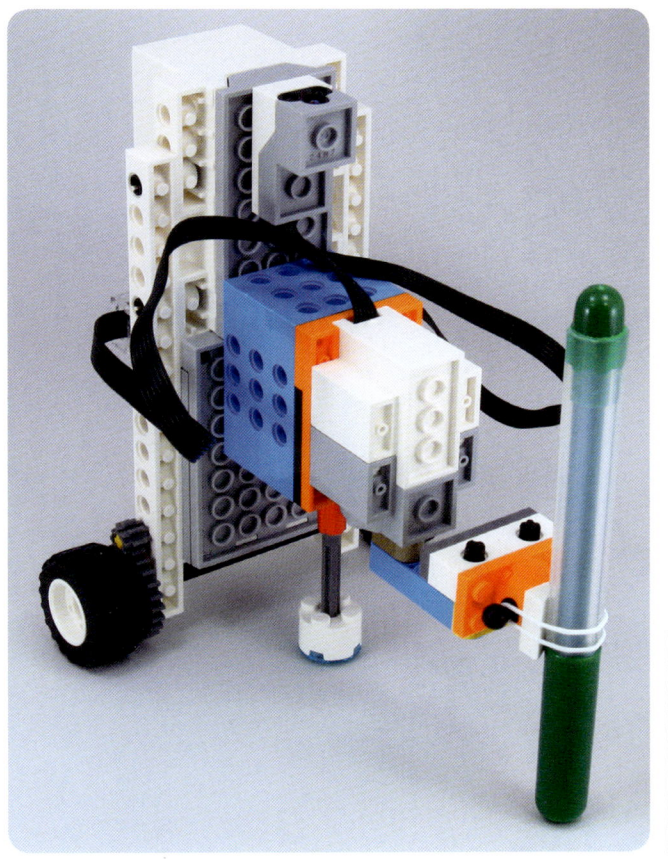

Mit einem Stift zeichnen **203**

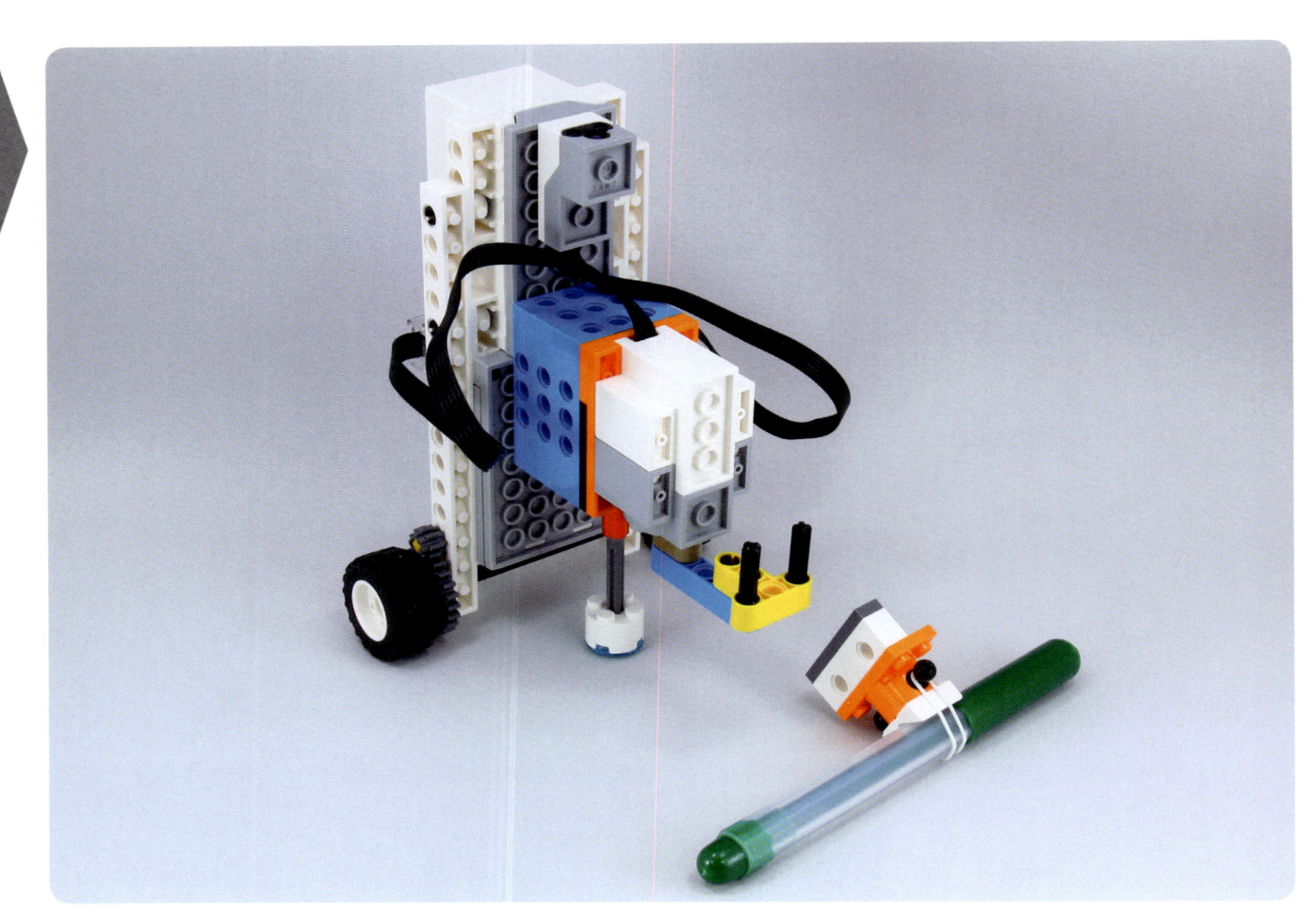

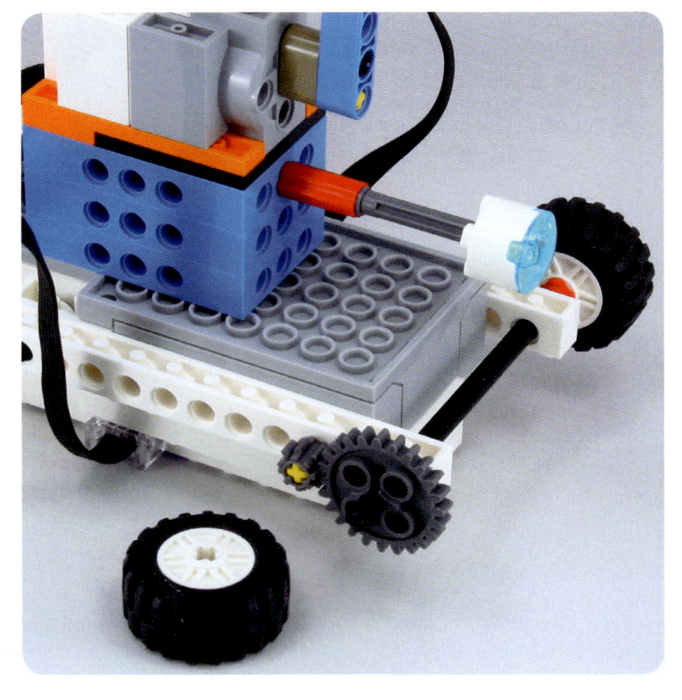

204   Mit einem Stift zeichnen

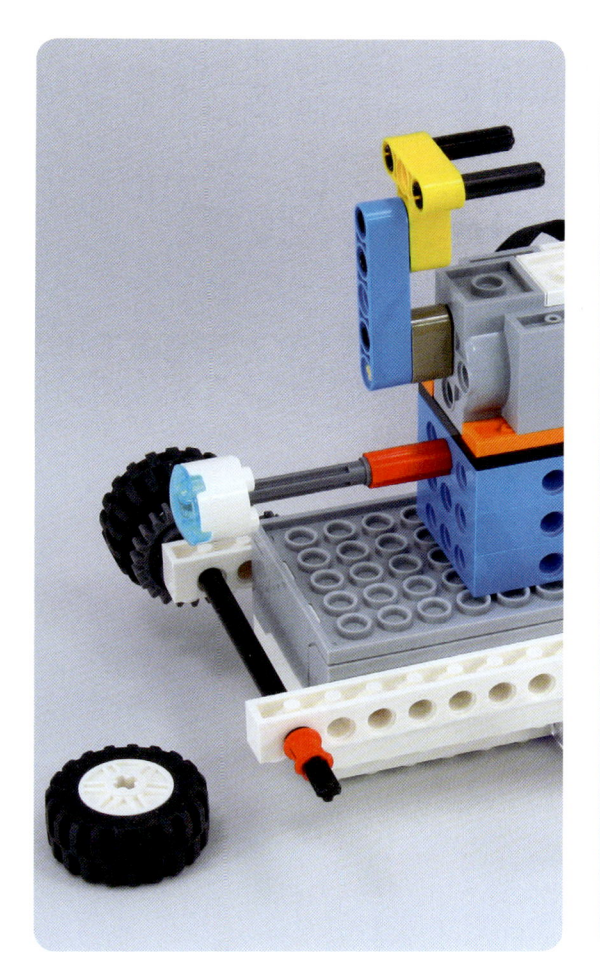

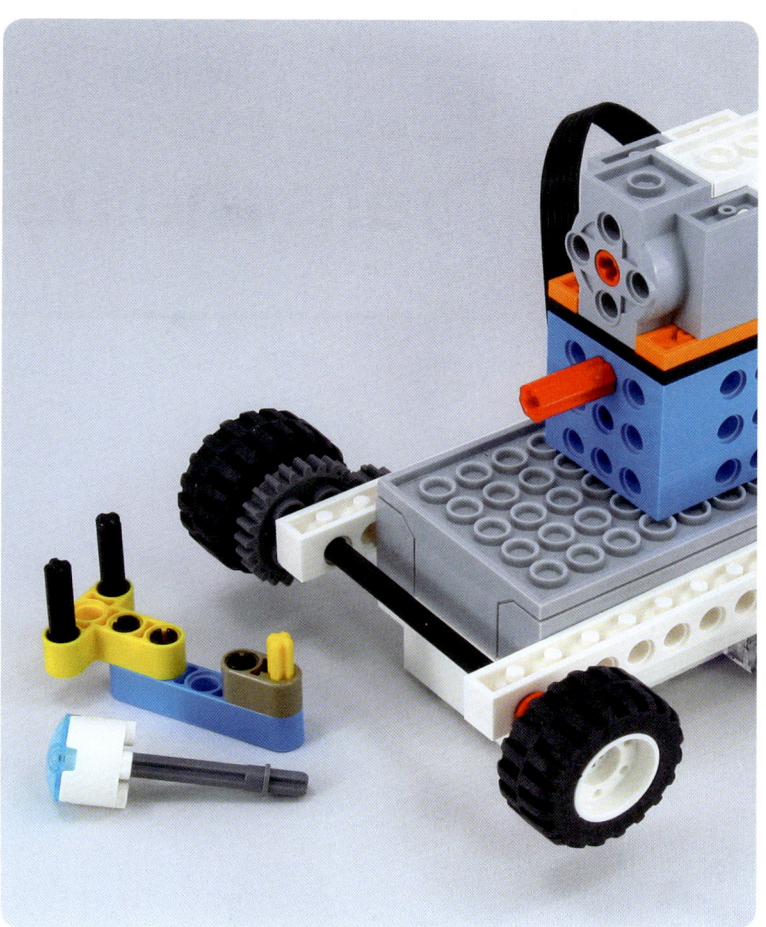

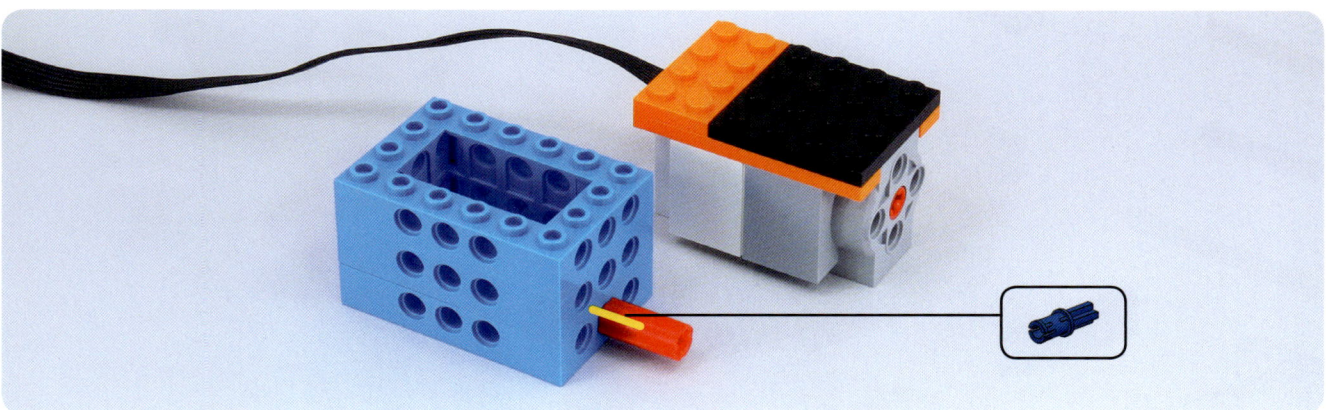

Mit einem Stift zeichnen **205**

Drehscheiben einsetzen

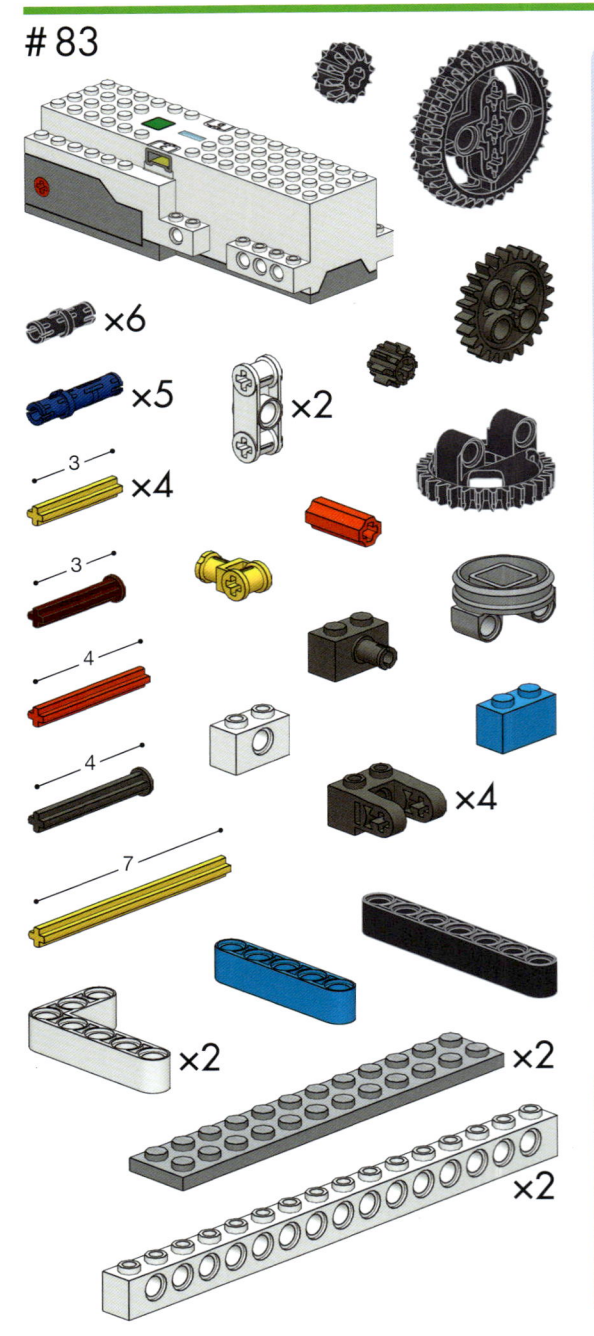

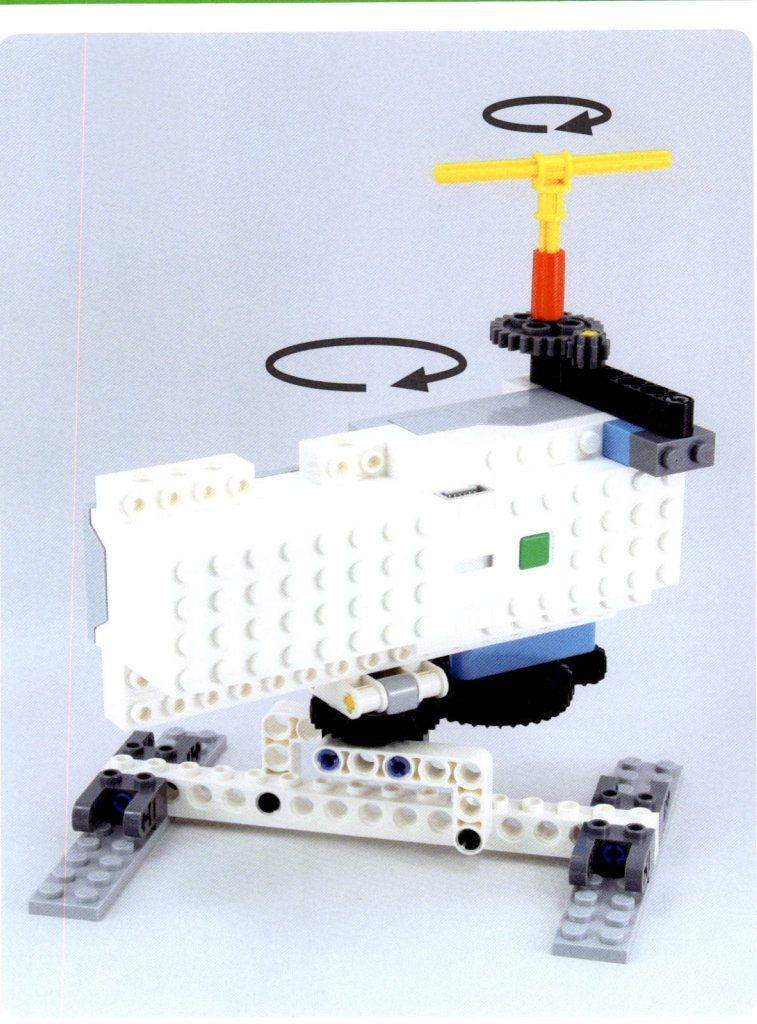

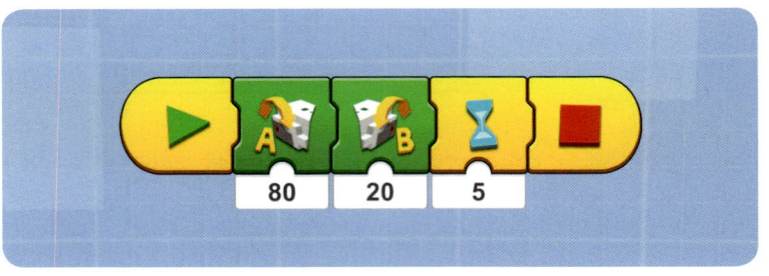

#83

Drehscheiben einsetzen **207**

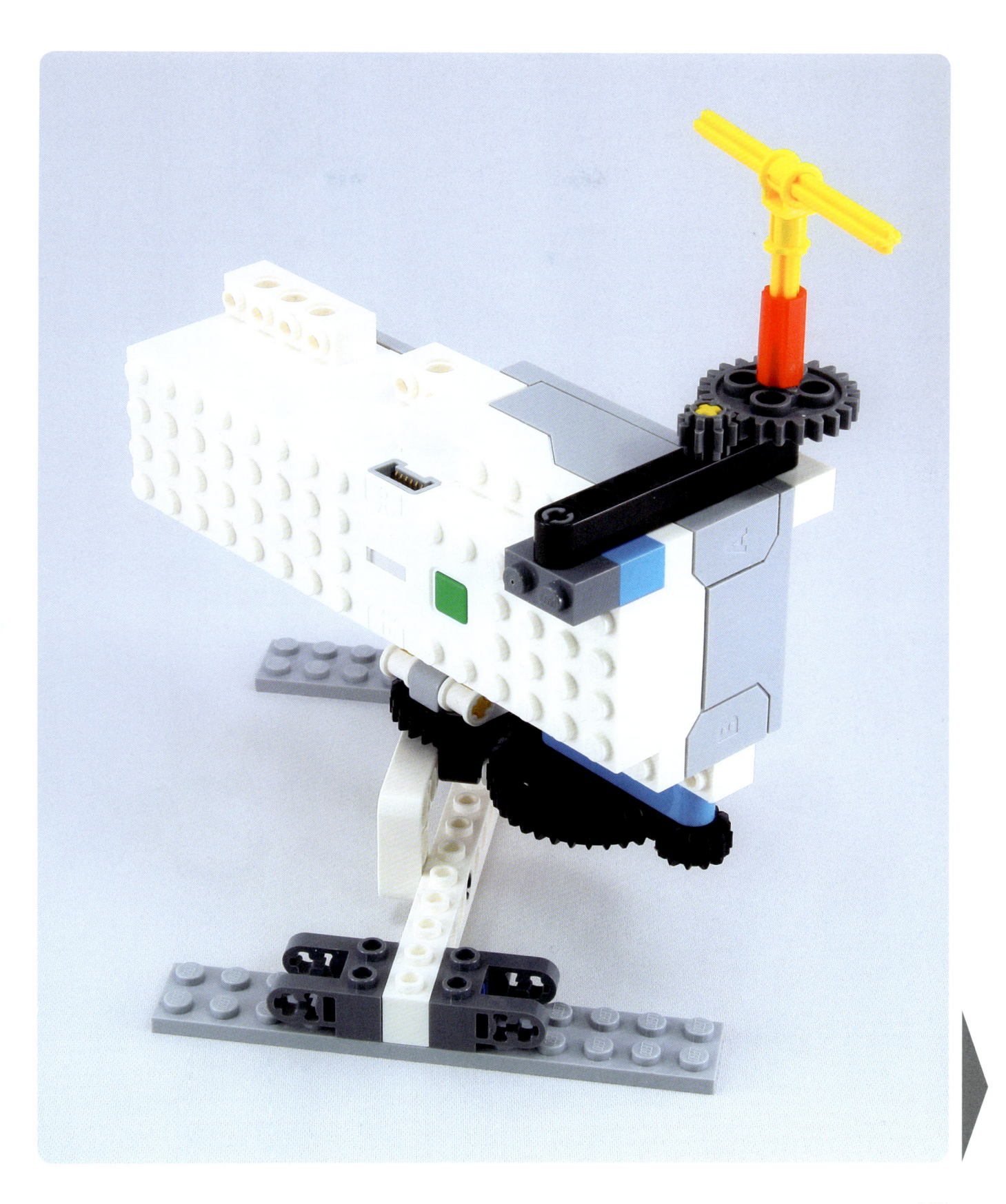

Drehscheiben einsetzen

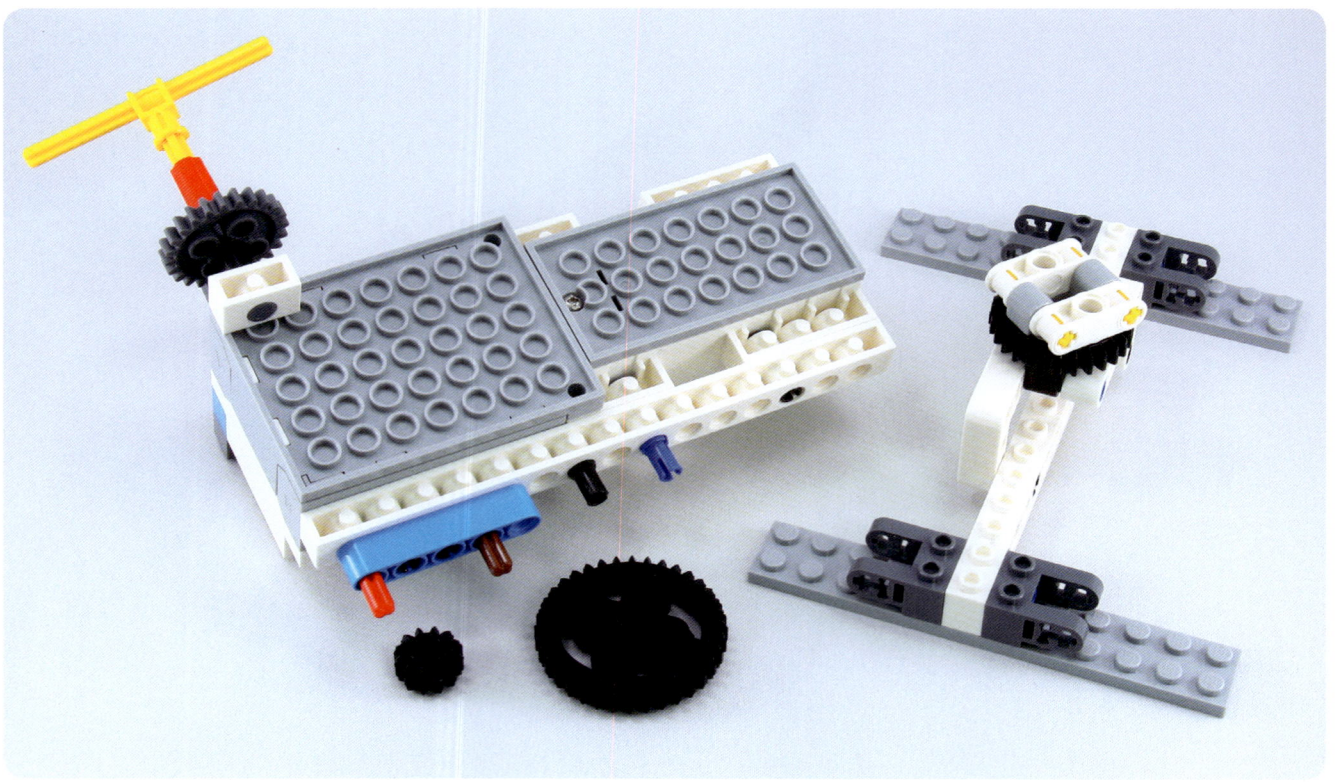

Drehscheiben einsetzen **209**

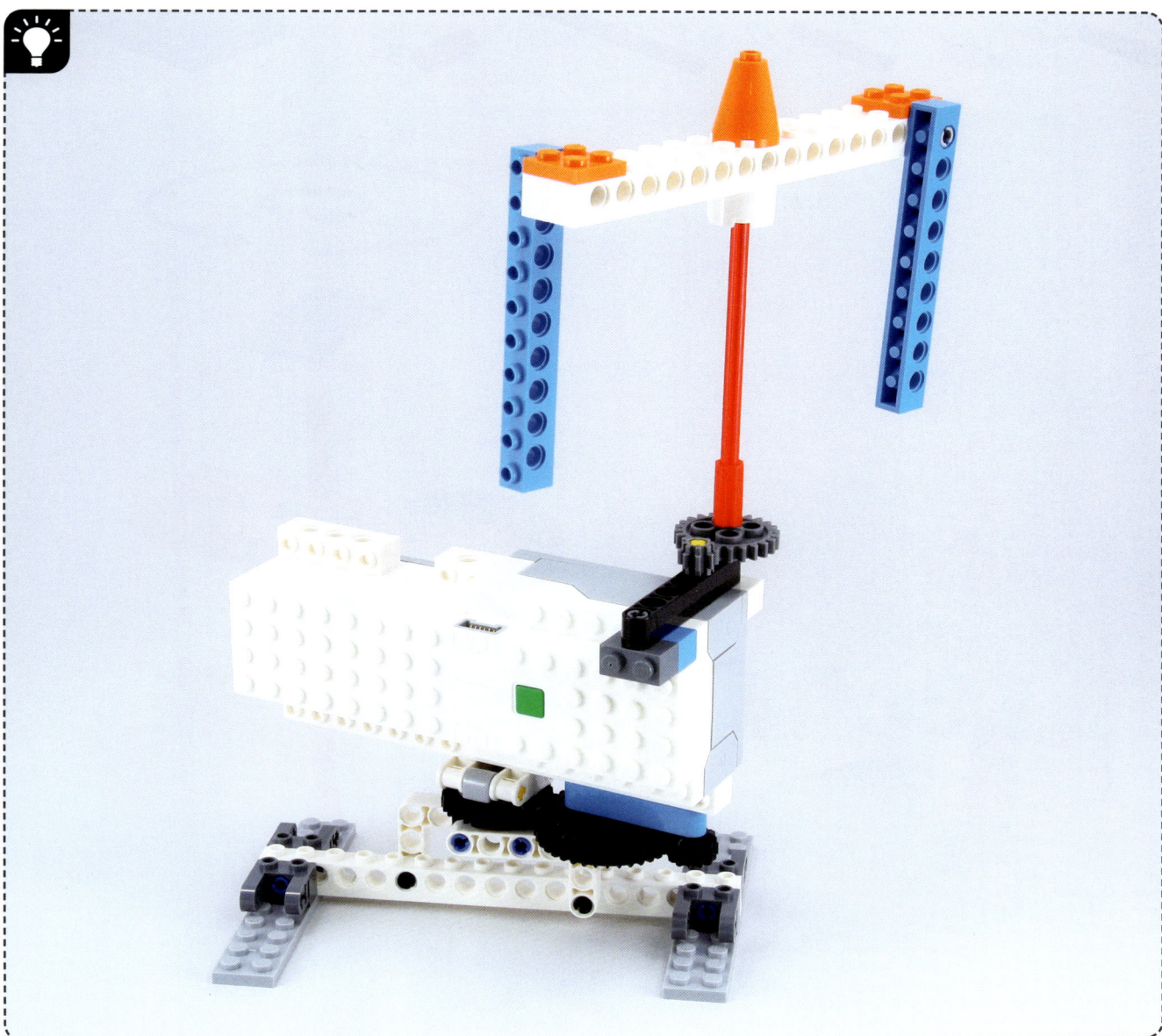

#84

210 Drehscheiben einsetzen

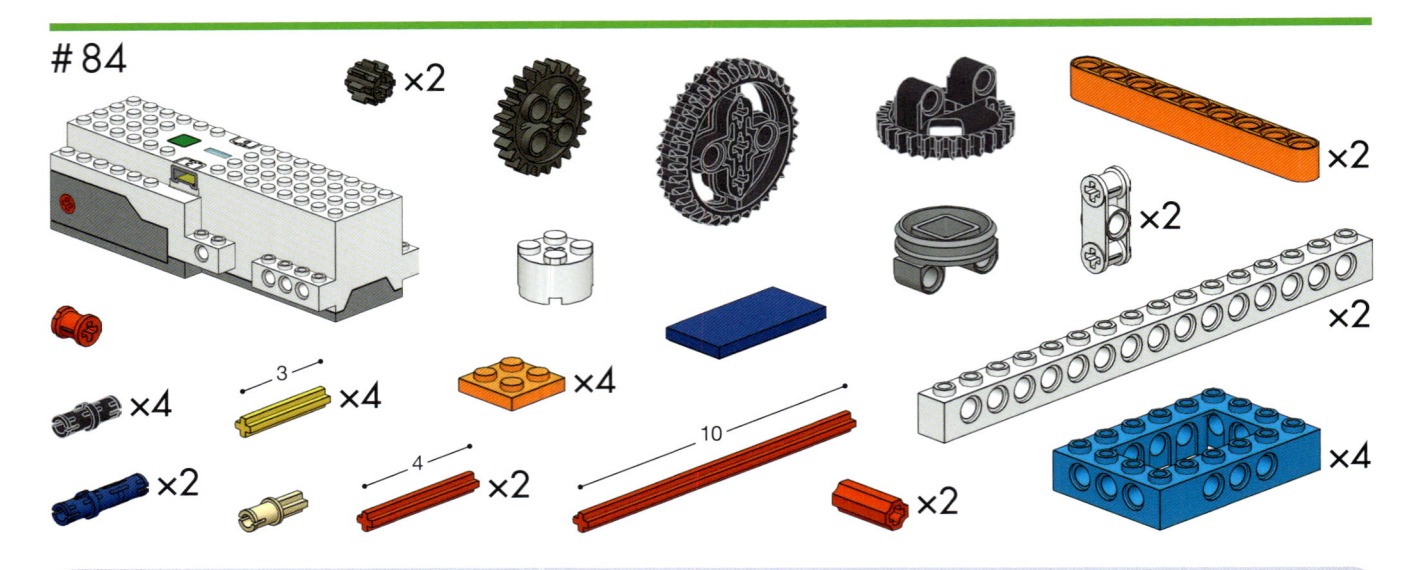

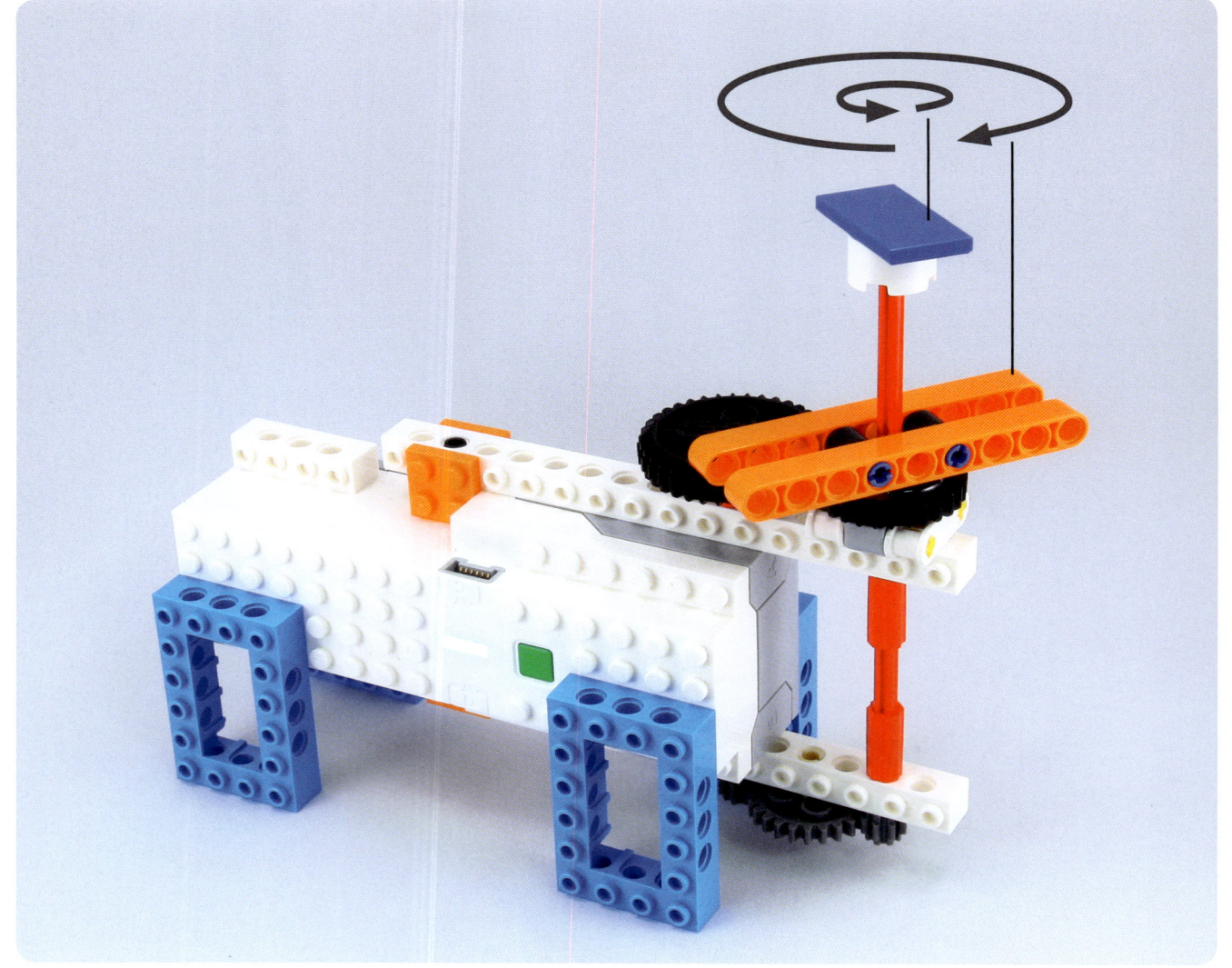

Drehscheiben einsetzen **211**

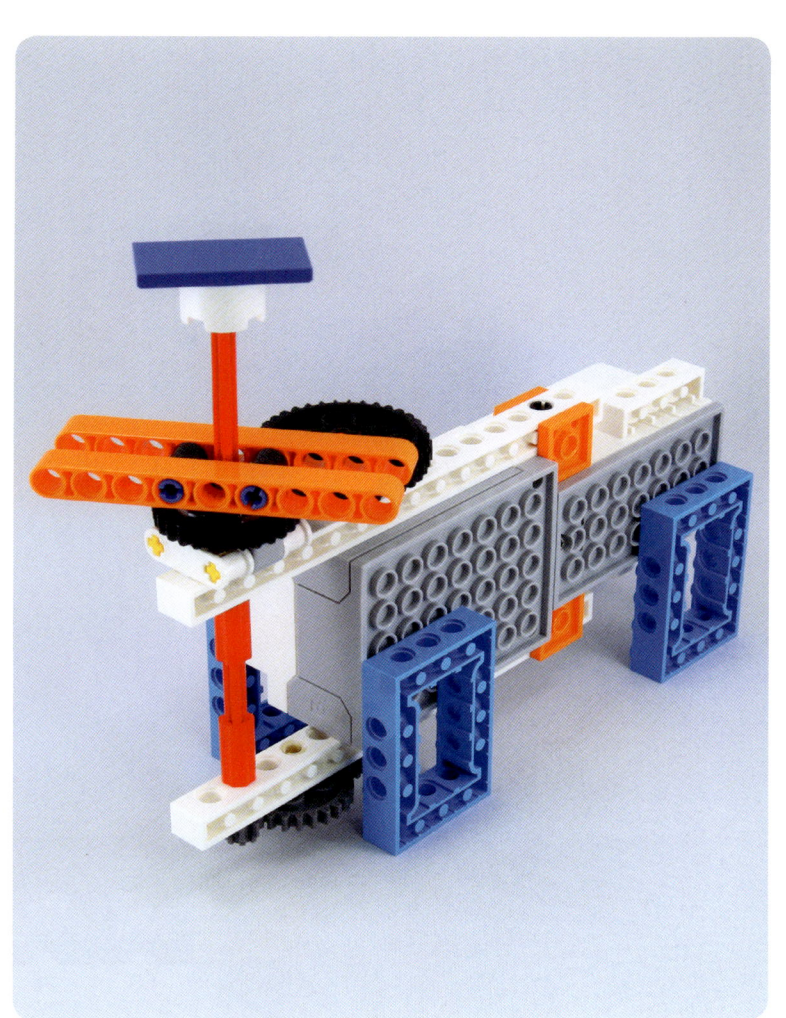

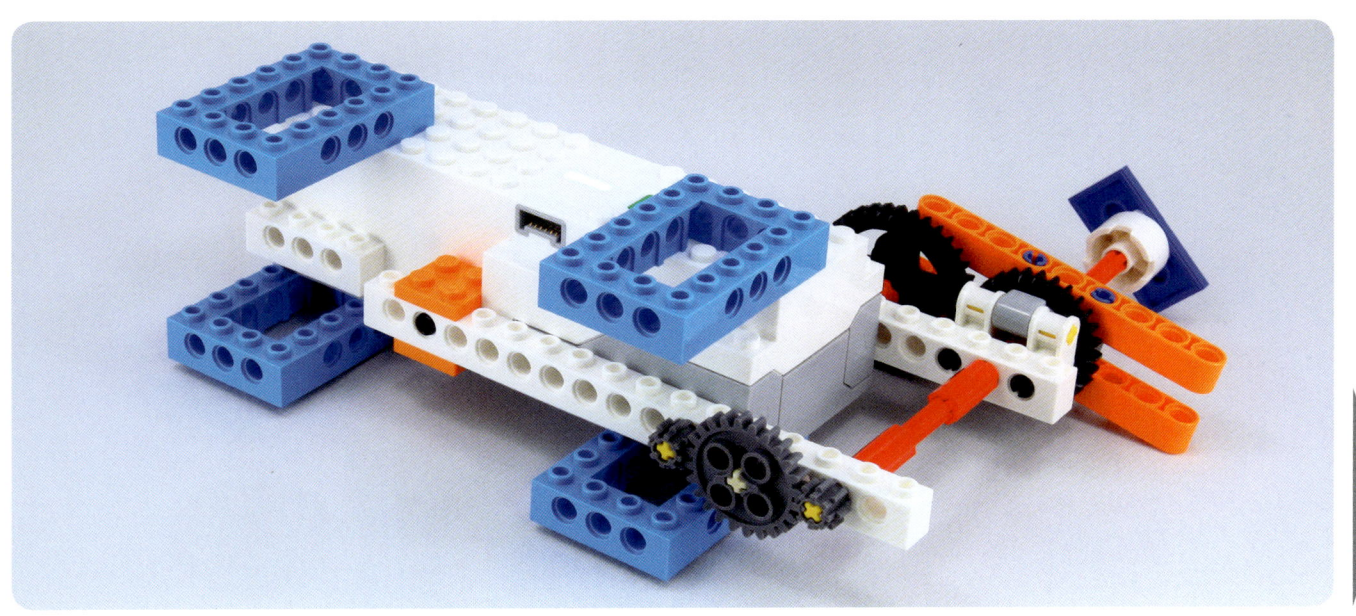

212 Drehscheiben einsetzen

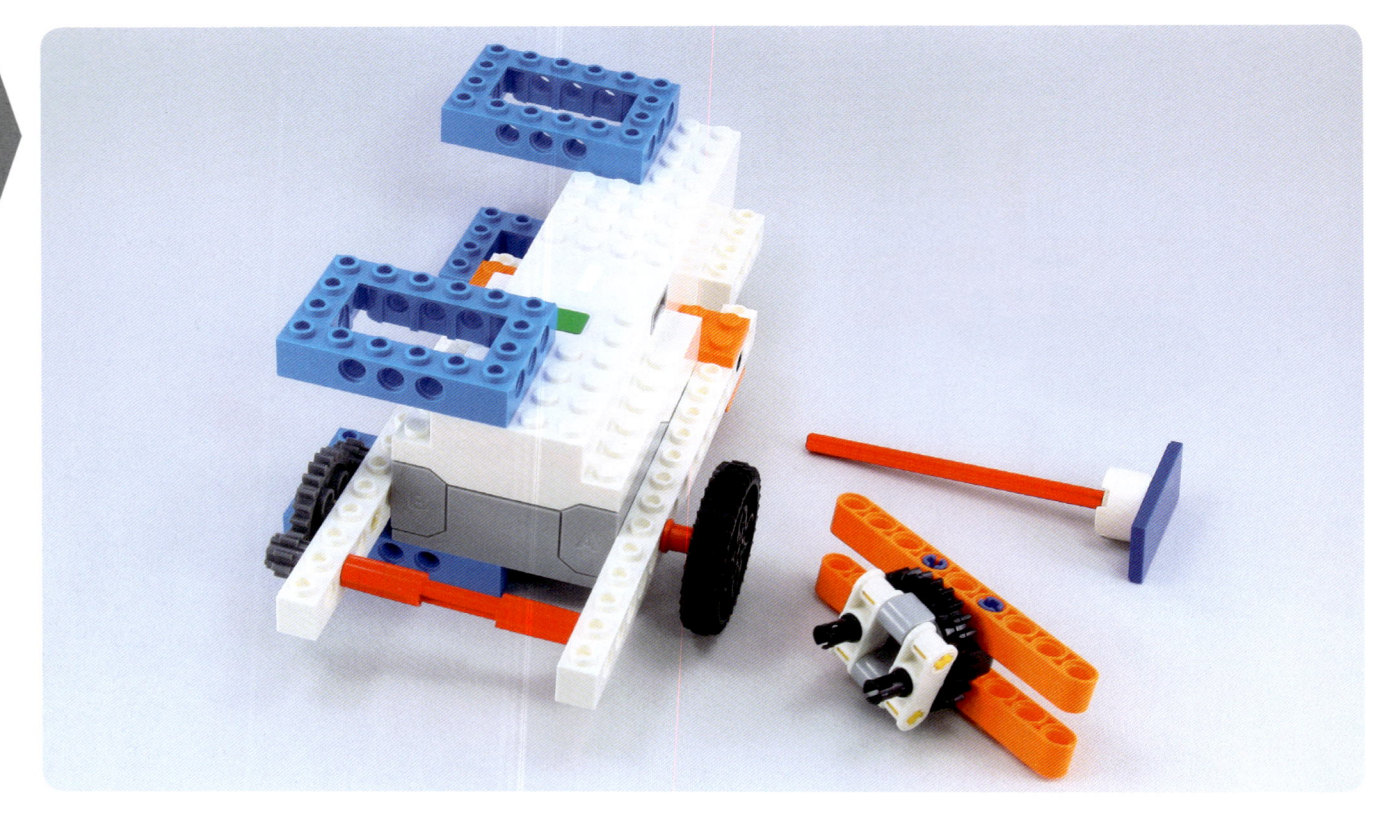

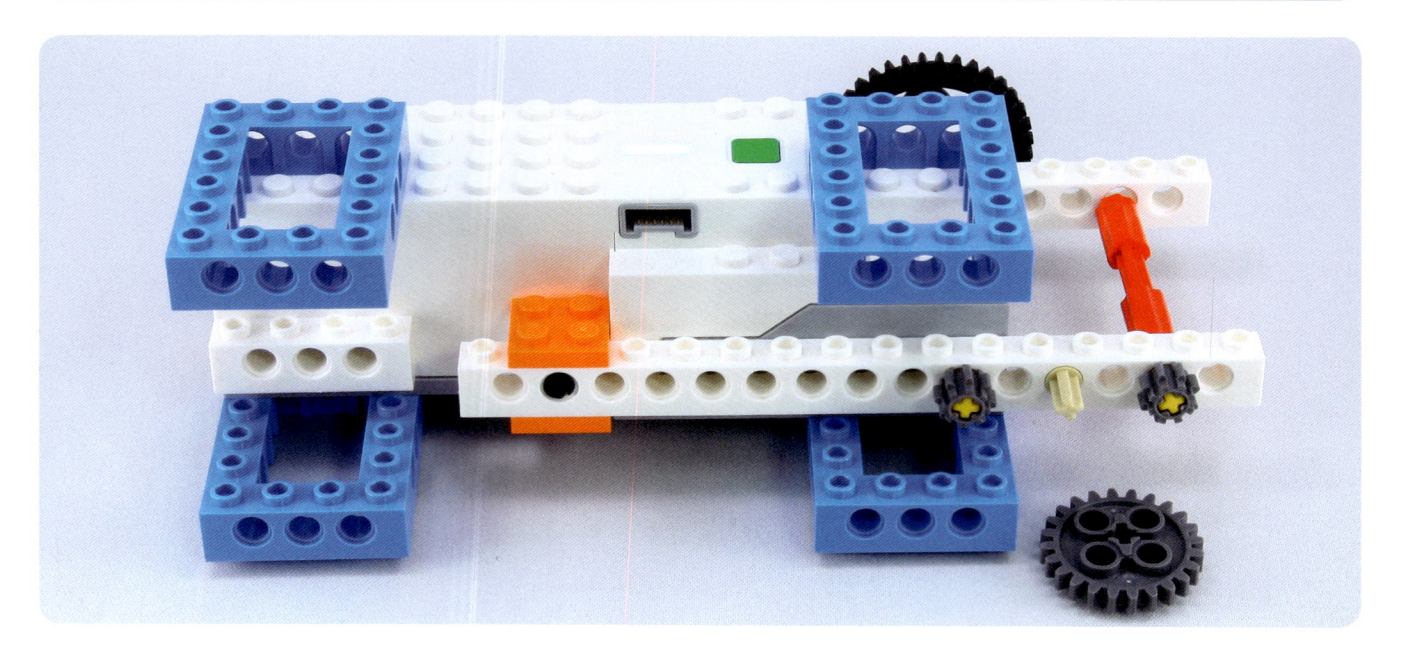

Drehscheiben einsetzen **213**

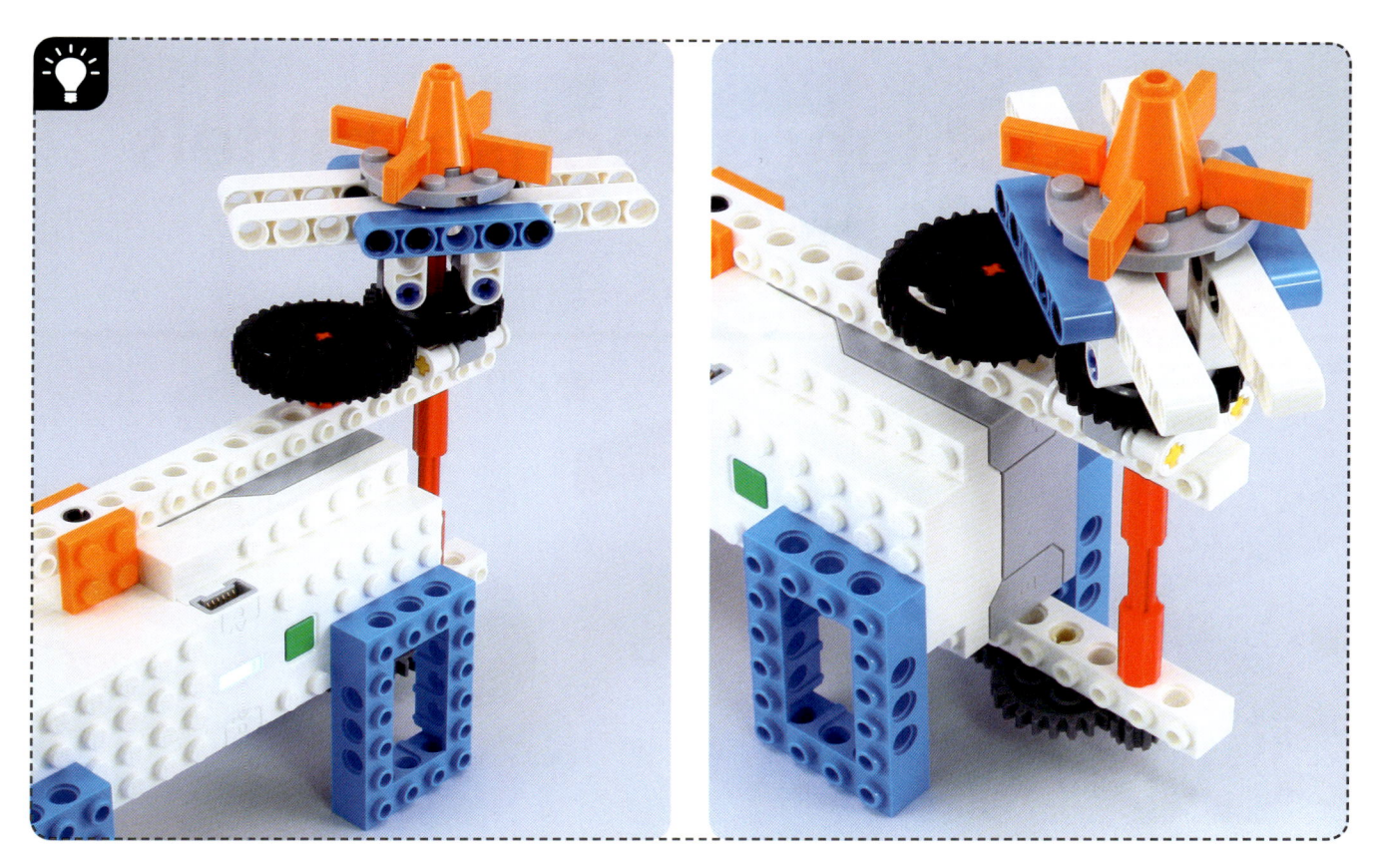

Richtungswechsel mittels Lenkung

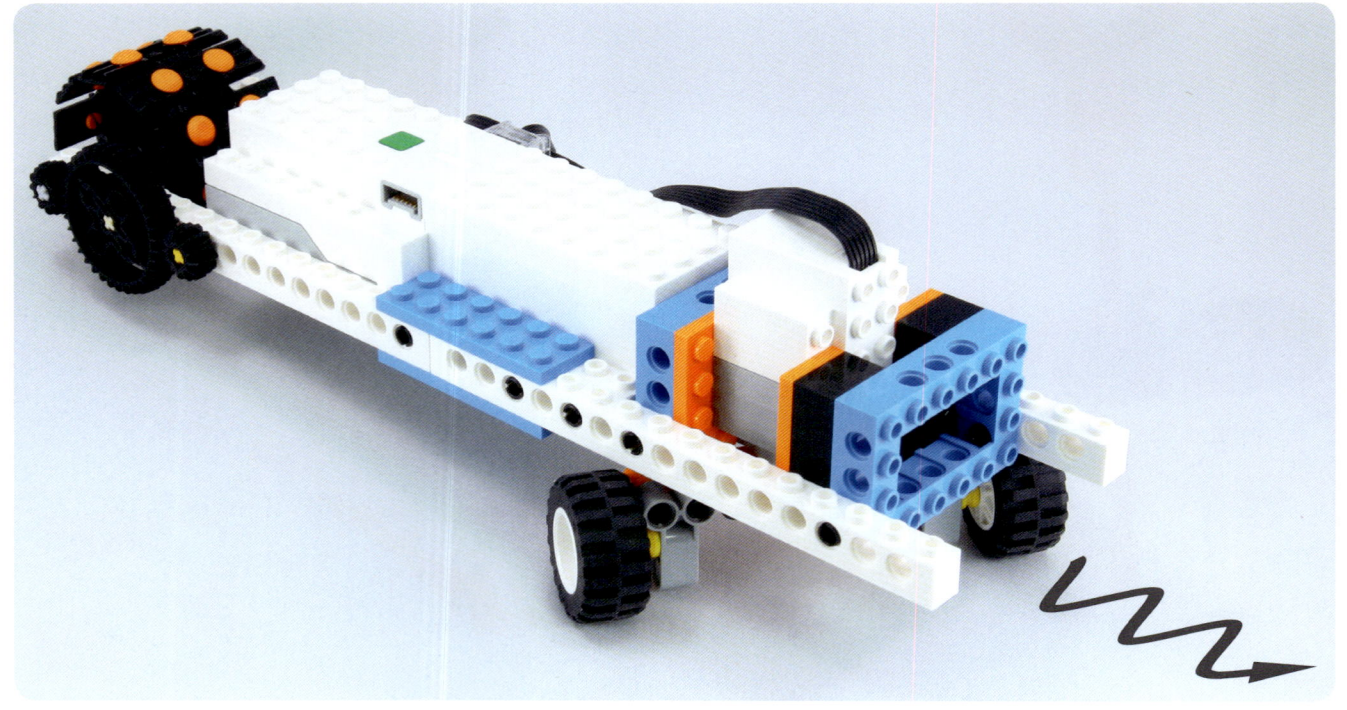

#85

214

Richtungswechsel mittels Lenkung **215**

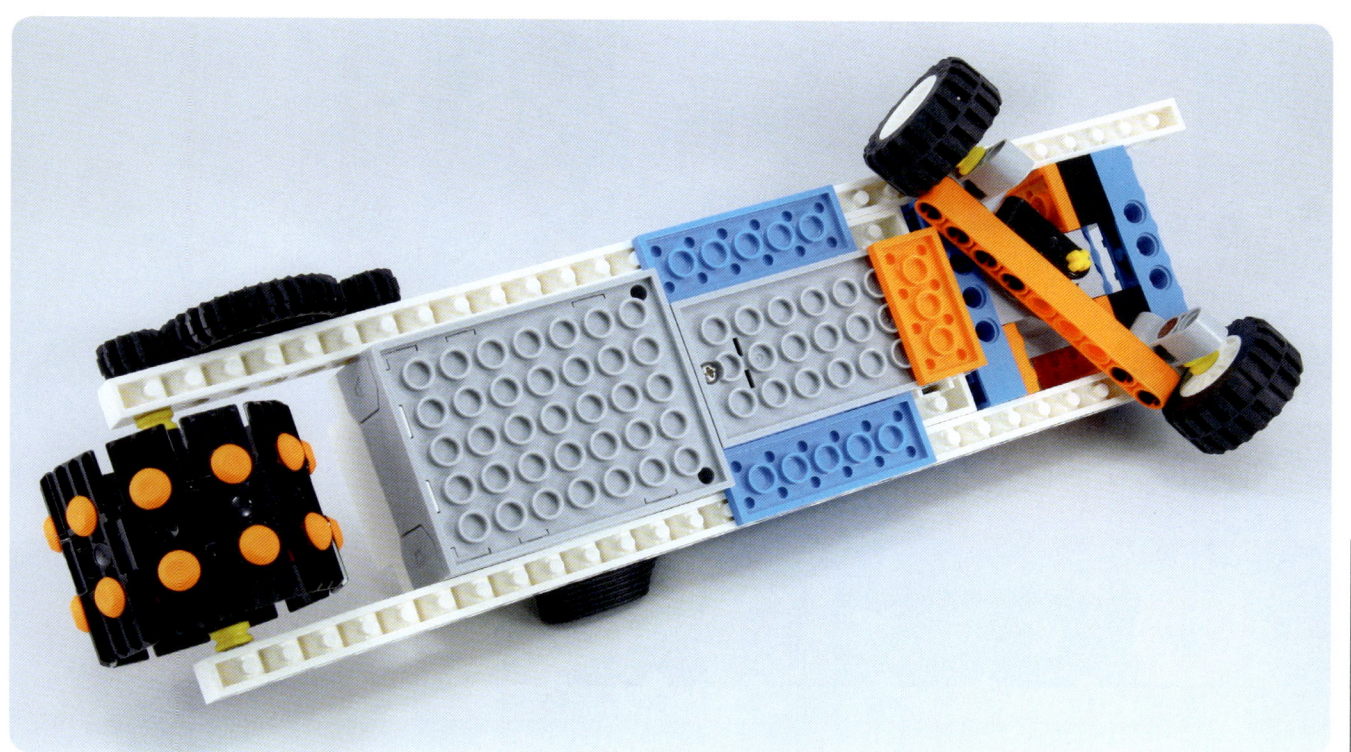

216 Richtungswechsel mittels Lenkung

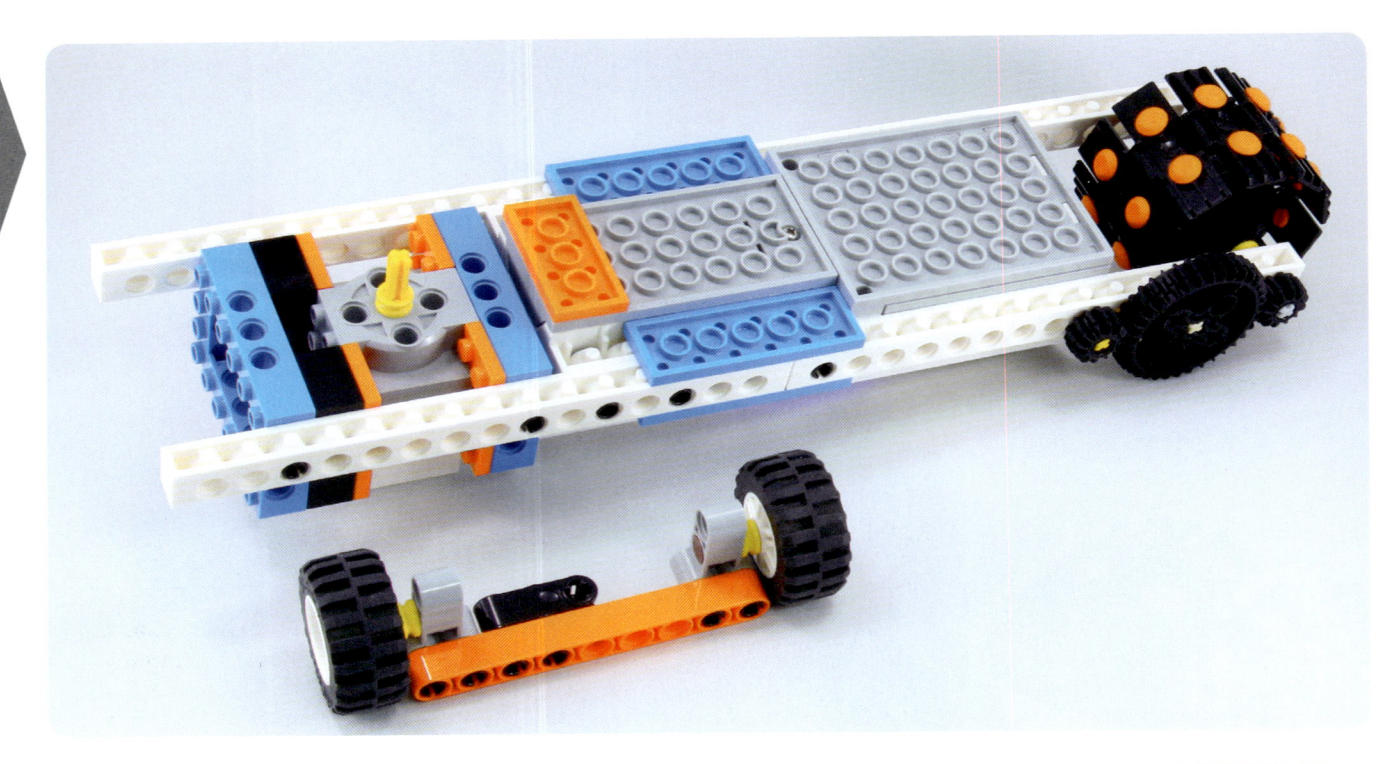

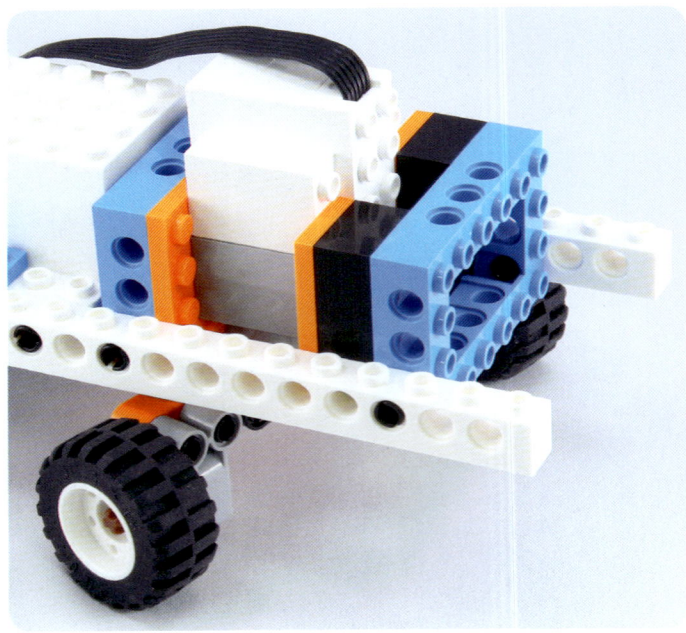

Tippe auf diese Schaltfläche, um das Programm zu starten.

Mit dem Schieberegler lenkst du die Räder nach links oder rechts.

Drücke diesen Knopf, um den Wagen zu starten oder anzuhalten.

Richtungswechsel mittels Lenkung **217**

Autos, die zusammenarbeiten

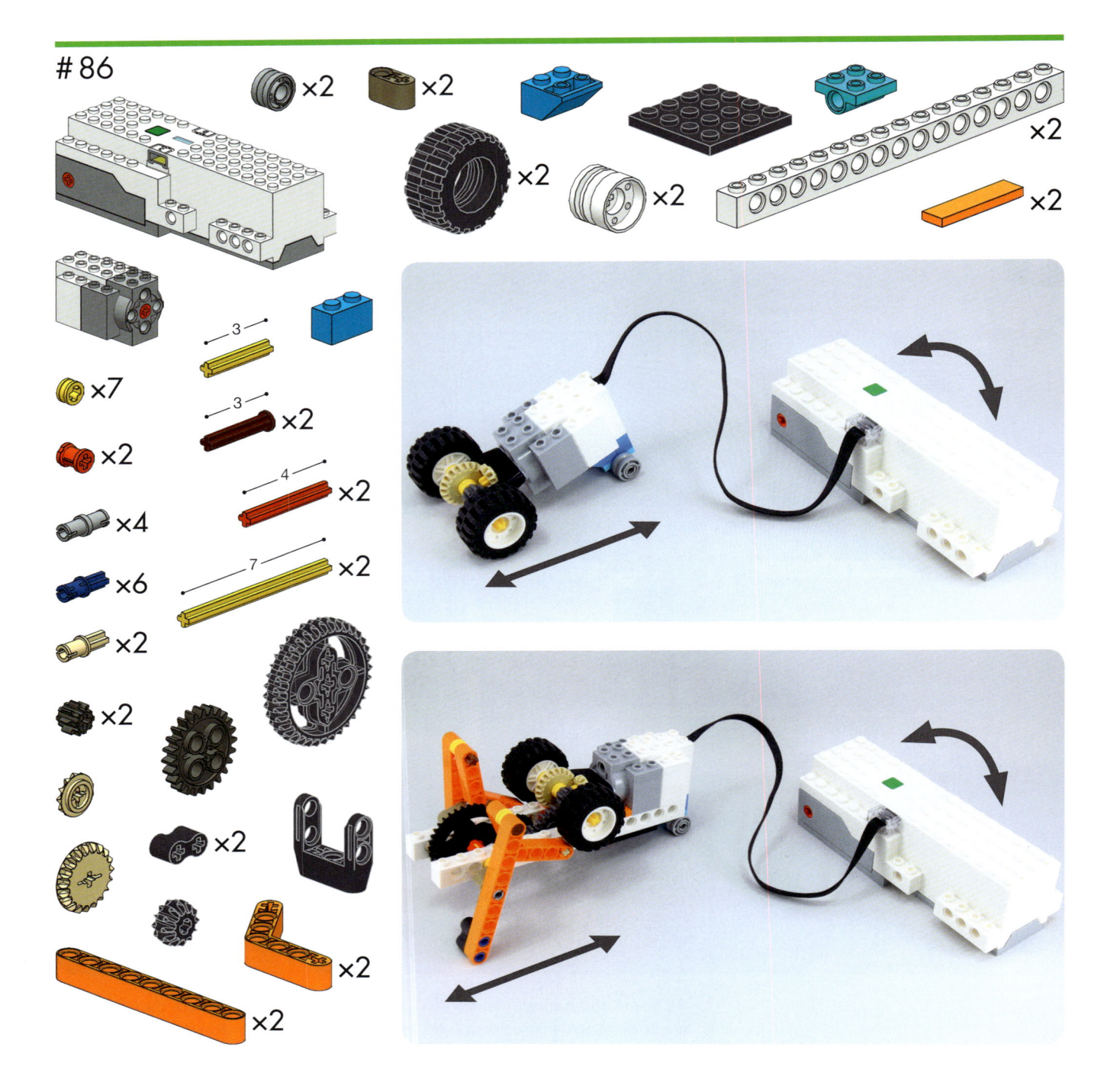

#86

Autos, die zusammenarbeiten **219**

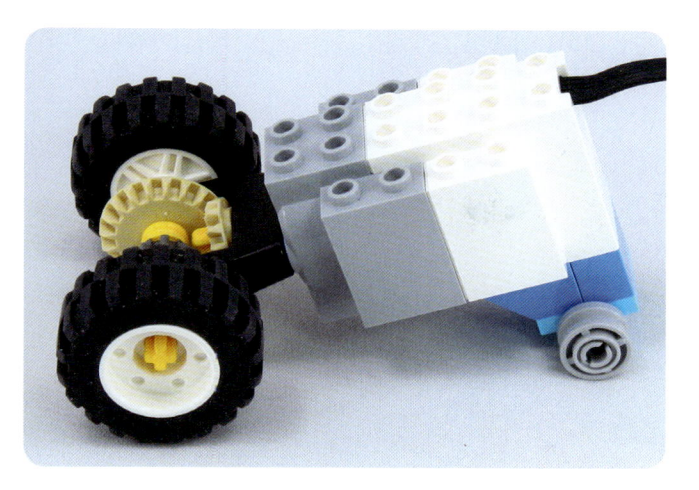

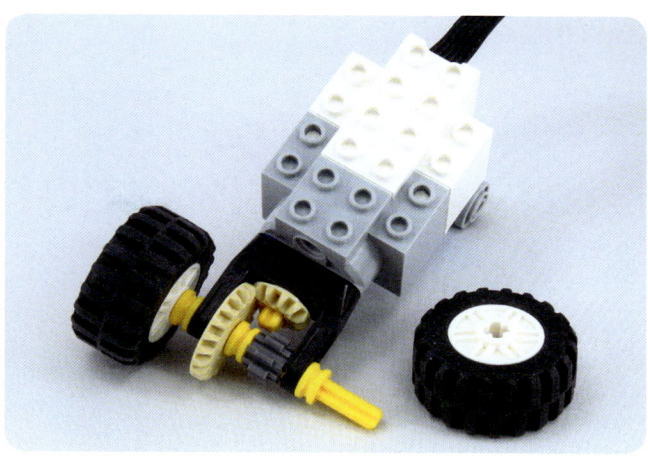

220 Autos, die zusammenarbeiten

Tippe auf diese Schaltfläche, um das Programm zu starten.

Autos, die zusammenarbeiten **221**

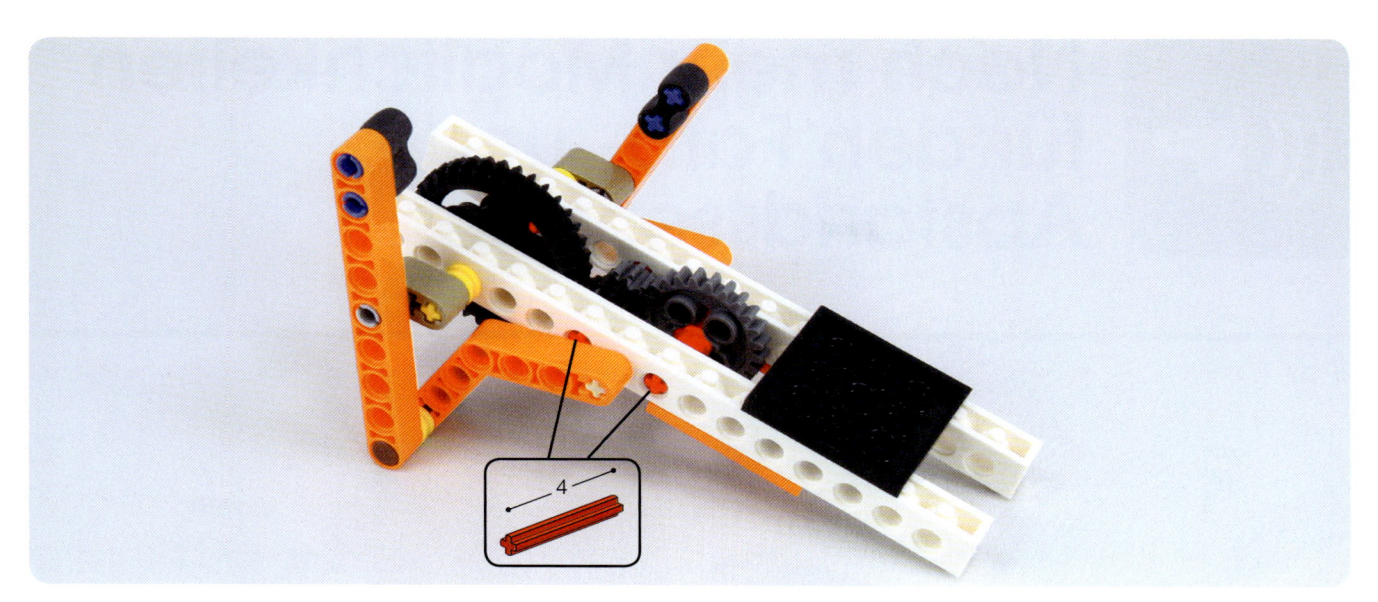

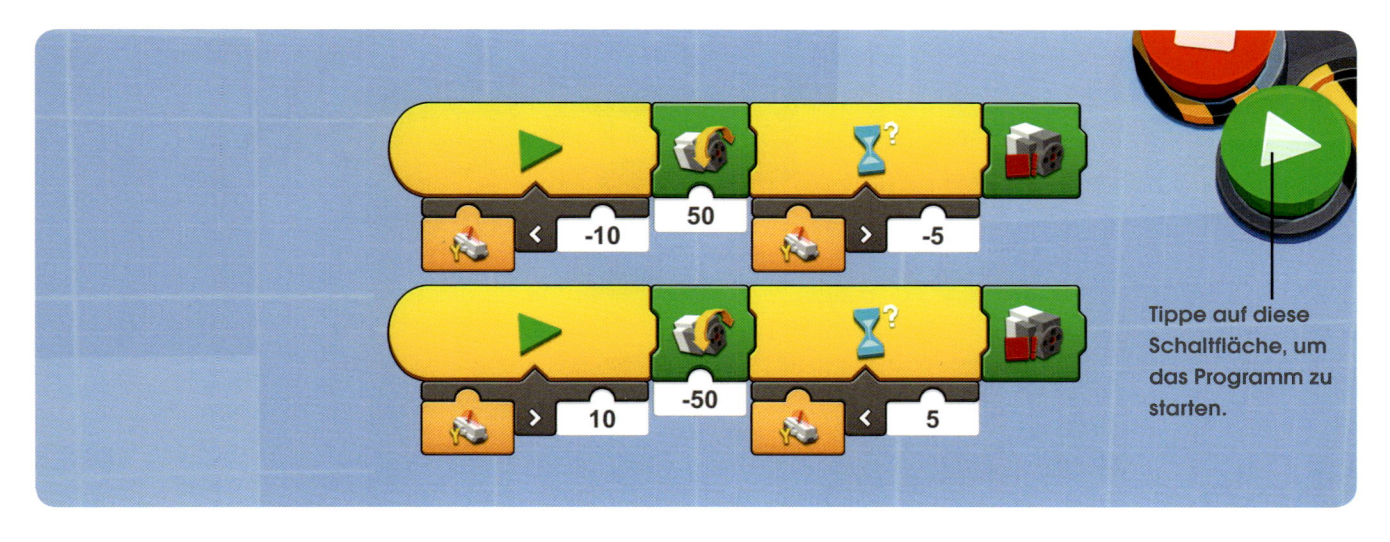

Noch mehr Möglichkeiten für den Farb- und Abstandssensor

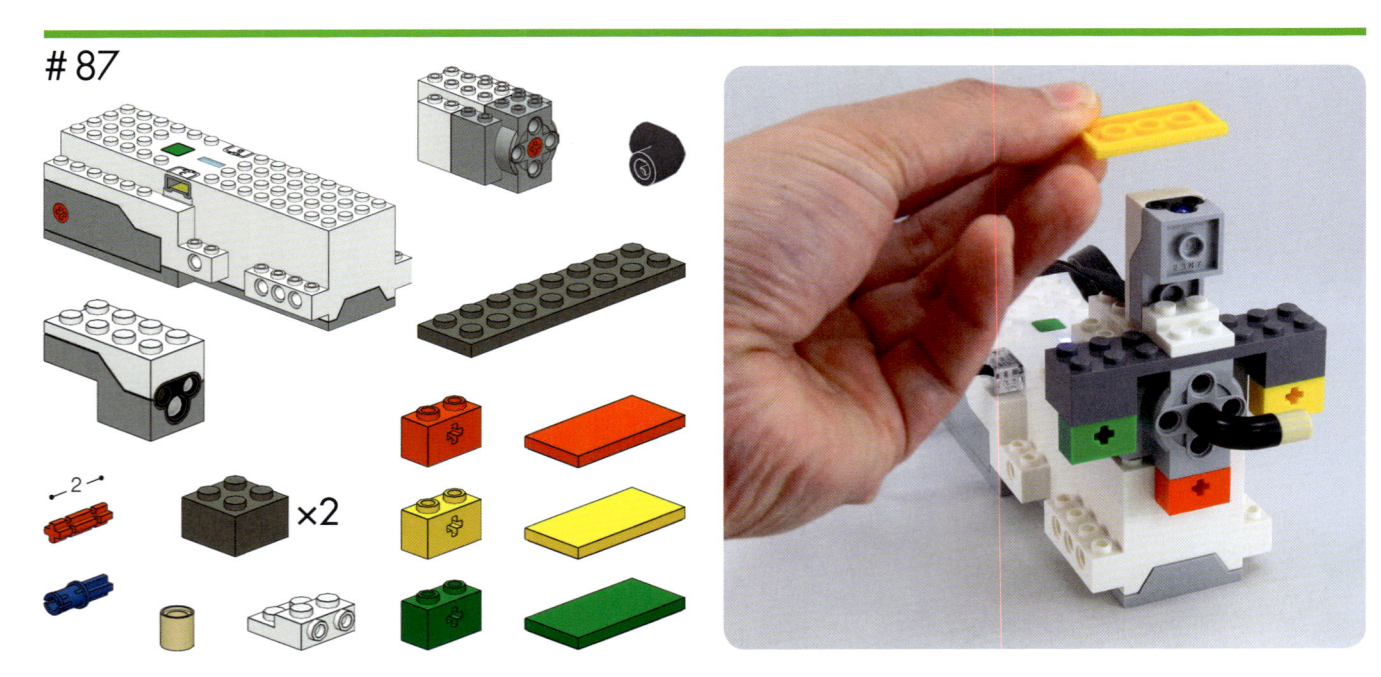

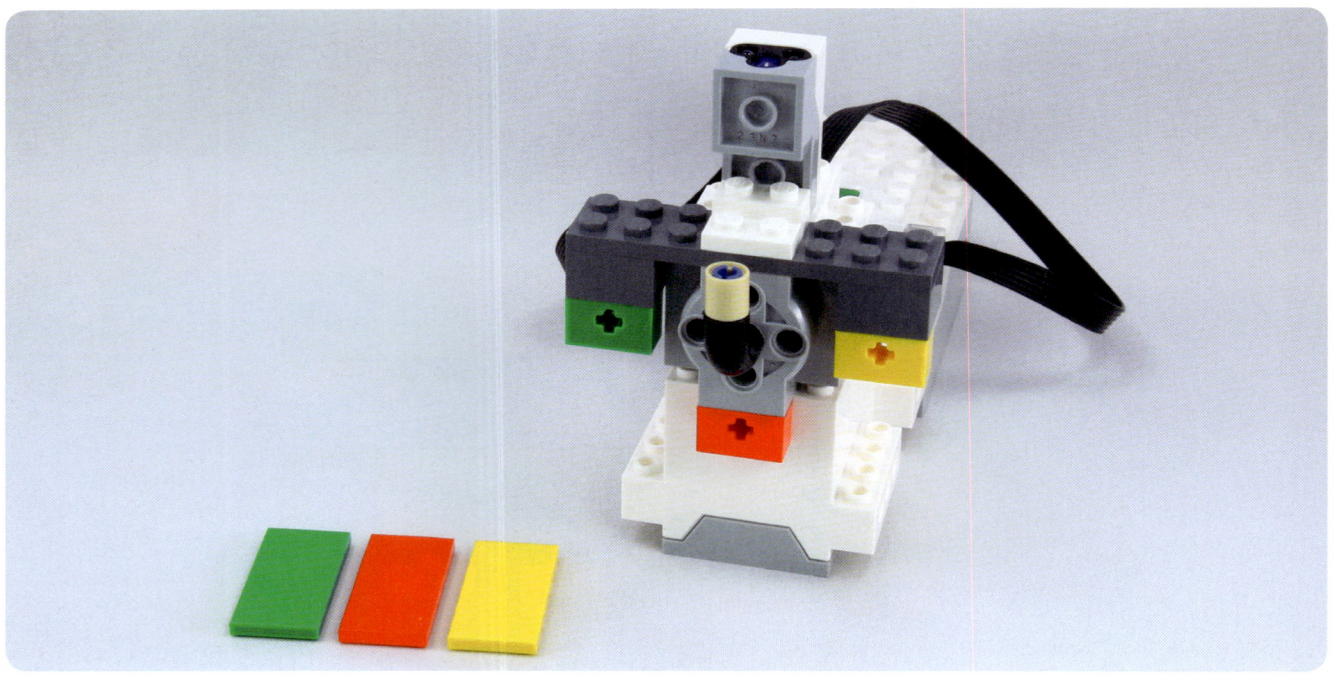

#87

222

Noch mehr Möglichkeiten für den Farb- und Abstandssensor 223

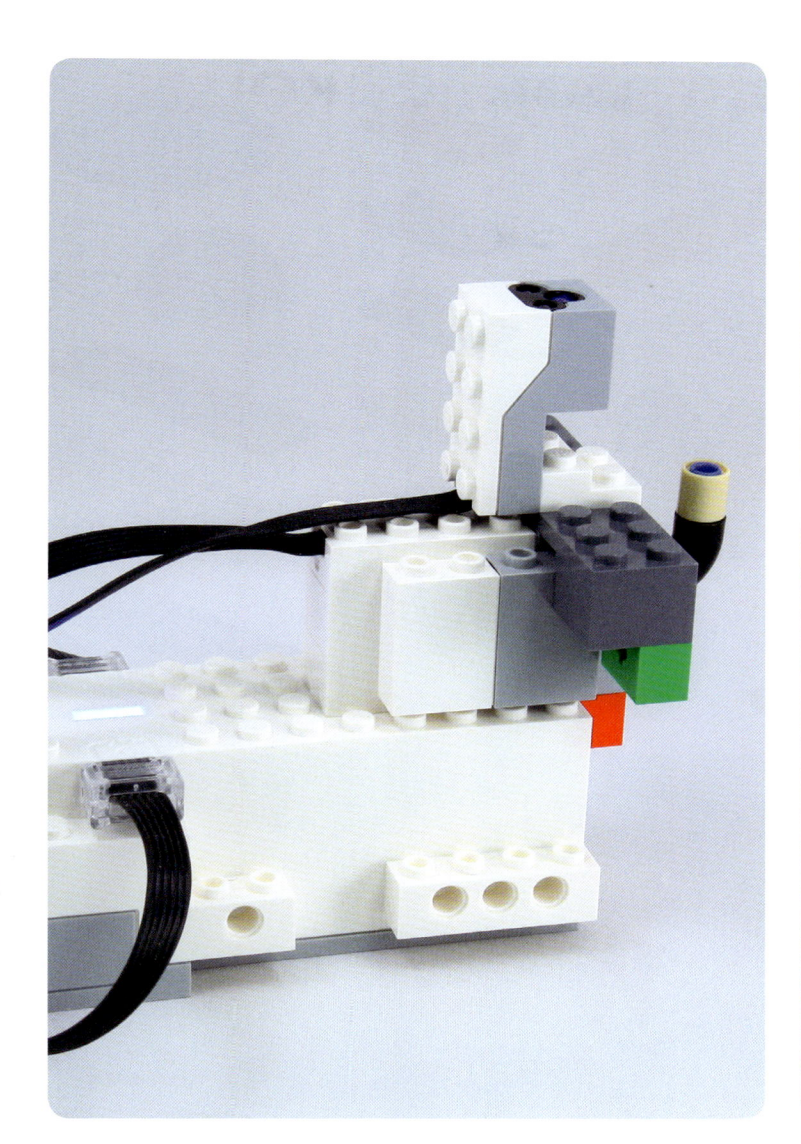

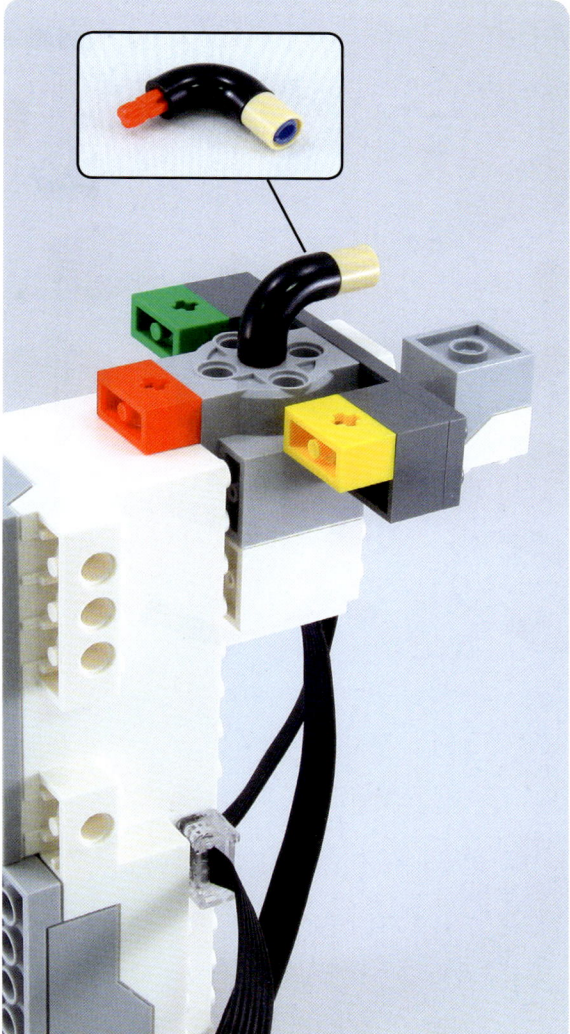

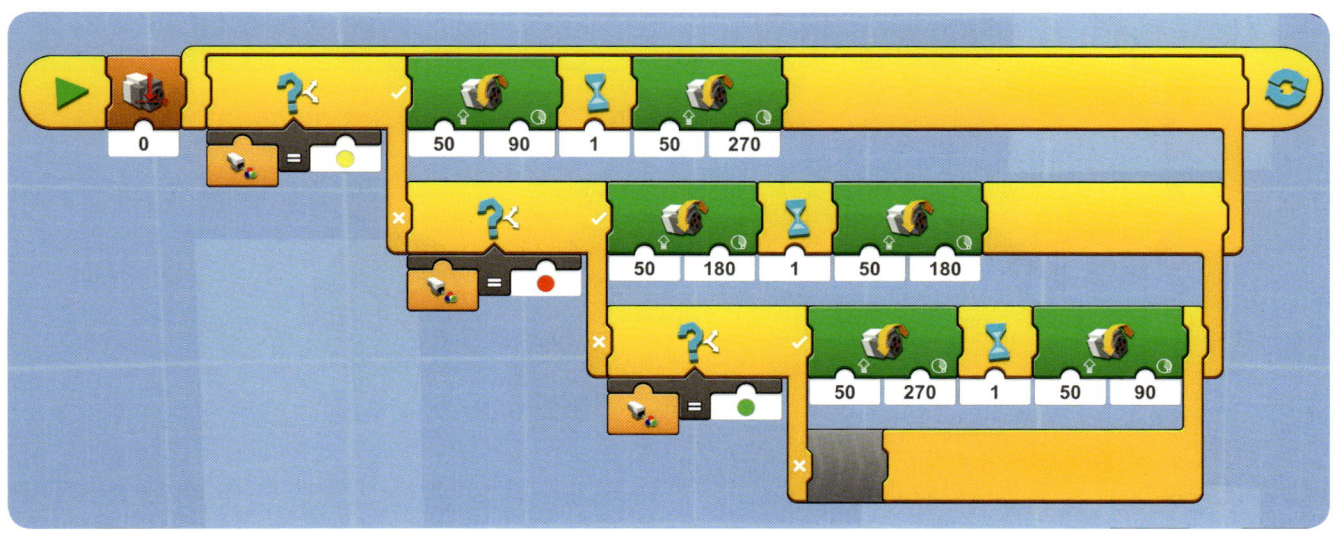

#88

224 Noch mehr Möglichkeiten für den Farb- und Abstandssensor

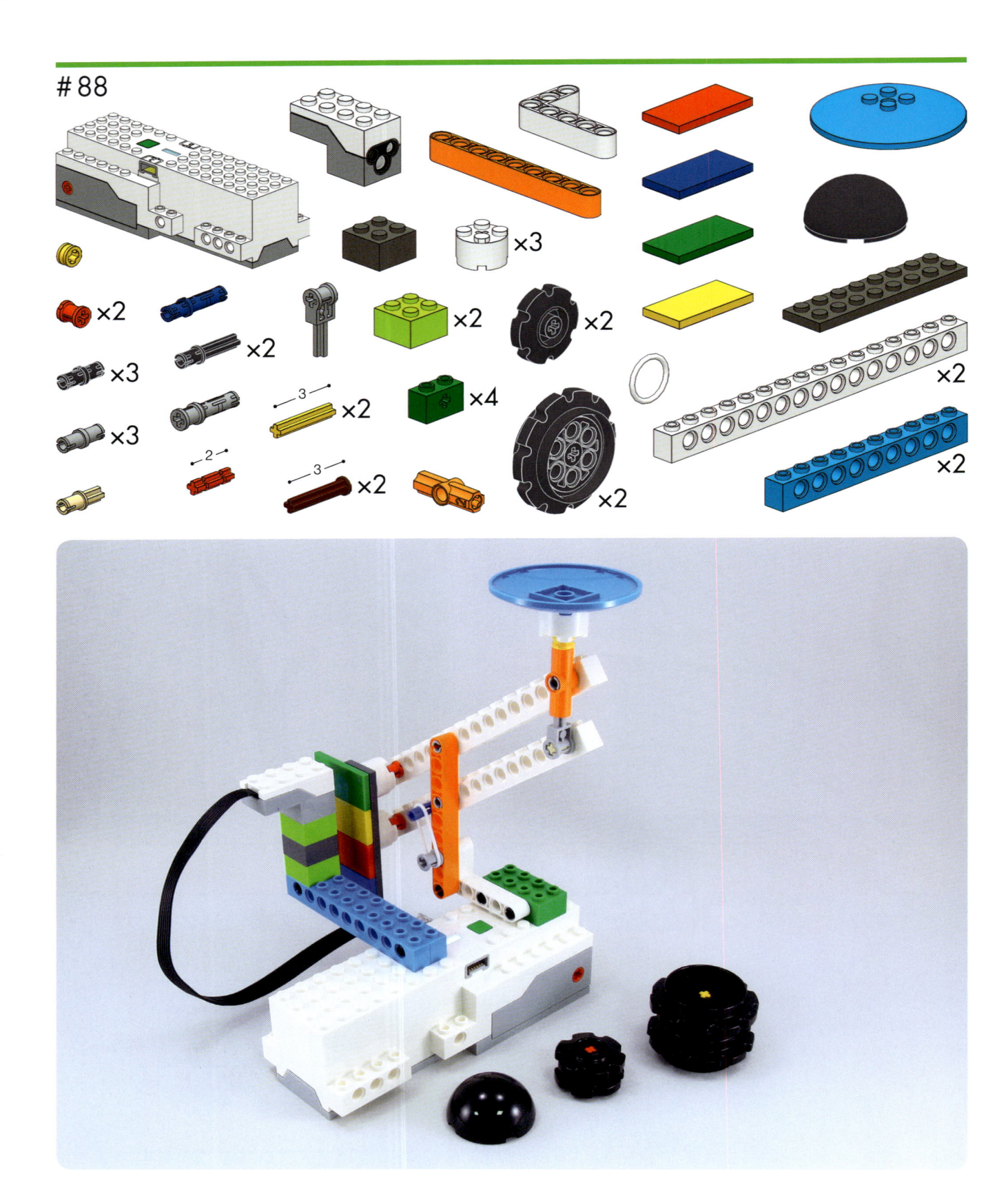

Noch mehr Möglichkeiten für den Farb- und Abstandssensor **225**

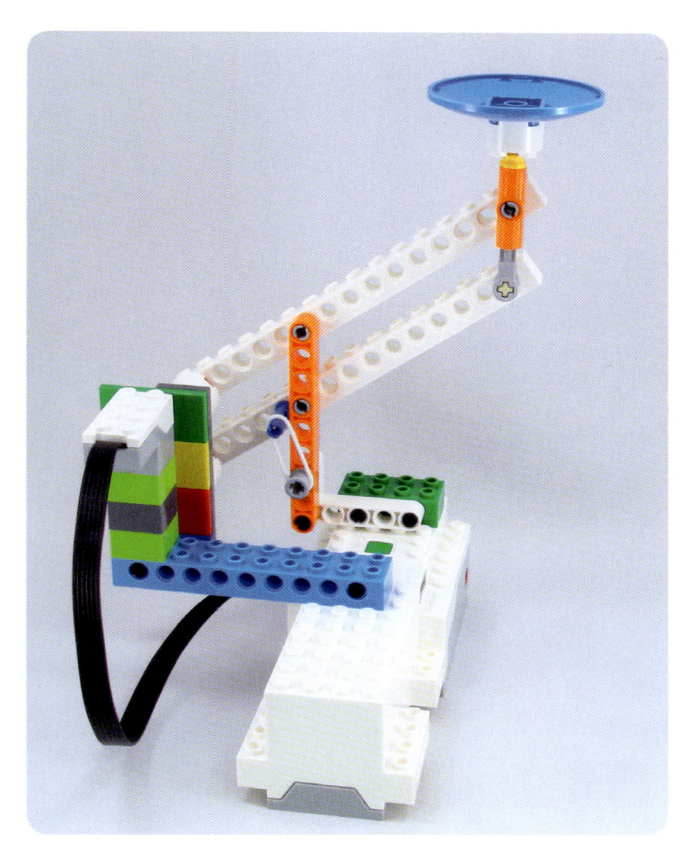

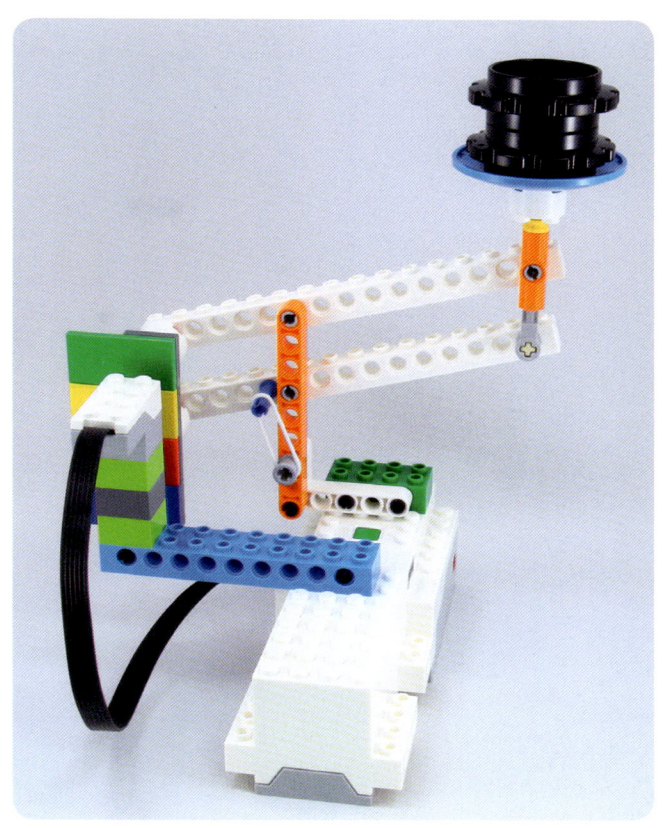

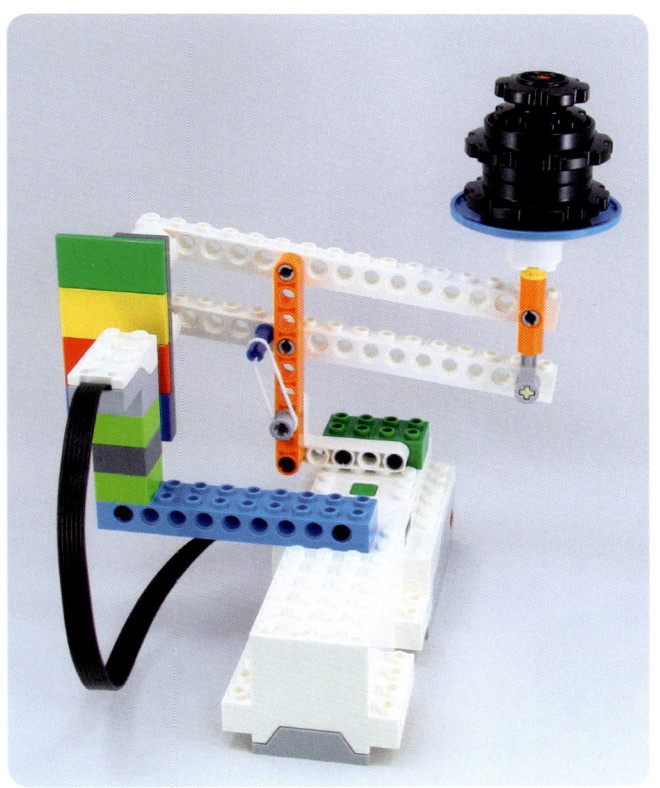

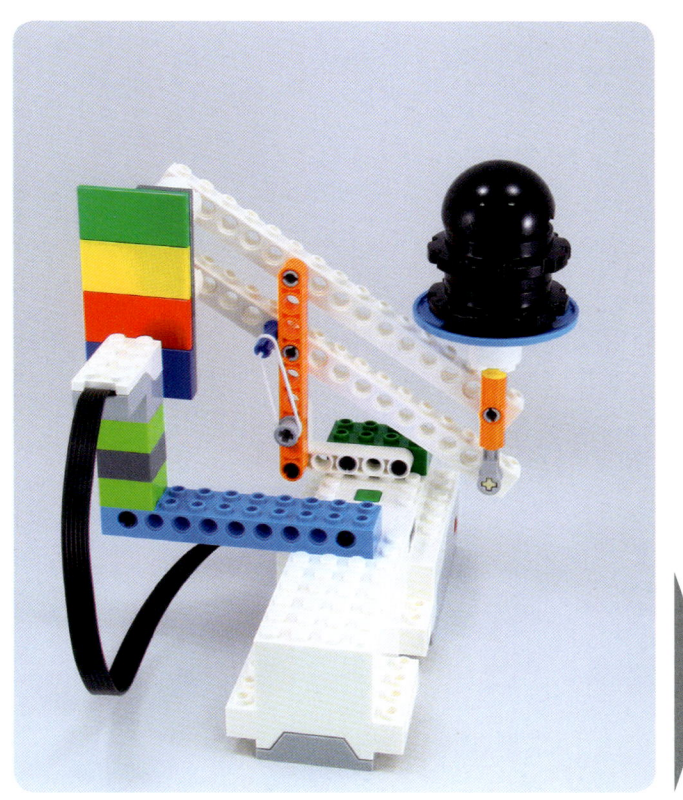

226 Noch mehr Möglichkeiten für den Farb- und Abstandssensor

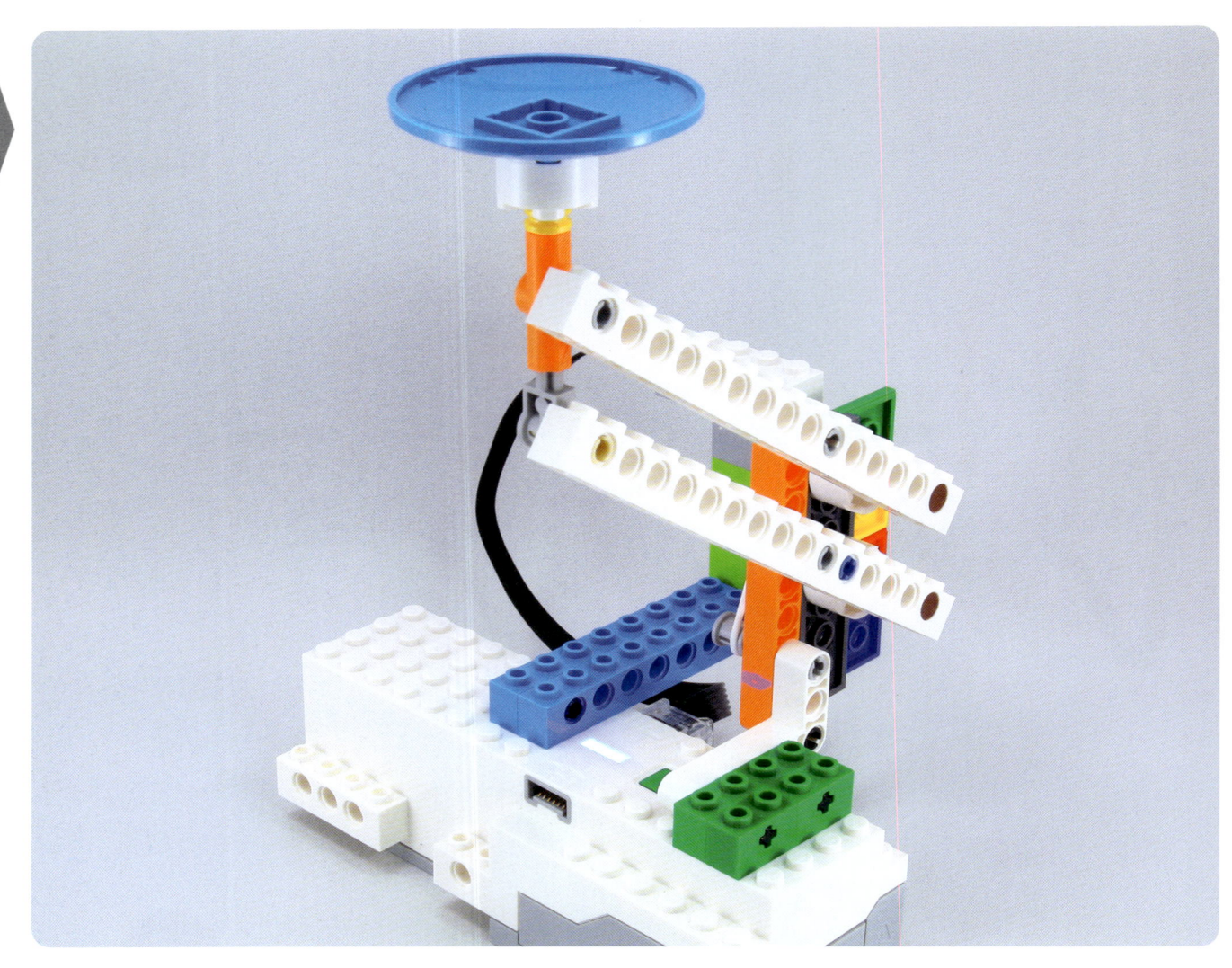

Wähle einen beliebigen Sound.

Noch mehr Möglichkeiten für den Farb- und Abstandssensor

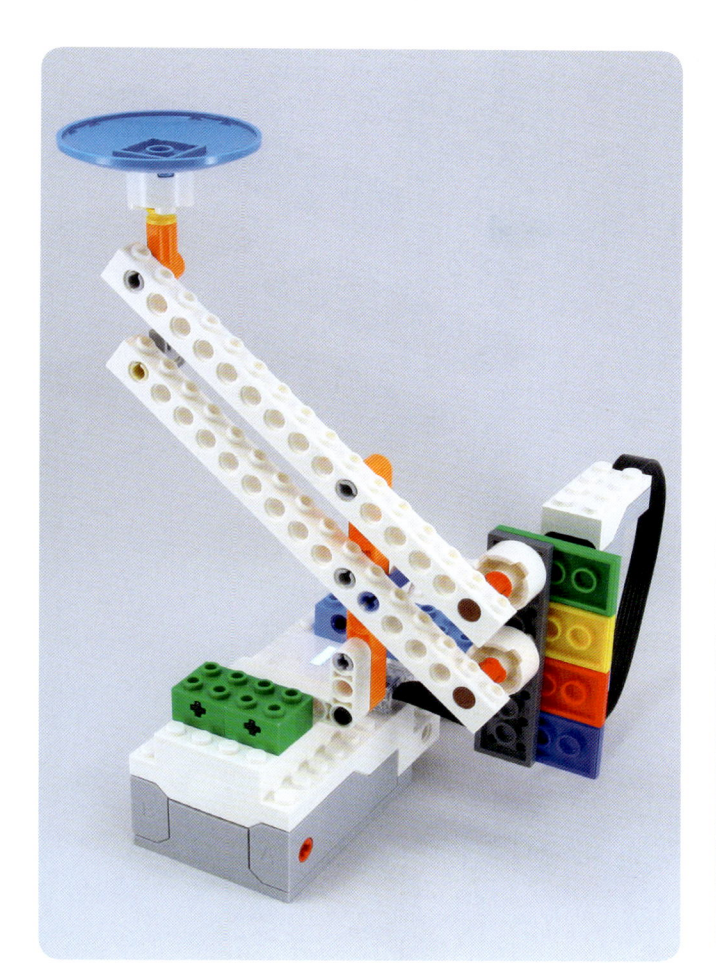

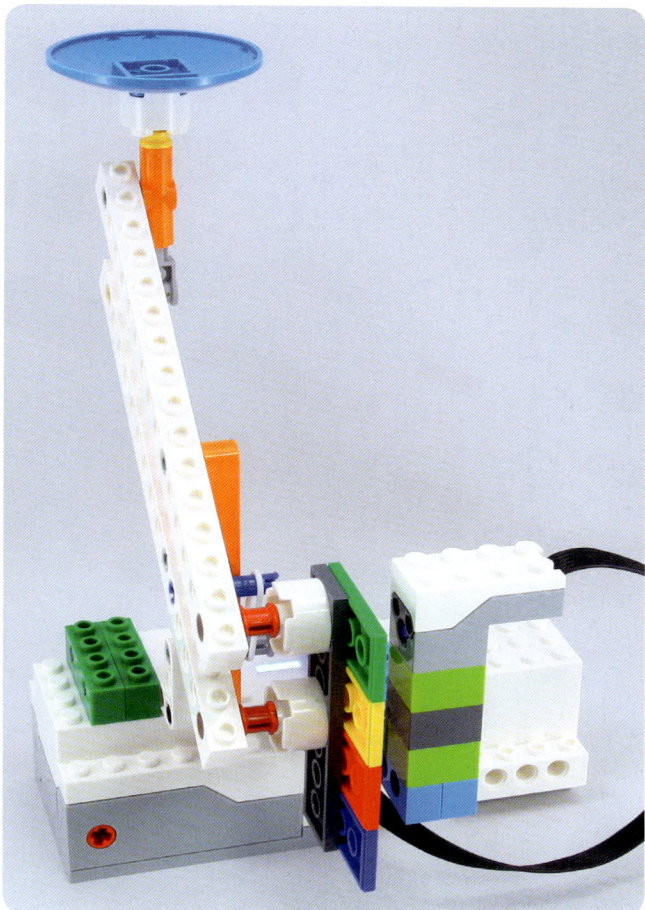

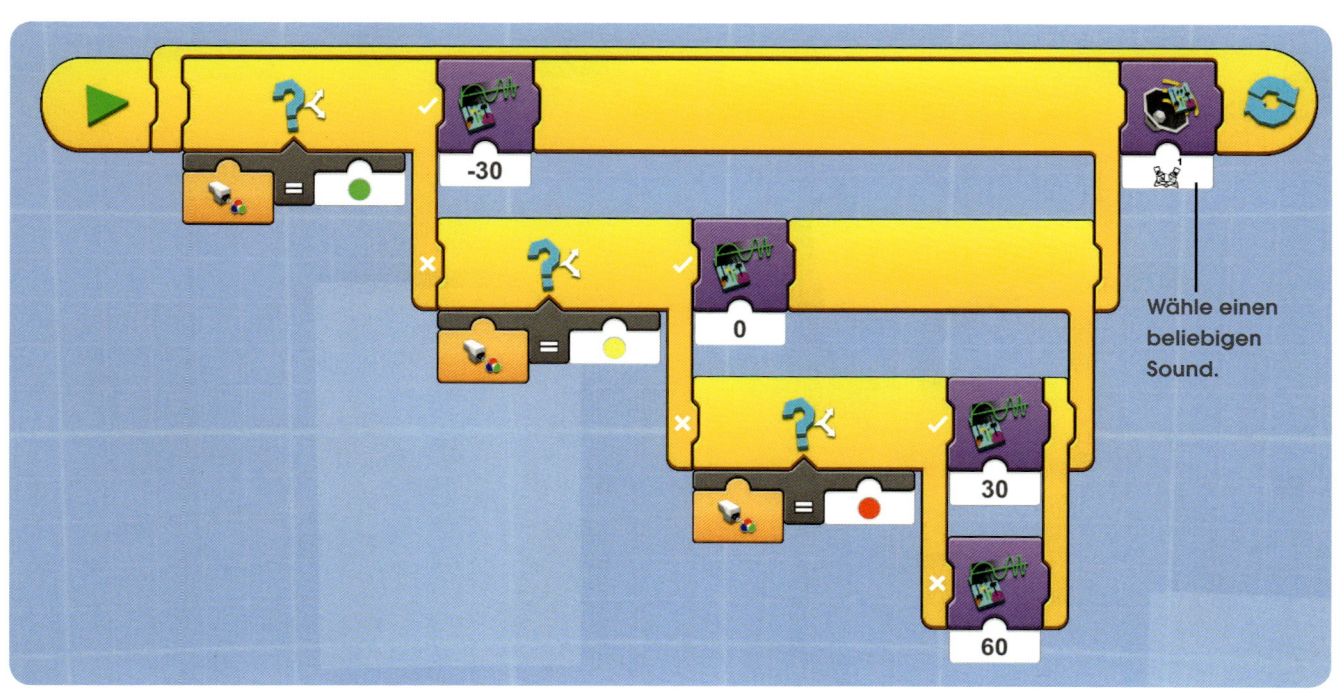

#89

Schatzkiste

Schlüssel

Schatz

Geöffnet
Du kannst den Deckel manuell öffnen und schließen.

Verschlossen

228 Noch mehr Möglichkeiten für den Farb- und Abstandssensor

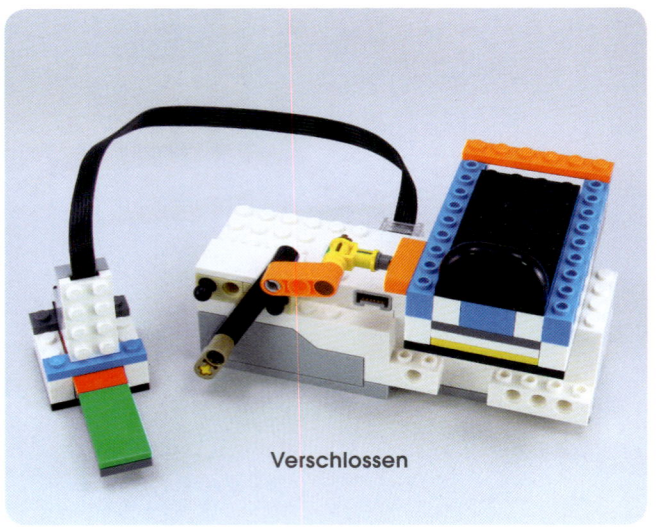

Noch mehr Möglichkeiten für den Farb- und Abstandssensor **229**

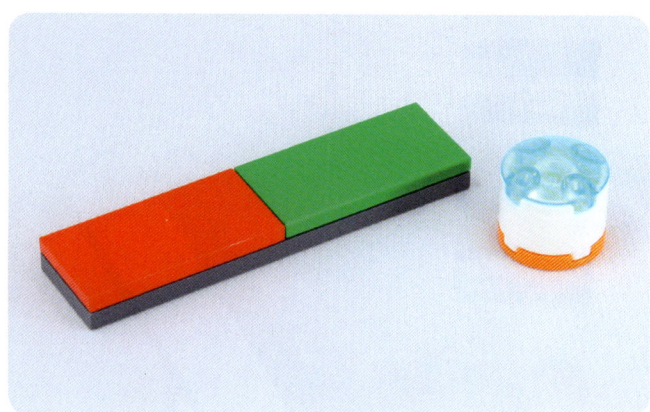

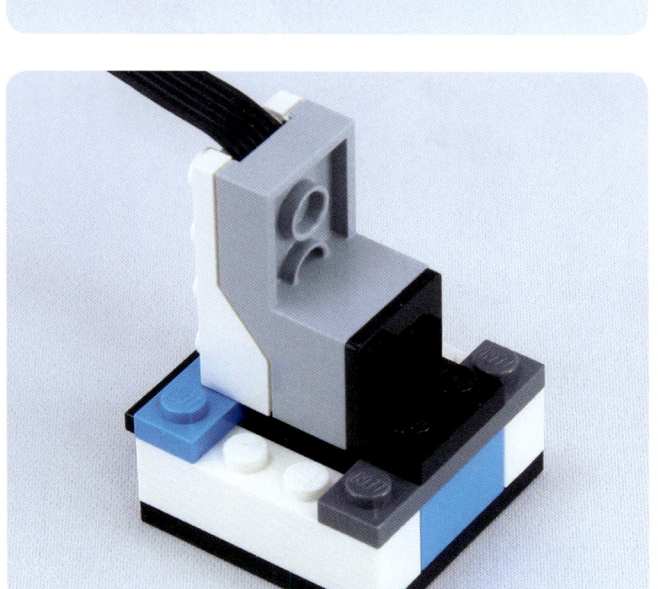

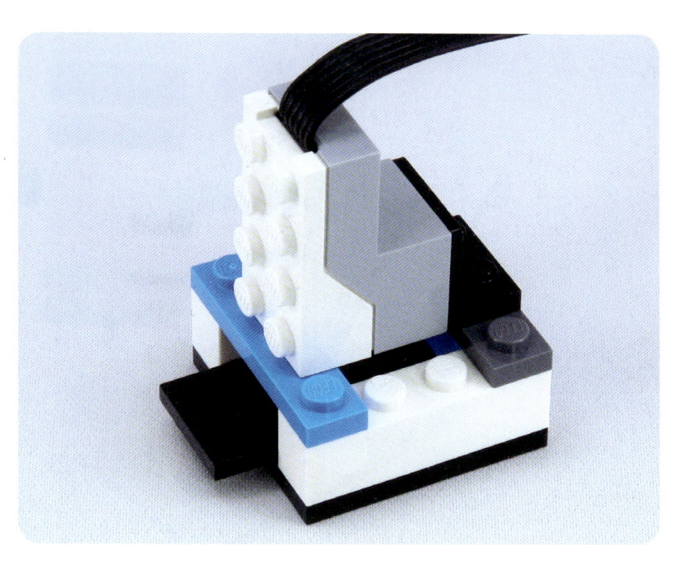

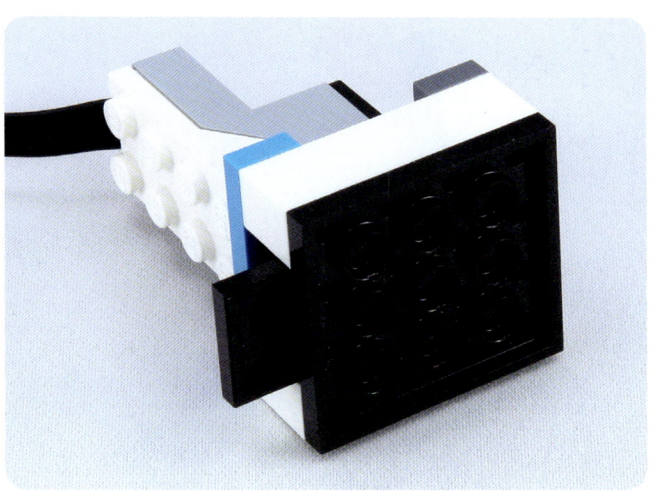

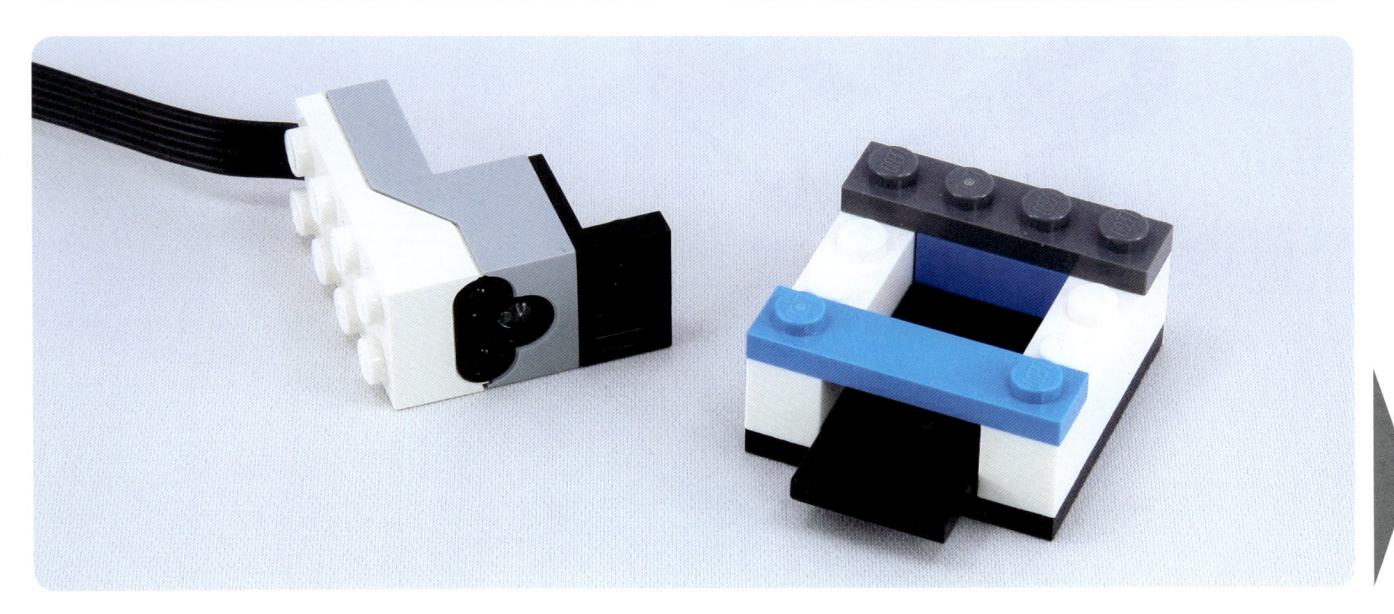

230 Noch mehr Möglichkeiten für den Farb- und Abstandssensor

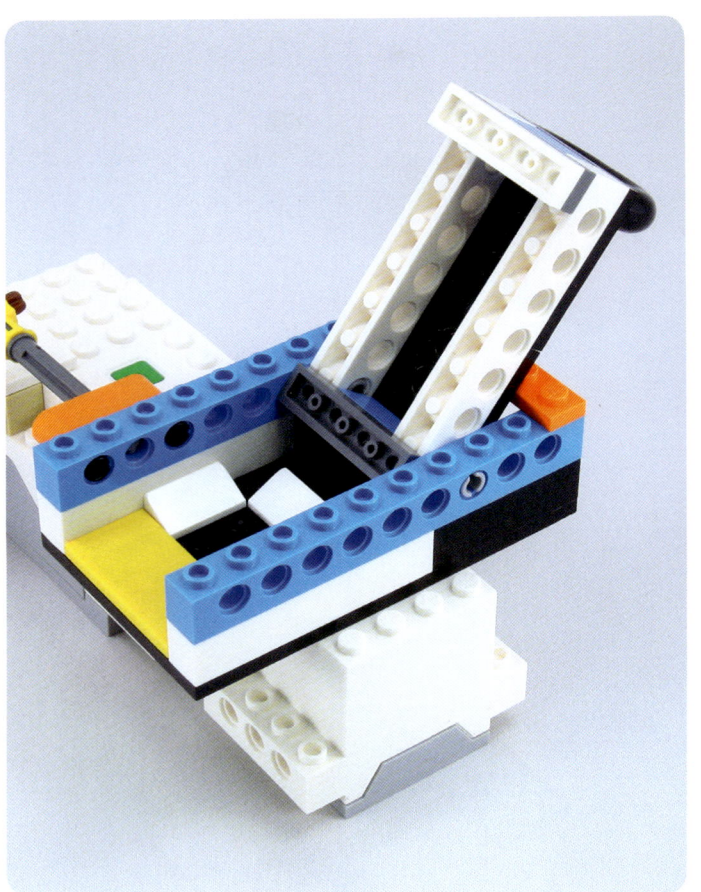

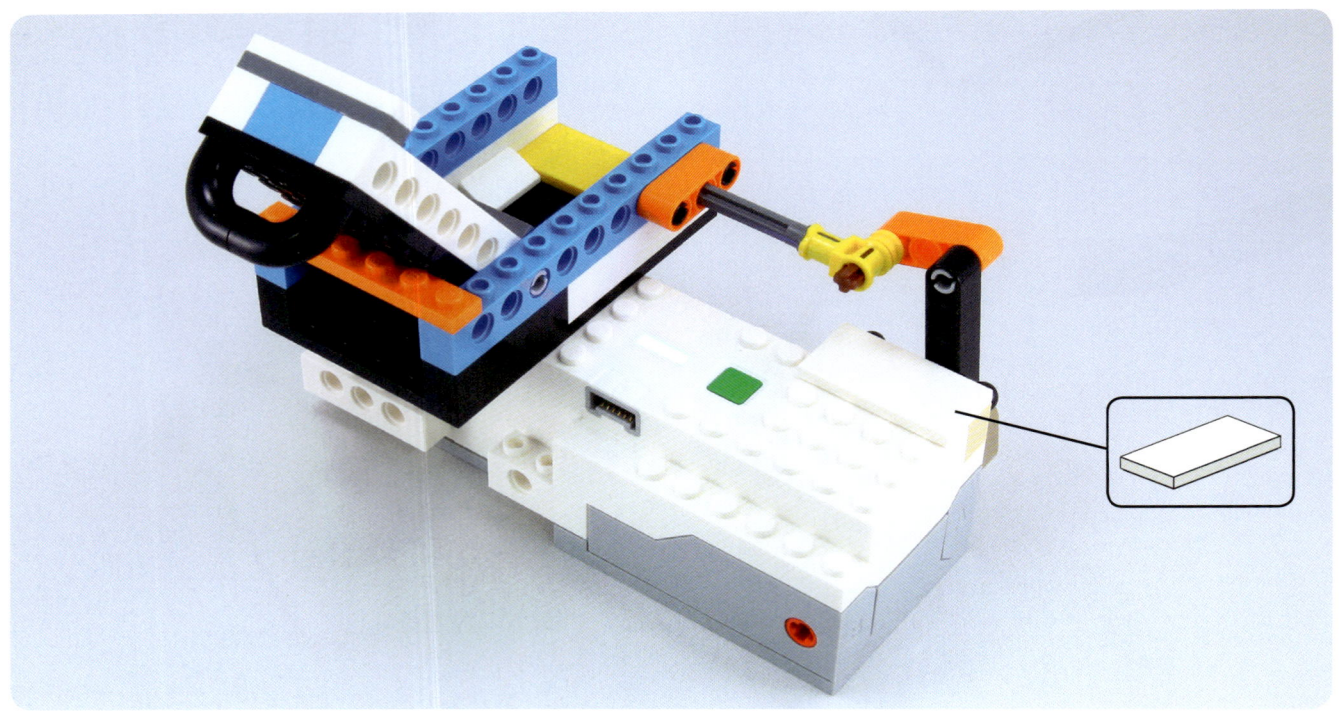

Noch mehr Möglichkeiten für den Farb- und Abstandssensor **231**

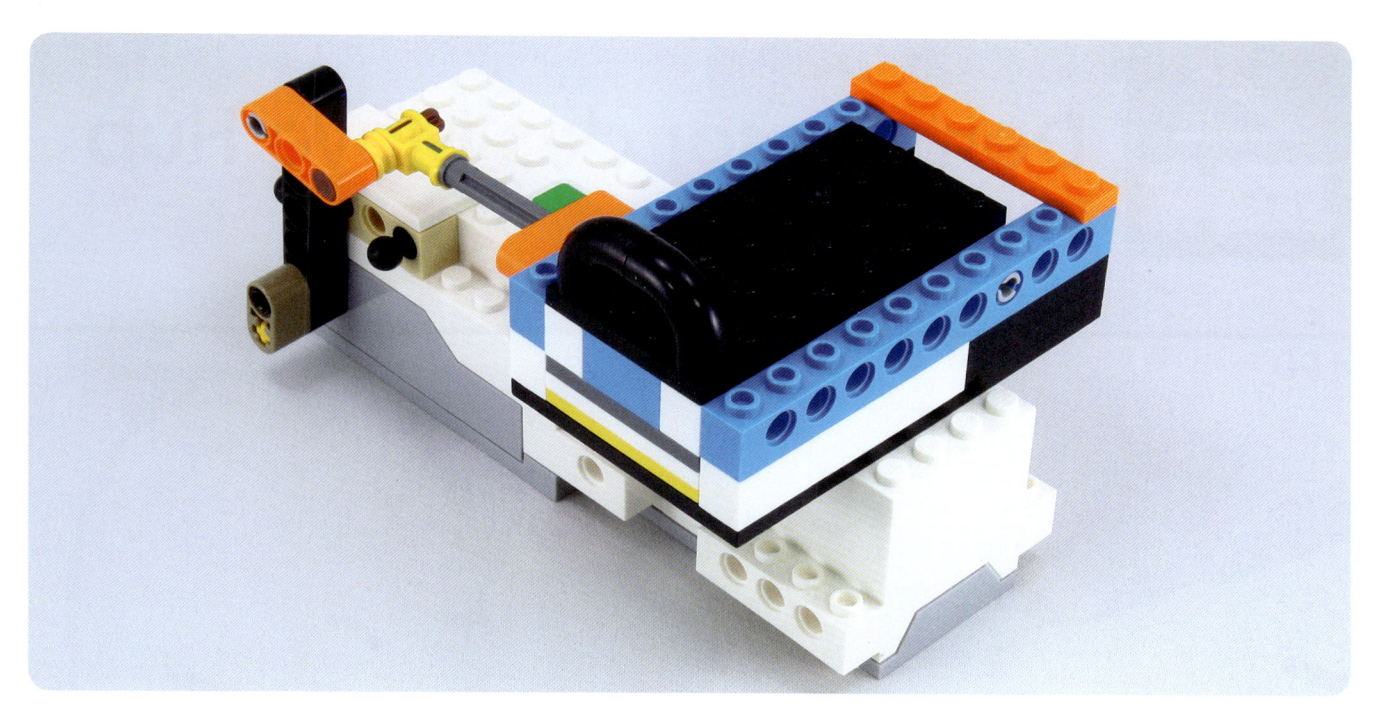

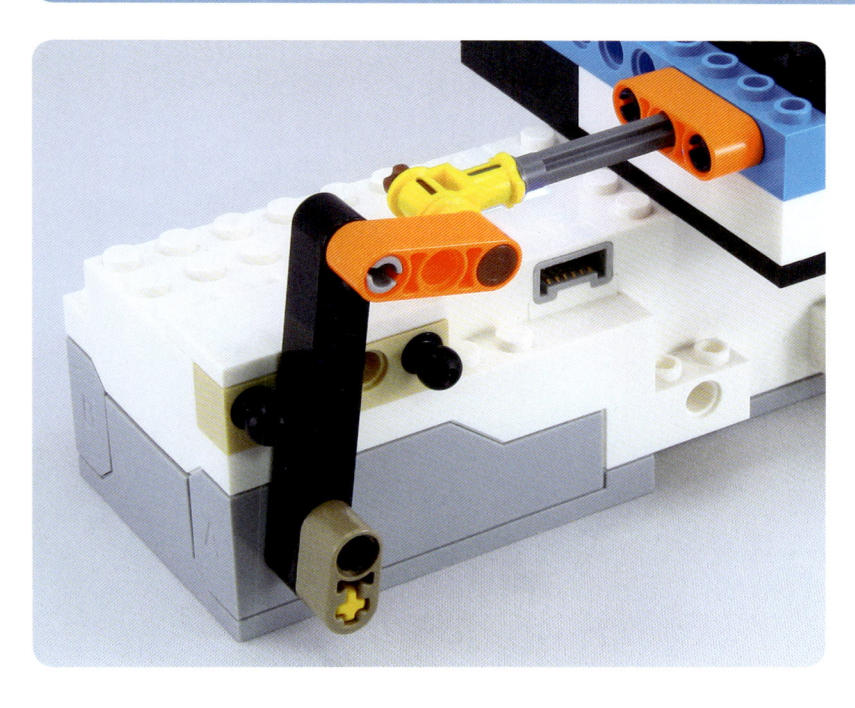

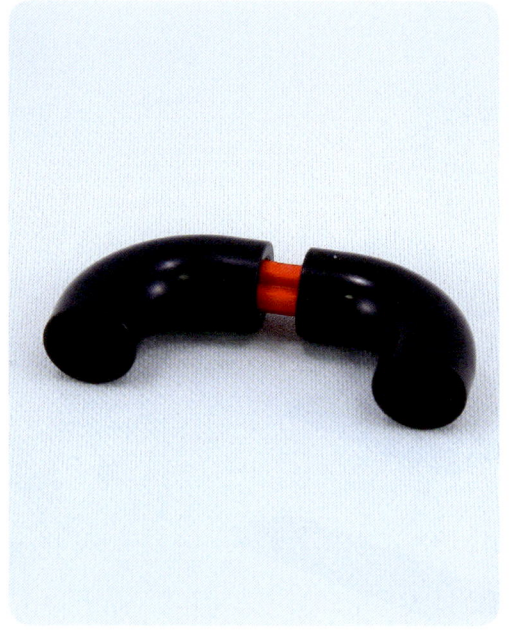

Den Sensor des Move Hub einsetzen

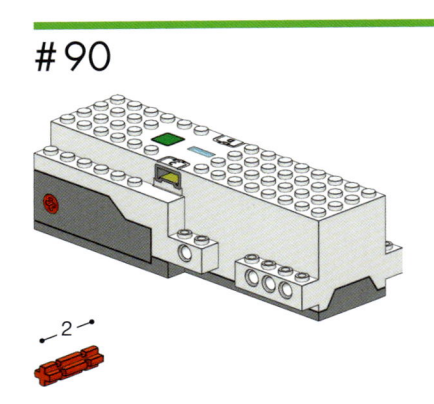

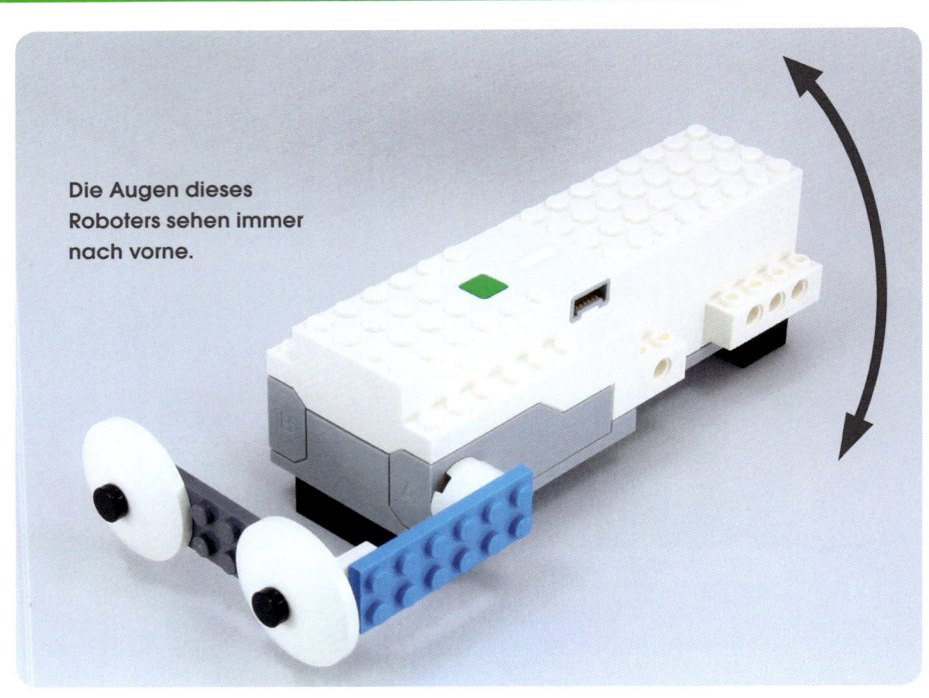

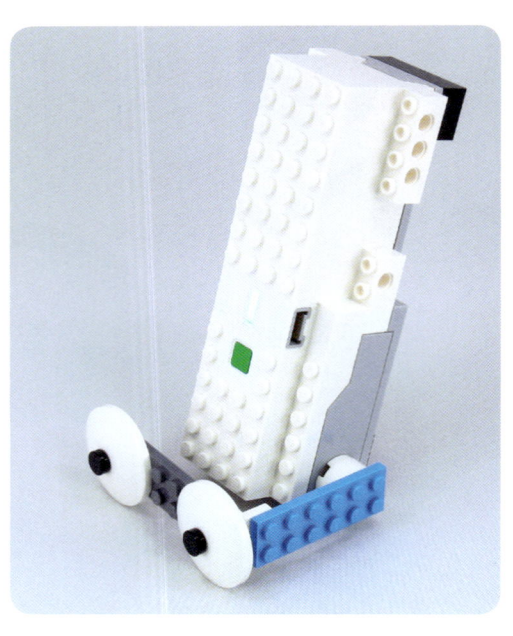

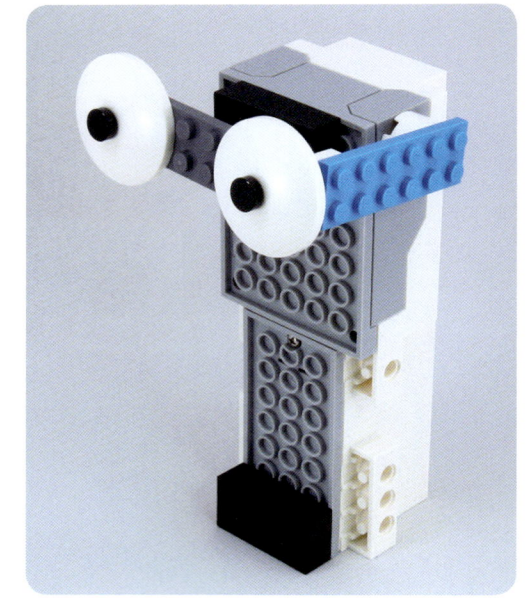

#90

Die Augen dieses Roboters sehen immer nach vorne.

232

Starte das Programm, während sich der Roboter in dieser Position befindet.

Den Sensor des Move Hub einsetzen

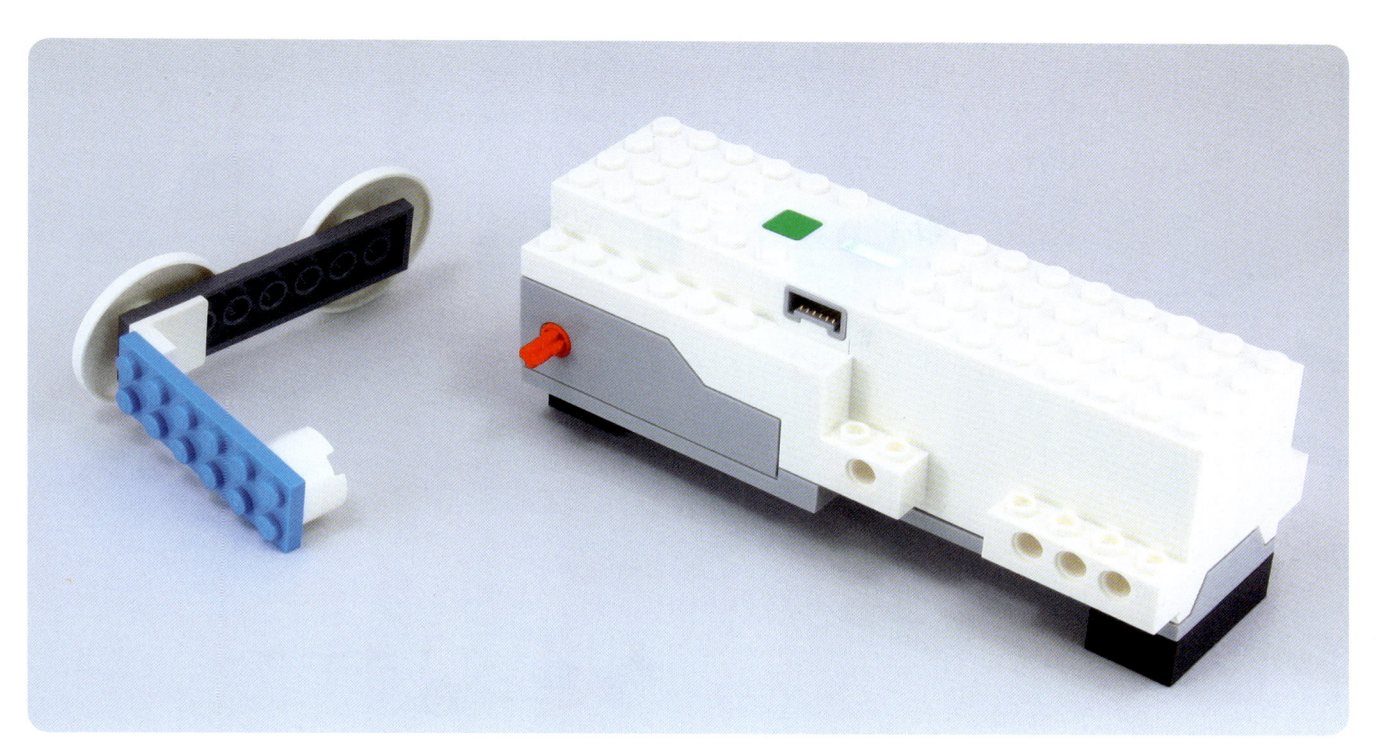

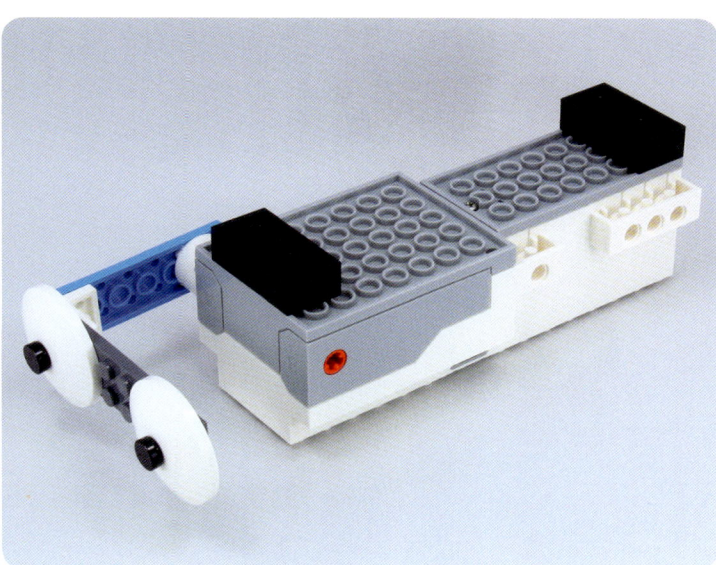

#91

Dieser Roboter bringt einem Gast eine Teetasse.

234 Den Sensor des Move Hub einsetzen

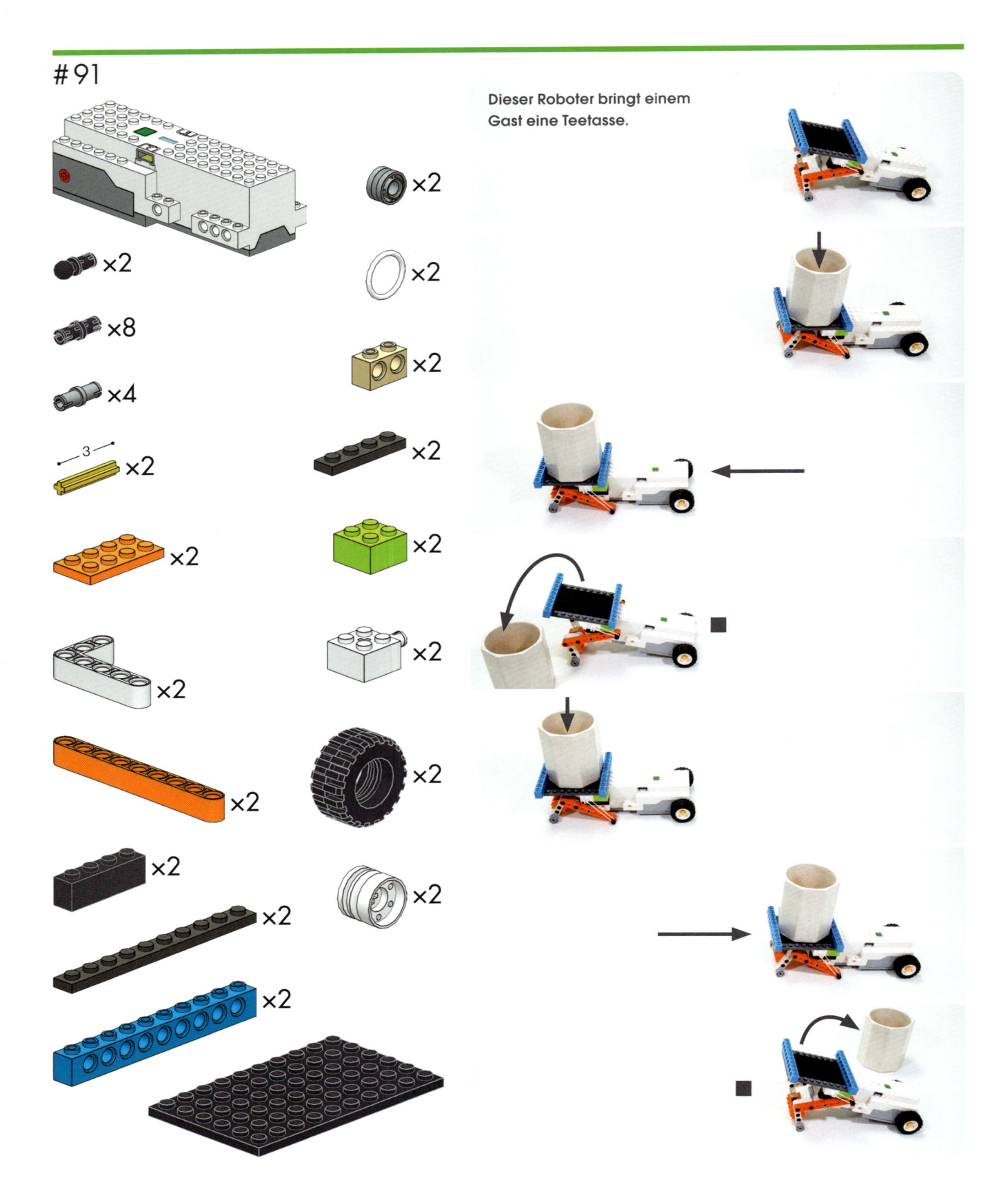

Den Sensor des Move Hub einsetzen **235**

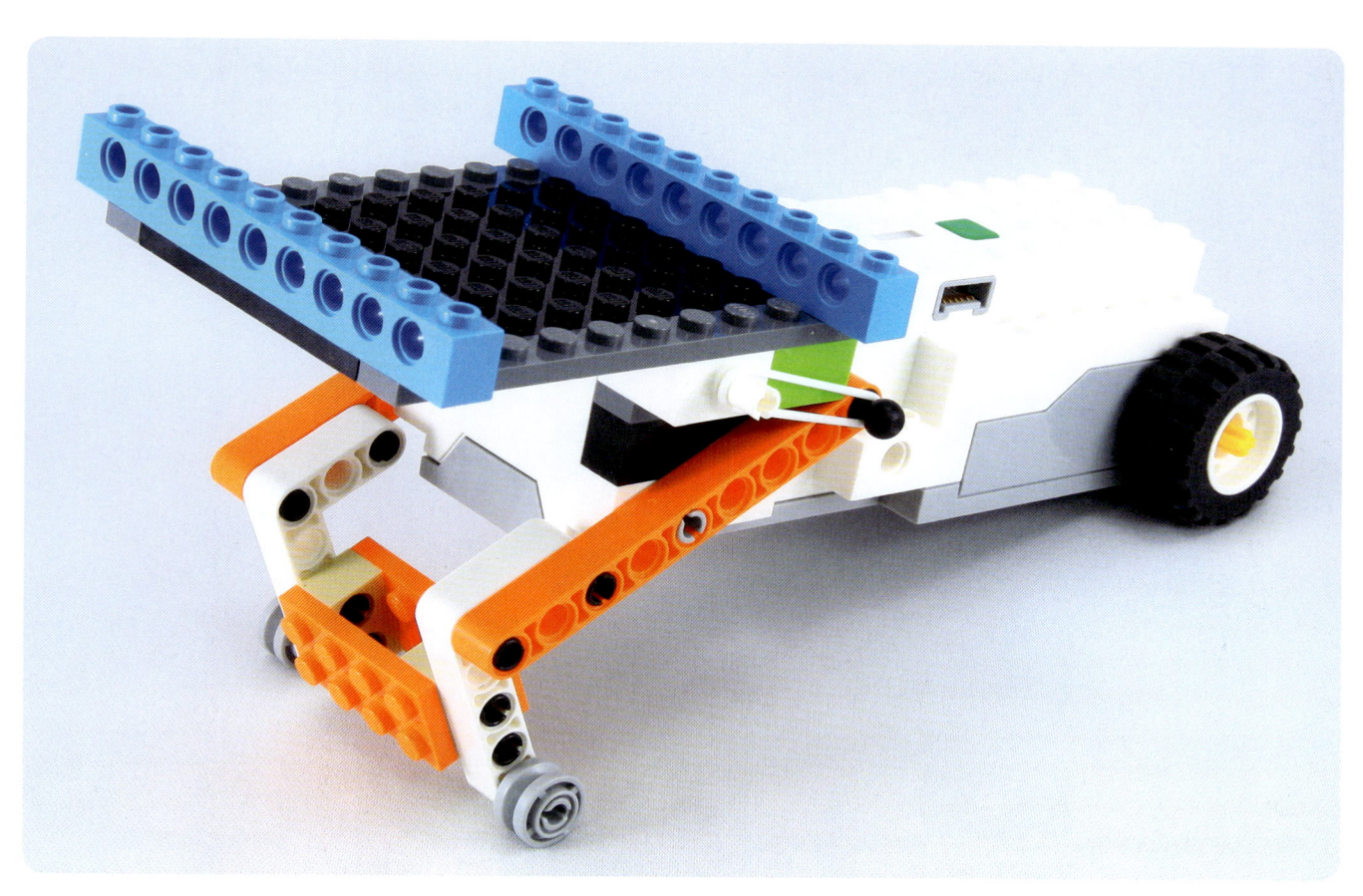

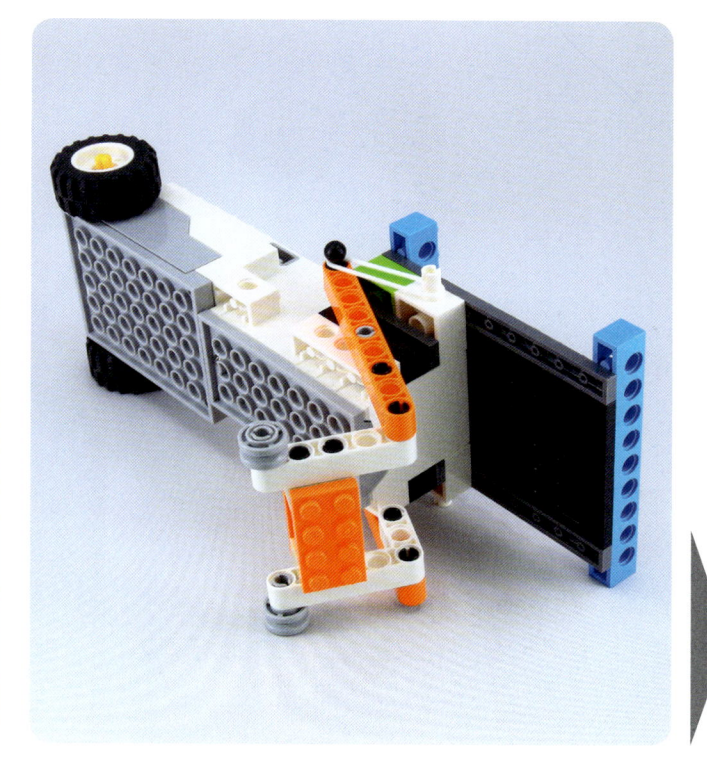

236 Den Sensor des Move Hub einsetzen

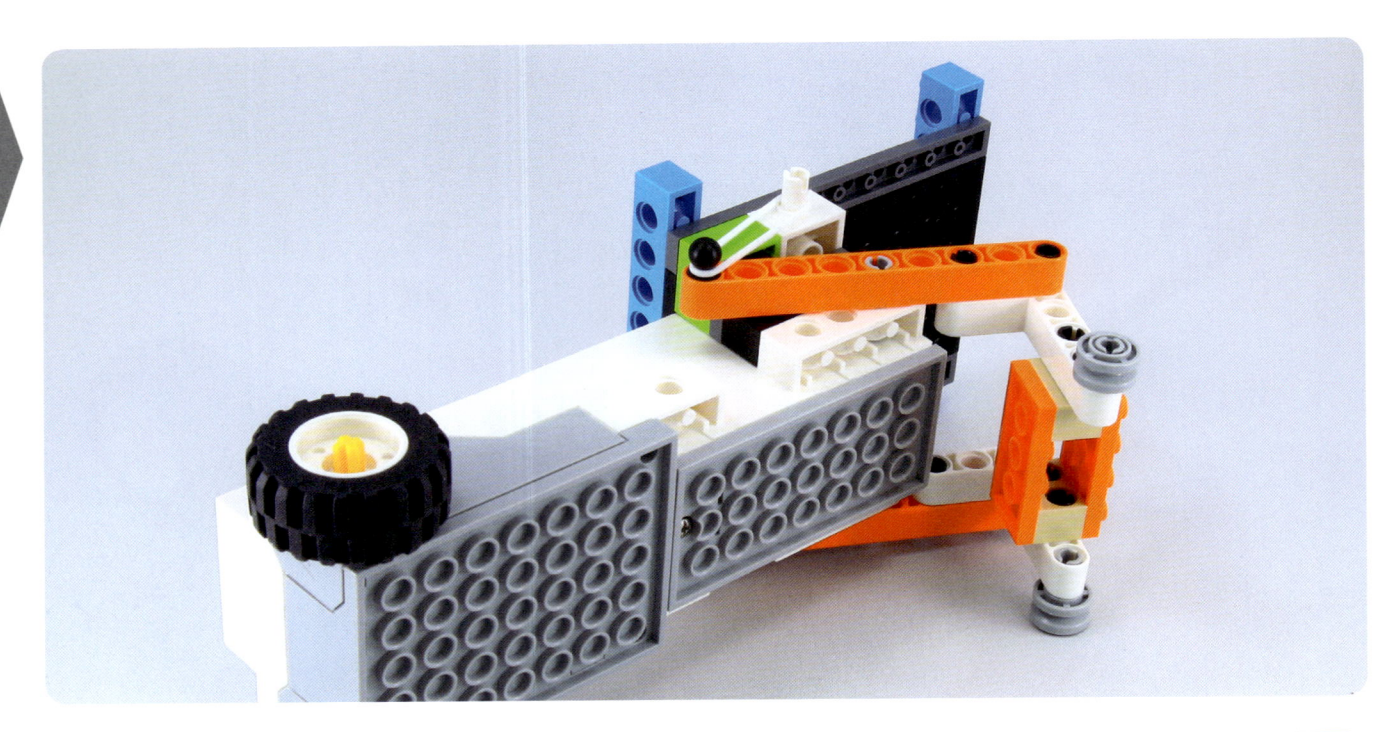

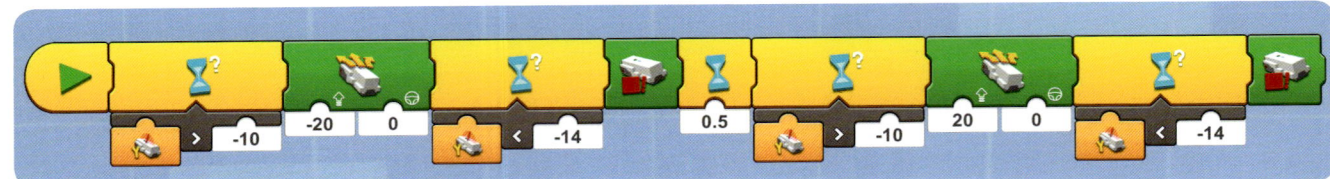

Den Sensor des Move Hub einsetzen **237**

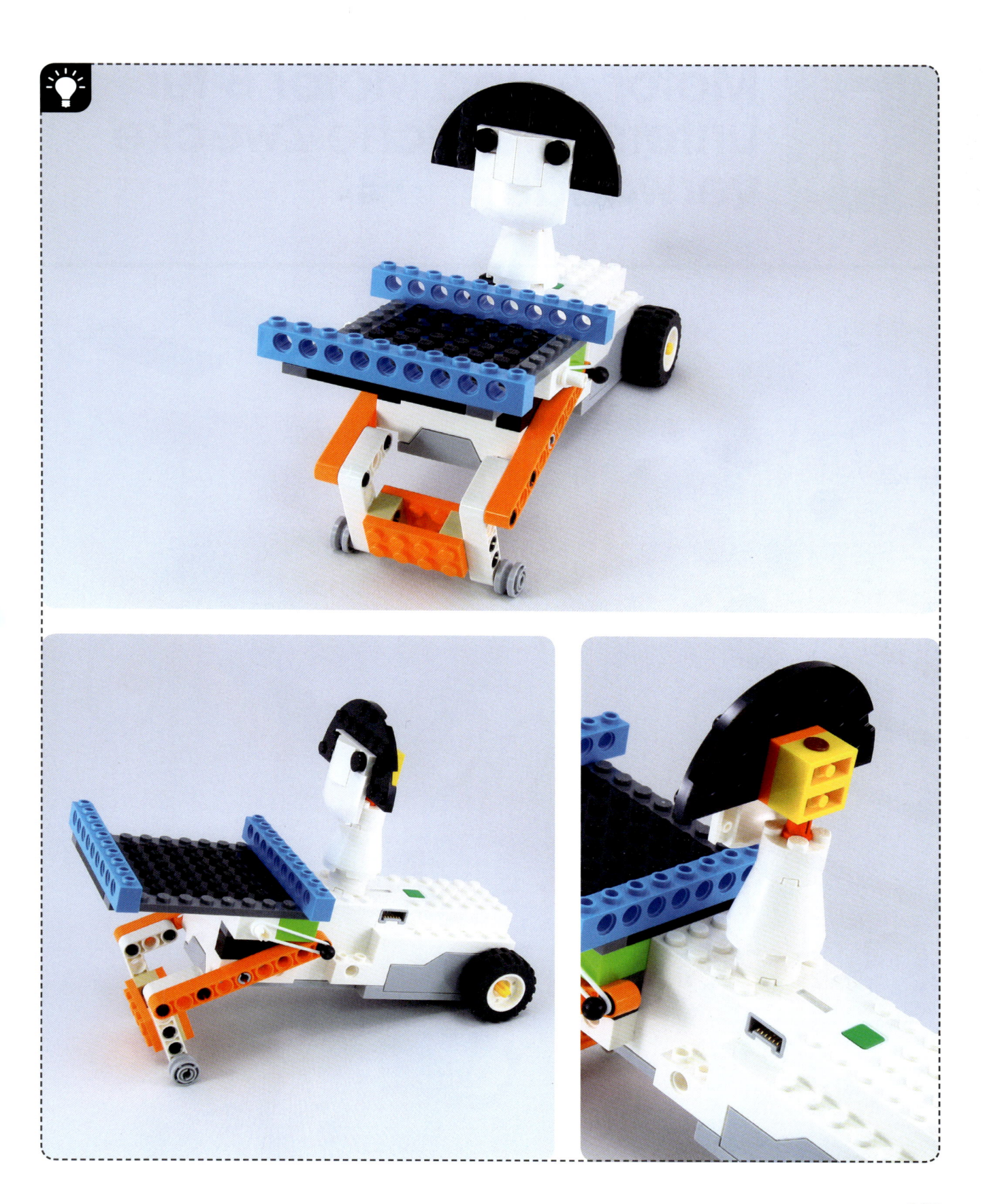

Motor A und Motor B für unterschiedliche Zwecke verwenden

#92

Motor A und Motor B für unterschiedliche Zwecke verwenden **239**

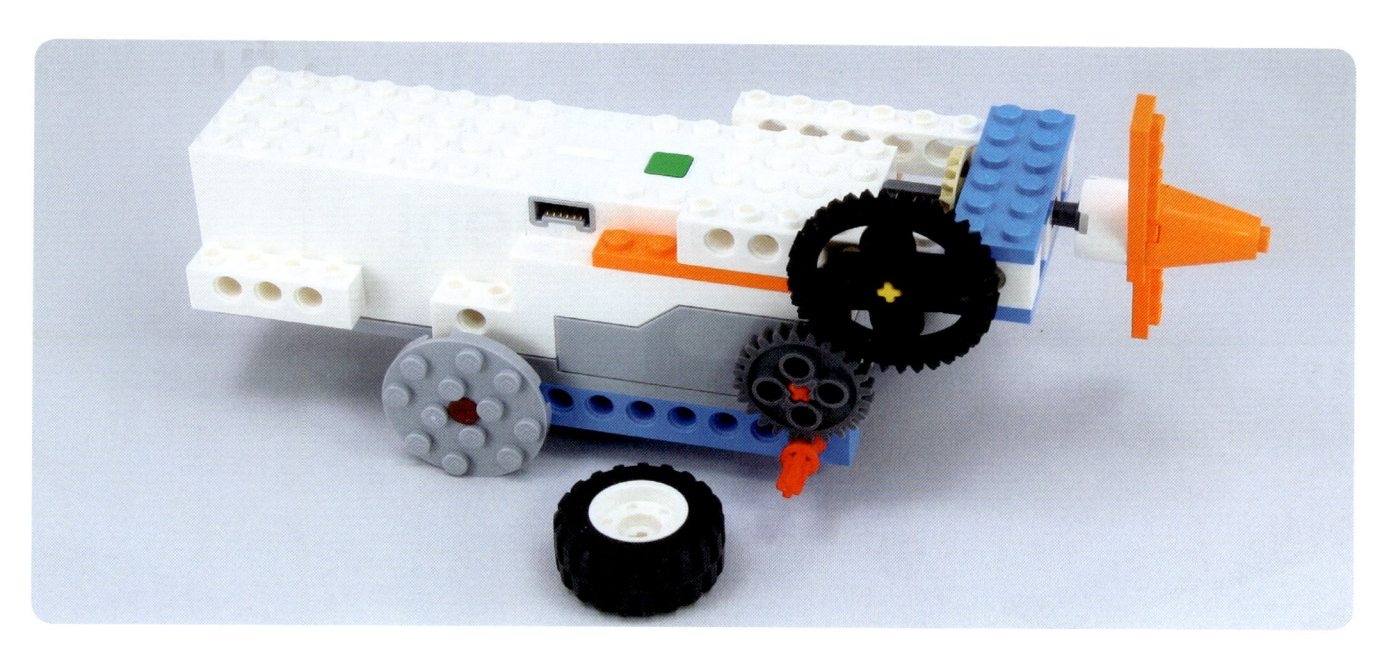

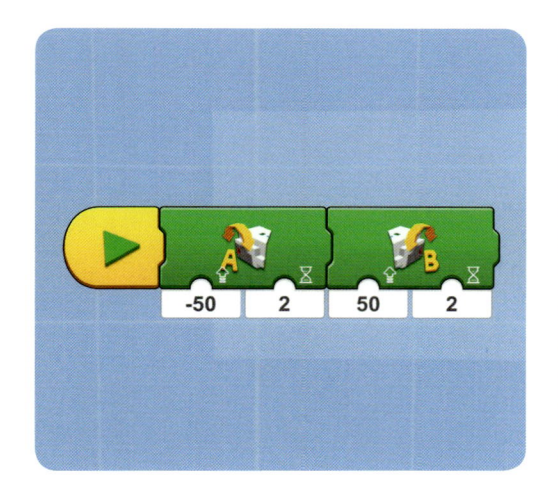

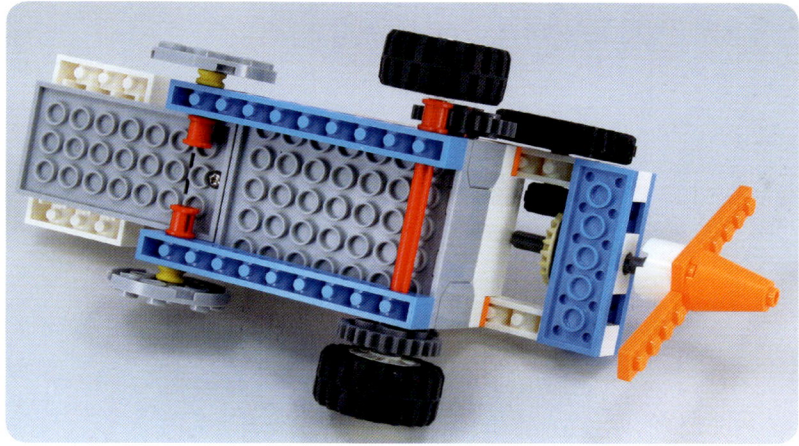

? Noch mehr Ideen!

#93

Noch mehr Ideen! **241**

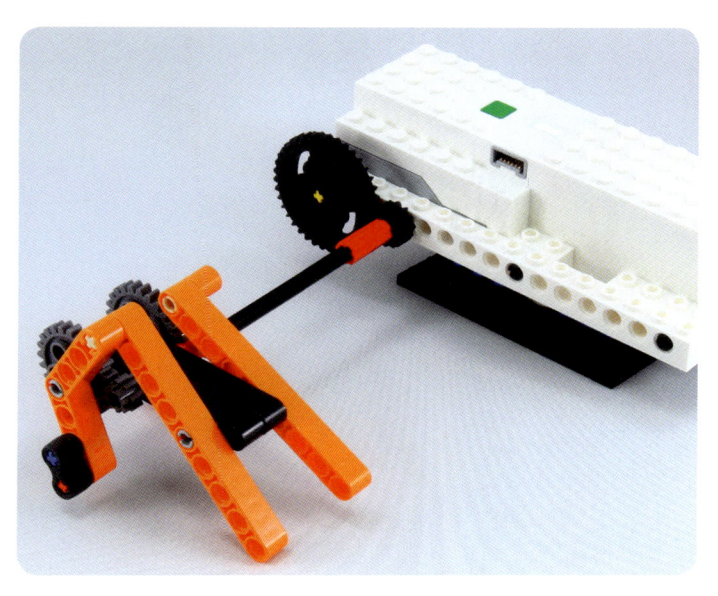

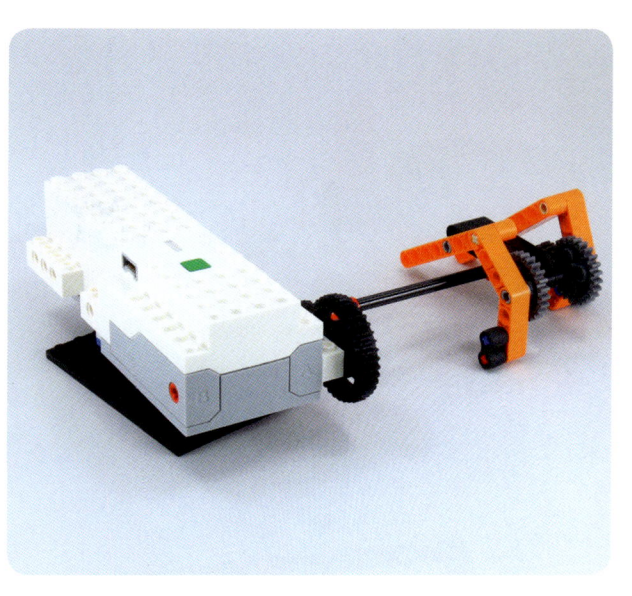

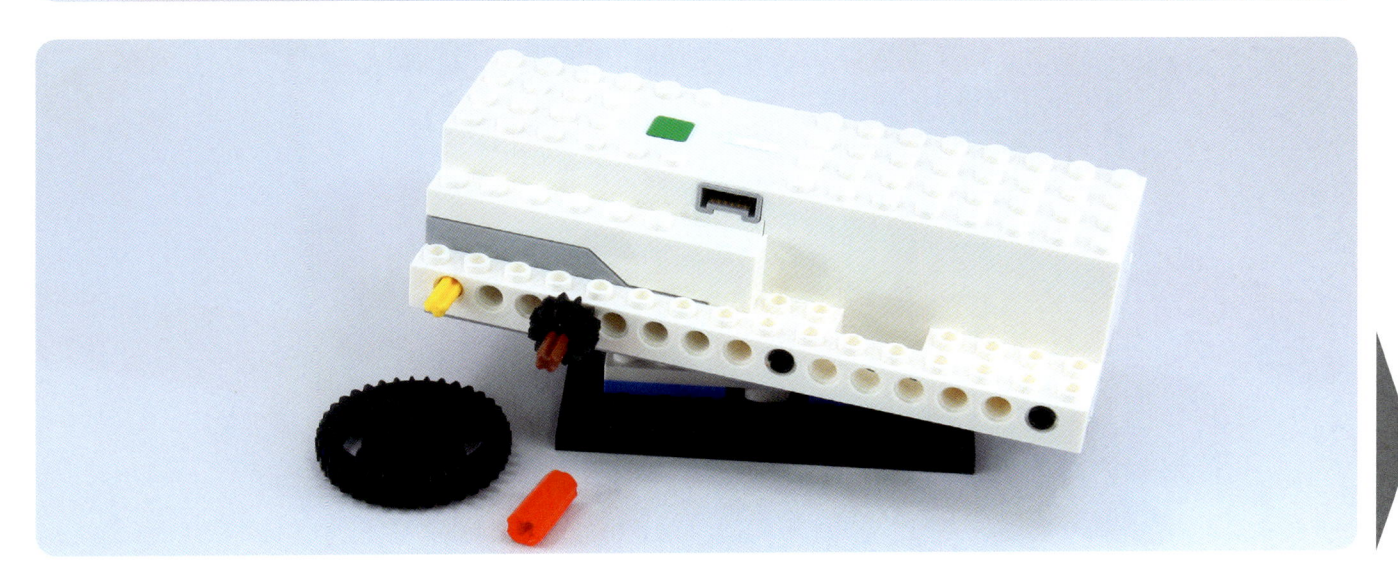

242 Noch mehr Ideen!

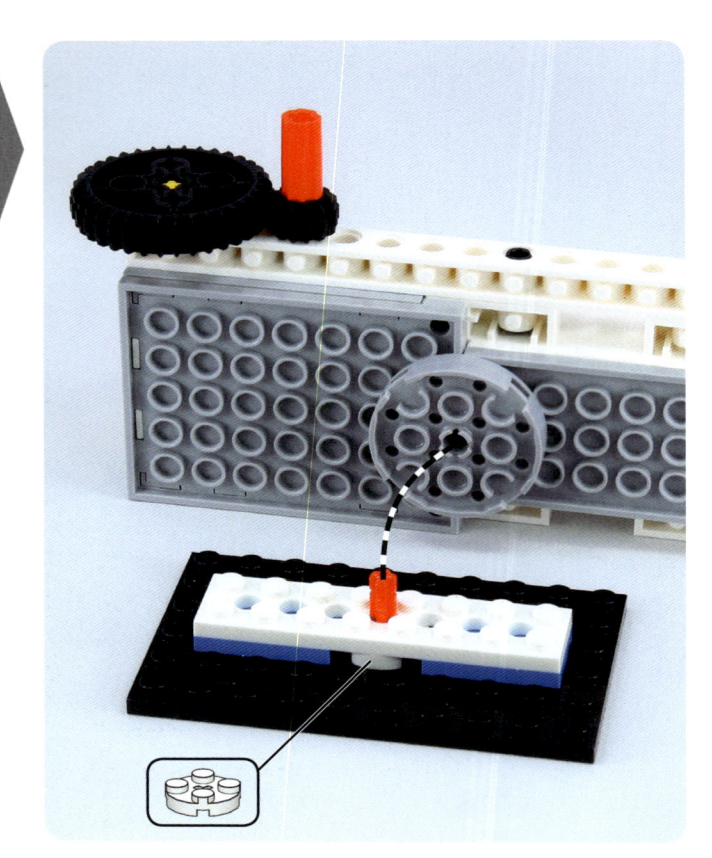

Noch mehr Ideen! **243**

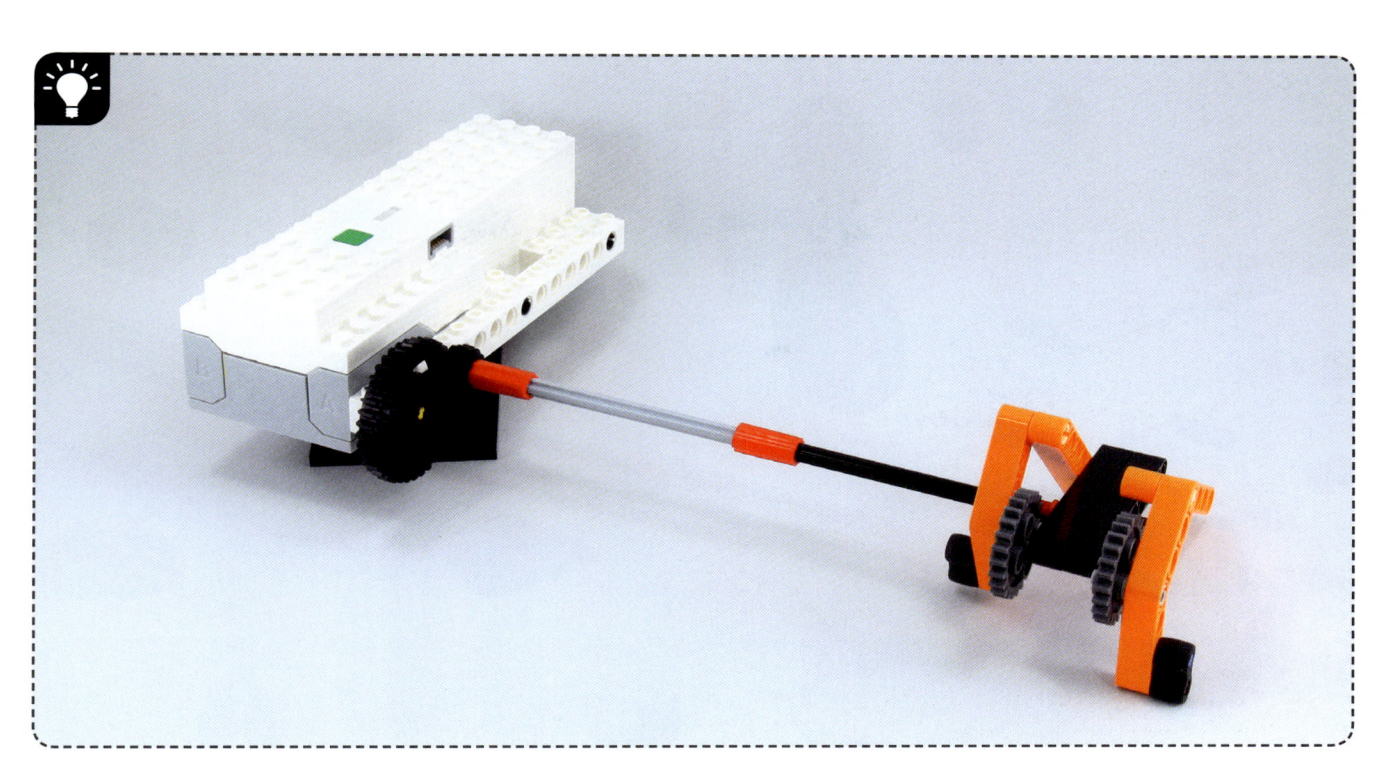

#94

Aufgepasst!
Die Ventilatorflügel drehen sich sehr schnell. Schütze deine Augen und Hände.

244 Noch mehr Ideen!

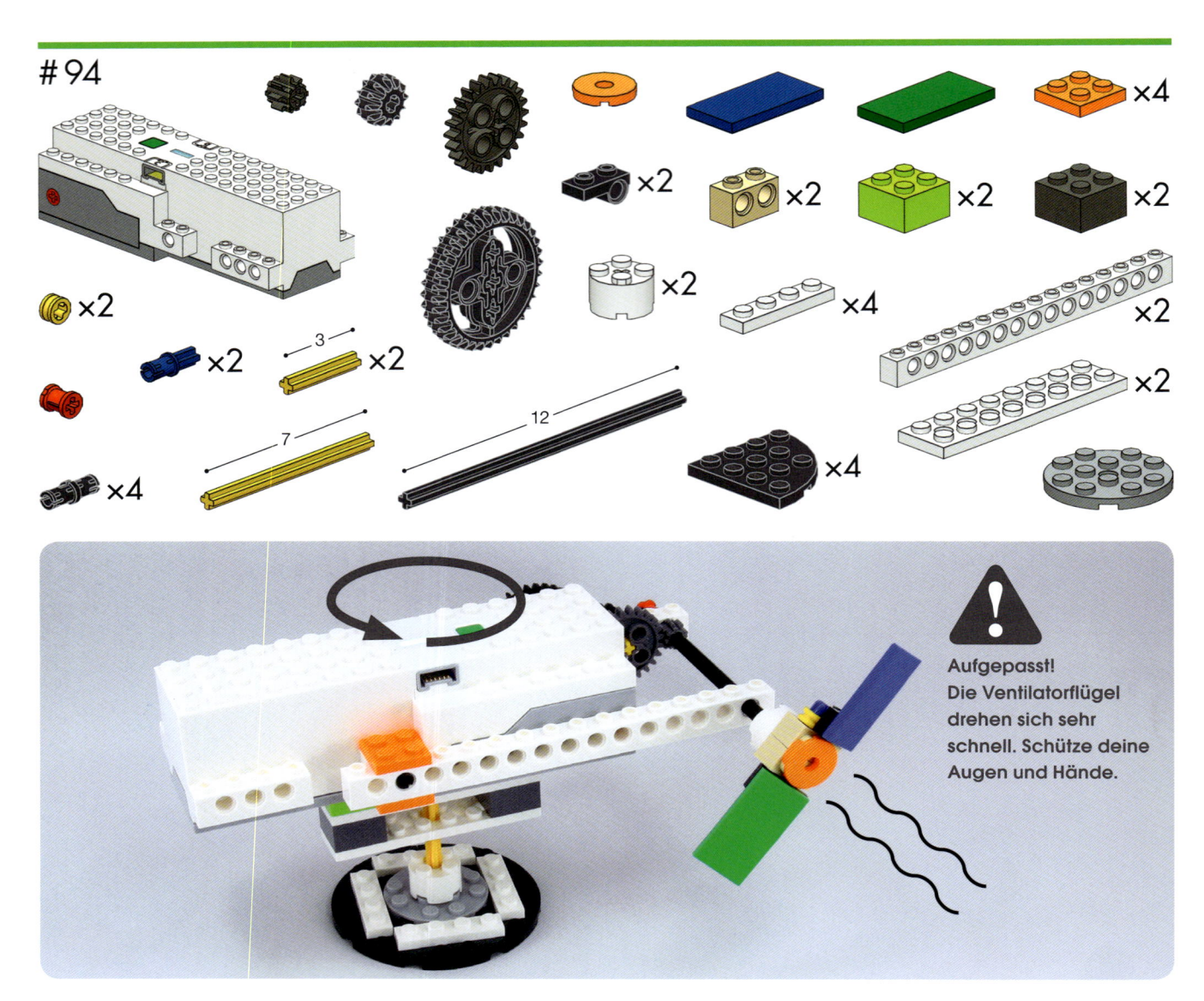

Noch mehr Ideen! **245**

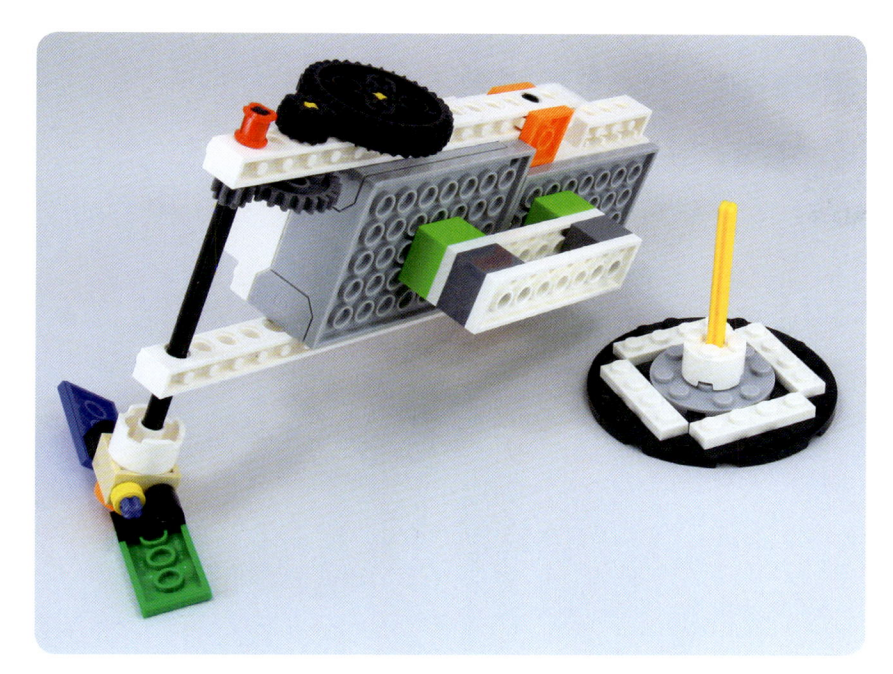

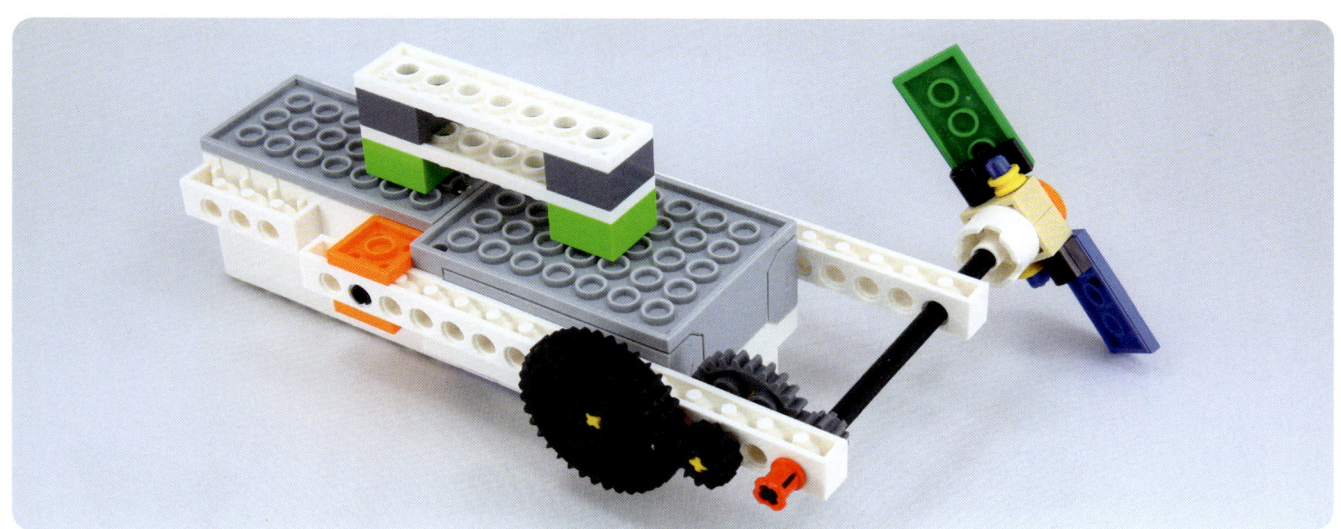

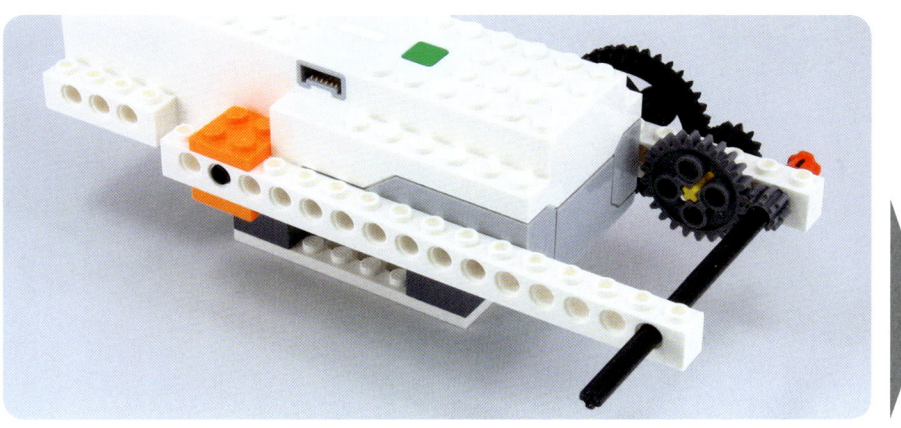

246 Noch mehr Ideen!

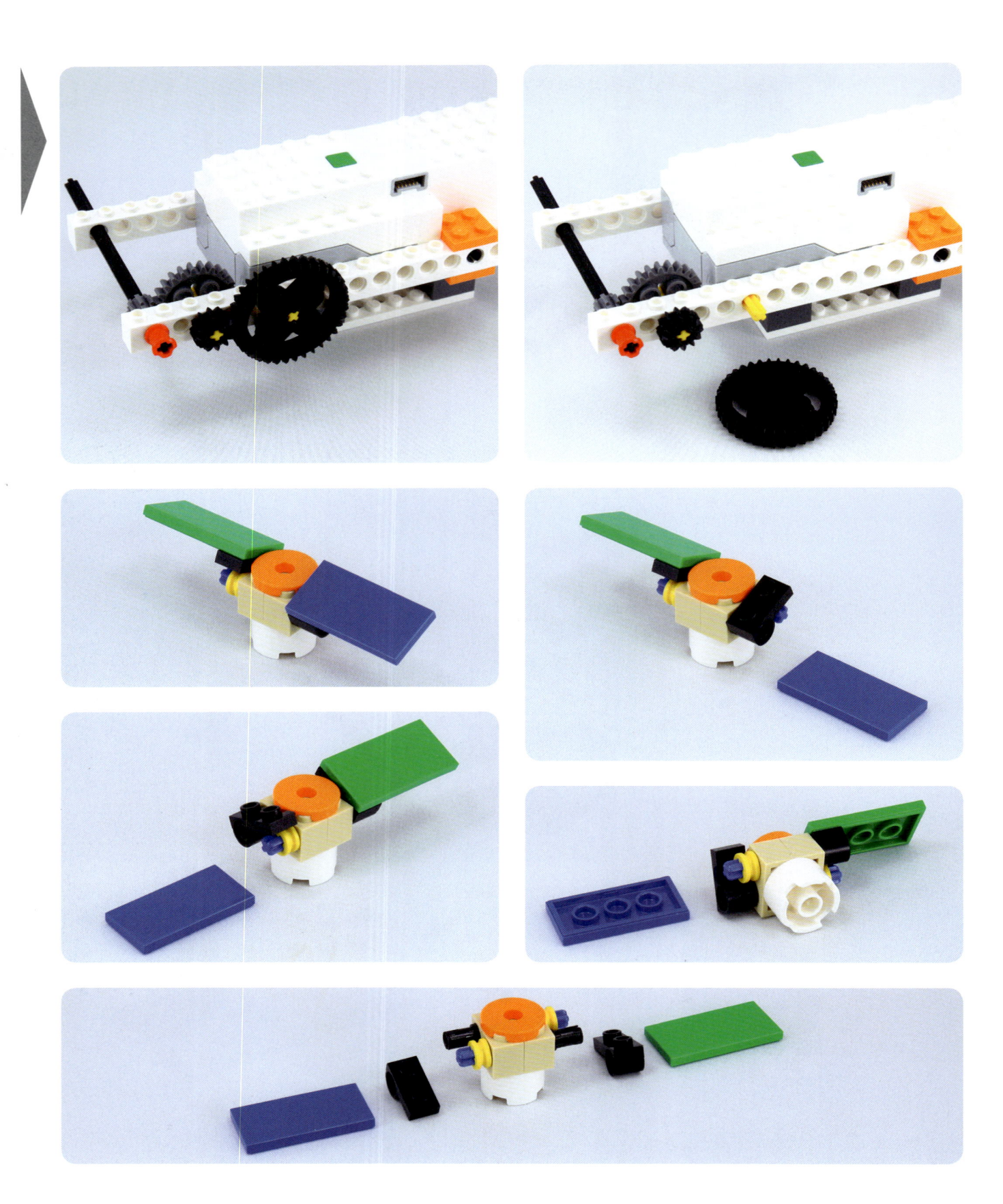

Das Gewicht der Batterien kann die Balance beeinträchtigen. Finde einen guten Platz für die gelbe Achse, so dass die Basis den Mechanismus stabil hält und sich das Modell drehen kann, ohne umzufallen.

Noch mehr Ideen! **247**

#95

248 Noch mehr Ideen!

Noch mehr Ideen! 249

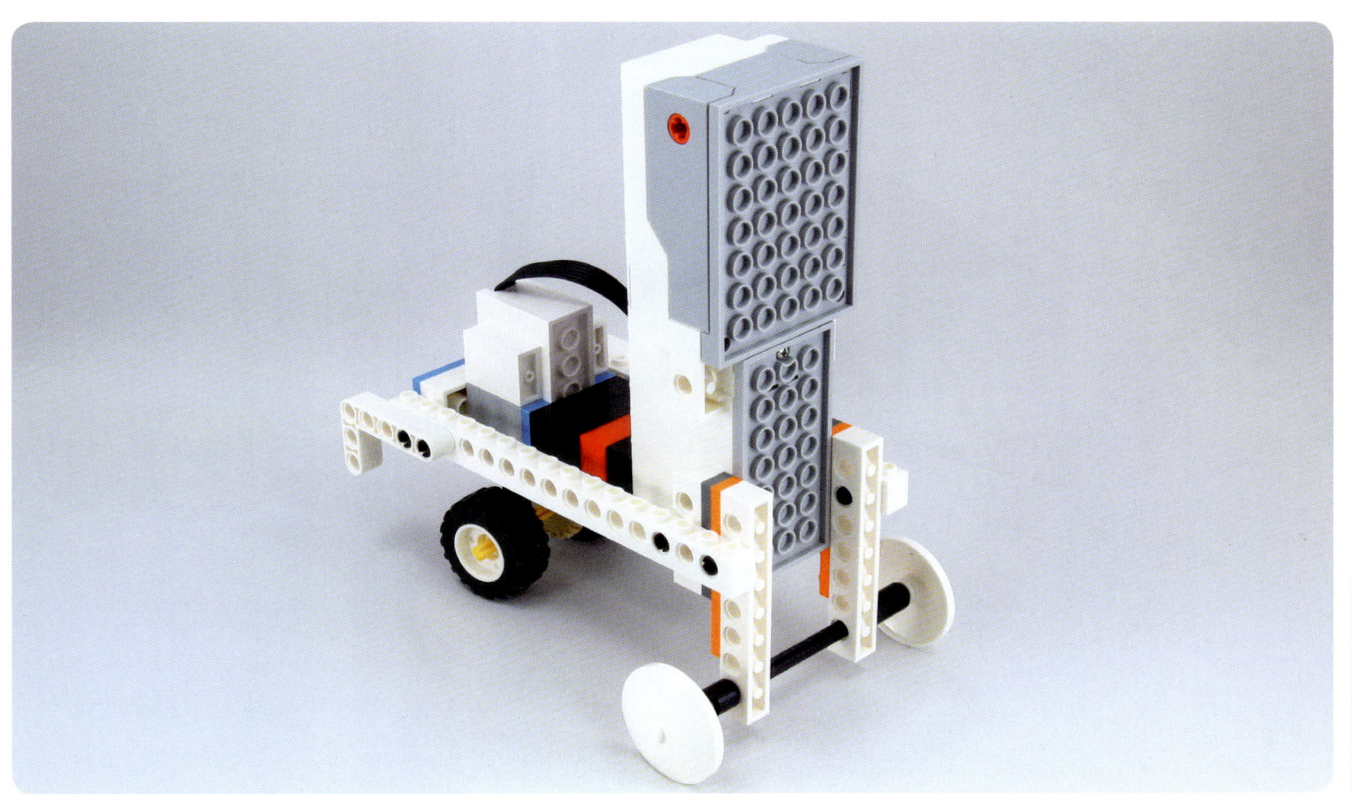

250   Noch mehr Ideen!

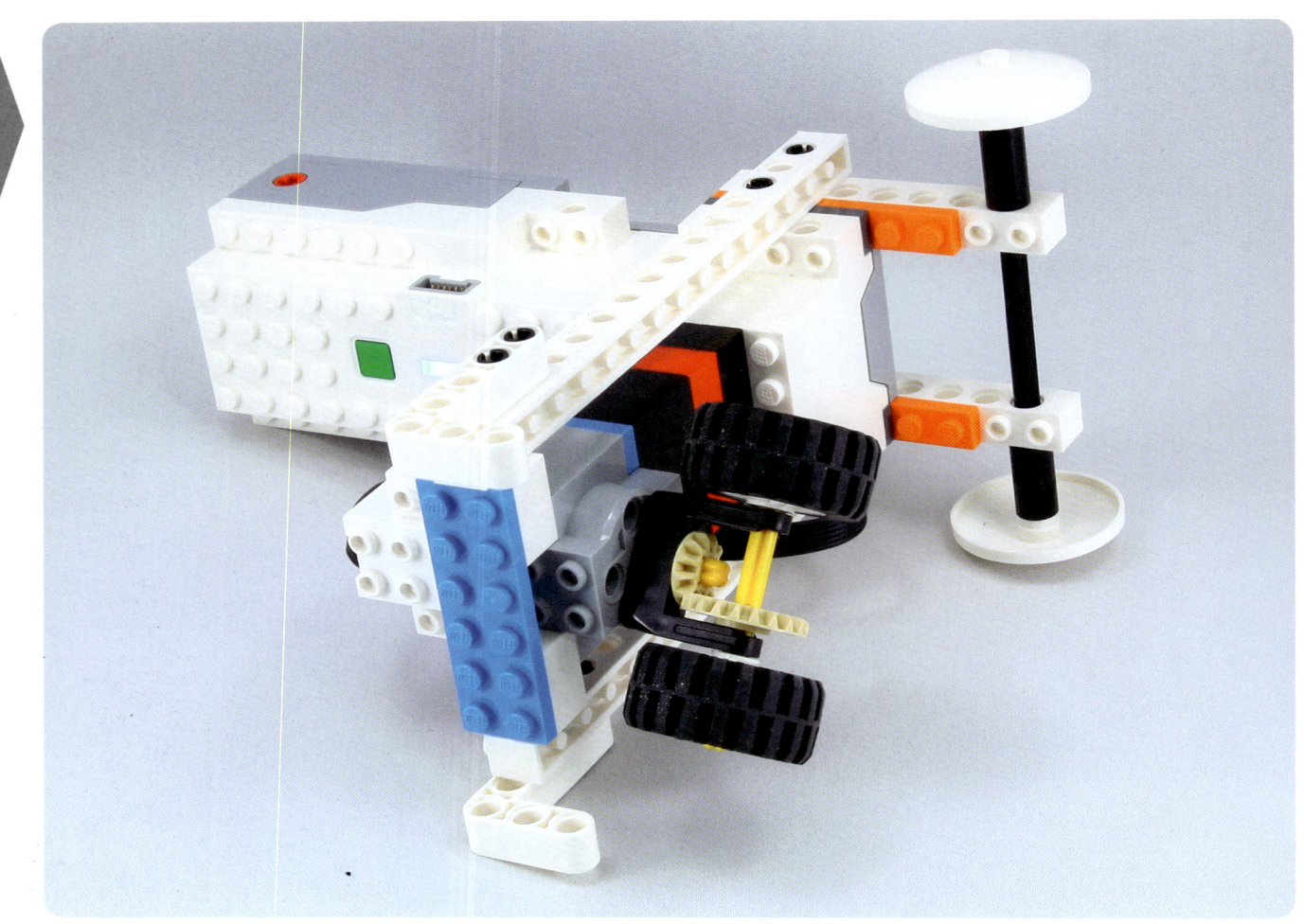

Noch mehr Ideen! **251**

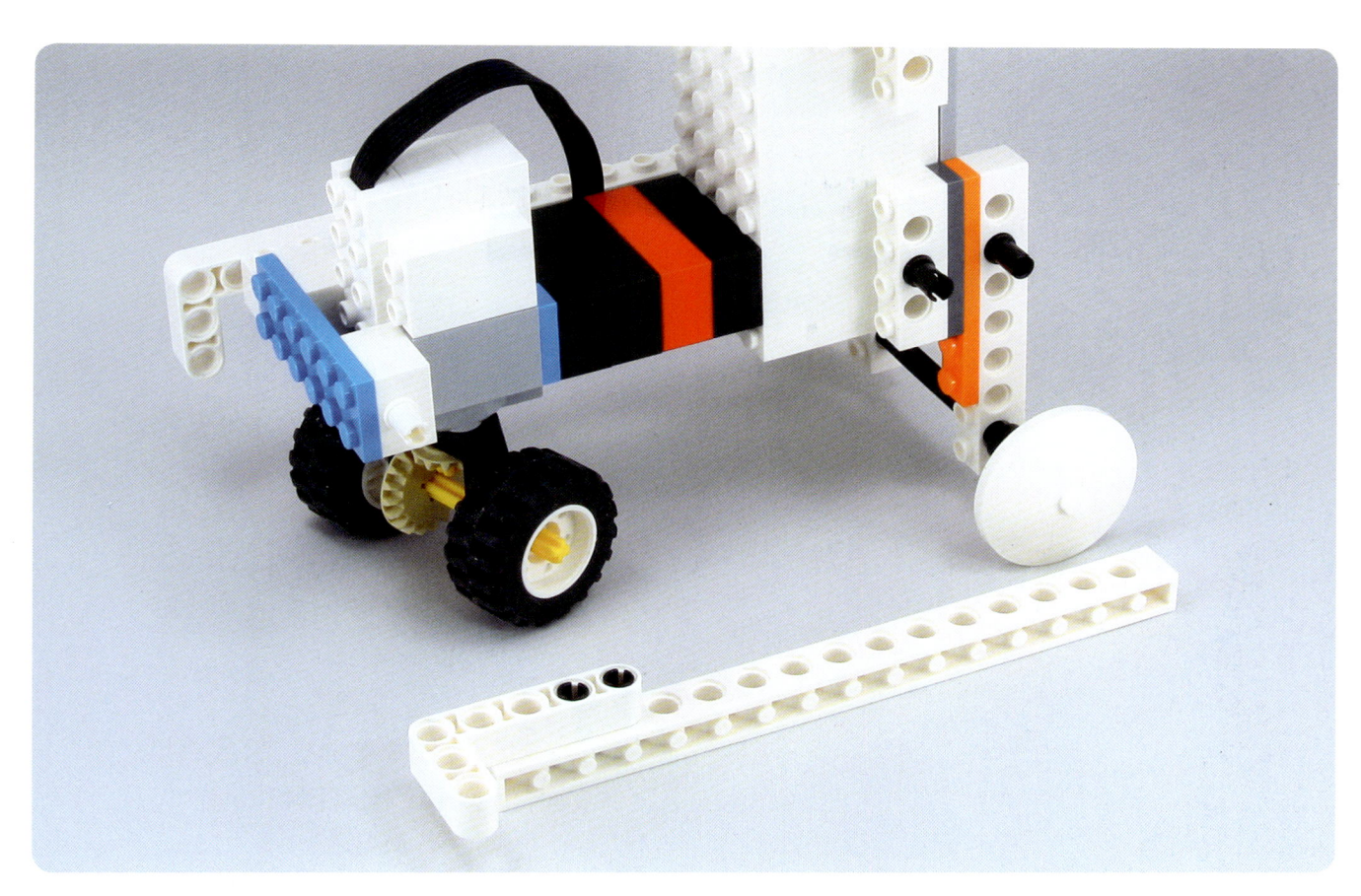

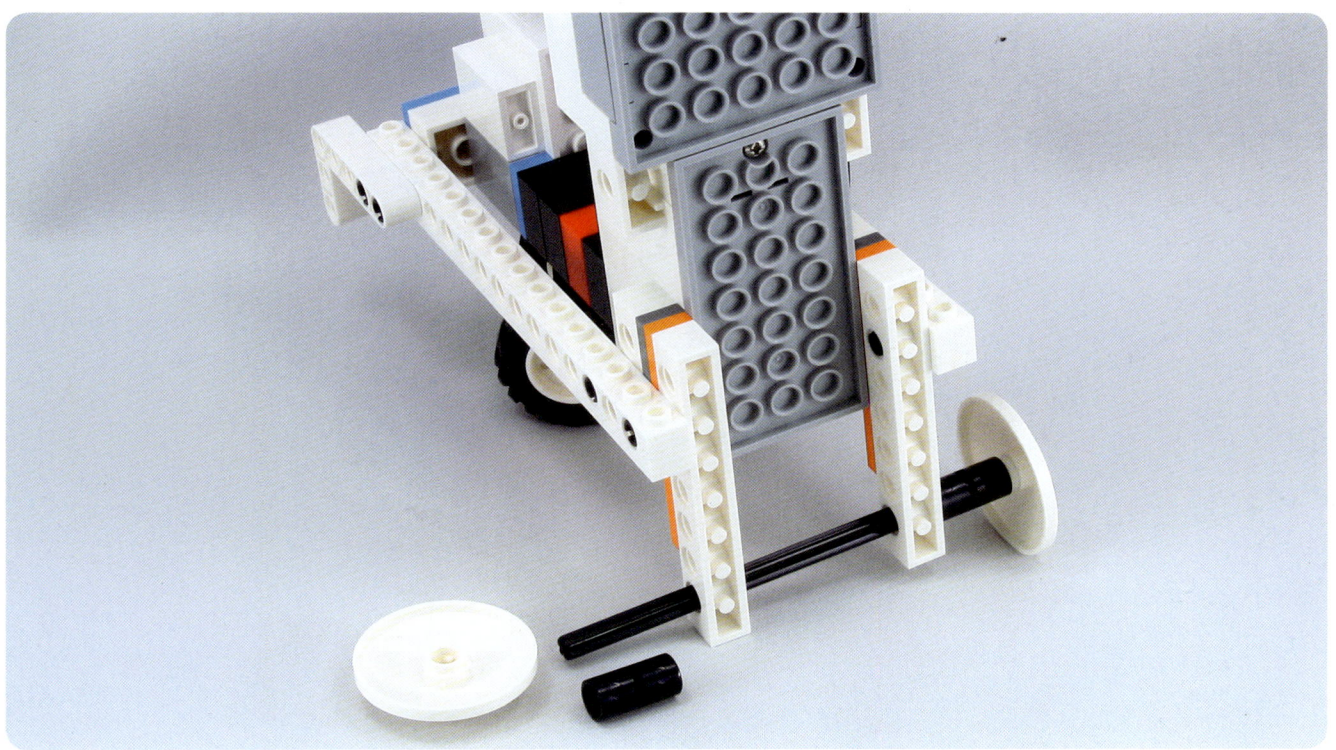

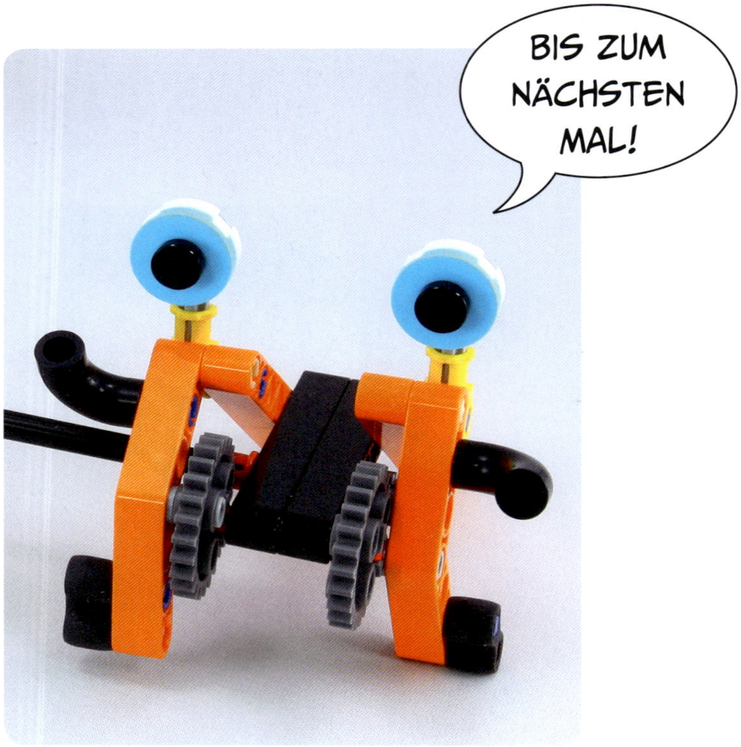
BIS ZUM NÄCHSTEN MAL!